神社年鑑

日本の心をもっと身近に

編集：神社年鑑編集委員会

令和５年度版

はじめに

休刊となっていた神社年鑑ですが、お陰様でようやく復刊することができました。まず最初に、応援してくださった全ての皆様に、心より御礼申し上げます。皆様のご支援無くしては到底この復刊プロジェクトは実現いたしませんでした。コロナ禍で全国の神社のお祭りが消え、神社年鑑も休刊。そんな時、私たち編集部には全国各地からご心配と激励のお声が寄せられるようになりました。「休刊になってしまったのはとても寂しい」「なんとか復刊することはできないのか」と。そのお声の積み重ねの中で、改めて神社年鑑の重要性を強く感じた次第です。

神社年鑑を復刊するにあたり留意したことは次の三点です。第一は、「和とまことの日本精神を世界中に伝えること」。今号の特集テーマは、「広島からの祈りのメッセージ」、「神社が世界に伝えるメッセージ」、そして、「現代に蘇る古事記」です。第二は、「身近な話題をお伝えすること」。第三は、「親しみやすいものであること」。サイズをＡ４判からＢ５判に変更して持ち運びができる冊子としました。

まずは、日本が元気を取り戻す必要があります。鎮守の杜の村祭りを復活させ、日本の心を取り戻しましょう。お天道様は神社と共にあり、いつも私たちを見ておられます。この神社年鑑が皆様と神様を繋げるお役にたてばこれほどうれしいことはありません。

振り返ると、編集期間が短く、まだまだ足りない部分が多々あります。そのような中でも温かく見守りくださりご支援をいただいた皆様に、スタッフ一同重ねて御礼申し上げます。次号以降、引き続き発行を続けることを固くお約束し、これからもご指導ご鞭撻の程、厚くお願い申し上げる次第です。

令和五年五月吉日

編集長　水間 一太朗

神田明神
神田祭神幸祭神輿宮入り

神社にとって最も重要な祭りと年中行事

4年ぶりに開催された神田明神・神田祭神幸祭神輿宮入り
一番神輿は横山町。（平成5年5月13日）

神社にとって最も重要な祭りと年中行事

岸川雅範
（神田神社　禰宜）

祭りとは

令和5年5月、4年ぶりに神田明神の大祭・神田祭（かんだまつり）が斎行されます。氏子の人々による賑やかな神輿担ぎが復活し、夏祭りの到来をつげます。

さてこの神田祭の「祭」の語源は、「まつ」（神の来臨を待ち迎え神を饗応する）、「たてまつる」（神に神饌や幣帛をお供えする）、「神をまつる」（神社を定め神を祀る）、「まつらふ」（献上を続けることで服従する）、「まつりごと（政）」（天皇が神にお仕えになり国を治める）など諸説あります。いずれも神をまつることに関わることは明らかで、神社にとって祭りが最も重要であることが改めてわかります。

神社で斎行される祭りには、祈年祭や新嘗祭といった大祭や元始祭や天長祭などの中祭、月次祭をはじめとした小祭、結婚式や個人祈願などの諸祭があります。これらの多くは1年を通じて斎行される祭りで、年中行事の一つとして、ある時は賑やかにある時は厳粛に執り行われています。ちなみに、我々神職は祭りを「行う」とはあまり表現せず「斎行する」や「執り行う」と表現することが多いです。

1年に一度多くの神社で必ず斎行される祭り、それを例祭あるいは例大祭と言います。1年の中で最も重要な神事で、おおよその神社で、全ての神職が奉仕して斎行します。神輿の神幸や山鉾などの巡行を執り行う神社もあります。この1年に一度の大切な神事である例祭は、各祭神

例大祭　献饌

または神社にとって特にゆかりの深い日に行われているようです。

　現在執り行われている例祭は、社殿内で神職が神前に神饌を供え、宮司が祝詞を奏上し、巫女による舞が供され、玉串を奉り拝礼するという厳粛な神事として斎行されます。こうした形の例祭が多くの神社で行われるようになるのは、明治時代以降からになります。

　明治4年（1871）、明治政府により四時祭典定則と地方祭典定則というものが制定されましたが、その中で、祈年祭、新嘗祭、例祭などの祭式が決められました。さらに同8年、式部寮より『神社祭式』が全国の神社に頒布され、現在の神社の祭りの原型が創られました。私が奉仕する神田明神でも、明治時代になり例大祭を社殿内で行うようになりました。

　明治時代には、新しく創造され今でも神社で行われている神事もあります。

　例えば紀元祭や天長祭。

　紀元節は、明治5年（1872）11月15日に神武天皇御即位の年を紀元として即位日を祝日と定められ、その後、2月11日に変更されました。当日、宮中において天皇が皇霊殿で御親祭を執り行われ賢所で御拝の後、豊明殿で皇族や勅任官の拝賀と祝宴が開催されました。その後、各神社でも紀元節を祝う紀元祭が行われるようになり現在に至っています。

　天長祭は、明治元年9月22日（改暦後は11月3日）、明治天皇の御誕生日を祝し宮中三殿で執り行われ、その後、各神社で執り行われるようになりました。現在、今上天皇の誕生日は「天皇誕生日」として国民の祝日となっています。言うまでもなく現在、今上天皇の御誕生日は2月23日になります。ちなみに明治天皇の御誕生日は文化の日として、こちらも国民の祝日になっております。

　天長節は、江戸時代以前にも見られますが、現在のような行事として行われるようになるのは、幕末期の外国との関係からのことでした。それは海外において誕生日を祝う文化が文明国の風習と解釈され、文明開化に邁進していた当時の日本にとって採り入れられるべきこととして、天皇の御誕生日を祝うことが始められたのでした。

　幕末明治期、江戸幕府が崩壊し明治政府が樹立されると、祭政一致の制に復し国家の宗祀として全国の神社は神祇官に属することになりました。明治2年3月、明治天皇が伊勢の神宮へ天皇が御親拝を行われ、明治2年10月、同じく明治天皇が天皇としては初めて東京を皇城（後の皇居）に定められる東京奠都が行われました。日本にとっても神社にとっても、激動の時代であったと言えます。

　多くの神社では江戸時代まで、祈年祭、新嘗祭、例祭などは行われておらず、明治大正時代を通じて「年中行事」として定着していき今も取り行われている祭りが多くあります。

　年中行事とは、神社で執り行われる祭りに加えて、仏閣での仏事や、花火大会やなど各地で行われるイベントも、現代ではその一つに数えられています。

　年中行事の根底には、町や村といった共同体の生活における資源、条件、環境の豊かさを求め、それが得られた時、率直に喜ぶという意識があります。例えば、神社で2月に斎行される祈年祭は豊穣を祈る祭りで、11月の新嘗祭は豊穣を感謝する祭りと位置づけられ、生活に関わる祭りとして執り行われています。

　また時代によって様々な年中行事が生まれました。遠くさかのぼって原始時代には狩猟や漁撈に関連する行事、古代社会では稲作儀礼など農耕に関する行事、中世社会では手工業や産業に関する行事が執り行われました。都市における行事になると、貨幣経済、商業化、消費生活と大衆化などに対応した商売繁昌や家内安全等を祈る行事が生まれていきました。公事・公家社会、幕府や藩・武家社会、民間・都市・庶民、村落などそれぞれ立場や地域によっても、様々な意味と形を持った年中行事が行われ、今に伝えられているものもあります。

五節供という年中行事

　ところで5月5日は「子供の日」ですが、端午の節供とも言い年中行事の一つとなっています。

古代の中国南方・荊楚地方の年中行事を記した『荊楚歳時記』によると、5月5日を中国では浴蘭節と呼び、艾（よもぎ）を門戸の上にかけて毒気を祓い、菖蒲をきざんで酒に浮かべ菖蒲の香りで病気や邪気を除くという風習があったそうです。

端午の「端」ははじめを意味し1日は端一と呼び、漢代以降になると5月5日を端午と称するようになったと言われています。

江戸時代の江戸では、5月5日に武家から町家まで7歳以下の男子がある家では、戸外に幟と紙の鯉を立て兜人形を座敷に飾りました。鯉幟は鯉が出世魚だという諺から作られました。今ではお馴染みの鯉幟が全国的に広がるのは、昭和30年代からだそうです。高知県四万十川では、5月に寄付による鯉幟500匹を飾るイベントが開催されています。

菖蒲は「勝負」「尚武」に通じるところから、江戸時代に男子の祝いの植物となり、また香りにより邪気や災厄を祓う植物とされ、実際に抗菌や解毒、鎮静などの薬効もありました。


さて端午といった「節供」ですが、江戸時代には江戸幕府の公式行事・式日でありました。それは大名や旗本が江戸城へ登城し将軍に節季の祝いをする日とされ、五節供ありました。

五節供は、正月7日、3月3日、5月5日、7月7日、9月9日の5日です。見覚えがある日ばかりですね。

正月7日は人日、若菜の節供とも言い、庶民たちは七種菜粥（ななくさながゆ）を食べ1年間の無病息災を願いました。亀戸天神では若菜餅の神饌を神前に奉献し、15日は七草粥をご神前に奉献していました。なお人日とは、中国の風俗で元日から8日までの日を鶏、狗、羊、猪、牛、馬、「人」、穀にして、7日を人日としたことを採り入れたものです。

3月3日は上巳の節供、桃の節供とも言い、雛祭りの日として有名です。5月5日は端午の節供、7月7日はこれも有名ですが、七夕です。

そして9月9日は重陽といい、菊の節供や栗の節供とも言いました。平安時代初めに菊花の宴が宮中恒例行事として執り行われたりしまし

神田祭神幸祭　一の宮鳳輦

佐柄木町の町神輿

た。『紫式部日記』寛弘5年（1008）9月9日に、藤原道長の正妻・北の方から紫式部へ菊の綿が贈られた記事が見られます（意味深な内容だそうですが、ここでは詳しくは触れません）。

菊の綿とは、重陽・9月9日の前夜に菊の花の上に綿をかぶせて一晩置き朝霞でしっとり濡れ、しかも菊の花の香りが移った綿のことです。この綿で顔をぬぐうなどすると若返ることができるという信仰があったそうです。

菊は長寿の象徴とされており、例えば京都の嵐山にある法輪寺で行われる9月9日の菊まつりは、菊花を供養し長寿延命を祈願する行事として執り行われ長寿とぼけ防止が祈願されるそうです。その他、菊には邪気悪疫を祓う呪力があるとされ、葬式に菊が使用されるのは死者の魂の神聖さが永遠であることを願ってのことなのです。

五節供のうち、良い数とされる陽数の最大値・9が二つ重なった9月9日の重陽が、他の節供に比べて注目されないのはどういうことなのでしょうか。

五節供は明治時代になり、江戸幕府の公式年中行事として執り行われていたため廃止となり、新たに先ほどお話しした紀元祭、天長祭、元始祭、孝明天皇祭、春秋二季皇霊祭など新たな年中行事が誕生し取って代わられました。

ただし、今見てきた通り、節供は、ひな祭り、こどもの日、七夕と、今でも季節ごとの年中行事の一つとして残されています。神社での祭りではありませんが、こうした歴史ある行事も大事にしていきたいものです。

祭りと言えば、神輿

神社の祭りと言えば、賑やかな神輿や山車の祭りを想像されると思います。

現在、東京で行われている神社祭礼の中心は神輿です。それら神輿には主に、神社管理の宮神輿と、氏子町管理の町神輿の2種類あります。

例えば、神田明神の神田祭は、2年に一度5月中旬に宮神輿である鳳

輦神輿の行列が氏子区域を巡行する神幸祭、氏子の町神輿と山車の神社へ宮入参拝と各地区ごとの連合渡御が執り行われます。日枝神社の山王祭では2年に一度6月中旬に鳳輦神輿の神幸祭、町神輿と山車の連合宮入と下町連合町神輿渡御が執り行われます。各神社で特徴ある祭りが行われていますが、神輿が賑やかにもみ担ぎされる光景は、東京の祭りでおおよそ見られます。

　多くの人々は、この賑やかな神輿担ぎの光景が、江戸の華として江戸時代より続いている江戸っ子たちの祭礼だと思っているのではないでしょうか。

　実は違います。江戸時代の江戸における神社の祭りは、神輿はもちろんですが、山車や仮装行列などの附祭（つけまつり）による行列でした。例えば江戸時代の神田祭では、神輿は神社より2基、氏子たちは山車や附祭を出していました。さらに江戸幕府より費用がねん出されて出された御雇祭（おやといまつり）、武家の奉納による警固役や神馬などの行列により構成されていました。江戸山王権現社（日枝神社）や浅草三社権現（浅草神社）なども同じく山車や附祭中心の祭りで、現在の町神輿を中心とした形式ではありませんでした。

　現在のように町神輿が担がれるようになるのがいつからかと言いますと、明治時代末からのことでした。明治時代以降、各氏子町から祭りで山車や附祭が町名主廃止などによる町の不安定化と不景気、さらに町中に電線が張り巡らされたことにより8メートルに及ぶ山車が通れなくなってしまったなどの要因により、山車が出されなくなっていきます。

　町神輿が非常に多く出されたのは、明治42年（1909）の富岡八幡

江戸時代の神田祭

宮祭礼でした。同年8月14日から始まった祭礼では、氏子町による町神輿が大小合わせ61基、形も六角形、宝禄形、宮作り、春日形、三日月形、日輪形など多種多様な神輿が担ぎ出されました。

　大正時代なると、さらに各神社の氏子町でも町神輿が作られるようになっていきました。

　例えば、大正6年（1917）、神田神社境内摂社の小舟町八雲神社、住吉神社・月島四之部町、三田春日神社・三田豊岡町、大正7年頃、素戔雄神社・三ノ輪町、大正10年、小野照崎神社・元入谷町、神田神社境内摂社・江戸神社、神田神社・佐柄木町、浅草神社・西浅草二丁目（田島町）町、大正15年、神田神社・末広町などで町神輿が作られています。

　町神輿の増加は町内会の増加が影響したものと考えられます。近代日本に独自な都市内地域組織とされる町内会が東京において激増したのは、町神輿が増えていった大正時代であったそうです。町内会は、大正デモクラシーの影響を受けつつ自発的に各地で結成されていき、行政末端の機能とともに神社の氏子集団と

大正 11 年新調の大鳳輦（着色絵葉書）

しての機能も備え持った団体でした。神田明神の氏子町があった旧神田区（現千代田区の一部）と旧日本橋区（現中央区の一部）では、町内の神社や寺院を会合場所にする町内会もありました。

少しマニアックですが、町神輿が増えるとともに、宮惣、後藤直光、秋山三五郎、和田亀、浅子周慶、宮本重義、鹿野喜平、だし鉄、柏原甚吉など有名な神輿師が誕生していき、多くの名作と称される神輿を作りました。

町神輿が増加していくとともに、日枝神社や神田神社では宮神輿の形式を変更していきました。それが鳳輦です。鳳輦は元々、古代における天皇のお乗り物でしたが、それが転用され神々のお乗り物とされ名称もそのまま鳳輦と呼ばれました。

大正6年、日枝神社は大正4年に官幣大社に列格後初の祭礼・山王祭に際して、従来の神輿を改め京都の神社に倣い鳳輦を製作、高田商会に依頼し威儀物を増やしたり駕輿丁の装束も新調しました。

また大正11年、神田神社では宮神輿2基に変えて大鳳輦1基を新調、威儀物も含め古代の式に則り3万円を費やし京都に注文しました。京都の石清水八幡宮や北野天満宮などの鳳輦の形態を参考に製作されたようです。威儀物は、当時京都帝国博物館の学芸員・関保之助が故実を考証し新調されました。

鳳輦の形式は現在も山王祭や神田祭で踏襲されていますが、この形式は江戸の祭りの伝統ではなく、京都を中心とした神社における「古代の式」に倣った行列で、新しい祭礼文化の創造の産物だったのです。昭和5年（１９３０）富岡八幡宮も関東大震災を機に宮神輿を鳳輦に変更しましたが、その後も鳳輦を採用する神社が増えていきました。

見てきました通り、祭りや年中行事は時代により変化が見られます。それは今までの歴史を前提にしつつ新たな伝統が創造されていきます。

そして、伝統を創造し続けることで、祭りや年中行事は継承され歴史とともに「新しさ」を持つものとして各時代の中で廃れることなく年々に賑やかにあるいは厳粛に斎行されていくのです。

広島からの祈りのメッセージ

取材　水間一太朗

「情島通船から情島を見る」

知られざる神々の物語を訪ねる旅

G7サミットの開催で世界の耳目が集まる広島。日本の議長国としての開催は伊勢志摩サミットに続き今回で12回目。被爆地広島での開催は、ウクライナ紛争などで揺れる国政情勢を考える上でも意義あることといえる。しかしこの広島の地は、原爆投下の地というだけではなく、古代からの祈りが紡がれてきた神々の故郷でもあることも忘れてはならない。奥出雲につながる比婆山や大土山は、縄文の古代から山の神の磐座信仰が紡がれてきた。また、瀬戸内海の島々には海の神の祈りが今も満ちている。都会の喧騒を離れ、しばし広島の知られざるスピリチュアルスポットを訪ねることとしたい。

「透き通った情島の海」

安芸の桃源郷・情島《なさけじま》

市杵島姫ゆかりの情けの島

まずは、瀬戸内海の情島を目指すこととする。情島のことは、冒険家であった江見水蔭（えみすいいん）の戦前の著作『楽行脚苦行脚』に詳しい。それによれば、島の名前の由来は、市杵島姫神（いちきしまひめのかみ）が宮島に向かう途中この付近で難航していたところ、この島の住民が助けたことによるという。また、別な説では、厳島奉幣使の漂着を助けたことに由来するという。いずれにせよ、海の神に起因することは確かなようで『情けあふれる島』『安芸の桃源郷』として記録されている。江見水蔭は情島を以下のように詠んだ。

「流れ木も　情けの島に　寄せられつ」　江見水蔭

情島で過ごした思い出は水蔭にとっては宝物となったようである。

情島へは、ＪＲ呉線安芸阿賀駅で降車し、阿賀漁港から出ている『情島通船』を利用する。船長の携帯電話を教えていただいたのだがなかなか渡船場がわからない。案内表示も乗り場の看板もないので近くの漁協に訪ねてようやく乗船。定期船とはいえ、日曜祭日を除く一日わずか二回。往復４２０円。しっかりと時間を把握してから出発するようにしたい。情島とは人が住む大情島と無人の小情島の総称で、今回の目的地は大情島だ。

約25分の乗船で目的地情島に到着。あまりの美しさに息を呑む。海の底まで透き通って見える透明度はどれほどのものなのだろう。小さな港に降りて埠頭を歩くと海面に魚が寄ってくる。この島では人と自然が共存している所以なのだろう。

守られてきた鎮守の杜

島に到着して、まずは新宮神社に参拝。島には人の気配は全くしないが祠はしっかりと守られていた。この地の歴史は古い。島の中腹には古墳が発見されており、平家の落人伝説など古くから人が住んでいたことは疑いない。

公式記録に残っているものでは、１６５４年に広島藩が情島で馬の放牧を始めたとある。今でも熊笹が群生し、起伏のある丘陵は良馬の生産に適していたのであろう。その時、中森氏、松本氏、岡田氏の三世帯が島に入って開墾を始めたという。情島に馬を放つと名馬が生まれるといわれ、放牧は幕末まで続いた。その後、良質の海藻が取れたりと島は発展。戦後すぐの記録には45世帯２１０人が住んでいたという。現在の住人は二人ほどで、近隣に住んで蜜柑畑などに通っている人を含めてもわずかとなった。それでも人がいる限り祠への祈りは続くのである。

情島の位置

情島の七不思議

神社の周りには、伝説の島にふさわしく、情島七不思議やお浦治作比翼塚などの碑がある。七不思議を江見水蔭は次のようにまとめている。

一、粟八斗島の鯛の巣（粟を蒔くだけで鯛が集まる岩礁のこと）

二、夫婦岩の馬殺し（山上に岩が二つ並んでおり大晦日に岩が密着する。かつて馬が挟まれた）

新宮神社

三、火の釜の窟（八畳程度の広さの窟が二つあり、平家の落武者が隠れた）
四、潜り岩
五、狗賓松（天狗が腰掛けた松）
六、水有り
七、水場（水が絶えない池）

水が豊かな島は珍しい。この小さな島には電気が通り、水は水源豊かな井戸から自家水道が引かれている。島の周りで潜れば牡蠣や海藻が素手で取れる。いずれも情島の豊かさを物語る七不思議に違いない。碑には七不思議の『奇跡』と刻されている。海を渡り合った人々から見ればこの島は『奇跡』の島であり、多くの知識人たちがいうように『安芸の桃源郷』であったのだろう。

比翼塚と七不思議の碑

たわわに実ったレモン

人の情けに出会った瞬間

神社から歩いて行くと山側に綺麗に整備された細道があった。吸い込まれるように登っていくと、見事な蜜柑畑が迫ってきた。清々しい香りが漂ってくる。よく見てみると、ポンカンやレモンなどいろいろな種類の蜜柑が見事に実っている。この島は蜜柑にとっても適した気候だったのだ。

蜜柑畑に見惚れていると、人の気配が！誰もいないのかと思ったのだがお声をかけていただき、しばらく話し込むことに。その挙句、ご自宅までお招きに預かり至極恐縮。この島には蜜柑畑の手入れやひじきを採るために定期的に来られているとのこと。沖本祥美さんとの出会いである。情島のひじきが素晴らしい理由など島の秘密をたくさん伺った。優しい語り口に島の魅力が倍増したひと時となった。

あっという間に夕暮れ時。帰りの船の時間になってしまった。お土産の「ポンカン」と「はるみ」をたくさん抱えて私は情島を離れることとなった。親しき友となった沖本さんは船まで送ってくださった。

出航を待っていると船長さんが長い長いタモを船から出して海の底を探っている。何かと思えば貝をとっていたのだった。無口な船長さんだったが実はとても優しい方のようだ。無言でにっこり笑いながら大きな貝を沖本さんに差し出した。「おいしいよ」。沖本さんもよく潜る。大きな牡蠣が素手でたくさん取れるという。

「また必ずくるね。」そんな思いが湧き上がる素敵な島であった。私を乗せた情島通船が阿賀漁港に到着する頃、沖本さんから数枚の画像が届いた。私たちを見送った後にすぐに撮影したのだという。そこには夕暮れ時の情島が美しく輝いていた。本当にここには市杵島姫神がおられるのかもしれない。ふとそんな気持ちにさせられた情島の旅であった。

船長のくれた貝を持つ沖本祥美さん

沖本祥美さんから届いた画像

神々の在わす峰　大土山《おおづつやま》・天ノ岩座神宮《あまのいわくらじんぐう》

豪雪の大土山を登る

情島の海の神様にご挨拶した後は、山の神様にご挨拶せねばと、今度は大土山に登ることにした。時は昨年の12月27日、大雪の大土山（おおづつやま・おおづちやま）であった。北海道出身の筆者であったが、広島でこれほどの大雪に出会えるとは思いもよらなかった。ここは知る人ぞ知る聖地。そこに降り注いだ新雪を踏みしめながら登るのは心躍る出来事だった。

しかし、その考えがいかに甘かったか。レンタカーでは大雪を乗り越えられず、山の中腹で立ち往生。伐採業者に引導されて少しは進んだものの、豪雪を越えて中腹からさら三時間に及ぶ登山となってしまった。途中の道のりには人の痕跡は一切なく、鹿とウサギの足跡を追っての道のりとなった。

車を降りてからはスマホの地図アプリが唯一の頼り。ところがこれもまた甘かった。なんと、電波が届いていない。文明の力がなんとも頼りない存在であったことか。「そうだ、ここは神域なのだ。」と気を取り直して歩を進める。そのうち防水靴の中はぐっしょりと雪水で濡れていた。ふと気がつくと少し広い空間に辿り着いた。目の前には鳥獣保護区と天ノ岩座神宮への矢印が。そこからがまた結構な距離だった。途中、参道の門柱のようなものが雪に埋もれて上部だけが見える。なるほど、こっちの方角だなとばかりに、元気を出してさらに進む。

ようやく見えた神宮への矢印

見えた！　天ノ岩座神宮だ

ようやく大鳥居の前まで到着。ここは別峰の頂上に当たるので吹きさらしのため雪は少ない。大鳥居の先には小さく本宮の鳥居が見えている。恐らく遠くに見えるものが磐座で、ここは遥拝所に当たるのだろう。目的地まではもう少しだ。とはいえ、その先は、再びの豪雪。そして沢を間に挟んでいる。岩がゴツゴツしているのか小さな雪山が折り重なっている。同じく新雪に人の痕跡は一切ない。もうここまで来たら疲れも吹き飛ぶというもの。膝までの雪を掻き分けて進め進め！

ついに山頂に到着。凛とした神聖な空気が一帯を包む。大小の磐座が鎮座し、古代からの祈りの声が聞こえてくるようだ。新雪を踏みしめながら鳥居をくぐり、磐座の前へと進む。神聖な場所であることは山の動物たちにもわかるのだろう。途中の道々にあった鹿やウサギの足跡は一切ここにはない。自分の足跡が残されているのみで、あとは銀色にひたすら輝く雪の大海原が包んでいる。

神々しい！　本来の美しさとはこのことなのか！　思わず心の中で叫んでしまう。大祓詞を奉納し祈りを捧げた。

天ノ岩座神宮の位置

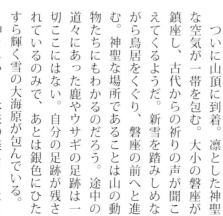

鳥居から磐座を望む

ご祭神は、天照大御神を中心とした八百万の神々

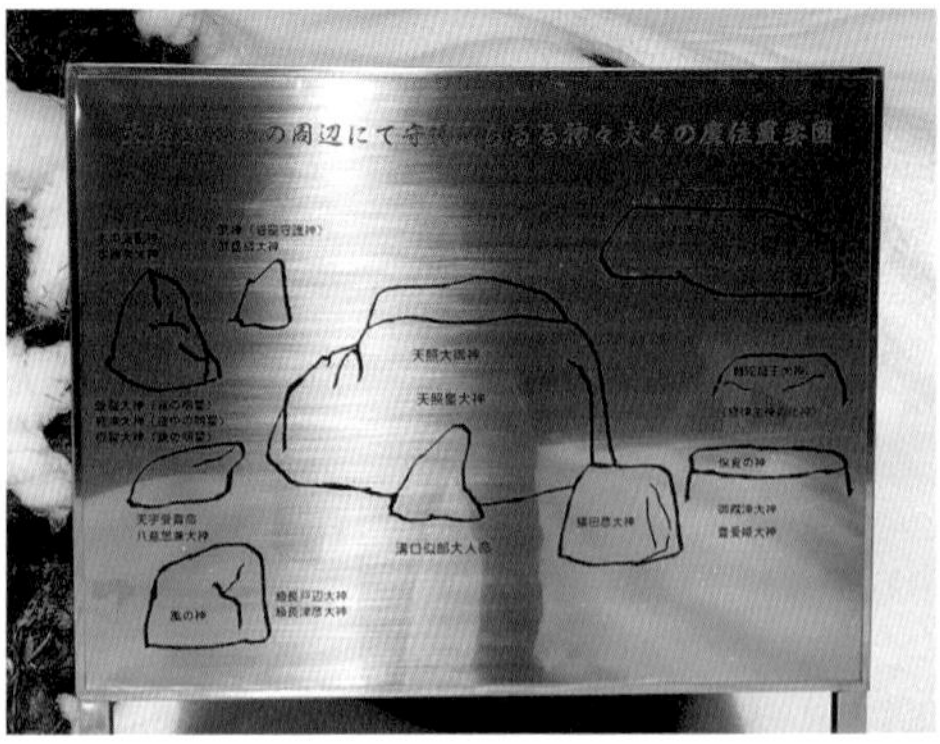

磐座の前には「神々夫々の座位要図」がある

天照大御神の磐座

天ノ岩座神宮とは

天ノ岩座神宮には神殿は無い。神籬（ひもろぎ）となる磐境が鎮座するのみであり、上古神道の在り方である磐座信仰を今に伝えいている。

大土山のこの場所は、天孫降臨の聖地、古くから神が鎮まる山として信仰されてきた。禁足地であり聖地であった。山麓の小原は、縄文時代には大いに栄え、大集落や文化の存在を示す遺跡や古墳が多数発見されている。ここはその集落の古代祭祀の中心地であったのだ。天岩位（あまのいわくら）と称される天ノ岩座神宮の磐座の南麓には千畳岩といわれる岩石群が広がる。ここは昔、神議（かむはかり・神々の会議）の場であったと伝えられている。

天岩位は単独の磐座ではない。周辺の山々の磐座群の中心であり、その神域はいつの頃か高天原と称された。

その聖地に天ノ岩座神宮を興したのは、広島の飯室出身である故溝口似郎先々代宮司（比婆大社：現 熊野神社・元神職）であった。氏は、戦時中は陸軍中佐として南方戦線で活躍。生死を超える体験の中で天照大御神のご神託を受け、多くの将兵を救った。米軍の上陸地を事前に予言するなど「予言部隊長」として名を馳せた名指揮官である。終戦後は、卓越した心霊能力を発揮して人々を救済。神行に生涯を捧げた稀有な聖人であった。その思いが天ノ岩座神宮には引き継がれている。

溝口似郎先々代宮司

磐境神籬《いわさかひもろぎ》の神勅《しんちょく》

日本書紀の高皇産霊尊（たかみむすびのみこと）の『磐境神籬（いわさかひもろぎ）の神勅』によると、「自分は高天原で皇孫命（すめみまのみこと）の為に神籬（ひもろぎ）、磐境（いわさか）を起樹たてて、斎いはひ奉まつるから、天児屋根命（あめのこやねのみこと）、天太玉命（あめのふとたまのみこと）も神籬を捧げ持って地上に降りて、皇孫命の為に斎ひ奉まつれ。」とある。この神勅

上空から見た夏の天ノ岩座神宮（右上部に磐座、左端には大鳥居がある遥拝所が見える）

が古神道の原型であり、それを踏襲しているのが天ノ岩座神宮なのだ。

磐座研究の権威であり神道国際学会会長を務められた中西旭氏は、大土山天ノ岩座奉賛会の総裁であった竹田元宮恒徳殿への「岩座顕彰趣意書」のレポートとして次のように述べている。

「わが本土の山々を巡ると、麓の神社の元つ宮とされていない古代祭祀跡にゆきつくことがある。この予想外の岩座が、とくに、広島県と岡山県に幾多も存在する。それも、ただ驚嘆される大構築も少なくない。いずれも一万年を超える有史前とみられるが、当時は、安芸と吉備と出雲にかけて、一大文化圏があったのではあるまいか。神武東征の途次、埃宮（えのみや＝広島）と高島宮（たかしまのみや＝岡山）に長期滞在された記事（記・紀）とも関連がありそうである。ここに、広島県のほぼ中央に鎮まる大土山の西北の一峯（六八八米）の頂上の岩石群もその一つである。これは、饅頭型の巨石を主座とする、ほぼ平坦な地面に点在する岩根の組合せであるが、その形態および配置ならびに環境のあり方からみて、まさしく祭祀のための太古岩座である。もし発掘が許されるならば、石器時代以前の祭器も出土するであろう。また、その西麓の甲田町辺から、沢山の立派な古墳群が見出されるのも、それ以前からここに文化の源泉（祭祀）があったからであろう。他の著名な元つ宮に比して、その規模は、とくに巨大でも微小でもないが、その威厳にみちた雰囲気は、著しく清明にして優雅な稜威が感受される。おのずから、辱（かたじけな）さに涙こぼれるが、何ごとが在おわしますかは、凡夫の身には知りかねる。」

辱さに涙こぼるるとは、伊勢神宮に参拝した西行法師の言葉であるが、天ノ岩座神宮の存在を的確に言い表わしているといえよう。雪山を三時間に亘っての登山は困憊を極めたが、胸の高まりは抑えることができなかった。大きな宝物をいただき、感動と共に下山したのであった。

中西旭氏

古事記の比婆之山《ひばのやま》を訪ねて　伊邪那美神《いざなみのかみ》の祈りの峰

比婆山信仰圏とは何か

大土山の豪雪で予想以上の時間を要してしまった。しかし、今回の旅でどうしても行かなければならない目的地があった。それは、伊邪那美神が葬られたという比婆山である。

古事記には、「其の神避（かむさ）りましし伊邪那美神は、出雲國と伯伎國との堺の比婆之山に葬（はぶ）りき」とある。伊邪那岐神と伊邪那美神の夫婦神は、天の願いである国産みを無事に成し遂げる。しかし、火の神を産んだ伊邪那美神は、自らの女陰を焼いて神避ることとなる。その葬られた場所が比婆山なのだ。

古事記の記述では場所は分かりにくい。比婆之山とは、出雲國と伯伎國の間にあるのではない。古事記のいう境とは、両国の南側に接する吉備國と安芸國（広島県と岡山県）をも意味するのだ。

比婆山一帯は、分水嶺となっており、出雲国、伯耆国、吉備国という違う文化圏の緩衝地帯となっていた。ここが聖地となり、比婆山信仰という共通信仰圏が生ずることとなった。この嶺一帯が磐座となり、西側の遥拝所が比婆山神社、東側の遥拝所が熊野神社（旧比婆大社）、そして、出雲国側、伯耆国側にも遥拝所が設けられていった。

比婆山神社を目指して

もう夕暮れである。レンタカーを飛ばすとアイスバーンで左右に振られる。夏タイヤでよくぞここまで来たものだと自分を励ましながらも目的地は遠い。この時間だと旧美古登村（みことそん）側の熊野神社には間に合わない。西側の比婆山神社を目指すことにする。こちら側を訪れる人は更に少ない。今回の旅の目的としては相応しいのかもしれない。

三次市を越え庄原市に入る。国道を外れて山側に進路を取ると対向車さえいなくなる。比和川に沿って比婆山公園森脇線を奥に進む。途中にヤマメ養殖場の看板があるが民家は極端に減っていく。もう比婆山に入っていることは間違いない。気温は非常に低く、路面凍結注意報が出ている。17時までに辿り着けなかったら間違いなく路面が凍って帰れなくなるだろう。そうなる前に引き返すしかないのか。暮れゆく空を見ながらあれこれ考える。伊邪那美神は私に来るなというのだろうか。そんな思いが脳裏を過ぎる。

あった。比婆山神社である。17時10分前に見つけることができた。伊邪那美神には見捨てられてはいなかったようだ。この神社は丘陵にある。おそらく昔は古墳であったのかもしれない。神域は杉の巨木が鬱蒼と生い茂る森となっている。二千年以上の古社と伝えられるが、それは間違いないだろう。山全体と巨木が磐座となっているのだ。

それにしても積雪量が半端ではない。夏の写真を見ても参道があるわけでもなく、杉の巨木の間に祠が鎮座するのみである。鳥居の下部は雪で埋まっている。大土山登山を思い出して思わず足がすくむ。近づいていく。するとどうだろう。犬と人の足跡が一筋ついているではないか。人の祈りとは素晴らしい。雪を掻き分けて祠を守っている人々がいるのだ。足跡を眺めながら思わず目頭が熱くなる。鳥居をくぐって更に進むと神殿が現れた。

簡素な作りだが、神殿部分は綺麗に掃除され、地元の人にとっての重要な鎮守であることがわかる。この雪では祠の周りの除雪作業は無理というものである。摂社が四社ほど見えるが雪に埋まっている。それでもお神酒はしっかりと供えられていた。

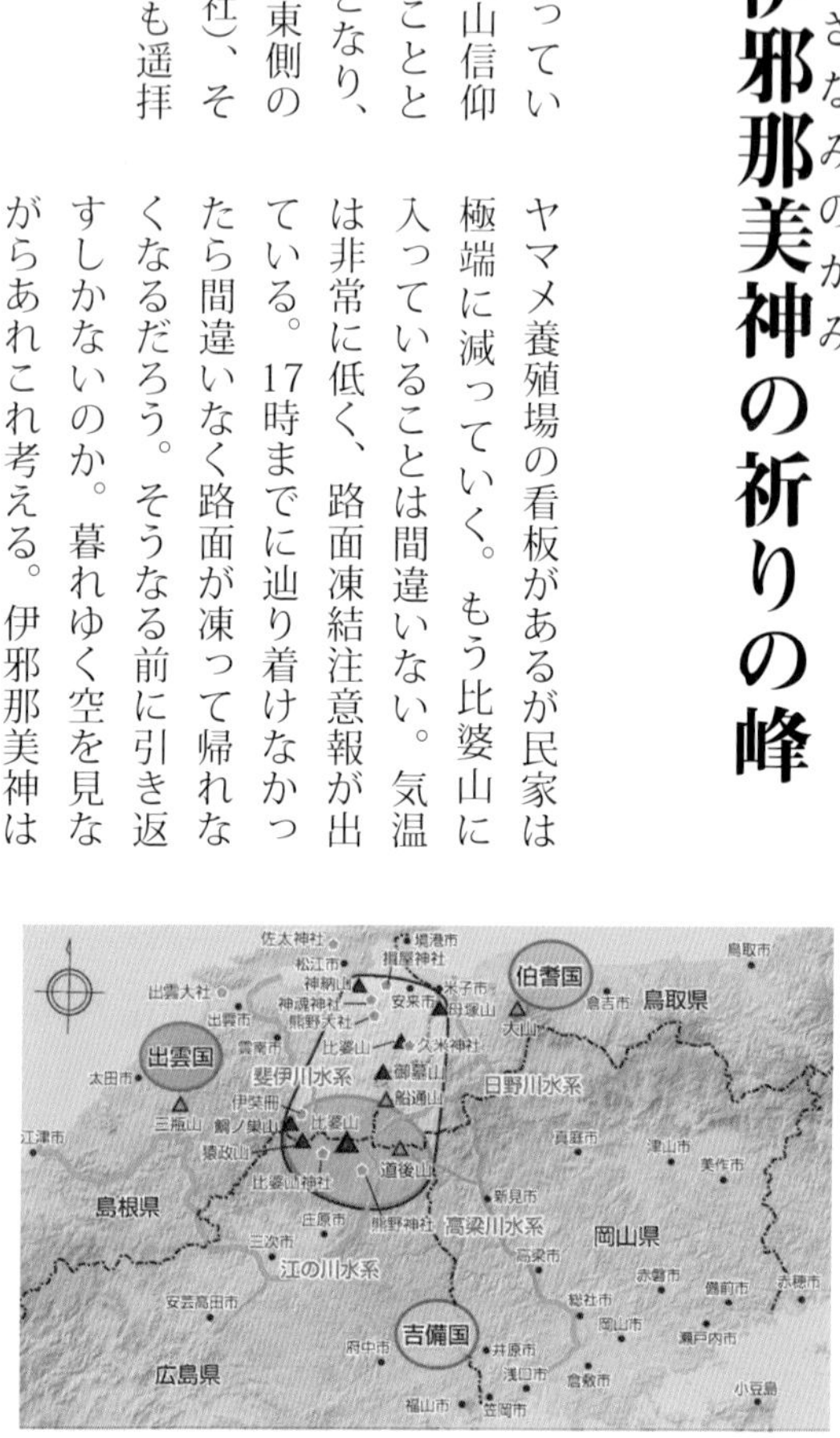

比婆山信仰圏の分布『日本誕生の女神・伊邪那美が眠る比婆の山』より引用

箇素だが威厳のある神殿

雪に埋もれる摂社にお神酒が

鳥居は半分まで雪に埋もれていたが人と犬の足跡が見えた

神域には、ただ杉の落ち葉が降り積もるのみであった

伊邪那美神の平和への願い

心を整え、呼吸を整えて祈りを捧げる。伊邪那美神はいかなる思いで私たちをご覧になっているのだろうか。

自らの命を捧げて修理固成の神勅の偉業を成し遂げたお方だ。最後は火の神による祓いを自らに課して神避られた。

現代に生きる私たちは自分のことだけを考えて生きているのかもしれない。他者のために生きることをどれだけ思っているのだろう。今なお世界各地では紛争が絶えない。主要国の要人たちがここ広島に集って何を感じてくれたのか。

広島にあるのは原爆投下の史実だけではない。人類の未来を切り開く根源的な平和への祈りが刻まれてきた地なのだ。

気がつけば辺りは暗くなっていた。路面が凍る前に帰らねば。杉の落ち葉が降り積もる神域。ここには確かな祈りがあった。後ろ髪を引かれながら帰路に着く自分がいた。

ブルネイ王国から愛を込めて・忘れてはならない南方特別留学生
マダム・ハシモトに聞く

被爆した広島文理大学校舎（学生の大半は学徒動員により校内にはいなかったが、一部理科系学生と南方特別留学生が犠牲になった。）

かつて南方特別留学生という制度があった。彼らは、1943年から終戦までの間、マレーシア・インドネシア・ミャンマー・タイ・フィリピン・ブルネイの各国から将来を担って招かれた205名の日本の国費留学生である。留学生たちは、帰国後、祖国の首相や学長に就任するなど発展を支える柱となった。

中でも、広島文理大学と広島高等師範学校（共に現広島大学）に留学した生徒たちは、興南寮（南方を復興させるの意味）に住み、近隣の日本人と深い絆を結んでいた。しかし、8月6日、原爆が投下され、修学はそこで途絶えることとなる。被爆した留学生の中には、その後ブルネイ王国の首相となったペンギラン・ユソフ氏がいた。彼は、駐日ブルネイ・ダルサラーム王国特命全権大使も務め、日本とブルネイとの親善に尽くした。

ブルネイ王国はなぜ親日国家なのか。被爆をした地である日本をなぜ彼は愛したのか。ブルネイ王国に在住し、世界各地の秘境の地などのコーディネーターを務めるマダム・ハシモトに、真実の物語を聞いた。

ーまず、ブルネイ王国に在住することになった経緯などをお聞かせください。

ブルネイは、ボルネオ島の東マレーシアのサバ・サラワク州に囲まれたイスラム教の小さな王国です。1941～45年までは日本の統治下、しかし、大東亜戦争後再び英国の植民地となりました。1984年には英国より独立しました。私が住み始めたのは1982年。それからもう40年以上になりますね。昔は日本が統治していた国ですが、その後、第二次世界大戦後には再び英国が占領し、私が住み始めた頃は、国土の3分の2以上はジャングルでした。1984年に英国から独立、国連、アセアンに加盟して日本とも国交を樹立しました。第一印象は「平和な国」。TV局は一局のみで、夕方だけ三回のニュースがマレー語・中国語・英語で流れます。ニュースの映像は三回共同じ。一週間のニュースです。新聞も毎日はなく週刊。「事件というものはないのかしら?」と、実に不思議な国に来たものだと思いました。

ー忙しい日本から移住されたわけですからびっくりされたことでしょう。ところで、ブルネイ王国は親日の方が多いと伺ったのですが、それはなぜなのですか。

当然、歴史にあると思います。大日本帝国ブルネイ県として日本の統治での初代県知事として任命された方が木村強知事。1942年に就任しわずか一年間の任期でしたが、王位を尊重し国民には奴隷的な扱いではなく親身に技術を指導、教育の機会を与えるなどしました。当時の軍部からは「手ぬるい」と批判されましたが、ブルネイ人から実に慕われて居りました。私が、現地のお年寄りにマッサージをして戴きましたが楽しそうに「桃太郎さん」の歌を歌ってくださいました。当時の国王（27代目国王）は木村知事にブルネイを更に知るためにと実弟のプリンス、オマール・アリ・サイフデイン（28代目国王）を秘書としました。現国王である29代目国王のハサナル・ボルキア国王は28代目国王の息子です。

また、南方特別留学生として日本に留学した、ペンギラン・ユソフ元首相の存在も大変大きいと思います。彼は日本語が堪能でしたから、駐日ブルネイ・ダルサラーム王国特命全権大使も務めました。被爆者でもありましたが、日本とブルネイのために尽くされた偉大な方です。私は、ペンギラン・ユソフ閣下とは特に親しくさせていただきました。

被曝した興南寮の跡地に建てられた慰霊碑に献花される駐日ブルネイ・ダルサラーム王国特命全権大使のシャブデイン・ハジ・ムサ閣下

ー私もお会いしていますが素敵な方ですね。ペンギラン・ユソフ閣下との出会いはどのようなものだったのでしょう。

私が移住した当時、ブルネイで日本語ができる人は稀でした。そこで紹介を受けたのが元首相のユソフ氏でした。紹介された時の最初が「私は広島での被爆者なのです」という言葉だったのです。私は大変驚きました。戦後生まれの私は、被爆の体験もありません。ユソフ氏から広島の原爆投下の事実を学ぶことになったのです。

日本統治時代には南方特別留学生と制度がありました。その中でブルネイからはただ一人のみ。彼の留学先は広島文理科大学（現・広島大学）で、日本政府としても将来有望なる人物と見たのだと思います。日本軍部としては、優秀なる留学生ということのみならず石油・天然ガスの豊富な資源も狙いであったと思います。

ー閣下は南方特別留学生で被爆者でもあったのですね。その方から直接に被爆体験を学ばれたのは貴重です。是非お話をお聞かせください。

氏は、広島市の萬代橋より70メートル先にあった興南寮という留学生のための寄宿舎に住んでいました。興南寮では、寮母の遠野寛子さん、近所の池内さん、藤田さん、瀬川さん、高木さん、花岡さんのご家族に大変お世話になったと語っていました。ホームシックになった時には随分慰めて戴いたようです。

インドネシアからの留学生のギター演奏で、留学生皆で祖国の歌を歌いました。寮母さんはじめ近所の皆さん方とも歌って居りました。そのうちみんな覚えてくれて楽しく合唱をしたようです。その話をされる時のユソフ氏にはいつも涙があふれ出ていたのを思い出します。

原爆投下の後、元安川で筏に乗って助けを求めている二人の若い日本人に出会いました。ユソフ氏とマレーシア留学生のオマール氏は一緒に助けてあげて看病をしたそうです。「お水！お水をください！　助けて！」といって。
　助けられた二人の日本人女性のお一人は、「栗原明子さん」。今でも「矢野おりづる園」に入居されておられるとの情報を得ましてお尋ねしました。しかし、コロナ禍でお手紙を受付にお願いし、失礼を致しました。数日後、元気な声でお電話を戴き丁寧なお手紙も戴きました。ユソフ氏のお孫さん方にも報告したのですが、「信じられない！」と感動しきりでした。その手紙は、ブルネイに戻ってユソフ氏のお墓で読んで聞かせるために大切に保管しております。
　現在、元安川の土手には、興南寮の跡地に慰霊碑があり、お世話になりました花岡俊雄さんのご子息正雄さんが定期的に管理をされておられています。ユソフ氏は心より感謝をされておられました。
　昨年2022年8月の原爆に日、広島平和記念式典に参列される駐日ブルネイ・ダルサラーム王国特命全権大使シャブデイン・ハジ・ムサ閣下は、式典の前日に慰霊碑にお越しになり、ご一緒に花を供えさせていただきました。

ーご本人たちも被爆されていたというのに素晴らしいことですね。その後はどうされたのですか。

　親しくしていた花岡氏が留学生の生存を案じて確認を取ってくれました。外務省からの通達により留学生は全員帰国をすることになったのです。広島を離れるまでは三輪家にお世話になりました。その時お礼に残した歌がこれです。

「悲しさに　心みだるる　故郷かな」
昭和20年8月
北ボルネオ・ブルネイ県ブルネイ市
ペンギラン・ユソフ

　マレーシアのオマール氏（マレーシア・ジョホール州の王子）も一緒に東京駅に向かったのですが、彼は、被爆状況が最悪で京都で下車。市民

原爆ドームの前で涙するペンギラン・ユソフ閣下

興南寮の場所を確認する

ブルネイの子供たちが平和を祈りながら折った千羽鶴を収めました。
ユソフ閣下を囲み孫のハジャ・アナ（右）・マダム・ハシモト（左）

興南寮の慰霊碑
花岡正雄ご夫妻がご案内して下さった。

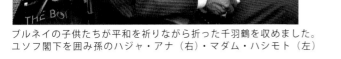

新倉富士浅間神社の富士山と桜に感動する
ペンギラン・ユソフ閣下

〈ブルネイ国歌〉　作詞　ペンギラン・ユソフ

Y a Allah lanjutkanlah Usia kebawah Dulia maha Murlia adil berdaulat menaungi nusa Memimpin rakyat kekal bahagia Hidup sentosa Negara dan Sultan Ilahi selamatkan Brunei Darussalam

和訳：
国王陛下にアッラーのご加護を末永く陛下が健在で王国を公正に
そして、高貴に統治して下さることを、常に国民を幸福に導いて下さることを
国と国王陛下にこの平和な地であるブルネイ王国を常に守られることを！

の皆さんの温かいご支援で京都医大に搬送されました。しかし、残念ながら医大にて他界されました。

その折、京都医大の教授は実に懸命に付き添い、教授ご自身の血をオマール氏に輸血しました。オマール氏は、「私たちは兄弟だよ！」と話したそうです。その後市民の皆さんの手で、徳川家康の墓がある左京区「圓光寺」にイスラム教式で埋葬されたました。元小学校教師の早川幸生先生は「オマールさんの会」を立ち上げ、「彼の死を無駄にしてはいけない」と現在でも南方特別留学生の体験から原爆投下の状況を子供たちにそして「核の廃絶」を訴える活動をいたしております。その後、米軍の飛行機などを乗り継いでブルネイに帰国したのです。そしてブルネイの発展のために尽力しました。

ーブルネイのために尽くされた偉人ですね。ユソフ氏と日本との思い出はたくさんあると思うのですが他にはいかがですか。

ユソフ氏は日本が大好きでした。２００９年には、どうしても日本を訪問されたいとのことで孫のハジャ・アナさんと門司・小倉・福岡・広島とそして、広島ドームでは、突然、車椅子から立ちあがり涙して居られました。「水をください、水・水を」消える事のない日本の友達の声、救ってあげられなかった多くの日本人の友人。京都に眠るオマール、しかし悲しい思い出だけではない。南方特別留学生の同窓会では、全員の共通語は日本語。関西大学では、「平和と人権」について学生たちとも対話ができました。最後の訪問地は富士吉田の如来寺のご住職夫妻に新倉富士浅間神社へご案内をして戴きました。残雪の富士山を背景に満開桜。「美しい！なんと美しいのだ！日本は、第二の故郷です！」ユソフ氏と同年のご住職のお母さまと「まだまだ長生きいたしましょう！」と約束。春風の中やっとペンギランの笑顔を見ることができました。

ー日本の数え方でいえば米寿の頃の旅。ご高齢のユソフ氏にとっては大変な旅だったでしょう。それでも日本には来られたのは愛するが故ですね。

はい。本当にそう思います。日本政府は彼に被爆者手帳を渡そうとした時があります。手帳があれば医療費は無料になります。しかし、その手帳の受け取りを彼は断っていました。「原爆を落としたのは日本ではない。落としたのは米国です。それなのに日本から受給をいただくことはできません。」と。彼は本当に日本を愛していました。近くにいた私にはそれがよくわかります。

一昨年、核兵器禁止条約が発効しました。岸田文雄首相は、「一刻も早い核兵器のない世界の実現に向けて国際社会がアユミを進めていくことを強く願っています。」と宣言しています。世界で唯一の被爆国が日本です。世界平和は日本がリーダーシップを取るべきだと思うのです。

ー南方特別留学生の存在とペンギラン・ヨソフ閣下の生涯。感動しました。そして、私たちに平和のあり方を教えてくれました。ありがとうございました。

南方特別留学生としての帰国後は、ブルネイ国歌の作詞、ブルネイTV局長、大臣、首相、駐マレーシア特命全権大使、二度にわたり駐日ブルネイ全権大使、ブルネイ王室最高顧問、広島大学名誉博士、「原爆」をマレー語にて執筆（マダム・ハシモトが翻訳）、２０１６年４月11日没享年94歳29代目ボルキア・ハサナル国王はじめ全閣僚が通夜・埋葬迄見送った。お墓は、ツトン県自宅近くに埋葬された。

美術家と日本の美❶

天野裕夫

《兎塔》木・ブロンズ　w 42 × d 43 × h 60cm、2021年

彫刻家・天野裕夫は岐阜県瑞浪市の生家近くの大湫神明神社の御神木と深い縁で結ばれている。石や金属で彫刻作品を制作していた天野は、樹齢700年近くの御神木の保護のため枝を伐採した大量の材木を郷里の父親から活用できないかと話があり、それを彫刻の部材として譲り受けることにした。多摩美術大学の客員教授でもあった当時は、神奈川県のアトリエで御神木の部材と向き合った。そして長い歴史を経てきた樹の形象と対話する中から、これまでの素材と異なる木を使った新しい彫刻作品が制作されるようになった。その作品は多くの展覧会に出品され高い評価を得てきた。

2018年、定年などを経て、作品制作に打ち込むため郷里の大湫町にアトリエを移転した天野はその2年後、暴風雨で大湫神明神社の御神木が倒れてしまう惨事に出会うことになる。地元の象徴としてランドマークのような存在として在った御神木が倒れた知らせを受けた朝、自宅から神社まで走って行きその場に立ち会ったという。

そして現在、その御神木を高さ約9メートルのモニュメントとして甦えさせるため、地元の協力を得て、巨大な彫刻作品「兎塔」の制作に打ち込んでいる。その作品構想を知ることのできる作品が発表されている。

天野裕夫（あまのひろお）１９５４年岐阜県に生まれ。１９７８年多摩美術大学大学院彫刻科修了。第３回高村光太郎大賞展 彫刻の森美術館賞、第１回ロダン大賞展美ヶ原高原美術館賞、第６回現代日本陶彫展金賞など受賞多数。個展、グループ展での作品発表の他、全国の多くの公園などに野外彫刻が設置されている。

神社が伝える
世界へのメッセージ

世界中の人々が神道の哲学と精神を必要としています サンマリノ神社で日本の心を伝えたいのです

マンリオ・カデロさん（サンマリノ共和国特命全権大使・外交団長）

ウクライナ紛争やコロナ禍で揺れる現代。世界各地の紛争は収束する兆しが一向に見えない。解決方法はどこにもないのか？「その解決の鍵は日本にあります。」そう語るのは、サンマリノ共和国特命全権大使のマンリオ・カデロさんだ。日本に赴任する外交官のまとめ役である外交団長として活躍するマンリオ・カデロさん。氏は、サンマリノ共和国に神社を作り、日本の心をヨーロッパの人々に伝えている。国際情勢に精通する立場から日本の心とは何かを語っていただいた。

—国際情勢が緊迫していますが、何が問題なのでしょうか。

独裁国家という存在が問題です。残念ながら、ロシアはプーチンの独裁国家です。今、世界には約204カ国がありますが、10ぐらいの国が独裁国家です。そういう国が世界で孤立している。独裁国家をなんとかしないと世界平和はできない。プーチンは戦争のルールを守ってないし、戦争の法律違反をしています。オランダのＩＣＣ（国際刑事裁判所）の裁判も始まりました。

独裁体制を片づけるということは、彼らにも多くのメリットがあります。例えば、北朝鮮。日本と仲良くしていれば、今は経済的にも発展していたはずですね。中国の発展も日本のお陰です。一般投資だけじゃないＪＩＣＡとかＯＤＡとか日本政府の援助も大変大きい。

私は、ジャーナリストだったので毛沢東の時代に中国を取材しました。その時代は、もうかわいそうなぐらいに貧しかった。それが今、50年ぐらいでとんでもなく変わりました。全部日本のお陰なんです。

—おっしゃる通りです。日本という国は『和とまこと』という国是でアジアの国々に尽くしました。日本の経済的援助で発展したのがアジア各国です。そのほかにはどのようなことがあるでしょうか。

漢字という存在があります。日本人もアジア人も、多分気がついていないことですが、漢字をツールとして発展させたのは日本人です。アジアの国は48カ国ありますが、現在でも漢字を使ってるのは中国と台湾を除けば日本だけです。

なぜでしょうか。古代中国の皇帝は漢字の書き方を、わざと難しくしました。貴族と頭の良い人だけが漢字を使えるようにして、一般人に教えることは決してしなかったのです。にもかかわらず、彼らは、この難しくした漢字をアジア全体で使ってほしいと考えました。

水間編集長とカデロ大使

ほとんどの国が断りましたが、日本だけは断りませんでした。それには理由があります。当時の応神天皇は迷ったけれども、「中国人ができることならば、日本人にもできるはず。我々は負けないようにやりましょう。」と、漢字の採用を決断したのです。そのおかげで、今の日本は、世界で唯一、四つの書き方がある国となりました。ローマ字を使う国はアジア48カ国の中の8カ国が使っています。香港を入れれば、9カ国です。

ひらがな、カタカナ、ローマ字、漢字。こんな国は日本しかありません。

中国人はエゴが少し強いので漢字をわざと難しくしたので識字率は非常に低かった。庶民は漢字を読めないし書けなかった。ところが日本では庶民でも漢字の読み書きができた。これが中国と日本の大きく違うところなのです。中国人が韓国人に日本に漢字を薦めるように頼みました。韓国の方が日本に地理的に近いし、漢字を使うことで貿易が出来て経済の発展を見込めますから。五世紀の応神天皇はこれを受けた。応神天皇が受け入れた漢字ですが韓国人は結局諦めてハングルを使うようになりました。他の国もローマ字になったり自分の国の文字だけになったりして、結局、漢字を使うのは中国と台湾と日本だけになりました。

ここで大変面白いことがあります。日本人は独自の漢字を作りました。国字と言いますが、１５００字以上もあります。この漢字は逆に中国人は読めない。不思議なことになっています。

中国は、日本が漢字を使ってくれたことに感謝しなければなりません。金融用語、技術用語、学術用語、政治用語などの漢字熟語は、そのほとんどが日本で作られたものです。漢字だけではなくそのノウハウの全ては日本で出来上がったものです。結局、今の中国のビジネスは、全部、日本で出来上がったアイデアとシステムをそのまま使ってるのです。

—なるほど。アジアの経済システムが発展したのは、日本の影響が大きいですが、その一因は、日本が漢字をアジアの共通言語として導入した

ことにあると。確かに、中国でも韓国でも契約書類などの法務書式は日本の形式と全く同じです。しかし、商業倫理に関しては全く違いますよね。

はい。技術提携、ブランド提携、営業提携、全部日本式です。中国人は義理と人情が昔はありましたが、残念ながら今はなくなってしまったようです。ここが違うのです。感謝をしない。日本人はすごく素直で謙虚で感謝をします。

中国には竜、ドラゴンがあります。昔の中国国旗のドラゴンには、爪が五つある。韓国は四つ、日本は三つです。日本は、謙虚に受けとめて、「我々は小さくても良い国なのです」と、すごく素直に受け止めました。

しかし、本当は日本の方がすごいのです。世界で一番古い国旗は日本の国旗です。「日の丸」ができたのは、七世紀の文武天皇の時です。その後、中国、ベトナム、韓国も、国旗を作りましたが、全ての国旗に丸い太陽を入れている。これは日本の国旗を真似たからです。中国はすごく威張っていますが、ドラゴンが口開けてる真ん中に、日の丸が入っているのですね。今現在、17の国が太陽を使っている。

日本人は何かする時にすごく正直で、他国の良さを素直に認めます。これが中国と違うところです。日本にはオリジナルで自慢できるものは山ほどあるけれど、日本人は自慢しない。これが素晴らしい。ノーベル賞だって日本人関連は31人ぐらいいますが、中国は人口が多いのに一つらしい。

―カデロ大使が日本の歴史に詳しいので驚いています。日本に興味を持たれるようになったきっかけは何かあったのでしょうか。

パリ大学在学当時のクラスメイトに一人だけ日本人がいました。彼は私より2歳年上でしたが、同じ身長というのもあってすぐに仲良くなりました。彼の父親は、田中耕太郎という国際司法裁判所の一番偉い判事でした。彼が持っていた本に紫式部の源氏物語のフランス語版がありました。それを読んで驚いたのです。この本は11世紀に書かれたものですが、世界にはまだ小説なんてなかった時代です。源氏物語は世界で一番古い小説になります。しかも、女性作家。これは凄いことです。いつか日本に行ってみたいと思うようになりました。

その願いを果たすため、大学を卒業してから国際的なジャーナリストの仕事に就きました。東京オリンピックの前後に半年ほど日本に滞在し、その後、在籍していたイタリアの出版社から、日本に滞在するようにいわれました。日本、韓国、香港、台湾、ベトナムをカバーし、その後27年間東京で特派員をやることになったのです。その間には様々な取材をしました。川端康成も三島由紀夫も取材をしました。岡本太郎とは親友になりました。彼はソルボンヌ大学だったのでフランス語が上手く、面白い人で、いろんなことを教えてくれました。

滞在していく中で私は、日本は本当にすごい国になる。間違いないと思いました。だから、この国に投資するべきだと皆にいったのです。しかし私は若かったこともあって、みんなは信用しなかったんです。私は預言者ですね、私が思った通り日本は素晴らしい国になりました。

私は日本に永住しようと思っています。今では、ヨーロッパに住んでいた時より、日本の方が長くなりました。日本で友達がいっぱいできました。それから、日本は仕事が早いんですよ。ヨーロッパは遅い。多分、仕事が一番早いのは日本でしょう。それから、サービスもしっかりしてますから、仕事をするには日本が良い。

もちろん日本人と結婚したことも永住したい理由の一つです。妻は居合道五段の先生です。

―日本には「骨を埋める覚悟」という言葉がありますが正しくそうですね。

はい。お墓も日本にしたいと思っています。でも私はあんまり火葬が好きじゃない。昔の日本人はみんな土葬だったのです。そういう考えの友人が10人ほどいて神社で土葬ができる場所を探しています。

日本のお葬式は仏教が強い。神社がかわいそうです。お寺は忙しいですが、神社はもう、食べられないところが多いんですよ。神社は8万6千あるけれど、宮司は2万2千人しかいない。それで、たくさんの神社が宮司がいない兼務社

サンマリノ神社創建時のの様子

になっています。

お寺は、お坊さんが33万人もいますし、お寺は7万件ぐらいあります。なぜ忙しいかというとお葬式とお墓です。明治天皇のお蔭で、神社・神道と仏教が別々になったからよかったと思います。私は仏教哲学も勉強しましたが神道とは全然違う。私はどちらかというと、神道の方が自然で明るくて好きです。仏教はちょっと堅い。

―神道には「お天道様が見てござる」っていう心がありますよね。

そう、それです。神道の基本は自然ですよ。大自然。八百万の神様がいます。お水、緑、食物、お米まで神様です。天皇陛下はいつもお米のお祭りをしてるわけですから。

今残ってる宗教という面では、神道が一番古いかもしれませんね。メソポタミア文明が古いことになっていますが、縄文時代の方が古いのです。でも、残念ながら日本では縄文時代の研究をしてる学者が少ない。残念です。

これからは、「神道の心」というものをしっかり教科書でも伝えていく必要があります。なぜ日本は天照大御神なのか。これを知るには縄文時代を知らなければなりません。この時代の焼き物はほとんど女性です。男性はめったにない。女性が子供を作ります。だから神様と思っていた。すごく論理的で合理的です。

世界の宗教団体が大小、カルトまで入れて4500あります。でも女性をシンボルにするのは神道だけです。4500分の1。ほとんどは男性。インドには女性の神様は少しありますけれど、絶対神の方が女性っていうのがやっぱり神道だけです。仏教も皆男性です。

―本当にそうですね。女性は平和を望みます。縄文時代の平和な心が今の神道に息づいているということですね。

はい。縄文時代はすごく平和で、武器もなかったし、戦争もありませんでした。その分け隔てがない心が、靖国神社という鎮魂社の思想につながっているのですね。

世界で最初の戦争は、メソポタミアですが、9千年前ですよ。縄文はもっと古くて、一万年を遥かに越しています。ウィキペディアでは、古い十大文明にも縄文文明が入ってい

玉串を捧げる画家マークエステル氏

創建時の祭祀の様子

ません。私はメールを送ってウィキペディアに訂正するように文句を言いました。縄文時代はマヤ文明のような生贄の文化が一切ない。そういう残酷なことが縄文時代には考えられない。争いの跡がない。村を作って、人増えすぎると、何人か移動してまた村が始まった。

それから、ゴミがない。ゴミは何でもリサイクル。パーフェクト・リサイクルです。食べ物は、フルーツ、野菜と魚。健康的なんですよ。虫歯もなかった。私は骸骨を見ました。縄文時代の歯の並びは素晴らしい。甘いもの、砂糖もなかった。お酒もなかった。お米もなかった。お米は7千年年くらい前からですね。その前は栗とか栗ですよ。

それから、縄文時代には鍋物が多い。素晴らしい土器がある。世界で一番最初に焼き物を作ったのが縄文時代です。縄文文明のことが世界中に広がればすごく平和になります。なぜかというと、すべての宗教団体は、人間が作った話です。しかし、神道だけは誰も作ってない。自然にできたのです。それが現在まで続いてるというのは奇跡に近いかもしれません。大東亜戦争の時も、戦争に一番反対していたのは神道関係の方々だったのです。

—カデロ大使は伊勢志摩サミットの時に外交団長されました。その時の様子はいかがでしたか。

はい。サミットの時だけではなく、伊勢神宮の式年遷宮の時も行きました。遷宮の時は、外国人が5人だけで、その中の一人が私でした。すごく印象的でした。

夜中ですから虫が集まると思ってウナコーワを持っていったんですよ。ところが、虫が全然いない。多分、照明が電気ではなくて松明（トーチ）だったからだと思います。煙の匂いがあったので虫が近づかない。3千人以上が5時間じっとしている。日本人は、みんな少しもしゃべらない。すごいことです。

—大使が中心となって２０１４年６月、サンマリノに本格的な神社を作られましたが、この経緯をお聞かせください。

神社を作ったのには理由があります。一番大きい理由は、日本には、キリスト教の教会が、カトリック、プロティスタント、オルトドクスなど９９２もある。クリスチャンは少ないのに。モスクもあるし、日本は何でもＯＫ。すごくオープンですね。それなのにヨーロッパには52万6千8百人も日本人が住んでいるのに神社が一つもない。これはフェアじゃないです。

日本は古い国で、立派な文明もある。あとジャポニスムは、フランスでもヨーロッパでも部分的に影響がありました。日本的なものですね。だから日本には素晴らしい大きな文明がある。日本が強いのは神社のおかげ。他のアジアの国は、カンボジア・ラオス・ベトナムとか国民性は皆似ています。しかし、日本だけは全然違う。

これは神社のおかげだと思います。責任とか義理と人情とかマナーとか、モラルとか全部神社につながっているんです。神社には「日本精神の精髄」みたいなものがあります。日本はすごくユニークな国です。それから、２０１１年の東日本大震災のこともありました。サンマリノは北斎の津波の切手を作って売り上げを日本に寄付したんです。

—なるほどそれは素晴らしいことですね。どんな神社ができたのですか。

お金はあまりなかったのですが、加瀬英明先生をはじめ、有志の皆さんが集まって日本サンマリノ友好協会というチームを作りました。佐藤貢さんという方が伊勢の職人さんを紹介して下さいました。伊勢神宮の式年遷宮の時の材木を一部貰い受け、それを船積みしてサンマリノまで運んだのです。

最初は小さな社殿だけでしたが、皆さんの協力でだんだん整ってきました。石畳の道を作り、小さい式場も作りました。狛犬も入りました。毎年、いろいろな改善をして今は結構きれいな神社なっています。桜の木も植えたんですよ。

—資金作りも大変だったこととお察しします。ご苦労があったのでは。

はい。苦労しました。サンマリノ神社を作るために神武天皇の金貨を作りました。日本サンマリノの外交関係60年の記念金貨です。私は外務省の方にこのことを伝えたら、「それは神話ですよ。みんな信じていないから神武天皇じゃない方が良い。」というのです。そうしたら、加瀬英明先生は大変怒った。一緒に外務省の人と会って、加瀬先生がお説教をしました。反対する人が色々いました。「金貨を全部うちが買いますから、神社をやめてください」という仏教関係の方もいました。でも私は信念を通しました。神社をヨーロッパに作ることに意義があったのですから。

—なるほど、実際に作ってみなければわからないご苦労です。明治になるまでは神仏習合で神も仏も一緒に鎮座していたというのに。西行法師は伊勢神宮に行った時に「かたじけなさに涙こぼるる」という歌を残されています。さて、サンマリノ神社の今後の展望をお聞かせください。

はい。神道は仏教をはじめ全てを包み込むものです。大自然と一つですから。エコロジーです。私は、よく講演でこのことをいってます。エコロジーの言葉は、ギリシャ語エコロヒア。その意味は、自分の家と庭を守る。でもギリシャの文明は五〜六千年しかないんです。本当のエコを生んだのは日本の縄文時代です。縄文時代以上のエコロジーはないのです。ゴミもない。ゴミも全部リサイクルしてます。サンマリノ神社は縄文時代の精神を引き継いで作ったといえます。

この神社は今後のヨーロッパに大きな影響を与えていくと思います。サンマリノ共和国は小さな国ですが、現存する世界最古の共和国として独自の存在感があります。国旗の白は「平和」を、青は「自由」を表しています。また、紋章を取り囲んでいるオークの枝葉は「安定」を、月桂樹の枝は「自由」を、王冠は「主権」を表しています。心から世界平和を願ってきた国なのです。その国に『和とまこと』の精神を貫く日本の魂ともいえる神社がある。これはとても重要なことです。私は、このサンマリノ神社を、日本の心を伝える拠点にしたいと思っています。

現在のサンマリノ神社

今年の6月24日と25日、サンマリノ共和国ではコロナの収束後4年振りに「SANMARINO MATSURI 2023（サンマリノ祭り）」が開催されます。初日はサンマリノ神社で、参拝とご祈祷、表博耀先生の神楽、平和の鐘記念式典は町の中で行われます。お神輿、餅つき、提灯点灯式、日本とネットを繋いだ交流会などが開催されます。2日目は、サンマリノ市内に会場を移し、国際交流フォーラム、キモノファッションショー、日本伝統音楽、カラオケ大会、コスプレ大会、Hokusai名画展、屋台などの物販など日本のお祭りをイメージしたイベントが催されます。私はこのイベントを末長く続けていって、ヨーロッパに日本の心を伝えたいと思っているのです。

—もうすぐですね。コロナ禍で動けなかった分、参加される皆様の喜びも格別だと思います。ご成功を祈念しております。これからも日本の心を多くの人々に伝えてくださるようお願いいたします。

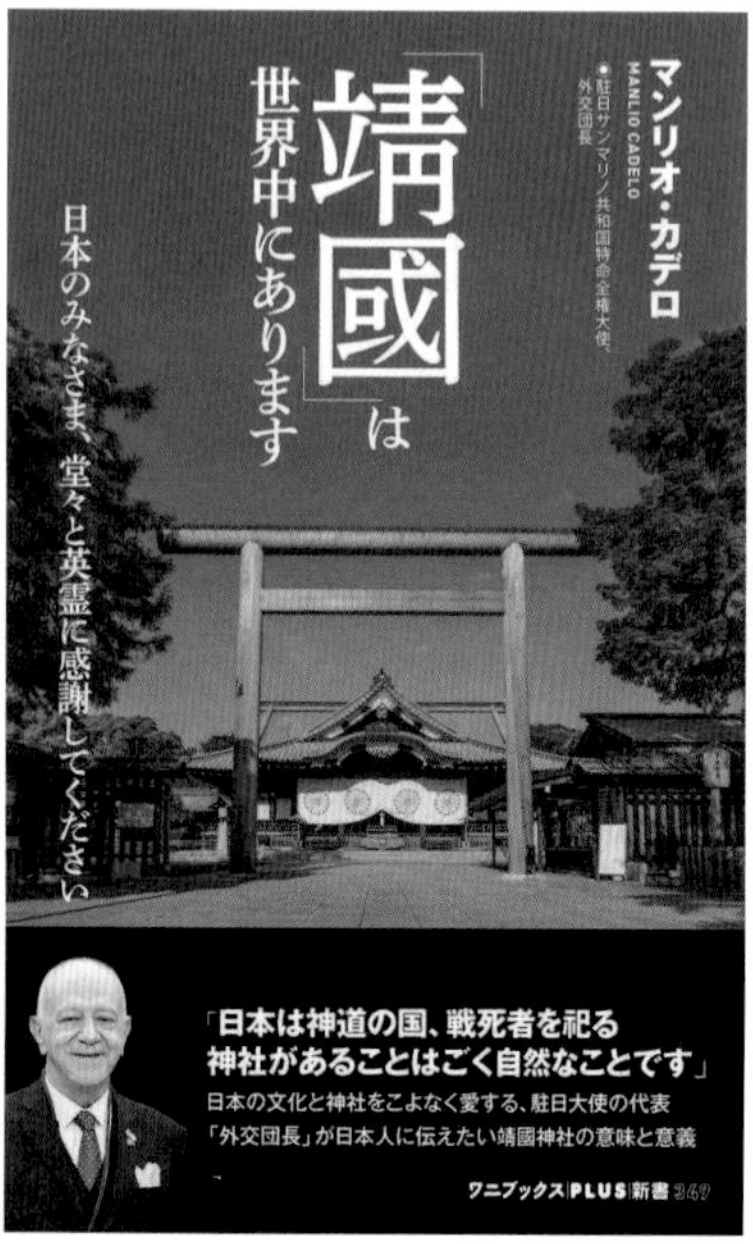

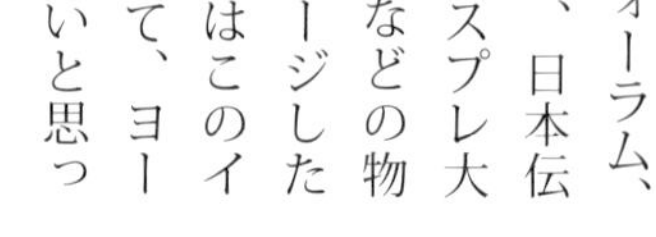

【マンリオ カデロ】
駐日サンマリノ共和国特命全権大使、駐日外交団長。 駐在国における各種外交行事の際は、全ての外交団の代表として出席し祝辞を 述べる。
滞在歴約 40 年に渡り、神道に深く精通し、2014 年 6 月サンマリノに日本の神社 が建立された際には日本サンマリノ友好協会と共に尽力。 日本の良さ、文化を広く発信し、書籍も執筆されている。日本全国から講演依 頼多数。『だから日本は世界から尊敬される』『世界が感動する日本の「当たり前」』(共 に小学館新書)『よいマナーでよい人生を !』(勉誠出版)『「靖國」は世界中にあります』(ワニブックス PLUS 新書) など。

美術家と日本の美❷

志村幸男

江戸時代に渡辺崋山が描いたと伝えられる川崎市の琴平神社本殿の天井画が、油彩画で再現された。53センチ四方の板絵64点で構成されていた崋山の天井画が、同サイズのキャンバス64点で、新しい花鳥山水画の世界をみせている。２００７年に火災で焼失した天井画を、２０１１年に本殿と共に再現させたのは同神社の宮司でもあり、画家としても活動する志村幸男だった。日本の代表的な美術団体の白日展に毎年出品するとともに、作品を要請され地元麻生区の区役所など各所に作品が展示されている。画家としての中心テーマは一貫して自然に生息するコスモスを描き続けている。紅白の豊かな花を咲かせ、宇宙のコスモスにも通じるこの花をモチーフとして、多くの人々の幸福を願う多様な作品を発表している。そして画家として天井画の再現を行った。先代の宮司が残した写真資料を基にして、キャンバスに油彩で描くという、天井画としては斬新な発想で始められた。粘度の高い油彩で細密な描画をするため、自ら工夫した筆を作り、金色の地色に繊細に描かれた作品は、明るい清明な花鳥の世界を創出した。すでに退色した古い天井画の画像資料は消えて見えないところが多く、完全な模写というより、画家志村幸男の再創造の世界だといえる作品になっている。明るい本殿の空間に参拝と共に多くの人達が作品鑑賞に訪ねてくる。

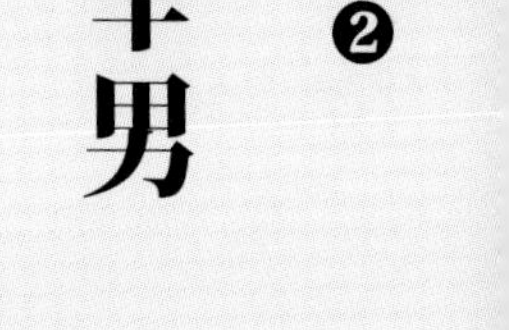

志村幸男（しむらさちお）画家、琴平神社宮司。１９５３年（昭和28年）神奈川県生まれ。１９７８年より白日展に毎年出品。個展、グループ展など多数。地元川崎市麻生区役所、消防署、福祉施設をはじめ、寒川神社などにも作品が展示収蔵されている。

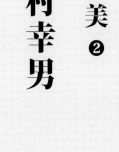

昭和天皇ゆかりの桜、台湾からの里帰りを実現
両国が結ばれた証として育ってほしい

日本桜里帰りの会・趙中正理事（全日本台湾連合会会長）に聞く

１９２３年（大正12年）、台湾と皇室の絆はさらに強く結ばれることとなった。摂政宮・皇太子裕仁親王殿下（のちの昭和天皇）の台湾行啓である。殿下は、お召艦『金剛』によって4月12日に横須賀港を出発、16日から27日まで台湾に滞在。台北駅に到着された際には、同市の当時の人口17万人の半数を超える10万人が出迎えに押し寄せたという。台北、台中、高雄、台南などの主要都市をはじめ60ヶ所以上をご視察、2百以上の祝賀行事が催された。帰路の29日、殿下は、洋上で22回目のお誕生日をお迎えになられ、台湾行啓は人々の記憶に深く刻まれることとなった。

この時、台北市近郊の草山（現在の陽明山）に台湾原生種の『寒緋桜』、台南で『ガジュマル』、屏東では殿下が命名された竹の新種『瑞竹』を植樹された。当時の日本と台湾は同じ国の家族であり、この出来事は台湾の人々の心に深く刻まれることとなった。

令和の御代が紡がれようという時、当時に思いを馳せた台湾と日本の有志が、日台親善のための恩返し事業を立ち上げた。当時植樹された、寒緋桜、ガジュマル、瑞竹の里帰りを実現しようというのである。それが『日本桜里帰りの会』であり『台湾櫻返郷会』である。２０２１年4月29日、皇居北の丸公園・皇居乾門前緑地に、２０２２年3月17日、靖国神社・大鳥居手前ひな壇緑地にそれぞれ植樹された。両会の理事として精力的に活動されている全日本台湾連合会・趙中世会長にお話を伺った。

—令和の御代をお祝いするために、昭和天皇ゆかりの桜の里帰りを実現された、ということですが、経緯をお伺いできればと思います。

私は台湾人で今年79歳になりました。父親も母親も台湾人です。靖国神社には台湾人が2万7千余柱が祀られています。そんなこともあって、この事業に関われるのは、一台湾人として、大変意義あることだと考えています。かつて台湾人は日本と一緒になって大東亜戦争を戦った同胞です。この事業が日台の大きな強い絆になることができればというのが私の願いです。

この桜の会は、日本側は、安倍晋三元首相の御母堂であられる安倍洋子さんを名誉会長、外交評論家の加瀬英明先生（故人）が中心となって始まりました。現在は平沼赳夫先生が会長を引き継いでくださっています。台湾側は、李登輝元台湾総統夫人の曾文恵さんが名誉会長、台湾伝統基金会会長の黄石城さんを会長として出発しました。現在は曾麗華さんが会長を引き継いでおられます。

—素晴らしいことですね。お父様の代から日本にお住まいとのことですが、お父様はどんな方だったのでしょうか。

父は日本の外務省の職員でした。当時は、台湾人も朝鮮人も日本人だったのです。ですから皆が平等に日本政府の官僚として採用され、軍医として蒙古に派遣されました。終戦の前に日本に戻り母校の慶応医学部に移籍したのです。

父が日本に来る前に、父の兄が既に日本に来て医者をしていました。父は本当は船乗りになりたかったのですが兄の姿を見て自分も医者を目指したようです。実家は豊かじゃないのに二人も日本にいっちゃったら大変ですよね。でも最終的にやっぱり日本に行くことになりました。

—ご兄弟が二人共日本に来られた。日本との関係はとても深いものがあったのですね。

はい。私が父親からいつもいわれてたことは、「日本の社会の一員として、日本に貢献できることがあったならば必ずそれをしなければいけない。」ということでした。父親は、自分達の今日があるのは、多くの日本の方が応援してくれたからであり、そのことを「絶対に忘れないようにしなさい」と、いつも聞かされて育ちました。父は何もなくて日本に来ました。それなのに今日があるのは、日本の方に助けていただいたからだと。これはもう毎日私にいっていたことです。

—台湾の今ご活躍の皆さんがそういうお気持ちを持っておられるのは、本当に涙が出るようなお話です。昨年、一青窈さんのハナミズキが絵本になりましたが、先日作家の皆様とお話をする機会があり、彼女のお父様の顔恵民さんも台湾出身だということを伺いました。日本の早稲田大

左から、張茂森理事、趙中正理事、水間編集長

台湾総督府に到着した裕仁親王を出迎える騎兵隊

台湾総督府に到着した裕仁親王を出迎える騎兵隊

北白川宮御遺跡所（のちの台南神社）参拝

高雄港に停泊する御召艦金剛

学鉱山科を卒業され、終戦後に台湾に一度戻られたのですが、白色テロの二・二八事件の混乱を逃れて再び日本に戻られたとのことでした。大学時代はガンテキというあだ名でとても人気があったのですね。終戦前の日本と台湾は、お父様のような優秀な方がたくさん育たれた。本当に素晴らしい交流があったのだと思います。

　はい。素晴らしい時代だったと思います。私自身、台湾人としてこの会に参加でき本当に良かった。父親がもし生きていたらきっと喜んでくれたはずです。光栄です。

私は、父が軍医をしていた時に、蒙古の張家口で生まれました。しかし当時の記憶は何一つありません。ただ、自分が生まれた時は真冬でマイナス40度を超える極寒。世界で一番寒い所で、一番寒い日に生まれたということです。そして終戦前に日本に帰国しました。それからずっと日本です。

父の故郷は台湾の台南市ですが、実はずっと帰ることができませんでした。初めて台湾に行ったのは1992年11月です。それまで台湾の土を踏むことはありませんでした。その時は、正直にいうと非常に緊張しました。李登輝総統が刑法を改定された直後ですから。それまでの台湾は厳戒令下だったのです。

父の友人が「自分が命を補償するから、自分と一緒に帰らないかと」と誘われまして。ブラックリストが解除されたというのですね。でも果たしてそれが信用できるかということです。冒険ですよ。台湾独立建国聯盟の首席の黄昭堂先生夫妻と金美齢先生と私と家内が同じ飛行機で行って同じ飛行機で帰ってきました。夏じゃないのに両脇が汗でびっしょりになっていました。それだけ緊張していたんですね。そんな時代だったのです。

—それは大変なご経験でした。お父様の故郷は台南市ということですが、台南市には、東洋一のダムを台湾に作った八田與一さんや、台南市長だった羽鳥又男さんなど、日本の方で台湾に貢献した方の銅像がたくさんあります。台湾の皆様は恩を忘れていないのですね。素晴らしいことだと思います。台湾の皆さんとお話をするといつも感じることがあります。それは、日本人が忘れている大和魂のような素晴らしい心が台湾にこそ残っていたりすることなのです。それはなぜなのでしょうか。

台湾が日本と一つになった最初の頃ですが、まだまだ台湾はいろんな面でガチャガチャだったんです。その時にとても素晴らしい教育をしてくださった。日本のいいところを日本の方が残してくださった。それがなかったら、恐らく今日の台湾はないんじゃないかと私自身は思います。それがあったので恩返しをしたいという思いになるのです。

令和の御代になられて、我々が何をお祝いをすればいいのかと考えた時に、実際にほとんど何もないですよね。日本には何でもあるし。そう

靖国神社大鳥居手前ひな壇緑地

皇居乾門前緑地

考えた時に、上皇陛下が植樹された桜であれば、これは唯一とてもいい記念の贈り物になる。これはとても意義がある。そういう気持ちでこの事業に参加しました。

そして、木というのは育つわけですからね。それが大きく育っていく。これは日台の絆も育っていく。これは素晴らしいことです。今でこそ日本国と台湾国ですけれども、元は一つの国だった。今回、靖国神社にこの桜が植えられましたが、日本の方も台湾の方も靖国にいらっしゃる。李登輝先生のようなお兄様も靖国神社を大切にされた。

―李登輝先生は本当に素晴らしい方でいらっしゃいました。我々日本人が逆に大和魂を教えられたように思います。私自身、「武士道とは何ぞや」ということは李登輝先生から教わりました。

確かにそうでしたね。李登輝先生は、自分は日本人だとおっしゃいたこともあります。李登輝先生には私の娘の仲人までやっていただきました。本当に素晴らしい方でした。そういう李登輝先生の魂を受け継ぎ、そ私の父親の言い残した「日本に恩返しをしたい」という思いの実現をしたかった。これがこの台湾の桜里帰り運動につながったのだと思います。

―植樹の時にはお父様の御霊も一緒におられたかも分かりませんね。植えられた樹が大きくなって日台の絆も大きくなっていく。きっとお父様も見守ってくださることと思います。今後のご予定はどのようになっているのでしょう。

この桜は日本全国に植えていきたいと思っています。今すでに自分のところにも植えさせてもらえないだろうかというお話がたくさん来ています。とてもうれしいことです。

この桜には、台湾人の恩返しの気持ちが凝縮されています。台湾の多くの人々が、昭和天皇に対する深い尊敬の念と恩返しの気持ちを持っています。それを何か表現したい。この気持ちをずっと抱いていたのです。それがようやく形になった。こんなにうれしいことはありません。

この桜は日本全国に広がっていくと思います。そこに、台湾の人々の思いが込められていることを感じ取っていただければと思います。そして、私の子どもや孫が日本に来たときに、植えられている桜の前に行って何かを感じて欲しい。日本と台湾の深い絆を忘れないでいて欲しいのです。

―素晴らしいですね。この桜がこれからも日本各地にどんどん広がっていくことを願っています。桜というのは日本のシンボルですし、台湾との絆が着実に育つことと思います。今日はとても深いお話を伺うことができました。ありがとうございました。

墨象「朋」

美術家と日本の美 ❸

長岡美和子

私自身この3年間は薄暗い出口のない小箱に閉じこめられたかの毎日が続き、計画性もなくなり気晴らしにと外気にふれる気にもなれず空気が淀んでいる側に自らの身を置いていた。他人のせいにする気はない。工夫することすら忘れていたのかもしれない。ただ作品を書かないと書けなくなるという現実を忘れることはなかった。長年やっているので筆の使い方や創作の仕方はかなり身についてはいた。神戸で38歳の時個展をやり始めた。一回でもひるんだら作品は出来なくなるという概念は常に持っていた。常に前衛となると慣れではどうしようもないものがあることを忘れたことはなかった。従ってコロナ禍もコンスタントに個展をやり続けた。書の線に感覚にと年齢を重ねることによるメリットはあるが肉体も精神も疲れても来る。このことを不覚にも気づかなかった。書に限らず新しいものに積極的に触れることでスイッチを切り替える今までのやり方ができない疲れがそこにあった。この3年で思い知ったことは、もうできなくなるかもしれない恐怖が根底にあったのです。

長岡美和子（ながおかみわこ）書家、日本画家。１９４５（昭和20）年富山県生まれ。上田桑鳩、酒井葩雪に師事。国内外での発表を重ねエルミタージュ美術館、アルゼンチン国立美術館などに作品収蔵多数。明月書道会主催、ＮＰＯ法人国際美術機構国際委員、全日本美術協会評議員。

ソ連の北海道侵攻を阻止した知られざる義人
樋口季一郎中将の銅像が伊弉諾神宮に建立

大東亜戦争終結の直後、ソ連は一方的に北海道侵攻を試みた。それを敢然と阻止したのが樋口季一郎中将（１８８８～１９７０年）率いる旧日本陸軍第五方面軍であった。この功績を後世に伝えるため、出身地・淡路島の伊弉諾神宮に樋口中将の銅像が建立され、命日に当たる令和４年10月11日、国内外から約２５０名の来賓が集い、盛大に除幕式が挙行された。

樋口中将は、満州国ハルビン特務機関長在任時に、迫害から逃れてきた多数のユダヤ難民を「ヒグチルート」として脱出させたことでも名高い。その功績はユダヤ人の聖典「ゴールデンブック」に安江仙弘大佐と共に記載されている。その後、樋口中将は、第五方面軍司令官兼北部軍管区司令官として北の守りを担った。日本の降伏直前の１９５４年８月10日、ソ連の対日参戦が発生。北方軍を指揮していた樋口中将は停戦後の８月18日以降、占守島、南樺太におけるソ連侵攻軍への抗戦を指揮、これを成功させた。これにより独裁者スターリンの北海道占領計画は挫折した。

銅像は等身大で、軍服姿で軍刀を手にしている。軍人の、しかも軍服姿の銅像が建立されるのは戦後の歴史では稀有。米国の占領統治以降、日本では国を守った英霊を顕彰することがタブー視されてきた。このことを憂いていた有識者が除幕式には

銅像除幕式に参加された来賓

樋口季一郎中将之像

集っていた。ブロンズ色に輝く像は大変迫力があり、銅像にかけられていた白幕が外されると、会場に大きな歓声が湧き上がった。

　建立したのは、樋口季一郎中将顕彰会。孫で明治学院大名誉教授の樋口隆一氏（76）が会長理事、外交評論家の加瀬英明氏（85）が代表理事（氏は、その一ヶ月後の11月15日に見届けるかのように帰幽された）。隆一氏は「終戦時に樋口がソ連の北海道侵略を止めていなければ、日本は今のウクライナと同じ運命をたどったに違いない」と語り、現代の私たちに警笛を鳴らした。また、建立地となった伊弉諾神宮の本名孝至宮司は「樋口中将を顕彰しつつ、その気持ちを未来の日本人たちに伝えることを願いたい」と、力強く建立の英断に踏み切った覚悟を伝えた。

　この銅像建立には、正に天が導いたとしかいいようのない人々の出会いがあった。神社の心を世界中に発信し続けてきた加瀬英明氏。樋口中将の孫として記録を収集していった樋口隆一氏。北方領土の日制定時から永く樋口中将の顕彰を心に留めていた本名孝至宮司。そして顕彰会に集った人びと。この思いが結集されて初めて実現することになったのだ。

　建立の場所となった伊弉諾神宮は、式内社（名神大社）、淡路国一宮、旧社格は官幣大社という名社。顕彰会としては、樋口中将の故郷淡路の伊弉諾神宮での建立を強く願っていたが、境内護持の基本姿勢として特定の人物を称揚することはない。奇しくもその時、明治九年に創祀され

樋口季一郎中将銅像建立奉告祭での拝礼

淡路祖霊社記念館には遺品などが展示されている

た由緒ある淡路祖霊社の移設に伴う神域整備が行われていた。本名宮司の深き祈りの中で祖霊社の祭神八千余柱の一柱として合祀。祭神ゆかりの神域に銅像を建立することとなったのである。

　大東亜戦争に最も反対したのは葦津珍彦氏を始めとする神社界の人々であった。それが現代には伝わっていない。神道は縄文の古代から平和への祈りを続けてきた。顕彰会の加瀬英明氏は生前にこう訴えていた。「樋口季一郎中将の顕彰はとても重要なことですが、絶対に忘れてはいけないことがあります。それは最前線で戦い英霊となった人たちの顕彰です」と。この銅像の前に立つとき、平和を願って英霊となった人々に心を寄せ、世界の安寧を祈ることの重さを感じるはずである。

恒久平和
日本遺族会
会長 古賀誠

淡路祖霊社記念館に奉納された恒久平和の色紙

淡路祖霊社記念館

淡路祖霊社記念館入口

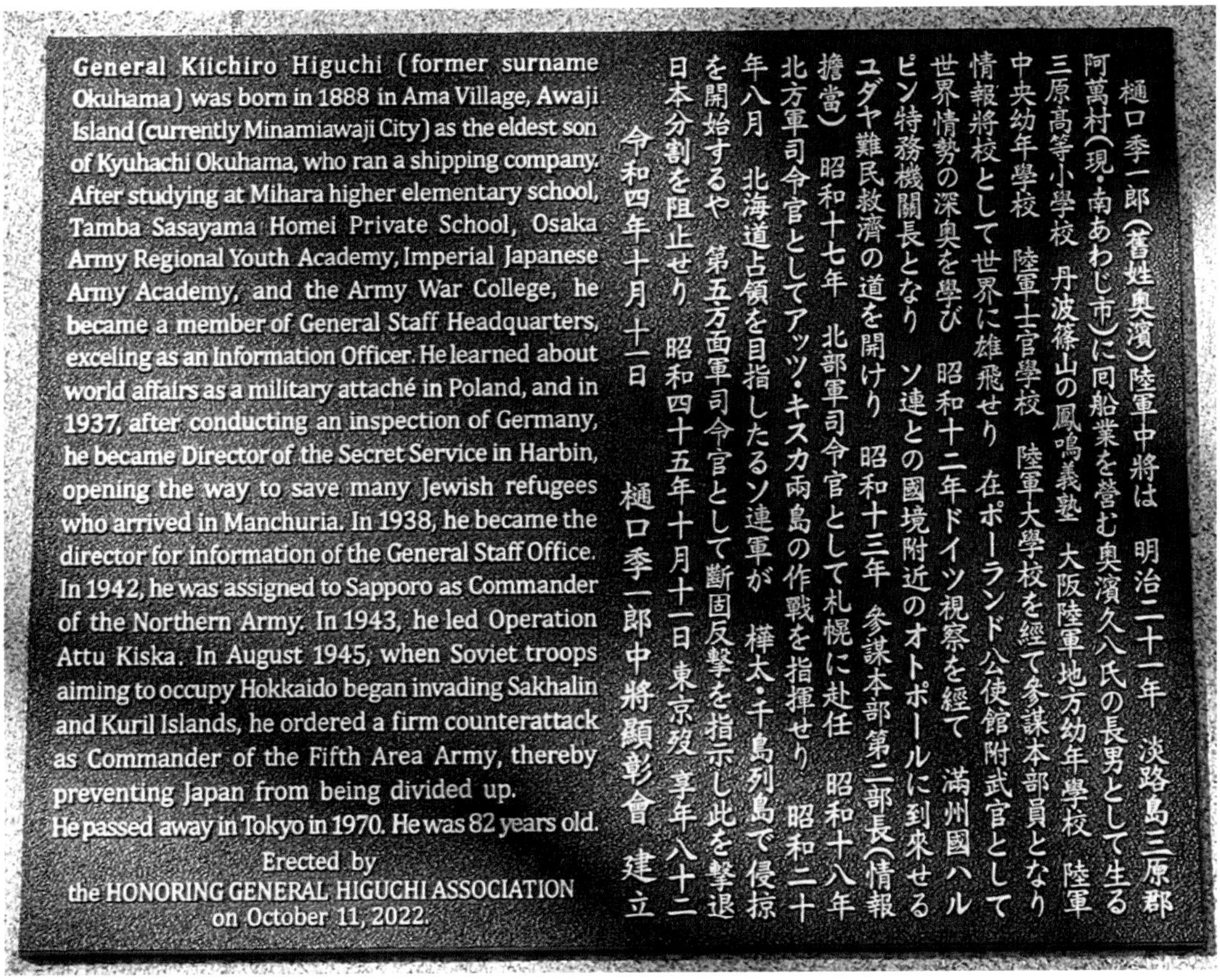
樋口季一郎(舊姓奥濱)陸軍中将は　明治二十一年　淡路島三原郡
阿萬村(現・南あわじ市)に同船業を營む奥濱久八氏の長男として生る
三原高等小學校　丹波篠山の鳳鳴義塾　大阪陸軍地方幼年學校　陸軍
中央幼年學校　陸軍士官學校　陸軍大學校を經て參謀本部員となり
情報将校として世界に雄飛せり　在ポーランド公使館附武官として
世界情勢の深奥を學び　昭和十二年ドイツ視察を經て　滿州國ハル
ピン特務機關長となり　ソ連との國境附近のオトポールに到來せる
ユダヤ難民救濟の道を開けり　昭和十三年　參謀本部第二部長(情報
擔當)　昭和十七年　北部軍司令官として札幌に赴任　昭和十八年
北方軍司令官としてアッツ・キスカ兩島の作戰を指揮せり　昭和二十
年八月　北海道占領を目指したるソ連軍が　樺太・千島列島で侵掠
を開始するや　第五方面軍司令官として斷固反擊を指示し此を擊退
日本分割を阻止せり　昭和四十五年十月十一日東京歿　享年八十二
令和四年十月十一日　樋口季一郎中將顯彰會　建立
General Kiichiro Higuchi (former surname Okuhama) was born in 1888 in Ama Village, Awaji Island (currently Minamiawaji City) as the eldest son of Kyuhachi Okuhama, who ran a shipping company. After studying at Mihara higher elementary school, Tamba Sasayama Homei Private School, Osaka Army Regional Youth Academy, Imperial Japanese Army Academy, and the Army War College, he became a member of General Staff Headquarters, exceling as an Information Officer. He learned about world affairs as a military attaché in Poland, and in 1937, after conducting an inspection of Germany, he became Director of the Secret Service in Harbin, opening the way to save many Jewish refugees who arrived in Manchuria. In 1938, he became the director for information of the General Staff Office. In 1942, he was assigned to Sapporo as Commander of the Northern Army. In 1943, he led Operation Attu Kiska. In August 1945, when Soviet troops aiming to occupy Hokkaido began invading Sakhalin and Kuril Islands, he ordered a firm counterattack as Commander of the Fifth Area Army, thereby preventing Japan from being divided up.
He passed away in Tokyo in 1970. He was 82 years old.
Erected by
the HONORING GENERAL HIGUCHI ASSOCIATION
on October 11, 2022.

樋口季一郎中将之像の碑文

現代に蘇る古事記

竹田恒泰氏に聞く

古事記も聖書のように世界中に配りたい 世界平和の秘訣も、政治のノウハウも すべて書いてあるのです

コロナ禍はライフスタイルを変えた。自宅勤務が増え、人との交わりが減ってしまった。この機会に、読書や執筆など、なかなか手を出せなかったものにチャレンジした皆様も多いことだろう。そんな中、古事記が静かなブームとなっている。その人気の中核におられるのが、旧皇族・竹田宮家出身の竹田恒泰氏である。評論家、作家、実業家として多彩にご活躍の氏に古事記のお話をしていただいた。

竹田恒泰氏

幼稚舎の時から親しんでいだ古事記

私が古事記に興味を持つようになったのは、慶應義塾幼稚舎（小学校）の担任の加藤三明先生でした。後年幼稚舎長をなさいましたが、先生の古事記の授業がとてもおもしろかった。古事記が日本人にとって必須なものであることがわかりました。

古事記の本を書くきっかけは、竹田研究会での講演です。古事記の勉強会を全国でやることになったのですが、難しかったり、高価だったりして、なかなか適切なテキストが見当たらなかった。そこで自分でテキストをコツコツ作りました。そうしたら、出版社の方がこれ見つけて「本にしましょう」ということに。それが『現代語訳古事記』です。好評だったようで、上代文学の本が二〇万部以上売れるとは出版社の皆様も思わなかったようです。

古事記現代語訳の無料配布プロジェクト

小学校三年生の時に家族旅行でホテルに泊まったのですが、聖書や仏典は部屋に置いてあるのに古事記が置いていない。とても疑問に感じました。

大人になってからその思いが強まって、２０１２年から古事記の無料配布プロジェクトを開始しました。その本は私の『現代語訳古事記』の構成を配布用に変えたものです。解説部分を無くして英訳をつけました。今までに、全国のホテルや学校に五万冊を配布し、今でも続けています。全国の刑務所にも配布しておりますので服役しても古事記が読めるのです。

この無料配布は、本来であれば、神社本庁のような団体がすべきだと思います。ところが関係者に伺うと、

数年に一度無料配布のお話が持ち上がる度に、どなたの訳を選択するかで揉めてしまって毎回進まないのだそうです。そこで、寄付金が集まる範囲で自分がやるには問題ないだろうということで始めました。

G7伊勢志摩サミットの時には、知事がお声をかけてくださり、その地域の全てのホテルに入りました。本年は広島サミットですが、駅前のホテルグランヴィア広島には全室入っています。コロナ禍の間は消毒の関係で備品を減らすとかで撤収してしまったところがあって大変残念です。今後はまた配布に力を入れていきたいと思っています。

和の精神と日本

古事記には『和の精神』が詰まっています。そこから読み取れるものは日本人の気質です。あの頃から日本人は「和を貴しとする」という精神をもっていて今に繋がっている。すごいことです。

現代は自分の要求ばかりで、奪い合いような社会になってしまったと思われがちですが、実はそうではありません。東日本大震災などを見れば、秩序だって行動するなど、いざというときに本性が出るものです。『和の精神』は日本人の特徴なのです。

『和』と『同』とは同じように思えるのですが違います。中国の孔子は『和』と『同』は似て非なるものだというのですね。『和』は「自己の主体性を保ったまま他者と協調すること」。『同』は「自己の主体性を失って他者と協調すること」。他者と協調するのは一緒だけれども、自己の主体性があるかないかが異なります。だから、自己の主体性なく他者と協調すると、北朝鮮のマスゲームのように個人の幸せとかはどうでも良くなってしまう。全体が一糸乱れぬ行動を取ればそれでよいのだということになるのです。

日本の場合は、秩序だって整然と社会を営んでいるけれども、一人一人が自由で好きなことをしていられる。そこだけみると一見バラバラになりそうですが、全体としては調和が取れているし、いざとなったら協力する。『和』と『同』とはまったく違うのです。

ホテルに無料配布された古事記（ホテルイノシュロス小樽 HP より）

『欠史八代』がおもしろい

私がウクライナ問題に際して、特に読んで欲しい部分は『欠史八代』です。八代というのは、第二代綏靖天皇から第九代開化天皇までの御代のことですが、古事記の物語の中で一番つまらないところといわれています。物語がほとんどない。誰が結婚して誰が産まれてといった系図を延々と述べているだけです。でもここにこそ日本の『和』の凄さが隠れているのです。

第十代からは、大和王権が立ち上がり、日本全国に前方後円墳が増えていって、第十二代景行天皇といえば倭建命の西征東征、日本書紀だったら四道将軍の派遣という大和朝廷の権勢が全国に広がっていった時代です。

考古学上の最新の学説によります

「和と同はまったく違うもの」竹田恒泰氏

と、前方後円墳の広がりは大和朝廷の統治範囲です。神武東征から二代、三代、四代、五代と徐々に力を蓄えて、第十代崇神天皇の頃、三世紀頭には大和王権が成立した。それから一気に拡大していくわけです。

　大和王権は何かといいますと、天皇（すめら）一族を中心とする大和の豪族たちと、吉備（岡山県と広島県東部）と、北部九州の三つの地域を併せた連合王権です。ですから『欠史八代』というのは、大和王権がどのように全国に広がったかという、実は一番面白い時代なのです。

戦いではなく話し合いで統合

　北部九州を抑えるということは、朝鮮半島から入ってくる物資を独占するということです。当時の日本では鉄の採掘が進んでいませんから、北部九州を抑えるということは日本の鉄を全部抑えるということになります。普通に考えるならば、自分達以外は鉄を手に入れられないとなれば、武器を作って全国を攻めると思うのです。でも、どうやらそうはなっていないのですね。

　3世紀に連合王権ができて前方後円墳が造られ始め、1～2世紀頃には戦争の跡はありますが、3世紀以降は戦争の跡はないわけですよ。その時は百カ国ぐらい分裂していたと考えられてますが、4世紀末には沖縄と東北北部を除いた日本列島主要部分は統合されます。その時に紛争の跡が出ていない。これ、考古学の事実ですから。だから、戦争ではなく話し合いで国が統合したというのが歴史的事実というのはわかってるのです。

婚姻で天皇と結ばれた国々

　ではどうやって統合したかというと、それが結婚政策です。これは最初から一貫してまして、邇邇芸命（ににぎのみこと）は、まず山の神の娘と結婚します。天孫降臨で降りてきたのに天皇に即位しませんでした。

　なぜなのかというと、その答えは簡単。邇邇芸命は知らないところから来た新参者ですから、知り合いも親戚も誰もいない。「今日から私が天皇やるよ」といっても「あんた誰だ？」ということになります。十分なご縁をつくらないといけない。

　そこで、『山の神』の娘と結婚したのです。山の神というのは、日本列島ほぼ全て山ですから、地上世界で最も力のある神の娘を娶ったということになります。山の神は義理のお父さんになるのですからなんでも相談できるわけです。

　生まれてきた火遠理命（ほおりのみこと）は、今度は『海の神』の娘と結婚します。火遠理命からすれば義理の父は山の神ですから、孫は目に入れても痛くない。なんでもいいなりに聞いてくれるわけです。

　そこで生まれてきたのが鵜葺草葺不合命（うがやふきあえずのみこと）で母の父は『海の神』ですし、父の母の父は『山の神』です。天照大御神の子孫であると同時に、『山の神』と『海の神』の子孫でもある。

　さらに鵜葺草葺不合命は、もう一人の『海の神』の娘と結婚した。そして生まれてきたのが神倭伊波礼毘古命（かむやまといわれびこのみこと・神武天皇）で、天照大御神の子孫であると同時に、山の神と海の神の子孫なわけです。もし、日本の国を治める人を探すとなれば、血統的には神倭伊波礼毘古命以外には無いのです。

日本の豪族が全て親戚になった

　私は以前に皇学館大学の試験問題に出したことがあるんです。「邇邇芸命が即位しなかった理由を述べよ」という問題だったのですが、それは「環境が整っていなかったから」が答えになります。神武天皇は力のある人の娘を、娶って、娶って、娶って、みんな家族にして協力してもらう体制を作っていきました。

　東征伝説がありますけれども、大和の地に入って誰と結婚したかといえば、大和の地で最も力のある大物主神の娘と結婚したのです。奈良盆地で最も尊敬されている神は大物主神ですから、その娘さんが嫁いだ先で、海の神、山の神、そして天照大御神の子孫だったら、神武天皇以外に大和の統治者としてふさわしい人は存在しないわけですよ。

　そこで何をしたかというと、鉄で武器を作って配ったのではなくて、農機具を作って配ったのです。鍬とか木で耕すと埒があかないので、やはり金属で耕さないといけない。「農機具を渡しますよ、農業指導をしますよ」それだけではない。「もし良かったら、うちの娘、お宅のお坊ちゃんにどうかしら？」ということですから、「えっ、いいんですか？」となりますよね。

　大王の娘が嫁いで来たら、それもう大王の親戚になるということですから。逆に、「お宅の娘さん、良かったらウチの長男のお嫁さんになっていただけませんか？」ということもありました。それも「えっ、いいんですか？」ということになりますよね。そうすると、みんな尻尾バタバタ振って、大王に娘を嫁がせる、もしくは大王の娘が嫁いでくることになります。

　私が調べたら、古事記には第十二代までに天皇と血縁を結んだ163の豪族が出てきて、その豪族の地名を見ると、東北から九州南部までで てくる。あらゆる豪族が天皇一族と親戚になったことが書いてあるのです。日本中の豪族が天皇の親戚になってしまったのですね。

竹田恒泰さんが執筆した『現代語古事記』と『古事記完全講義』

平和永続のための人類の叡智

普通だったら、軍事力で攻めたら簡単に征服できるのですけど、それは長続きしないですよね。世界の覇権国家の植民地はほとんど独立しました。軍事力で制圧されたらいつか国を取り戻そうということになる。長年の恨みを買うことになりますよね。それが、農機具はもらうわ、奥さんもくるわ、農業指導はしてくれるわで、みんな喜んで仲間に加わったわけですよ。

だから、天皇と親戚だから天皇と同じ形の墓に埋葬されることが許されたのです。ですから、前方後円墳ができた時代は、戦争もなく、ひたすら、巨大な構造物を作りました。その数、4500基ですからね。

100カ国以上が話し合いで一つの国になったというのは日本以外には無いのです。諸外国では、大規模な戦争をしなければ統一国家はできない。話し合いで統一国家ができたということを人類の叡智といわずして、一体何を人類の叡智というのかということです。

欠史八代だけではありません。天孫降臨のところもそうですし、古事記は端折ってるところも多いので、多分全部の婚姻関係を入れたら何倍もあって然るべきです。163の2倍3倍といったら300を超えますし、一つの豪族に、お父さんがいてお母さんがいて、兄弟が何人もいて、幾つも古墳を作っていったら、掛ける5とか10になりますから、そしたら4500基とかになるわけです。

国譲り神話の素晴らしさ

もう一つのキーワードは国譲りです。大国主神が天照大御神に国を譲ったことが古事記に書かれていますが、恐らく出雲国と大和国が統合された時の物語を神話に描き直したものではないかと思います。戦後は嘘っぱちだと言われていましたが、ご存知の通り、荒神谷遺跡と加茂岩倉遺跡、軍事国家が存在し、それが軍事力を放棄したような痕跡もあり、かつては、国家らしい国家など無かったとまでいわれていましたが、国譲りは本当だったんだと評価されるようになりました。

3世紀から4世紀にかけて出雲には独自文化があり、国家があった。加茂岩倉遺跡からは銅鐸が出てきましたが、あの時代は大和には銅鐸を使う宗教文化がないので、別宗教だったことも確認されています。3

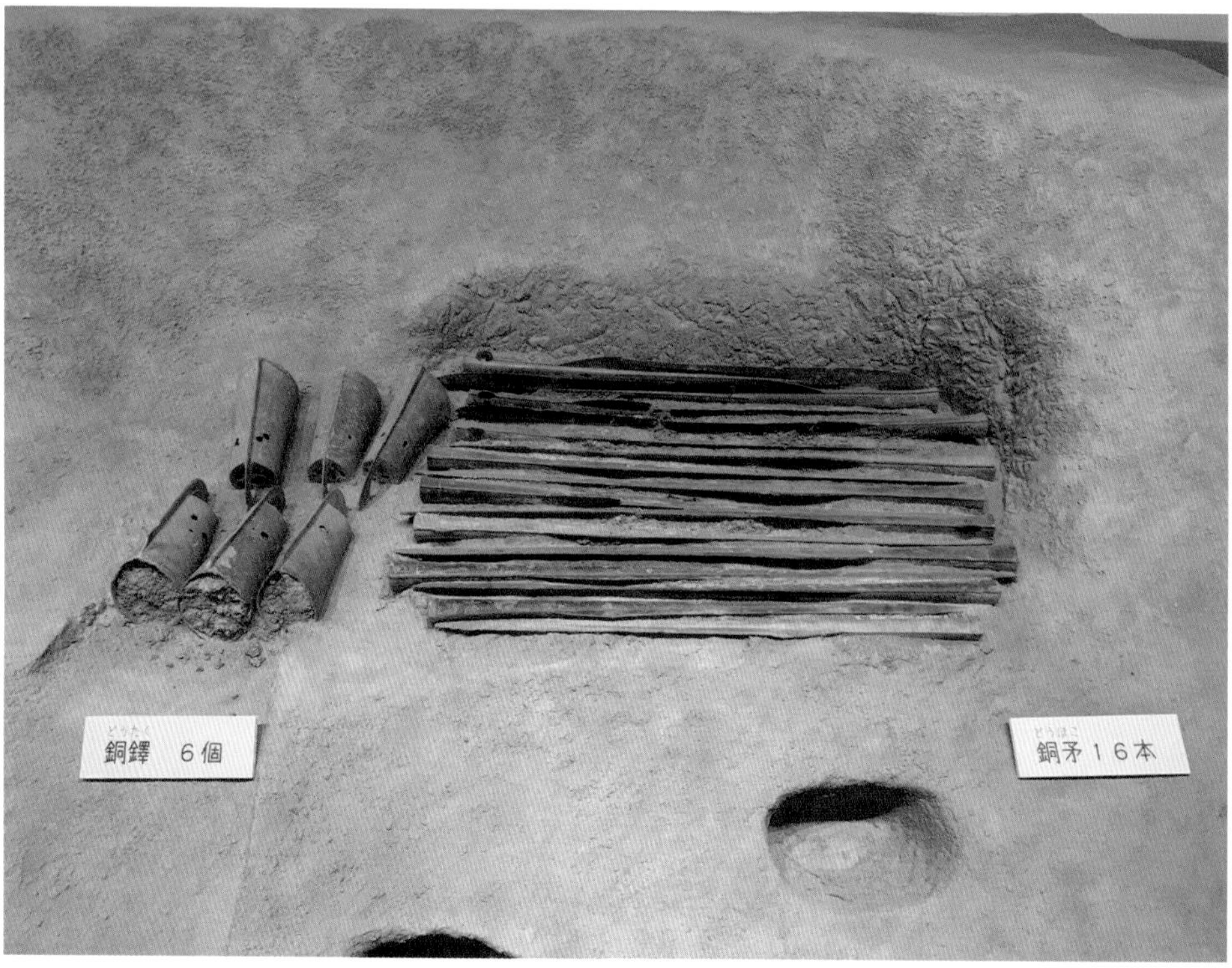

荒神谷遺跡　文化の違う銅鐸と銅剣が一度に発掘された

世紀、4世紀は出雲でも戦争の跡はありません。その間に大和国に統合されたと考えられます。

ここで重要なことは、大国主神は無条件で国譲りをしたのではないことです。古事記に書いてあるのですが、一言でいうと「出雲大社を残せ」ということですね。「私がこれまで通り、大きな御殿に住み、周りのものから拝まれるのを許してほしい。それさえ認めてくれれば国を譲ろう」と述べ、出雲大社が残った。

世界に類例がない宗教の統合

大神神社も伊勢も出雲も、祭式が違うので、恐らく元々は別宗教だったはずです。祭祠の違い、本殿の向きから様式から全然違います。日本は、元々、山の神、海の神、それぞれ違うわけで、体系立ったものがあったのではありません。ところが、古事記では、出雲の神も、大物主の神も、三輪山の神も、伊勢も、熱田も、住吉も、宗像も、全部兄弟になっている。別々の宗教だったものが一つの物語に統合されるわけです。

世界史を勉強していると宗教が分裂して殺し合う話は山ほどあるれども、宗教が統合する話は一度も聞いたことがありません。日本は、バラバラの信仰を、ひとつの物語としてパッケージにしてしまった。これが古事記なのです。

ですから宗教戦争がない。これも叡智ですよ。みんな家族になって統合したし、宗教は自由ですといいながら、ひとつの物語に統合するし、実に鮮やかといいますか、これは恐らく誰かの思いつきではなく、『和』の精神を重んじる日本人が国家を組織するとこうなるんだということです。

例えば、明治時代、開国だ、富国強兵だという混沌期なのに、良い品質の製品を作って外国に売り捌いてしまうわけです。これは、誰かがたまたま器用だったとか、ただ頑張ったというだけのことではなく、『和』の精神を重んじる日本人がものづくりをすると、「どうしたら喜んでくれるのか」という気持ちで一所懸命作りますから、やはり良いものができてしまうのです。

日本人の精神性を見つめる時

だからこそ、私は世界を救うには『和』の精神しかないと思います。だから、日本人が和の精神をしっかりと持ち続け、若い世代に受け継いでいくことができれば、今後どんな荒波にもまれても、日本は必ず乗り越えていけると思うのです。けれども、そのような和の精神性を失ってしまって、みんなが自分の要求を口にして奪い合う、欧米のような社会に転落してしまったら、もはやそこは日本ではない。和の精神を持った日本人がこれまで築き上げた日本の国柄とか、もしくは経済的な強さとか、そういったものがガラガラと崩れてしまうと思うんですね。

今は不安定な時代です。明治維新もしくは終戦以来の大混乱の中に世界と日本があるわけです。厳しい時代なので、目の前のお金とか生活とかに必死になってしまう。

そのようなときこそ、「自分たちはどこから来てどこへ行くのか」ということを振り返って、自分たちの強みとか弱みとか、自分たちにとって大切なことが何なのか、そういうことを見つめることは、とても意義のあることではないかと思います。今こそ古事記を読んでいただいて、日本人の和の精神性、そして日本の国柄と向き合って欲しいと思います。

為政者にこそ
読んでほしい古事記

古事記には国を元気にする秘密が隠されています。岸田首相には仁徳天皇のところを読んでいただきたいですね。国が疲弊している時に、税をやめたという『民のかまど』の物語です。仁徳天皇に限らず、経済が疲弊している時は、減税をして経済の活力を取り戻すというのがセオリーなわけで、こういう時に増税してうまくいった事例は世界の歴史上存在しません。大御宝としての国民を大切にしなければなりません。

仁徳天皇は国民が疲弊していることに心を痛め、税を三年止めるとおっしゃった。これは、減税どころではなくて税の停止です。しかも三年間。古事記には細かい国民の感想は書いていませんけれども、例えば今これだけ経済が大変な日本において、全ての税を3年止めるといったら、国民はどう反応するか想像してみてください。「民のかまど」の煙がないのですから、要するに煮炊きができない。今でいったらマンションでガス代払えないという話ですから大変な状況です。そこで、税三年間いらないといわれ、助かったとみんな大喜するはずなんです。

ただ、3年も税を納めなかったら、国は大丈夫かなと不安にもなります。案の定、宮廷がボロボロになるわけです。けれどもその代わりに恩返ししようと、この3年間しっかり復興に励んで、それで3年経った暁には、今まで以上に納税しようではないかと。そのような気持ちで復興に励んだのだと思うのです。

3年後、復興ができたかのように見えたのだけれども、仁徳天皇は、まだ足りないとおっしゃって、あと更に3年税金を猶予した。その後、更に税金要らないという話が出た時には、逆に国民が激怒したのです。しっかり復興を果たした上で、しっかりと納税させていただくつもりで努力してきたのに、「税金を受け取らないとは何事か！」と、宮殿がボロボロで見すぼらしいと恥ずかしいといって怒り狂った民衆が宮廷に乱入して新築をしたというのです。

こんな話が世界の一体どこにあるのか。もちろん誇張された部分もあるかもしれませんが、聖帝（ひじりのみかど）としてたたえられ、歴代天皇がこれを模範になさったのは事実です。総理大臣には、国民が疲弊している時には、「増税じゃない、減税だ」ということを知っていただきたいと思います。日本が立派な国になることを心から願って政治に当たってほしいと思います。未来永劫繁栄する国を皆で築こうではありませんか。

（敬称略）

仁徳天皇（東錦昼夜競・仁徳天皇 楊州周延画）

【竹田恒泰】
日本の政治評論家、作家、実業家。竹田宮恒久王と昌子内親王の曾孫であり、明治天皇の玄孫。日本オリンピック委員会（ＪＯＣ）前会長の竹田恆和の子。

【竹田宮と北白川宮能久親王】
竹田宮は、北白川宮能久親王の第1王男子である恒久王を初代として創設された宮家。北白川宮能久親王は、皇族として台湾に出征して薨去されたため、台湾各地の神社の主祭神となっている。苦難を乗り越えていった人生は古代の英雄日本武尊の人生に例えられた。

平成21年（2009）作　112.1×145.5cm　伊勢神宮内宮神楽殿所蔵

美術家と日本の美 ❹

矢田作十路

矢田作十路は、京都府綾部市の京友禅の家系に生まれた。友禅最高峰の職人であった父・矢田茂久雄より秘技を相続、幼少時から天才的な筆致で人々を驚かせたという。若くして父の雅号『白羊』を襲名したが、虚心坦懐な心構えがそれを良しとせず、生涯本名である作十路を名乗り続けた。

『作十路』の命名は高僧によるもので、十牛図にみる十段階の悟りの境地をただ追い求める姿勢を表し、事実その如くに只ひたすらに水墨画の最高の境地を追い続けた生涯であった。羅漢山宝住寺の釈迦三尊や十八羅漢一九体を制作。臨済宗禅徳寺の二メートルの大作など、その崇高な作風が人々の心を捉えた。六十を迎えようという時から日本南画院に籍を置き、参与として後輩の指導に携わるようになる。中国・重慶市にて中学生の指導や、日本スイス国交樹立150周年には水墨画教室を開催するなど、国を越えて、未来を担う子供たちの指導にあたった人でもある。

彼は、生涯を水墨画芸術の高みを極めることに捧げた。京友禅に伝わる一子相伝の技法と水墨画の伝統技法を融合、作十路でなければ描けない至高の芸術を完成させたのである。没後にはさらに評価が高まり、フランス・マドレーヌ寺院、スペイン・コリア・デルリオ市庁舎、伊勢神宮内宮などに作品が所蔵されている。近年、矢田作十路記念館が京都市嵐山に開館。作品の存在が広く世の人々に知られることとなり国際的評価が高まっている。

矢田作十路（やたさくじゅうろう）一九三七年生まれ 二〇一八年五月三十日没。水墨画作家、日本南画院参与、白羊会主宰。京都府綾部市の京友禅の家系に生まれ、父・矢田茂久雄より伝統技法を相続。鍛錬に中で新境地を開く。ベルゴイスパニック十字王冠四等受勲、中韓国際美術交流展栄誉賞、仏グランクロス一等受勲、フランス・マドレーヌ寺院『波濤』所蔵、伊勢神宮内宮神楽殿『静寂』所蔵。

古事記の持つ素晴らしさを全世界の人々に伝えたい それが私たち夫婦の使命だと思っています

きみづか葵《あおい》、縁《ゆかり》（旧芸名 本間ゆかり）

完成した神社年鑑キャラクター『なごみ』ちゃんと『まこと』くん

海外では日本の漫画やアニメが大変な人気だ。ブームを牽引しているのはビジュアルノベルやゲーム。コロナ禍で入場制限をかけているとはいえ、東京ビッグサイトで開催されるコミックマーケットには海外から多くのファンが押し寄せる。近年では特に異世界転生ものが世界的に大流行だ。そこには、神社、祝詞、巫女など日本の伝統文化があふれており、今や日本文化は全世界の人々の憧れの的となった。そこで欠かすことができないアーティストが、絵師と声優である。神社年鑑をリニューアルするにあたり、業界の大御所的な存在である、絵師のきみづか葵さんにキャラクターをお作りいただいた。奥様は声優。このお二人に古事記の素晴らしさを語っていただいた。

—きみづか葵さんはゲームのキャラクター作者として有名ですが、今回は神社年鑑のキャラクターを描いていただきました。古事記の本を出されたり、とても神社が大好きだと伺っております。本日は、今も現役でご活躍の奥様にもお越しいただいております。お二人の出会いは何がきっかけだったのですか。

葵　神戸市に開発本部を置く大手ゲーム会社の社員だった私ですが、そこで阪神淡路大震災の直撃を受けました。私は無傷でしたが、多くの人々が一瞬にして亡くなってしまった。これを目の当たりにして人生観が変わりました。自分の本当にやりたいことは何かなとを真剣に考え、好きで入社した会社でしたが、ポーンとやめて漫画家を目指して上京したのです。

東京では、漫画を描きながら描いたイラストをホームページに上げていました。当時はインターネットというものが始まったばかりの草創期です。アップを始めて間もなく、突然ゲーム会社から声がかかったのです。それがゲーム原画の初仕事となりました。

縁　そのゲームの舞台は学校で、5人のヒロインが登場するのですが、その一人が巫女さんで、たまたま私が声を担当させていただいたのです。そこで「かわいい絵を描く方だな。」と私は思い、主人は「綺麗な声の人だな。」と認識するようになったそうです。ゲームは思いがけずのヒットとなりまして、そのおかげでコンシューマ向けの関連コンテンツを制作することになり、そこで再会してお付き合いをするようになったのです。震災がなければ出会ってもいないわけですから不思議ですよね。

—葵さんは巫女さんを描き、縁さんは巫女さんの声を演じたわけですが、巫女さんとか神社には関心があったのでしょうか。

葵　いえいえ、神社や巫女さんのことはあまり分かりませんでした。その頃はあくまで依頼を受けて描いていただけです。ですが、二人とも見えない力で導かれていたように思います。それぞれがほぼ同時に神社と強い縁を結んでいくことになりました。

縁　私たちが結婚した時のことですが、周りの後輩たちが記念にとドラマCDを作ってくれることになったのです。その時は私たちはそれぞれがプロでしたから、脚本や音楽もプロの友人に依頼して本格的なものを作ることになりました。それは、龍を封じる出雲族の兄弟と出会ったヒロインが、秋葉原でお店を手伝いながら、様々な困難を通して本物の巫女に目覚めていく、といった物語でした。そのCDの制作が、神社との強いご縁のきっかけになりました。

左からきみづか葵さんと縁さん

葵　ゲームがヒットしたので、当時私は、締切を10本くらい抱えて多忙を極めていました。それで、ついに過労で倒れて入院してしまったのです。その入院中に、病院で東日本大震災に遭遇したのです。阪神淡路大震災といい東日本大震災といい、本当にいろいろなことを深く考えるようになりました。

縁　主人の入院はすごくショックな事でした。自分には大震災どころではなく、回復を祈って必死で毎日お見舞いに行きました。「どうしたらスッキリと柱が立ったような生活ができるんだろう」と深く考えました。私は元々膠原病という難病持ちだったのですが、その主治医が「これからは、西洋医学だけではなくて、魂のことまで考えることが重要なんだよ」と教えてくださったのです。それから精神世界のことを考えるようになり、神道に深く触れるようになりました。

―神道のどのようなところに興味を持たれたのでしょうか。

縁　今では古事記や大祓詞の講演で大変有名な小野善一郎先生ですが、先生が古事記の勉強会を始められた時の初期の頃に私達も縁を頂きました。私は声優なので「声」の力、「言霊《ことだま》」の力というものに大変感銘を受けました。大祓詞《おおはらえことば》などの祝詞《のりと》は、神主さんや専門の方だけのものではなく、私たち普通の人が日常の生活の中で触れなければならないものなのだと確信を持つようになったのです。それでついには大祓詞のヒーリングCDを自前で作ってしまいました。そのCDを主人のコミケのブースに出展したら完売してしまったのです。若い人たちが神道に関心を持っていることを知り、大変驚きました。

葵　そこで再度、丁寧に本格的な大祓詞のヒーリングCDを制作してプレスすることになりました。出してみると、今までご縁がなかった様々な方にもそれが伝わるようになったのです。当時、サンマリノ共和国に神社が建立されたのですが、その神社の落成式でこのCDが流れたということを現地の方から聞きました。僕らの名前の入った幟の写真も届きました。だから、自分達というよりは、神様がご縁を結んでくだ

第一回絵師 100 人展『日出ル処之巫女』

大祓詞 CD と古事記総集編

さったのだと振り返ると感じます。

—コミケで発表された『古事記』の冊子が人気になっているようですね。これはどんな本なのですか。

葵　私は、年に2回のコミケに大学時代から欠かさずに出展しているのですが、そこで発表していた同人誌に、10年前ぐらいから古事記のコーナーを3ページほど連載していました。それをまとめたものがこの古事記の冊子です。単純に僕の読者の皆さんに古事記に興味を持っていただきたいというのがこのコーナーを作ったきっかけです。

　小野善一郎先生には「知識じゃないんですよ」とよくいわれるのですが、私は絵師なので、ついつい知識に走ってしまうのです。なかなか難しいですよね。でも評判は大変良くて、若い方から「古事記を知らなかったのですが興味を持ちました。」といわれ、やった甲斐があったなと思います。おかげさまで増刷もしました。

縁　主人の古事記の本を読んでくださったことがきっかけで、子供向けの日本神話のYouTube番組を制作された皆様がおられます。私は、神様の声とライアーという楽器を担当しました。とても分かりやすい素敵な番組になったと思います。何よりも、番組を作るのは初めてという若いみなさんが、それぞれ色々な神様の声を担当され、みんなで参加したプロジェクトだったことが素晴らしいと感じました。

—お二人がこれからやりたいことはなんでしょうか。

葵　僕は、若い人が古事記に興味を持つ「きっかけ」をどんどん作りたいと思っています。僕自身も小野善一郎先生との出会いがきっかけで、ついには神社検定一級まで取得してしまったわけです。ですから、僕の描いたものを通じて神道に興味を持っていただくこともきっとあると思うんですね。そうすれば、こんなにうれしいことはありません。僕は今年が画業30周年なのですが、この世界では長老になってしまいました。今後若い皆さんが広く活躍されていくと思うので、その時に神社をどんどん取り上げてほしいのです。

　例えば、これは姫繰（日めくり）三六五画集というものですが、三六五日違う作家の作品が掲載されている日めくりカレンダーです。この冊子の2021年版の勤労感謝の日を僕が担当したのですが、勤労感謝の日は元々は「新嘗祭（天皇がその年に収穫された新穀などを天神地祇に供えて感謝の奉告を行い、これらの供え物を神からの賜りものとして自らも食する儀式）」ですから、主催者に「新嘗祭の絵を描いていいですか？」と聞いたら、あくまで働いている女の子の絵を描いてほしいといわれるんですね。

　「じゃぁ、こうしましょう」ということでこの作品を仕込んだのですが、大正時代をイメージをした女の子が働いている風景で、「稲穂」を持っているという姿にしたんです。大正時代には勤労感謝の日というのはなくて新嘗祭しかありません。だから、わかる人にわかるというようにした訳です。今の若い人は頭が良いのでわかったら早いんですよね。アニメで育っていることとって、ある

担当した勤労感謝の日の作品

意味すごいことですよね。この絵を見てわかる人がきっといると思うんです。そういう人が増えてほしいと思います。

—私たちの時代には占領政策がまだ尾を引いていて、日の丸とか天皇とかをいうと小学校の先生から睨まれたものです。それがアニメ時代になって、ようやく自由になってきた。日本は素晴らしい国だということを発信できるようになりました。また、アニメによって、宇宙は無限であるとか、そこに見えない意志があるんだとかを考えるようになりましたよね。

縁　はい。先日、松本零士先生がお亡くなりになりましたが、私は先生の作品にとても大きな影響を受けました。宇宙が身近になったのはヤマトとか999だったと思いますし、私が声優を目指したのは森雪さんの存在があったからです。私たちは、松本零士さんが未来の子供達に託した思いや大和魂をしっかり引き継ぐことができれば素敵だと思っています。私のやりたいことは、人と人を結ぶこと。みんなが和解していく時なのだと感じます。そういう意味で神社の力はとても大きいのだと思うのです。

—日本のアニメが海外では大人気ですが何か思うことはありますか。

葵　コミックマーケットは以前から海外の人からも大人気です。少し前にファンの方がわざわざ私のブースに来られて、台湾の神社をまとめた本をいただきました。僕自身、台湾にもたくさんの神社があることに驚いたのですが、こういうことで海外と交流できることはとてもうれしいです。

縁　これはジャケットなのですが、裏地が瀬織津姫の作品になっているのです。これを着て全国の神社を回りますという方がおられました。少し早すぎたのかもしれませんが、これってジャケットに神様がおられるという、いってみればエネルギーを背負う訳ですよね。これからそういう時代が来るような気がします。色々な形で、神社のお力というものを不謹慎でなく、皆様の日常に伝える雛形になっていくことができればと思っています。スマホで消えかけている日常の会話を、言霊の力で取り戻していくようなことができればと思います。私が主催するボイストレーニングでは、「開運ボイス」という美声法をお伝えしています。

萌えジャケットと、きみづか葵さん

—お二方のお話をお伺いしてとても未来に希望を感じました。最後に、今回神社年鑑のキャラクターを作成していただきましたが、意識されたことをお伺いできればと思います。

葵　『和とまこと』をテーマにということでしたので、女の子が『和』、男の子が『まこと』というイメージで作成しました。女の子のキャラクターが『和（なごみ）』ちゃん、男の子のキャラクターが『誠（まこと）』くんです。ちびキャラはあまり描いたことがなかったのでまだまだですが、予断を許さない時代なので、全体を通してホッとするような、和むような雰囲気を感じ取っていただければうれしいです。

—ありがとうございました。これからも神社年鑑を支えてくださいますようお願いいたします。ご活躍を期待しております。

「なまはげのいのり」700×680mm

美術家と日本の美 ❺

岡 淳美

全てに愛と幸せと夢ものがたり

現代は世界の情勢が誰にでも自由に瞬時に、
手にすることができる世の中です。
しかし私はそんな中にあって、
人々の心に優しさや、慈しみや、思いやりが薄れ、
そして身近で小さく、ささやかな幸せへの
気付きさえ希薄になって行くのを感じます。
全てに於いて「愛」と「幸せ」と「夢」が持てたら、
そこには温かな眼差しと潤いに満ちた心が芽生えます。
私はそんな〝ホッコリ〟癒される絵を描きたいと思います。

岡 淳美

岡淳美は、油彩制作を続けながらインテリアデザイナーとして幅広い視野を蓄積してきた。油彩は、母方の祖父が東京芸大一期生の岡忠精であったことから学ぶに恵まれた環境にあり、二科展の入選を続けた。また、格式の高い高潔な人物たちに豊かにはぐくまれ、ごく自然に書の世界に飛び込む。油彩で培った色彩感覚はやがて南画と融合、デザイナーとしてのセンスは東洋の芸術を墨絵モダンアートとして更なる高みに花開かせた。

作品は、墨絵ではあるが色彩が豊かで洒脱。伝統的な墨絵の枠を飛び越え、自由で闊達、それでいて深淵な世界へと見るものの心を誘う。彼女は、「形あるものには全て命が宿る」という。だから事物を捉える視点が優しい。すべての対象を慈しみの心で見つめる。日常生活の何げない幸せに光を見出す。岡淳美の真骨頂がここにある。

岡 淳美（おか あつみ）墨絵（南画）、書、油彩アーティスト。画業半世紀有余の近年は、音楽＆墨絵モダンアートのコラボレーション活動を通し、墨絵（南画）アーティストと音楽家を繋ぐ取り組みに注力。現在、（一社）日本商環境デザイン協会正会員。店舗インテリアデザイン空間プロデューサー。東京在住。

神前結婚式創始の神社で叶える
幸せのご縁を結ぶ古き佳き結婚式
東京大神宮マツヤサロン
―東京都・飯田橋

JR飯田橋駅より徒歩５分　格式高い縁結びの神社

都心にあるとは思えないほど、豊かな緑と心地の良い静けさに包まれた「東京大神宮」。明治１３年に、東京にいながらお伊勢参りができるように伊勢神宮の遥拝殿として創建され、伊勢神宮と同じ天照皇大神と豊受大神が祀られていることから【東京のお伊勢さま】と称され多くの人に親しまれている。さらに「東京大神宮」は神前結婚式創始の神社であり、ふたりと両家を結ぶ伝統的な婚儀が叶う。神職・巫女らに導かれ家族と共に歩む「参進の儀」に始まり、雅楽の調べの中、お神酒を酌み交わす「三献の儀」など、古式ゆかしい儀式が執り行われる。東京の中心で伊勢神宮の神さまに見守られながら、幸せのご縁を結ぶ結婚式を。

東京のお伊勢さま

東京大神宮
マツヤサロン

東京都千代田区富士見 2-4-1　TEL　03-3234-6611　https://daijingu-matsuya.com

全国主要神社

226

凡例

神社の掲載順は自治省の都道府県コードに基づき、各都道府県単位で、順次北から掲載しています。神社記事の表記に関しましては、御祭神名をはじめ不統一がありますが、各神社の確認を受け、神社独自の表記を尊重しました。神社頁に掲載の QR コードは、神社運営サイトにアクセスできます。

北海道開拓使の崇敬社　函館市の総鎮守

函館八幡宮《はこだてはちまんぐう》

函館山の樹林に囲まれた函館八幡宮は、函館市を俯瞰し、津軽海峡を望む景勝の地に鎮座しています。現在の社殿は聖帝造と八棟造を併せた、独特の「聖帝八棟造り《しょうていはっとうづくり》」の代表的な建物として大正４（１９１５）年に俊成され、優雅で荘厳な雰囲気の佇まいを見せています。

創建は古く室町時代文安２（１４４５）年、河野加賀守政通が館を築く際にその東南隅に八幡神を勧請し、館の守り神としたことが始まりです。

明治時代には開拓使の崇敬社として重要な位置を占め信仰を集めると共に、同宮から石狩八幡神社（石狩市）、室蘭八幡宮（室蘭市）、住吉神社（小樽市）等が勧請されて創祀されています。

現在は函館市民に「八幡さま」と親しみを持って語られ、10万人を超える函館でもっとも多くの初詣参拝者を集める神社として崇敬されています。函館市民だけでなく、全国から人々が訪れる著名な神社のひとつとして賑わいをみせています。

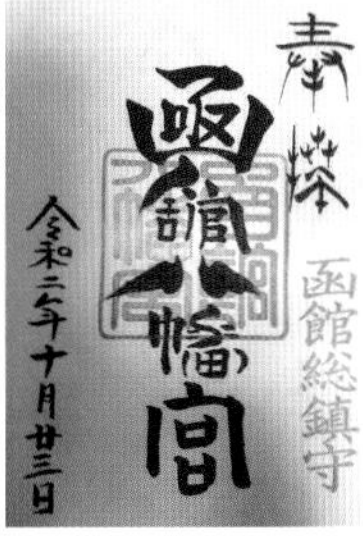

旧社格	国幣中社
祭　神	品陀和気命
例　祭	8月15日
住　所	〒040-0046　北海道函館市谷地頭町 2-5
	電話 0138-22-3636 FAX. 0138-22-5316

主な祭典

例大祭　大神輿による石段１３４段かけのぼり神事

8月15日

例祭は８月15日。それを挟んで前後３日間にわたる祭儀が行われます。また隔年で例祭後に神輿渡御祭があり、函館市指定文化財の神輿が市内を巡幸、約２００人が交代で担ぎ八幡宮から函館駅前を練り歩きます。圧巻は、還御の際に白装束と烏帽子姿の約70人が神輿を担ぎ、参道の石段１３４段を一気に駆け昇る神事が奉納されます。その雄姿に多くの歓声があがります。

見どころ

「延命の桜」

函館八幡宮には「延命の桜（オオヤマザクラ）」と呼ばれている桜の木があります。名前の由来は２００４年９月の台風18号で酷い損壊を受けた桜が、急に咲き出したことから「延命の桜」と命名され、それ以後、毎年春になると美しい桜花を見せています。参拝者がその桜に手を当てる姿が見られるようになりました。パワースポットとして、延命の力を感じることができるのでしょう。

北の大地を鎮め護る

北海道神宮

ほっかいどうじんぐう

札幌市の円山地区に鎮座する蝦夷国新一の宮・北海道神宮は、約18万㎡という広大な境内を持ち、そこは桜の名所としても広く市民に親しまれています。

開拓事業成功と開拓民の心の拠り所として、明治2年に、明治天皇の詔により、東京で「北海道鎮座神祭」が行われ、北海道の開拓、発展の守護神として「大国魂神（おおくにたまのかみ）、大那牟遅神（おおなむちのかみ）、少彦名神（すくなひこなのかみ）」の三柱の神々（開拓三神）が祀られました。その御霊代が開拓判官、島義勇（しまよしたけ）により品川港から函館、札幌へ移されました。明治4年になり現在の地に「札幌神社」と社名が定められ開拓三神を祭神とした社殿が創建されました。昭和39年には近代日本の礎を築かれた明治天皇を御増祀することになり、社名を北海道神宮に改称。現在は四柱の神様が祀られています。

平成30年には北海道命名150年を迎え、開拓功労者37柱をお祀りする境内社開拓神社は創建80年を迎えました。開拓神社例祭日は明治2年8月15日に蝦夷地を北海道と命名されたことに因み、毎年同日に斎行されています。近年では海外からの観光客も多く、その役割は日本文化の魅力を発信する上でも大きな貢献をしています。

旧社格	官幣大社
祭神	大国魂神・大那牟遅神・少彦名神・明治天皇
例祭	6月15日
URL	http://www.hokkaidojingu.or.jp
住所	〒064-8505 北海道札幌市中央区宮ヶ丘474 電話 011-611-0261 FAX 011-611-0264

主な祭典

北海道神宮例祭（札幌まつり）

6月14日～16日

すでに百年以上の歴史のある札幌まつりは、多くの市民に親しまれる賑やかなお祭りです。16日に行われる「神輿渡御」は、時代装束をまとった千人以上の市民が、4基の神輿を中心に9基の山車と共に市内を練り歩きます。まさに絵巻物を彷彿とさせる圧巻の光景です。北海道神宮では伝統的な奉納行事と共に屋台の出店が楽しめます。

見どころ

桜と梅がほぼ同時に開花する壮麗な花見

北海道の雄大な自然に囲まれた北海道神宮は、境内の約1000本の桜と約200本の梅を楽しむことができます。1875年に北海道開拓の祖・島義勇の鎮魂のために献植され、1900年頃からは札幌市民の花見スポットとして定着しました。ゴールデンウィークの頃、ほぼ同時に開花する桜と梅の花見は、まさに北海道神宮でしか味わえない艶やかな景色が楽しめます。

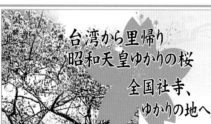

旭川開拓の心を伝える

旭川神社

あさひかわじんじゃ

明治25（1892）年、旭川（今の東旭川）に入植した屯田兵達は、翌26（1893）年に天照大御神（あまてらすおおみかみ）・木花開耶姫命（このはなさくやひめのみこと）を御祭神に迎えて旭川神社を創設しました。祭事は屯田移住完了記念日の8月15日。以来、この日に旭川神社の例祭が行われています。

明治32（1899）年、酷寒の旭川で警備・開拓に勤しむ屯田兵やその家族達のために、伊勢神宮から特別に天照大御神の分霊奉祭が許可されました。伊勢神宮での御分霊の際、神官から「御分霊があなたの故郷へ御入りになるときは必ず何かの異変が起こる」と言われ、御分霊が兵村境界に到着した途端に突然激しい雨が降り始めたといいます。御分霊が神社へ奉遷すると雨は止み、その日の深夜、村中にドーンという原因不明の大音響が響き渡り、旭川兵村の人々は天照大御神の御神威に打たれました。

旭川神社では、月次祭や日供祭などの日々の祭事、元日の歳旦祭から大晦日の除夜祭までの例年の伝統行事の他、節分を始め神職と氏子崇敬者が集い毎月行われる禊や神道講話・交流を行う禊会「旭川神社むすひ会」、境内でのアーティストによる作品展示やワークショップ・屋台の出店や、ダンスや音楽の発表ステージを設けてのイベント「旭川神社エール」（期間中は旭川兵村記念館入館無料）など、多くの人が自由に参加できる新しい企画も様々行われています。

伝統を守りつつ新しい時代を切り開く旭川神社は、今も昔も旭川屯田兵の心と共に在り続けています。

旧社格	村社・郷社
祭　神	天照大御神・木花開耶姫命
例　祭	8月15日
URL	http://www.asahikawajinja.or.jp/
住　所	〒078-8261　北海道旭川市東旭川南一条 6-8-14 電話　0166-36-1818　FAX　0166-36-5272

主な祭典

例祭　8月15日

屯田兵の旭川入植直後から神社の造営が始まり、翌年の神社創設以来この日に行われている例祭。境内では舞姫の神楽奉納、野点お抹茶の呈茶、氏子崇敬者達による剣道や音楽の奉納もあります。明治34（1901）年、開村十周年記念の兵村事業として奉納された屯田神輿の渡御は宵宮祭の8月14日。本祭の15日は本神輿が渡御。

見どころ

旭川兵村記念館

昭和57（1982）年開館の旭川兵村記念館は、屯田兵の歴史を残そうと地元の人達の協力で集められた展示品がずらりと並び、実際に使われていた屯田兵屋の復元・生活用品・農機具など、屯田兵達の生活を窺う事ができます。北海道指定有形文化財「屯田物語原画綴」、旭川市指定文化財「旭川兵村中隊記録」などの貴重な資料も残されています。入館料は大人500円、高校・大学生400円、小中学生200円。旭山動物園の入園半券で100円引き。

上川神社《かみかわじんじゃ》

上川地方開拓守護・旭川の鎮守

北海道の開拓の歴史と共に歩んできた上川神社は、明治26（1893）年に旭川の町づくりに尽力した先人たちによって上川地方開拓守護・旭川の鎮守として、天照皇大御神を御祭神に義経台（現在の宮下通・旭川駅付近）に創設されました。その後、市の発展に伴い二度の奉遷と御祭神に大己貴大神・少彦名大神が祀られ、大正13（1924）年に、現在の神楽岡に鎮座しました。

この神楽岡は、かつて北海道庁の初代長官・岩村通俊が視察を行い、旭川を北海道の中心、北の京にしようという計画を考えさせるほどの魅力ある土地でした。その計画は実現されませんでしたが、後に上川離宮建設も計画されたほどです。現在は野生動物も見られる緑豊かな神楽岡公園となり、そこに隣接した上川神社が旭川の人々の崇敬を集めています。

平成4（1992）年には、上川地方開拓に功労のあった岩村通俊命を御祭神として合祀し、翌年には御創祀百年祭が斎行されました。開拓の歴史に深く根付いた上川神社では、現在は多くの祭事が行われ、市民氏子の年間を通した参拝はもとより、皇族の御参拝もあり、新しい時代の心の支えとして国土平安、五穀豊穣、子孫繁栄、病気平癒や縁結びなど、多くの祈念を受けています。

旧社格　県社
主　座　天照皇大御神　大己貴大神　少彦名大神
左　座　豊受姫神　大物主神　天乃香久山神　建御名方神　誉田分命　敦実親王
右　座　鍋島直正命　黒田清隆命　永山武四郎命　岩村通俊命
例　祭　7月21日
URL.　http://kamikawajinja.com/
住　所　〒040-0046　北海道旭川市神楽岡公園2
電話 0166-65-3151　FAX. 0166-65-3152

主な祭典

例大祭　大神
7月21日

大祭は7月20日の宵宮祭に始まり、翌21日神社本庁から御祭神敬祝の意を表して幣帛料が奉られ、例祭の大祭式が斎行されます。続いて出発の祭「発輿祭」が行われ、御神輿が氏子区内を御神幸になり、同夜は頓宮に御駐泊されます。翌22日は頓宮発輿祭が行われ、再び区内を御神幸になり本宮に戻られ、お帰りの祭「還輿祭」、「後日祭」が斎行され、3日間にわたる例大祭が終ります。

見どころ

「神楽岡碑」

明治22年、神楽岡の地に離宮を建てることが内閣で決定し、明治44年には皇太子であった大正天皇が神楽岡に行啓。大正9年には上川神社の境内地として神楽岡を借り、同10年世伝御料地解除、同13年に神社を移遷し、神社の借地は神域として編入されました。ということの事蹟を後世に伝えるため、市民によって昭和8年神楽岡碑が建てられました。永山将軍の「上川の清き流れに身をそそぎ、神楽の岡に幸行仰がん」の和歌と建碑賛同者の氏名が刻まれています。

津軽国一の宮

岩木山神社

いわきやまじんじゃ

約1200年前、宝亀11（780）年に岩木山の山頂に社殿が創建されたという古い歴史を持つ岩木山神社。「お岩木さま」「お山」と愛称され、農漁業の守護神、津軽の開拓神、地元の人々の祖霊の鎮まるところとして親しまれてきました。

延暦19（800）年には征夷大将軍・坂上田村麿が山麓十腰内に下居宮を建立し、山頂を奥宮としました。また1091年に十腰内の下居宮は、現在の地に奉遷されています。

御祭神は顕國魂神（うつしくにたまのかみ）、多都比姫神（たつひめのかみ）、宇賀能賣神（うがのめのかみ）、大山祇神（おおやまづみのかみ）、坂上刈田麿命（さかのうえのかりたまろのみこと）の5柱の神で、総称して岩木山大神と唱えられ、開運招福の神様として崇められています。

御神体である岩木山を真正面に杉木立に囲まれた長い参道と建物の調和も美しい岩木山神社には、重要文化財に指定されている楼門、中門、さらに拝殿、本殿があります。鎌倉時代の密教道場の社殿には、桃山時代の彫刻が見られ、そのため「奥の日光」とも呼ばれています。

奥宮までの道程は約6km。途中、七曲坂の難所や急な御坂を経て、約4時間の行程になります。今は登拝のためにスカイラインも開通していますが、参道を踏破するのもまた一塩です。

©ぷらり寺社めぐり

旧社格　国幣小社
祭　神　顕国魂神・多都比姫神・宇賀能賣神・大山祇神・坂上刈田麿命
例　祭　旧暦8月1日
住　所　〒036-1343　青森県弘前市百沢字寺沢27
電話　0172-83-2135　FAX　0172-83-2918

主な祭典

お山参詣
（重要無形民俗文化財）
旧暦8月1日

五穀豊穣の感謝と祈願をこめ、山頂奥宮に村落毎に団体で登拝する古くからの行事です。登拝に先立ち、各村々の産土神の社に一週間精進潔斎し、新しい白装束に身を固め、登拝回数に応じ色とりどりの御幣を持ち、別に大幟や大御幣を力自慢の若者が捧持して登山囃子も賑々しく唱和して街道を練歩き、総産土神の大社と称える岩木山神社に参拝します。

見どころ

岩木山神社拝殿
（重要文化財）

山岳信仰に岩木山神社の拝殿は、同社の別当寺・百沢寺の大堂（本堂）として建てられました。それが1589年の岩木山噴火によって百沢寺全山が焼失した後、藩祖為信が1603年に起工、三代藩主信義の1640年に完成したものです。壮大な五間堂で、外部を全面丹に塗り、内部を弁柄塗り。千鳥破風内の彫刻や蟇股は極彩色で美しい。密教寺院本堂としての雰囲気を今に伝えています。

東北

陸中国一の宮

駒形神社

こまがたじんじゃ

岩手県奥州市の水沢公園に隣接し、杉と桜の森に囲まれた陸中国一の宮・駒形神社は静謐な環境のなかに鎮座します。もともとは駒ヶ岳山頂に駒形大神（こまがたのおおかみ）を奉斎したのが始まりですが、参拝の便のため明治36年にこの地に本殿が遷されました。山頂には奥宮があります。

創祈年代は諸説がありますが、一説には、雄略天皇（第21代）21年に、京都の籠神社から宇賀御魂大神を勧請して山頂に祀り、里宮に大宜津比売神と事代主神を配祀したというもの、別伝では、景行天皇（第12代）40年に日本武尊の東征時に、蝦夷平定のために天照大御神を中心に6柱を勧請したと言われています。また坂上田村麻呂が当地で倒れた愛馬を祀り、のちに慈覚大師が廻国した際にその駒形神を駒ヶ岳山頂に移して本宮を造営したともいうものなどがあります。いずれにしても歴史の古い名社として崇敬を集めてきました。分社は東北各県より関東にわたり、その数は、百社以上になります。

御祭神は天照大御神（あまてらすおおみのかみ）、天之常立尊（あめのとこたちのみこと）、国之狭槌尊（くにのさづちのみこと）、吾勝尊（あかつのみこと）、置瀬尊（おきせのみこと）、彦火火出見尊（ひこほほでみのみこと）の六神を総称したものとされる駒形大神を祀っています。

旧社格　式内社（小社）・国幣小社
祭　神　駒形大神
例　祭　9月19日
URL　http://komagata.iwate.jp/
住　所　〒023-0857　岩手県奥州市水沢中上野町1-83
電話　0197-23-2851　FAX　0197-23-2847

主な祭典

奉遷記念大祭（春祭）
子供騎馬武者行列
5月3日

馬の守護神である駒形神社の春祭りの中心行事に子供騎馬武者行列があります。約50頭の馬が出馬する騎馬武者中心の壮観な行列は400m続きます。有名な武将に扮した子供たちが甲冑を身に着け、騎馬武者を演じる姿はかわいらしさと勇ましさを感じさせます。毎年参加者を募集しています。

見どころ

奥宮

駒ヶ岳山頂、標高1129・8mにある駒形神社の奥宮は風雪に耐えて今日にその姿を留めています。駒ヶ岳登山道から鳥居をくぐり険しい山道を踏破して奥宮に到着すると、そこには神霊を感じさせる素晴らしい光景が広がります。

延喜式内名神大社・陸奥国一の宮

志波彦神社・鹽竈神社《しわひこじんじゃ・しおがまじんじゃ》

八重桜の一種で国の天然記念物に指定されている貴重な「鹽竈桜」が咲き誇る桜の名所としても知られている鹽竈神社は陸奥国一の宮として、古くから崇敬を集めてきました。創建年代は明らかではありませんが、平安時代初期の『弘仁式』主税帳逸文にその名が記されています。また、武将・伊達家の歴代藩主たちが鹽竈神社の大神主を務めていたと言われています。

祭神は、「鹽竈」という名が示すように、人々に塩づくりの製法を伝えたと言われている鹽土老翁神（しおつちおぢのかみ）を別宮に、そして左宮に武甕槌神（たけみかづちのかみ）、右宮に経津主神（ふつぬしのかみ）の三柱の神様が祀られています。安産守護、延命長寿、海上安全、大漁満足、家内安全、交通安全、産業開発の神様として、全国から信仰されています。社殿は三本殿二拝殿という珍しい構成の壮大で整然とした配置等が江戸中期の神社建築として高く評価され国の重要文化財に指定されています。

この神社の正式名は「志波彦神社鹽竈神社」で、ひとつの法人となっています。当地には元々鹽竈神社のみが鎮座していましたが、明治時代に志波彦神社が境内に遷座し、二社が同一境内に鎮座しています。

旧社格	［志波彦神社］式内社・国幣中社 ［鹽竈神社］国幣中社
祭　神	［志波彦神社］志波彦神 ［鹽竈神社］塩土老翁神・武甕槌神 経津主神
例　祭	［志波彦神社］3月29日［鹽竈神社］7月10日
住　所	〒985-8510　宮城県塩竈市一森山1-1 電話　022-367-1611　FAX　022-365-5530
URL	http://www.shiogamajinja.jp

主な祭典

鹽竈みなと祭り
海の日

鹽竈神社の神輿を奉安する御座船の鳳凰丸と、志波彦神社の神輿を奉安する御座船の龍鳳丸の両社の船が、百隻に及ぶ大小の供奉船を従えて日本三景の松島湾内をご巡幸するという海の祭典。平安絵巻を見るような美しさと壮大な世界を見せてくれます。

見どころ

鹽竈神社神輿

日本三大荒れ神輿のひとつ、鹽竈神社の神輿は大変古く、現在の神輿は享保18（1733）年に京都で造られたといわれています。16人で担ぐ重さ約1tの黒漆塗の華麗な神輿は必見です。お祭りだけでなく、神社博物館に奉安、展示公開されているので参拝の時に見ることができます。

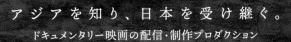

東北鎮護の神社　日本三稲荷のひとつ

竹駒神社《たけこまじんじゃ》

日本三稲荷の一社として数えられる竹駒神社は、小倉百人一首で有名な参議小野篁（おののたかむら）卿が、54代仁明天皇の承和9（842）年に陸奥守として着任した際に、東北鎮護、開拓を祈願して創建されました。以後、平安時代には平泉藤原三代、江戸期には仙台藩主伊達家歴代の尊崇が篤く、広く大衆に慈しまれる神として崇められてきました。

主祭神は、衣食住の守護神である、倉稲魂神（うかのみたまのかみ）、保食神（うけもちのかみ）、稚産霊神（わくむすびのかみ）の三柱の神々が祀られています。この神々は産業開発の神、五穀豊穣の神、商売繁盛の神、海上安全守護の神、安産守護の神として熱心な崇敬を集めてきました。

現在では、年間160万人の参詣者が訪れる主要神社のひとつに数えられます。境内には宮城県の文化財に指定されている向唐門や、江戸の秀作とうたわれる二層の随身門を仰ぐことができます。

旧社格　県社
祭　神　倉稲魂神・保食神・稚産霊神
例　祭　旧暦2月初午（初午大祭5日目）
URL　https://takekomajinja.jp
住　所　〒989-2443　宮城県岩沼市稲荷町1-1
電話　0223-22-2101　FAX　0223-22-3879

主な祭典

初午大祭
旧暦2月の初午の日より1週間

五穀豊饒、商売繁盛、家内安全を願って行われる初午大祭は、華麗な神輿渡御と竹駒奴そして歴史絵巻のような大名行列は見どころ。時に揃いの半纏をまとった竹駒奴の練り歩きや、毛槍投げの妙技は、市の無形文化財になっているだけに、多くの人が訪れ、賑わっています。

見どころ

竹駒奴（たけこまやっこ）

神輿渡御においてその行列の先頭に立ち、揃いの半纏を身にまとった「竹駒奴」の練り歩きや毛槍の投げ受けの妙技は必見です。

「みよしさん」の総本宮

太平山三吉神社《たいへいざんみよしじんじゃ》

太平山三吉神社は、北日本各地、ブラジル・サンパウロに祀られる三吉神社・太平山講・三吉講の総本宮として広く人々の崇敬を受けています。力の神・勝負の神である「三吉霊神」をまつり、勝利成功、事業繁栄の守護神として「みよしさん」「さんきちさん」の愛称で親しまれています。

霊峰太平山（標高1170m）山頂に奥宮、秋田市広面に里宮が祀られる太平山三吉神社は天武天皇の白鳳2（673）年5月、役行者・小角の創建と伝えられ、桓武天皇延暦20（801）年征夷大将軍・坂上田村麻呂東夷征討の際、戦勝を祈願して堂宇を建立、奉納された鏑矢は神宝として今に伝えられています。

祭神は大己貴大神（おおなむちのおおかみ）、少彦名大神（すくなひこなのおおかみ）、三吉霊神（みよしのおおかみ）の三柱の神さまが祀られています。戊辰の役（1868年）では奥羽鎮撫総督・九條道孝卿が里宮に祈願されるなど、古来より勝利成功・事業繁栄の霊験高い守護神として多くの参拝者を集めています。

旧社格	県社
祭　神	大己貴大神・少彦名大神・三吉霊神
例　祭	5月8日、10月17日
URL	http://www.miyoshi.or.jp
住　所	〒010-0041　秋田県秋田市広面字赤沼3の2
	電話　018-834-3443　FAX　018-834-3444

主な祭典

三吉梵天祭

1月17日

三吉梵天祭は、無病息災や五穀豊穣などを願う年頭のお祭りで、冬の秋田の風物詩となっています。江戸時代から続く神事で、色とりどりの梵天を神社に奉納する先陣争いの激しさから「けんか梵天」とも呼ばれています。とても勇壮で荒々しい祭りとして有名です

見どころ

奥宮と山小屋

霊峰太平山の頂にある奥宮は、清浄な空気に包まれた心洗われる光景の中に佇んでいます。7月17日の開山祭に、御神体が里宮より奥宮へ遷され、9月17日閉山祭までの間、神職が祭典祈祷奉仕をしています。宿泊できる参籠所（山小屋）も併設されています。

月山神社　出羽神社　湯殿山神社

出羽三山神社《でわさんざんじんじゃ》

ぶらり寺社めぐり

出羽三山とは、山形県にある月山（標高1984m）、羽黒山（414m）、湯殿山（1500m）の三つの山の総称で、そのそれぞれの山に神社があり、月山神社、出羽神社、湯殿山神社の三社を総称して「出羽三山神社」といいます。雪に覆われる山岳地域のため、冬季は月山と湯殿山は閉鎖されます。そのため羽黒山には三社の神をあわせて祀る「三神合祭殿」が建てられ、一年中参拝が可能となっています。

開山は飛鳥時代、今から1400年以上前の推古元（593）年に、崇峻天皇の皇子・蜂子皇子によってなされたと伝承されています。蜂子皇子は蘇我氏との政争に巻き込まれ、難を逃れるために日本海を北上し、山形県庄内地方の由良の浜に到りました。そこで三本足の霊鳥（れいう）に導かれて羽黒山に登り「伊氏波神（いではのかみ）」の出現を拝し、山頂に祠を創建されたことに始まるとされています。

祭神は、月山神社は月讀命（つきよみのみこと）、出羽神社は伊氏波神（いではのかみ）と稲倉魂命（うかのみたまのみこと）の二神を、湯殿山神社は大山祇命（おほやまづみのみこと）、大己貴命（おほなむちのみこと）、少彦名命（すくなひこなのみこと）の三神が祀られています。

元来、出羽三山は日本古来の自然崇拝の山岳信仰、敬神崇祖に、仏教、道教などが習合して成立した「修験道」の山として多様で深い信仰を形成してきました。江戸時代には「東国三十三ヶ国総鎮守」とされ、熊野三山(西国二十四ヶ国総鎮守)、彦山(九州九ヶ国総鎮守）と共に「日本三大修験道場」と位置づけられていました。

明治以降は神仏分離で神社となりましたが、多くの人々の広く篤い信

旧社格	官幣大社・国幣小社
祭　神	（月山神社）月読命　（出羽神社）伊氏波神・稲倉魂命 （湯殿山神社）大山祇命・大己貴命・少彦名命
例　祭	7月15日
URL	http://www.dewasanzan.jp
住　所	〒997-0292　山形県鶴岡市羽黒町手向字手向7 電話　0235-62-2355　FAX　0235-62-2352

主な祭典

松例祭

12月31日〜1月1日

松例祭は羽黒山伏「冬の峰」の結願行事で「大松明引き」は国の重要無形民俗文化財に指定されています。100日間参籠し、精進潔斎した2人の松聖（山伏の長老）が、験力を競い合う様々な神事が行われます。ご本殿での験競べが終わり五番の法螺が吹かれると、庭上の燃え盛る大松明を若者たちが一斉に走って引き出し焼き払います。

見どころ

五重塔（国宝）

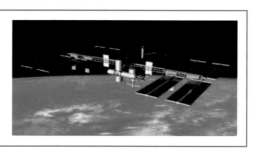

自然の景観が美しい羽黒山の参道を登ると、東北最古の五重塔が木立の間から姿を現します。約600年前に建てられた素木造り、柿葺、三間五層の美しい建物は国宝として大切に守られています。古くは瀧水寺の五重塔と言われていましたが、この五重塔だ

出羽国一の宮

鳥海山大物忌神社《ちょうかいさんおおものいみじんじゃ》

鳥海山大物忌神社は、鳥海山山頂の御本社・吹浦口の宮・蕨岡口の宮の３社を総称した社号です。

社伝によれば、神社の創祀は第29代欽明天皇25（５６４）年の御代と伝えられています。貞観４（８６２）年には官社に列し、『延喜式神名帳』には「名神大社」として収載されています。

御祭神は大物忌神（おおものいみのかみ）で、倉稲魂命（うかのみたまのみこと）・豊受姫神（とようけおおかみ）と同神であると伝えられており、各地の稲荷神社などと同様、農業をはじめ衣食住を守護する神です。吹浦口の宮には大物忌神の他に、月読命（つきよみ）も祀られていますが、こちらは天照大御神の弟神である月読命です。

山の上にあるお社が「奥宮」ではなく、「御本社」だという珍しい神社です。このような一の宮は、他は立山の頂上にある雄山神社だけであり、登山をするのではなく、「登拝」をするべき山のお社です。

御本社は伊勢の神宮と同じく20年毎に建て替える式年造営の制となっており、御社殿は伊勢神宮から下賜された御用材を利用して建てられます。

旧社格	式内社（名神大社）・国幣中社
祭　神	大物忌神
例　祭	5月5日
URL	http://www9.plala.or.jp/thoukai/
住　所	〒999-8521 山形県飽海郡遊佐町大字吹浦字布倉１ 電話　0234-77-2301　FAX　0234-77-3424

主な祭典

吹浦口の宮例大祭 5月5日

鳥海山は活火山で、噴火などの異変が起こると朝廷から奉幣があり鎮祭が行われてきました。近世では、農業の神として崇められ、様々な祭事が行われています。とくに吹浦口の宮の例大祭では、山形県の重要無形文化財に指定されている「花笠舞」が舞われます。

見どころ

御朱印

全国の神社の中でもお参りできるありがたさをつくづくと感じられるお社が、山の上にある鳥海山大物忌神社の御本社です。この御本社でいただく御朱印は、下の里宮でもらうものとは違っていて、丸いもので、山に御本社が建立されて以来、下界に降りたことはなく、非常にありがたい御朱印なのです。

塩原輝昭（一の宮巡拝会代表世話人）

陸奥国一の宮

石都々古和気神社《いわつつこわけじんじゃ》

陸奥国一の宮の石都々古和気神社は、古くから山岳信仰の場として、山そのもや、参道両側に点在する磐境（巨石）が信仰の対象として崇敬されてきました。福島県石川町の中央に位置する、通称八幡山の山頂に鎮座し、境内は陸奥石川氏の居城、三芦城（石川城）の跡地として県及び町の史跡に指定されています。

創始は延暦年中に祠を営んで、「味鉏高彦根命（あじすきたかひこねのみこと）」を祀ったのが始まりと伝承されています。記録としては、延喜5（905）年にまとめられた『延喜式神名帳』に白河郡七座の一つとして数えられています。

主祭神の味鉏高彦根命に加え、大国主命（おおくにぬしのみこと）、治暦2（1066）年に陸奥石川氏初代・石川有光が源氏の氏神である石清水八幡宮の御分霊、誉田別命（ほんだわけのみこと）を当社に合祀しています。

また例祭では神社御神輿が八幡山山頂の神社から麓の御仮屋にお下がりになり、翌日各町内の旗場を渡御し、夕刻神社にお上がりになります。例祭期間中、当番町の氏子等は紋付羽織袴、若手の神輿付係は裃に脇差という約千年間続いた正装が出で立ちとなります。

旧社格	式内社（小社）・郷社
祭　神	味須気高彦根神・大国主命・誉田別命
例　祭	9月第2土曜
URL	http://www.facebook.com/iwatutuko
住　所	〒963-7858　福島県石川郡石川町字下泉269(150社務所)
	電話　0247-26-7534　FAX　0247-26-8888

主な祭典

例祭

9月第2土曜日

例祭では神社御神輿が八幡山山頂の神社から御仮屋にお下がりになり、各町内の旗場を渡御し、夕刻神社にお上がりになります。それが終わると、石川町大通りでは町内神輿による、神輿パレードが行われます。例祭期間中は当番町の氏子等は、紋付羽織袴、若手の神輿付係は裃に脇差という約1000年間続いた正装が出で立ちとなります。

見どころ

狛犬

福島県石川町出身の石工、小林和平が昭和5年に彫り上げた狛犬です。小林和平の狛犬のなかでも、当社狛犬は飛び跳ねる構図をとる通称「飛翔狛犬」で、石造狛犬としては他に類を見ない形態をとり、その卓越した彫刻技術は全国的にも評価が高いです。

岩代国一の宮　会津総鎮守

伊佐須美神社《いさすみじんじゃ》

会津の聖地として長い歴史を持つ伊佐須美神社。第10代崇神天皇10年、東北道各地を平定するために派遣された四道将軍の父子が、平定後、それぞれの道をたどり、この地で出会ったことから「会津」という地名が起こったと『古事記』に記載されています。この時、国家鎮護のため国土開拓の神様・伊弉諾尊（いざなぎのみこと）、伊弉冉尊（いざなみのみこと）の2神を新潟県境、会津高嶺の御神楽岳に奉斎したのが伊佐須美神社の起源とされています。

その後、博士山、明神ヶ岳を経て欽明天皇13（552）年に高田南原の地に遷御し、更に同21（560）年現在の宮地、東原に御神殿が造営されました。後に、大毘古命（おおひこのみこと）、建沼河別命（たけぬなかわわけのみこと）の2神も合祀奉斎されています。この御祭神四柱を総称して伊佐須美大明神と奉称されています。

以来1400有余年の時を経た現在も、産業文化、延寿縁結び、交通安全などの守護として県内外の人々の深い崇敬を集めています。

旧社格	式内社（名神大社）・国幣中社
祭　神	伊弉諾尊・伊弉冉尊 大毘古命・建沼河別命
例　祭	9月15日
URL	http://isasumi.or.jp
住　所	〒969-6263 福島県大沼郡会津美里町宮林甲4377 電話　0242-54-5050　FAX　0242-54-5052

主な祭典

御田植祭

7月12日

伊佐須美神社の最大の祭り「御田植祭」は、伊勢の朝田、熱田の夕田と並び高田の昼田と称され、日本三田植に数えられています。勇壮な「獅子追い」に始まり「早乙女踊り」、「神輿渡御」や「田植式」などが行われます。また「神輿渡御」にうたわれる田植え歌は中世の名残りをとどめ、福島県で最も古いものと言われています。

見どころ

御神木　薄墨桜

伊佐須美神社の御神木と伝えられる薄墨桜は、「香りの薄墨桜」と言われ、開花すると神社境内は桜の香りに満ち溢れ、その香りに訪れた参拝客は魅了されます。薄墨桜の傍らには会津藩主松平容保の歌碑「世の人の心や深く染めぬらん　うすずみ桜あかぬ色香に」がその素晴らしさを讃えています。

陸奥国一の宮

馬場都々古別神社《ばばつつこわけじんじゃ》

馬場都々古別神社は、古い歴史を持ち、かつて「東夷」を鎮定した日本武尊（やまとたけるのみこと）によって、建鉾山（白河市）に鉾を建て味耜高彦根命（あじすきたかひこねのみこと）を祀ったことに始まるとされています。その後、大同２（８０７）年、坂上田村麻呂が近世棚倉城の地に奉遷して社殿を造営しました。そして寛永元（１６２４）年に棚倉藩主丹羽長重が棚倉城を築城するため現在の地に神社を遷宮しました。

祭神は味耜高彦根命と日本武尊の2柱です。

延長５（９２７）年の『延喜式神名帳』に陸奥国白河郡「都都古和気神社 名神大」と記載のある神社とされ、中世以降は陸奥国一の宮として、多くの崇敬を集め今日に至っています。江戸時代には都都古和気三社の一社として、「近津三社」（馬場都々古別神社・八槻都々古別神社・下宮近津神社）と総称された「上宮（かみのみや）」にあたりました。

本殿は豊臣秀吉の命によって佐竹義宣が造営し、築城の際に解体移築され、４００年以上の歳月を経た現在も、その姿をそのまま伝え、中世の特徴が遺されている貴重な建築です（国重文）。そして、境内には樹齢数百年の古木が茂り、東北で有数の神社の風格を感じさせてくれます。

歴史の古い神社として、鎌倉時代源義家、頼朝の寄進と伝えられる長覆輪太刀二口（国重文）や、赤糸威鎧残闕（国重文）など、数多くの貴重な文化財が残されています。

旧社格　式内社（名神大社）・国幣中社
祭　神　味耜高彦根命・日本武尊
例　祭　9月11日、12日
住　所　〒963-6131　福島県東白川郡棚倉町大字棚倉字馬場 39
電話　0247-33-7219　FAX　0247-33-7219

主な祭典

例大祭
9月11日、12日

馬場都々古別神社で年間に行われる祭事は、9月12日直前の日曜日に行われる祭礼をはじめ、2月の節分祭、5月の神楽講祭、11月の新嘗祭や、季節折々の農事、人生儀礼に関わる祈願祭等の神事が粛々と執り行われています。

見どころ

本殿
（国指定重要文化財）

豊臣秀吉の命により、文禄3（1594）年に造営され、移築されても中世の趣が今に遺る貴重な建築です。三間社流造の簡素な設計ですが、高い建築技術を示す、反りのある垂木と、水平気味の梁は、中世的な様相を見せて、美しい造形美を感じさせます。

陸奥国一の宮

八槻都々古別神社《やつきつつこわけじんじゃ》

八槻都々古別神社は、都々古別三社の一社で、江戸時代には「近津三社」（馬場都々古別神社・八槻都々古別神社・下宮近津神社）と総称された「中宮（なかのみや）」にあたります。

創建は、日本武尊（やまとたけるのみこと）が八溝山の東夷で、大将を討った際、守護として現れた3神が建鉾山より箭（や）を放ち、その箭の着いた場所を箭津幾（やつき）としたのが始まりだと起源伝承には伝えられています。東北の古い社として知られ、延長5（927）年の『延喜式神名帳』に陸奥国白河郡に「都都古和気神社 名神大」と記載のある神社とされ、中世以降は陸奥国の一の宮として、多くの崇敬を集め今日に至っています。

祭神は味耜高彦根命（あじすきたかひこねのみこと）と日本武尊（やまとたけるのみこと）の2柱です。味耜高彦根命は農耕神としての性格が古く、その後に武神が加わったものと考えられています。八槻都々古別神社の霜月大祭は、昔から柚子、生姜の八槻町といわれる事から、境内には柚子、生姜を販売する店が並び参拝者で賑わいます。また平成16年に国の無形民俗文化財となった御田植の神事などが継承されていることからも、農耕神として崇敬されてきたことを物語っています。

社宝には銅鉢（国指定重要文化財）、木面十一面観音立像（国認定重要美術品）など数多くの貴重な文化財が遺されています。

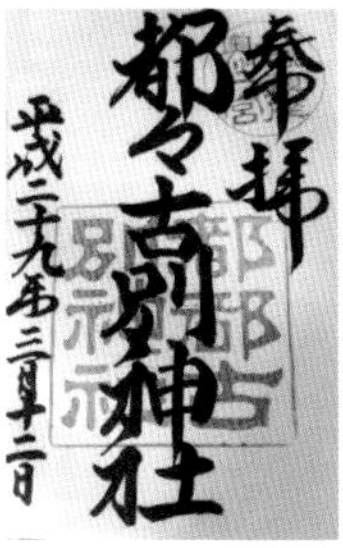

旧社格　式内社（名神大社）・国幣中社
祭　神　味耜高彦根命・日本武尊
例　祭　12月第2土曜日
住　所　〒963-5672　福島県東白川郡棚倉町大字八槻字大宮224
電話　0247-33-3505　FAX　0247-33-2840

主な祭典

御田植祭
旧暦1月6日

約400年の歴史を持つ御田植祭は、五穀豊穣を祈って神楽を奉納するお祭りです。拝殿では祝詞奏上から始まり、楽人による奉納の舞が行われます。ユーモラスな舞と掛け合いで一連の稲作風景が演じられますが、これは、貴重な農業の伝統を伝えているもので、国の重要無形文化財に指定されています。

見どころ

八槻家住宅

代々宮司を勤めた八槻家の住宅は修験者でもありました。その為主屋は修験者を接待する客間などになっていました。現在は、福島県の重要文化財となっています。神社の南側の門前にあるその建物は、かつての生活を伝える貴重な建築物として、一見の価値があります。

あんばさま総本宮

大杉神社

おおすぎじんじゃ

大杉神社は、関東、東北地方に約670社ある大杉神社の総本社です。茨城県で最大の木造社殿を誇り、その豪奢な社殿群は「茨城の日光東照宮」という異名を持つほどで、本殿や拝殿などには見事な彫刻が施されています。社名の由来となった御神木の大杉は、かつては古代の内海の航海標識の役割を果たしていました。境内にはその太郎杉、二郎杉、三郎杉の3本杉がありましたが、太郎杉は寛政10（1798）年に焼失し、現在は樹高40mの二郎杉と28mの三郎杉が残っています。

主祭神は倭大物主櫛甕玉大神（やまとのおおものぬしくしみかたまのおおかみ）が祀られています。創始は神護景雲元（767）年。古くから「あんばさま」の愛称で親しまれ、県内外から多くの信仰を集めています。「悪魔はらえ囃子」と称した「あんば囃子」は関東一円に伝わり、国選択の無形民族文化財になっています。厄除け、八方除け、星除け、空亡除けの祈祷の多い神社として知られています。

また、眷属神として「鼻高天狗」、「烏天狗」が信仰され、願い事が叶えられるという神徳から「日本唯一夢むすび大明神」とも称されています。

旧社格　郷社
祭　神　倭大物主櫛甕玉大神
例　祭　10月27日
URL　http://www.oosugi-jinja.or.jp
住　所　〒300-0621　茨城県稲敷市阿波958
電話　029-894-2613　FAX　029-894-3636

主な祭典

大杉祭渡御祭（あんばまち）
10月第4土曜日と翌日

鉦、太鼓、笛が奏でる舞曲「あんば囃子」（国の選択無形民俗文化財）と、踊り手たちのリズミカルな舞が披露される大杉祭。文禄2（1592）年に始まった囃子は、享保10（1725）年以降主に、天然痘の撲滅や、天災飢饉の忌避を願って関東、東北一円に伝播。当初「悪魔はらえ囃子」と称され、悪疫退散の踊りとされました。

見どころ

本殿の彫刻・名匠島村圓鉄の作品

大杉神社本殿の海獣背乗仙人、天の邪気足踏仙人などは、江戸時代の彫工の祖と言われた島村俊元の子で、社寺の欄間等の彫刻などを手掛けた名人・島村圓鉄によって制作された美しい造形作品です。平成の大造営で覆われていた囲いが撤去され、その見事な作品群をみることができるようになりました。

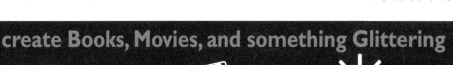

日本三大稲荷のひとつ

笠間稲荷神社《かさまいなりじんじゃ》

笠間稲荷神社は、日本三大稲荷のひとつで、全国から年間350万人以上の参拝者を集めています。正月三ヶ日の初詣も毎年80万人以上の人で賑わう茨城県第一位を誇る神社です。

創建は、第36代孝徳天皇の御代、白雉2（651）年と社伝に伝えられ、1350年以上の歴史を有しています。また、鎌倉時代の初代城主・笠間時朝以来、歴代城主から篤い崇敬を受け、社地・社殿などが寄進されました。江戸時代の寛保3（1743）年には歴代藩主の祈願所と定められています。

御祭神は宇迦之御魂神（うかのみたまのかみ）、一般に「お稲荷様」として親しまれている神様です。「稲に宿る神秘的な精霊」、生命の根源を司る「いのち」の根の神として農業、工業、商業、水産業など、あらゆる殖産興業の守護神として広く信仰されてきました。またこの地に胡桃の密林があったことから「胡桃下稲荷」とも、江戸期の藩主一族の門三郎から深い信仰を受けたことから「紋三郎稲荷」とも呼ばれていました。

本殿は江戸末期の建築で国の重要文化財、また拝殿に向かって右側にある2株の藤樹は樹齢400年に及び内1本の八重藤は県の天然記念物に指定されています。

旧社格　村社
祭　神　宇迦之御魂神
例　祭　4月9日
URL　http://www.kasama.or.jp
住　所　〒309-1611 茨城県笠間市笠間1
電話　0296-73-0001 FAX　0296-73-0002

主な祭典

笠間稲荷の菊まつり

10月中旬～11月下旬

「朝顔会（朝顔展示）」が発展して始まったと言われる笠間稲荷の菊まつりは、日本で最も古い菊の祭典で、100年以上の歴史を刻んでいます。毎年、艶やかな菊の花約1万鉢が境内をはじめ市内を埋め尽くし、全国から多くの人が訪れてきます。

見どころ

本殿

（国指定重要文化財）

昭和63年、本殿は国の重要文化財に指定されています。江戸時代の末期、安政・万延年間（1854～1860）の再建で、銅瓦葺総欅の権現造となっています。本殿周囲の彫刻は名匠・後藤縫之助の「三頭八方睨みの龍」「牡丹唐獅子」そして弥勒寺音八と諸貫万五郎の「蘭亭曲水の図」等、精巧を極めた作品を見ることができます。

関東

大国主大神の御神徳

常陸国出雲大社

ひたちのくにいずもたいしゃ

常陸国出雲大社は、平成4（１９２２）年に、「日隅宮」（ひすみのみや）と称される島根県・出雲大社から、大国主大神（おおくにぬしのおおかみ）の第二御子神・建御名方大神（たけみなかたのおおかみ）が鎮まる長野県・諏訪大社を通り、「日が生まれる国・常陸国（現在の茨城県）」へと直線上で結ばれたご神縁の地・茨城県笠間市へ大国主大神のご分霊が鎮座され、竣功されました。神代の昔には、常陸国の少彦名神（すくなひこなのかみ）と共に国づくりに励まれたと伝えられています。

本殿は縄文時代の巨木信仰に基づく、神社様式としては最古の「大社造り」で建てられ、拝殿は長さ16メートル、重さ6トンの迫力のある大注連縄が正面に掛けられています。その内部の天井には、奥田浩堂による金箔や銀箔を使った煌びやかな色彩の大作「常陸の雲」が描かれています。まさに壮大絢爛な社殿で、日々のご祈祷や慰霊祭が行われています。

主祭神の大国主大神は、国土の守護神として仰がれ、農業・漁業・医療の神、また縁結びの神として、幸運開運・商売繁盛・災難除け、さらには人間の死後の霊魂をご守護・お導き下さる幽冥主宰大神（かくりよしゅさいのおおかみ）として、古より「だいこくさま」として親しまれ、篤い信仰をうけています。

現在の名称・常陸国出雲大社は、平成26（２０１４）年9月16日から、単立宗教法人として新たな歩みを始めたことから改称された社名です。

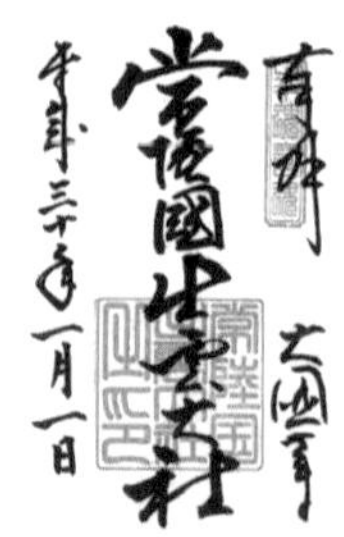

祭　神　大国主大神
例　祭　5月第3日曜日、10月第3日曜日
URL　http://www.izumotaisha.or.jp
住　所　〒309-1634　茨城県笠間市福原 2006
電話　0296-74-3000　FAX　0296-74-4688

主な祭典

「みたままつり」

春分の日、8月15日　秋分の日

ご祭神大国主大神の別名幽冥大神（かくりよのおおかみ）としての働きから、神葬祭や境内墓地などでご縁のある御霊を慰霊するみたままつりを春夏彼岸、お盆と三回行われています。特に夏のみたままつりは夕闇に慰霊提灯が献灯され、数百名の参列者を迎えて荘厳に祭祀が行われます。

見どころ

本殿

大国主大神の鎮まる本殿は、諏訪地方大隅流の匠衆が手掛けた、総檜造りの「大社造り」で建立から20年以上が経っています。今でも檜の香りが漂い、もっとも古い神社建築様式の本殿は古の歴史の中にあるような想いを感じさせてくれます。

文徳天皇の斉衡3（856）年創建

酒列磯前神社

さかつらいそさきじんじゃ

椿のトンネルに囲まれた参道が美しい酒列磯前神社は文徳天皇の斉衡３（８５６）年12月29日に創建されたと『日本文徳天皇実録』によって伝えられ、神様が降臨したことが記録されています。常陸国鹿島郡大洗磯前に大名持命（おおなもちのみこと）・少彦名命（すくなひこなのみこと）が、塩焼き（塩を精製する者）の一人に神がかりして、「…昔、この国を造り終えて、東の海に去ったが、今人々を救うために再び帰ってきた」と託宣され、「酒列磯前神社」が創建されました。それと同時、那珂川を挟んで対岸にある大洗町の「大洗磯前神社」も創建されました。両社は深い関係にあり2社でひとつの信仰を形成しています。

　酒列磯前神社の主祭神は少彦名命で、配祀神が大名持命です。少彦名命は医薬の術、酒造の術の祖神で海上安全大漁満足の海の神、大名持命は五穀豊穣、商賣繁昌、縁むすびの神です。この二柱の神は共に力を合わせ国土開拓と民生の安定を築き、古より広く庶民に親しまれ敬愛されてきました。

　現在、鎮座する地は、水戸光圀公が命じたことにより、元禄15（１７０２）年に遷宮が完了し、今日に至っています。

旧社格　式内社（名神大社）・国幣中社
祭　神　少彦名命・大名持命
例　祭　8月25日
URL　http://sakatura.org
住　所　〒311-1202　茨城県ひたちなか市磯崎町 4607-2
電話　029-265-8220　Fax　029-265-9290

主な祭典

例大祭

8月25日

伊勢の神宮の『暦』を古くはわが国の正暦とし農事をはじめあらゆる産業で基本としてまいりました。現在でも伊勢神宮はもとより全国神社で頒布されています。この、『暦』には当社の大祭日が10月15日に「酒列磯前祭」として掲載されています。永い歴史の中で、神と人との営みを思い起こさせます。現在でも、旧大祭日として祭事が行われています。

見どころ

38837㎡の樹叢

酒列磯前神社の境内林は、温暖な気候によって生育が促された暖帯性樹叢のひとつです。ヤブツバキが優占する参道両側には、樹齢300年を超えるヤブツバキの古木に加え、タブノキの古木が点在し、さらに常緑広葉樹が生育しています。海辺地特有の自然林が形成されています。拝殿には左甚五郎の「リスとブドウ」の彫刻がありますが、この保護された自然林も貴重です。

福の神さま

大洗磯前神社《おおあらいいそさきじんじゃ》

平安時代初期斉衡3（856）年12月29日御祭神　大己貴命（おおなむちのみこと）少彦名命（すくなひこなのみこと）が大洗の海岸に光輝きながら「今民を救むと再び来たり帰れり」と御降臨になり、聖地の岩上に神磯（かみいそ）の鳥居が立てられ、太平洋を見下ろす山上の御社殿に祀られたと『日本文徳天皇実録』に記される歴史ある神社です。この神磯の鳥居と初日の出を拝むために、全国から人々が集まることでも知られています。

御祭神は、御力を併せ国土の開拓と神智を以って、人々が豊かに暮らす基礎を築かれたことから、家内安全、福徳・良縁成就・諸繁盛・特に醸造・病気平癒と古くより広く厚く信仰されています。

当社は永禄年間の兵乱によって社殿が焼失したという歴史がありますが、水戸藩主・徳川光圀により、元禄3（1690）年に造営が始められ、綱條の享保15（1730）年に茅葺きの御本殿と欄間彫刻の拝殿が再興され徳川初期の貴重な建造物として県指定の文化財になっています。随神門は、明治初期に完成、町指定の文化財です。

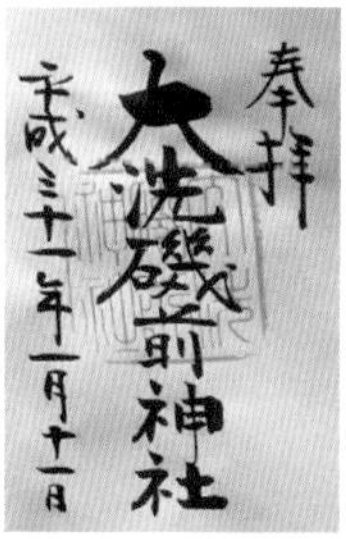

旧社格	式内社（名神大社）・国幣中社
祭　神	大己貴命・少彦名命
例　祭	8月25日
URL	http://oarai-isosakijinja.or.jp
住　所	〒311-1301　茨城県東茨城郡大洗町磯浜町 6890 電話　029-267-2637　FAX　029-267-7557

主な祭典

太々神楽祭
4月第二日曜日

太々神楽祭は毎年4月の第2日曜日に行われる春の大祭です。小学生となる氏子の子女が舞女として神楽舞を奉納する祭礼です。古くは田楽、申楽の舞や、能楽などが奉納されていました。現在も神様と人々が共に楽しみ、ご神徳を授かる祭りとなっています。

見どころ

大洗海洋博物館

海に関係の深い大洗磯前神社は、参拝者、特に学生に対し海洋国日本の理解と関心を高めるための社会教育施設として大洗磯前神社御鎮座1100年を記念し昭和34年8月に海洋博物館を設立し、平成9年には新築、移転され更に内容が充実しました。参拝と共に、海に関する知識も高められます。

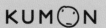

常陸国一の宮　武甕槌大神の本宮

鹿島神宮《かしまじんぐう》

鹿島神宮は東国随一の古社です。創建は神武天皇元（紀元前660）年、『鹿島宮社例伝記』や古文書にその記載を見ることができます。現代では「神宮」と名の付く神社はいくつもありますが、近代になるまでは「神宮」と呼ばれていたのは、伊勢神宮、鹿島神宮、香取神宮の三社のみでした。由緒と歴史の長さでは別格の存在となっています。現在も勅祭社です。そして日本全国に600社以上ある鹿島神社の総本社です。

祭神は武甕槌大神（たけみかづちのおおかみ）。神代の昔、天照大御神の命を受けて、香取神宮の経津主大神（ふつぬしのおおかみ）と共に大国主神との国譲りの交渉を成就、また神武天皇の東征を成功に導かれた建国の大神です。武の神としても古くから厚い信仰を受け、武術も盛んになり、その中には生涯無敗を誇った無敵の剣豪・塚原卜伝もいました。現在も武道では篤く信仰される神社です。

現在の社殿は徳川二代将軍の秀忠、奥宮は徳川家康、楼門は水戸初代藩主徳川頼房により奉納されたもので、いずれも国の重要文化財に指定されています。

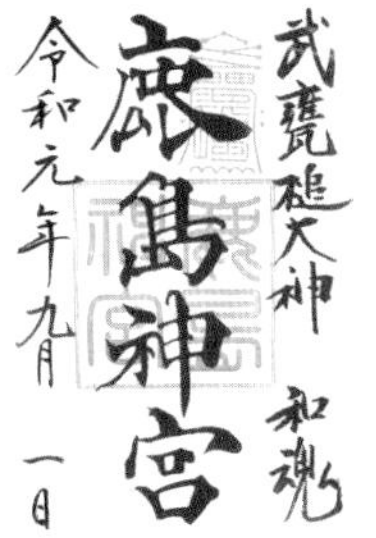

旧社格	式内社（名神大社）・官幣大社
祭　神	武甕槌大神
例　祭	9月1日
URL	http://kashimajingu.jp
住　所	〒314-0031　茨城県鹿嶋市宮中 2306-1
	電話　0299-82-1209　FAX　0299-82-1625

主な祭典

式年大祭　御船祭
午年の9月

あらゆる邪気と不景気を祓う一陽来復の願いを込めて行われる式年大祭・御船祭は、12年に一度、午年の9月に行われます。約1700年前、応神天皇の御代に祭典化されたお祭りです。鹿島神宮から神輿が陸路を大船津に進み、そこで龍頭の飾り等を施した御座船（ござぶね）に載せられ、約120艘の供奉船を従えて水上渡御し、香取神宮の御迎祭を受けた後、再び行宮に戻ってきます。水上を巡る壮大な光景は、次回2026年に見ることができます。

見どころ

国宝「直刀」

数ある鹿島神宮の宝物の中で最も重要な品は、国宝「直刀・黒漆平文太刀拵（附刀唐櫃）」です。

常陸国風土記に登場する「鹿島の神山より採った砂鉄から作られた剣」は、この直刀を指しているという説があります。直刀は、古代と、製鉄業が盛んな現代の鹿嶋市とをつなぐ存在とも言えます。

直刀は、宝物館の長期休館を機に、損傷の見られる拵を修繕することになりました。将来、宝物館再開後の公開が予定されています。

下野国一の宮

宇都宮二荒山神社

うつのみやふたあらやまじんじゃ

宇都宮二荒山神社は大変歴史が古く、第10代崇神天皇の御代にさかのぼることができる神社だと言われています。御祭神は、崇神天皇の第一皇子で大和より東国守護に下向された主祭神の豊城入彦命（とよきいりひこのみこと）、相殿に大物主命（おおものぬしのみこと）、事代主命（ことしろぬしのみこと）の三柱の神々です。現存の社記では約1600年前の第16代仁徳天皇の御代に毛野国が下野国と上野国の二国に分けられた際、下野国国造に任じられた奈良別王（ならわけのきみ）が祖神の豊城入彦命を国社として祀ったのが始まりで、その後、承和５（838）年に、現在の地に鎮座したと伝えられています。古くより、「宇都宮大明神」とも称され、郷土の祖神・総氏神さまとして篤い信仰を受けてきました。

武徳にも優れた神社として、古くから東国武将の信仰が篤く藤原秀郷公（平将門の乱）源頼義・義家公（前九年・後三年の役）源頼朝公（源平の役）徳川家康公（関ヶ原の合戦）など各々が戦勝祈願し、神領・宝物の寄進や社殿改築をされてきました。

火防（ひぶせ）信仰も古くから起り12月15日の冬渡祭、1月15日の春渡祭（おたりや）には県内・近県から多くの参詣者が訪れ賑わいをみせます。

旧社格　式内社（名神大社）・国幣中社
祭　神　豊城入彦命・大物主命・事代主命
例　祭　10月21日・秋山祭
URL　http://www.futaarayamajinja.jp
住　所　〒320-0026　栃木県宇都宮市馬場通り1-1-1
電話　028-622-5271　FAX　028-624-3204

主な祭典

冬渡祭（おたりや）春渡祭（おたりや）

12月15日・1月15日

一年の終わりと正月の終わりを告げる二荒山神社の夜祭は、12月15日（冬渡祭）と1月15日（春渡祭）の2回行われ、どちらも「おたりや」と読みます。夜間に神輿の渡御が行われ、宇都宮市指定文化財の田楽舞が奉納され、多くの人々が参拝に訪れます。江戸初期からは火難を免れたご利益から火防の祭としても知られるようになりました。

見どころ

明神の井

宇都宮は湧き水が多く、江戸時代には主な湧水を七つ選んで「七水」としました。境内にある「明神の井」はその七水のひとつです。明治天皇に献じた茶湯に使われたことでも知られています。また、この水を使うと書道が上達するという言い伝えが残っています。今も清らかな水がくみ上げられています。

下野国一の宮

日光二荒山神社

にっこうふたらさんじんじゃ

日光は奈良時代の末、勝道上人により開山されました。仏教信者や修験者の修行の場として発展し、16世紀には「東国一」と言われるほど栄えます。

この日光山信仰のまさに中心となるのが、日光二荒山神社です。「二荒」は音読みすると「にこう」となり、「日光」の地名の語源とされています。

古くより神の鎮まりたまう御山として尊崇された、関東第一の霊峰・男体山（二荒山）を御神体山として仰ぐ神社で、日光の「氏神様」でもあります。古くは「日光三社権現」と称されていました。

御祭神は二荒山大神（ふたらやまのおおかみ）で、親子三神を祀っています。父・大己貴命（おおなむちのみこと）、母・田心姫命（たごりひめのみこと）、子・味耜高彦根命（あじすきたかひこねのみこと）です。

日光二荒山神社の境内は、日光国立公園の中枢をなす日光連山をはじめとして、華厳滝やいろは坂も含まれ、御神域は3400m²にも及びます。伊勢神宮に次ぐ広大な境内地なのです。

旧社格　式内社（名神大社）・国幣中社
祭　神　二荒山大神
例　祭　4月17日
URL　http://www.futarasan.jp
住　所　（本社）〒321-1431　栃木県日光市山内2307
電話　0288-54-0535　FAX　0288-54-0537

主な祭典

男体山登拝大祭
7月31日～8月7日

日本百名山の一つ、霊峰・男体山は標高2486m、毎年4月25日に開山し、11月11日に閉山します。「男体山登拝大祭」は毎年7月31日から8日間にわたって御神像が山頂奥宮にお還りになる夏の祭典です。全国的に珍しい御内陣入祈祷祭の他、行人行列、深山踊り、奉納花火、扇の的弓道大会、など様々な行事が開催されます

見どころ

瀧尾神社

日光二荒山神社の別宮にある瀧尾神社が一番好きです。初めて参拝した時はもの凄いパワーを感じ、涙が止まらなくなりました。大地から湧き上がる大自然の力をいただくことができます。日光一の滝とも言われる「白糸の滝」、御神木「三本杉」、「運だめしの鳥居」「酒の泉」など見どころもたくさんです。

中村佐知子（フラワーアーティスト）

上野国一の宮

一之宮貫前神社

いちのみやぬきさきじんじゃ

群馬県の西方、富岡市に鎮座する一之宮貫前神社は、参道である階段を上り小高い丘の峰に至ったのち再び石段を下ったところに社殿があるという、いわゆる「下り参道」の珍しい神社です。

一之宮貫前神社の創建は安閑天皇元年（531）と云われ約1500年の歴史があります。天武天皇の白鳳2年（674）には天皇自らが由緒のある神社に幣帛を奉る「奉幣」に預かることになり、醍醐天皇の延喜の制では名神大社となり、上野國（現在の群馬県）の一ノ宮として朝廷のみならず民間の崇敬もあつめ、明治4年には國幣中社に列格されました。

御祭神は、物部氏の氏神で『日本書紀』の国譲りの場面で国土平定に功績のあった武神である経津主神と、当地方に古くから住んでいた渡来人が信奉していた養蚕機織の女神である姫大神の2柱を祀っています。

また現在の社殿は寛永12年（1635）に徳川家光公の命によって建てられ、楼門・拝殿・本殿が国指定重要文化財となっており、いずれも総漆塗りで極彩色の荘厳華麗なつくりです。

旧社格　式内社（名神大社）・国幣中社
祭　神　経津主神・姫大神
例　祭　3月15日
住　所　〒370-2452　群馬県富岡市一ノ宮 1535
電話　0274-62-2009　FAX　0274-64-3112

主な祭典

御戸開祭

12月12日・3月14日

御戸開祭は年間70回以上ある祭典のなかでも古くから行われてきた大祭です。普段開かれることのない本殿の内側の扉を開く祭典で、御戸開祭の20日前に行われる「注連縄釣神事」から祭の期間が始まり、この間「鹿占神事」や「御機織神事」などが行われ、「鎮神事」という特殊神事で一連の祭典が終了します。

また12年ごとの申年から酉年にかけて「式年遷宮祭」を執り行っており、こちらも1000年の歴史があり、平成28年に執り行われました。

見どころ

下り参道

かつて蓬が丘と呼ばれていた丘の北斜面を切り拓いて石段をつくり、整地をして社殿を建てたのが1635年であり、社殿の周りをめぐっている石垣もその頃のものです。谷を削ってまで下り参道を作ったのには相当の理由があったのでしょうが現在となっては不明で、ただ蓬が丘の菖蒲谷に神を祀ったという伝承が残るのみです。

下り参道は社殿や石垣、境内を取り囲むように生い茂る樹木を見渡しながら参拝することができ、非常に特徴的な景観と云えます。社殿も平成25年に大規模な修復工事を終え、創建当時を想像させる美しい姿を見ることができます。

1400年以上の歴史ある古社

榛名神社《はるなじんじゃ》

群馬県の名山・上毛三山のひとつ榛名山の山麓に鎮座する榛名神社は、深山幽谷の中に佇む由緒ある神社です。鳥居をくぐり約700メートル続く参道は、清流に添い、本殿に向かって歩くと老杉や巨岩奇岩に包まれた静かな光景に身も心も洗われる思いがします。

創建は、綏靖天皇（すいぜいてんのう）の時代、饒速日命（にぎはやひのみこと）の御子、可美真手命（うましまでのみこと）父子が神籬（ひもろぎ）を立て天神地祇を祀ったのがその始まりだといわれています。そして用明天皇元年（586）に祭祀の場が建てられたと伝えられています。また、延長5年（927）に編纂された『延喜式神名帳』の全国主要神社を記録した中で「上野十二社」の一つとして、榛名神社の記載を見ることができます。これにより当時から、格式の高い式内社であったことがわかります。境内からは9世紀の頃と推定される遺跡「榛名神社巌山遺跡」も発見され、篤い信仰を集めていたことが察せられます。

江戸時代になると上野寛永寺に属し、深山信仰の地として里見山阿弥陀院光明寺から別当が派遣されていました。そして近世には東叡山輪王寺宮兼帯所となり、榛名山巌殿寺・満行宮と呼ばれていました。榛名神社という現在の社号に復したのは、明治の神仏分離によります。そして現在は、開運、五穀豊穣、商売繁盛のご利益があるといわれ多くの参拝者が訪れ、広く崇敬されています。

歴史ある神社として6棟の国指定重要文化財を要する榛名神社では、修復事業として2025年度までの期間に、総額23億円をかけて百数十年ぶりの大修理が行われています。国祖社・額殿、双龍門、本社・幣殿・拝殿、神楽殿が順次、修復した姿を見せてくれるでしょう。

旧社格　式内社、県社
祭　神　火産霊神・埴山姫神
例　祭　5月15日、10月9日
URL　http://www.haruna.or.jp
住　所　〒370-3341　群馬県高崎市榛名山町849
電話027-374-9050

主な祭典

神楽始式、端午祭、神輿渡御祭の榛名神社神代神楽

無言で舞われる独特の神楽「榛名神社神代神楽」は男舞22座、巫女舞14座の計36座の演目を持ち、決まった祭儀の際、榛名神社の神楽殿で奏上されます。県指定重要無形民俗文化財の貴重なこの神楽は、2月15日の神楽始式、5月5日の端午祭と8日の神輿渡御祭で舞われます。また、榛名講による奉納時にも観ることができます。

見どころ

榛名神社の矢立スギ
（国指定天然記念物）

榛名神社の参道にある矢立スギは、樹高55メートルあり、幹は周囲9・4メートルの巨木で、樹齢は500年と言われています。この杉に武将・武田信玄が戦勝を祈願して矢を射立てたという言い伝えがあります。深山で屹立するその姿は厳粛で、周りを威嚇するような力を感じさせます。国の天然記念物に指定されています。

関東

武蔵国一の宮

氷川女體神社《ひかわにょたいじんじゃ》

埼玉県の「ふるさとの森」に指定され、クス、モチ、シラカシなどの暖地性植物が繁茂する天然記念物の社叢をもつ氷川女體神社は、歴史ある古社で、第10代崇神天皇の御代に出雲大社から勧請して創建されたと社伝に記されています。大宮氷川神社と共に武蔵国一の宮であり、大宮氷川神社を男體社、氷川女體神社を女體社とし、男神・女神を対峙して祀る神社となっています。

祭神は奇稲田姫命（いなだひめのみこと）で、『日本書紀』では稲田姫命は須佐之男命（すさのおのみこと）がヤマタノオロチを退治した時に助けて妃にした姫とされています。

中世以降は、武門の崇敬を集め、三鱗文兵庫鎖太刀（国認定重要美術品）、牡丹文瓶子（県指定有形文化財）、大般若波羅蜜多経（同）など鎌倉、室町時代等のゆかりある文化財が多く、一般公開はされていませんが「埼玉の正倉院」とも呼ばれています。本殿は平成19年3月16日に埼玉県より文化財の指定を受け、平成25年には390年ぶりに社殿等修復事業を完了しました。

当社は徳川家康からは拝領五十石を寄進され、現存する社殿は、寛文7（1667）年4代将軍家綱が忍城主・阿部忠秋に命じて建立したものです。本殿は三間社流れ造りで全面に朱の漆が塗られ、拝殿と相の間で結ばれています。

旧社格　郷社
祭　神　奇稲田姫命／櫛稲田姫命
例　祭　10月8日
住　所　〒336-0916　埼玉県さいたま市緑区宮本 2-17-1
電話　048-874-6054　FAX　048-874-6054

主な祭典

祇園磐船龍神祭

5月4日

古代より見沼の水に対する人々の熱い思いと共に崇敬されてきた氷川女體神社。その重要な祭事である「祇園磐船龍神祭」は、当社の存在と歴史を如実に現代に伝えるお祭りとして行われています。龍の担ぎ手を募集して行い、また、巫女舞や地元の子供たちの舞も見ることができます

見どころ

氷川女體神社の名越祓え

(市指定無形民俗文化財)

斎行日7月31日

名越祓えは「輪くぐり」「大祓え」とも呼ばれる行事で、江戸時代から夏越しの行事として続き、現在は無形文化財として守られています。罪の穢れを人形（ひとがた）に移し、見沼代用水西縁に流します。その後、境内の鳥居に取付けられたマコモで作られた輪を「8の字」にくぐり、悪疫を防ぎ、秋の農繁期の健康を保護ために行われています。

武蔵国一の宮　氷川神社の総本社

氷川神社《ひかわじんじゃ》

氷川神社は今から2400年以上前の第5代孝昭天皇の時代に創立されたと伝わり、大いなる宮居として大宮の地名の由来にもなった全国でも屈指の古社です。神社の神域から湧き出る湧水は、かつて広大に存在した見沼に注がれ、この地に創建された基となりました。そして約1300年前の聖武天皇の時代に、各国に一の宮の制度が確立され、氷川神社は武蔵国一の宮に定められました。平安時代中期の延喜5（905）年に醍醐天皇が編纂を命じた『延喜式神名帳』には、名神大社（霊験が著しいとされる名神を祀る神社）として記述されています。近年では、明治元（1868）年に明治天皇が行幸、御親祭し、国の鎮守勅祭の社と定められ、次いで明治4年に官幣大社に列せられました。永く歴朝の崇敬を厚く受けてきた歴史を持っています。また関東に約280社を数える氷川神社の総本社でもあります。

御祭神は天照大御神と月読命とともに伊弉諾命から生まれた三貴子の一神で、八俣大蛇退治など力強く雄々しい神として知られている須佐之男命（すさのおのみこと）。そして、お妃の稲田姫命（いなだひめのみこと）と、その御子、大己貴命（おおなむちのみこと）の御三神がお祀りされています。国土経営、民福安昌の祈願のために、現在も多くの人たちの崇敬を集めています。

旧社格　式内社（名神大社）・官幣大社・勅祭社
祭　神　須佐之男命・稲田姫命・大己貴命
例　祭　8月1日
URL　http://musashiichinomiya-hikawa.or.jp
住　所　〒330-0803
埼玉県さいたま市大宮区高鼻町1-407
電話　048-641-0137　Fax　048-647-121

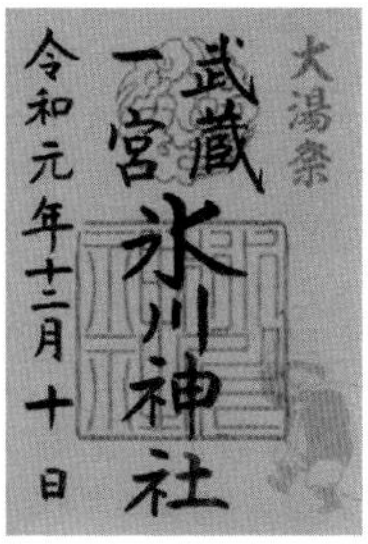

主な祭典

鎮花祭

4月5日〜7日

鎮花祭では、氏子の童女による「花しづめの舞」が奉奏されます。千早という装束に身を包み、桜のかんざしで飾り、手には桜の枝を持った「乙女」4人と、年若の「つぼみ」2人によって行われる舞です。7日の大祭では菱餅に桜花を乗せてお供えし、五穀豊穣と無病息災を祈願します。

見どころ

檜の鳥居

神社は元神領の大宮公園を控え、広大な境内の古杉や老松は悠久の歴史を感じさせます。中山道から続く長い参道を行くと「二の鳥居」があります。高さ13mで現存する檜の鳥居では全国で有数の高さを誇っています。境内には楼門、舞殿、神橋、神池もあり、四季それぞれの美しさを堪能させてくれます。

国指定重要無形民俗文化財　川越氷川祭の山車行事

川越氷川神社《かわごえひかわじんじゃ》

今から約1500年前、欽明天皇2（541）年に川越氷川神社は創建されたと伝えられます。長禄元（1457）年の川越城築城以来、川越の総鎮守として歴代城主に篤く崇敬されてきました。寛永2（1849）年に川越藩主・松平斉典の寄進で建立された本殿は、入母屋造銅板葺向拝付の屋根、全面に緻密な江戸彫の施された荘厳な造りで県指定有形文化財に登録されています。

御祭神は素盞嗚尊（すさのおのみこと）、脚摩乳命（あしなづちのみこと）・手摩乳命（てなづちのみこと）の夫婦神、そしてその娘で素盞嗚尊の妃神奇稲田姫命（くしいなだひめのみこと）、素盞嗚尊・奇稲田姫命の子孫神大己貴命（おおなむちのみこと）。これら五柱の神々は二組の夫婦神を含む御家族であり、特に大己貴命は縁結びの神として知られる事から、川越氷川神社は家族円満・夫婦円満・縁結びの神様として信仰されています。

拝殿では年間を通じて数多くの神前結婚式が行われています。神前挙式では指輪交換の代わりに「結い紐の儀」が執り行われます。「結い紐」は巫女がひとつひとつ丁寧に赤い水引を編み上げたもので、これをお互いの左手小指に結び合う川越氷川神社独自の儀式です。縁結びの信仰を集める神社らしく「運命の赤い糸」を想起させるお守りが充実していることも川越氷川神社の特徴です。

〝川越まつり〟として知られる「川越氷川祭の山車行事」は国の重要無形民俗文化財であり、他にも川越氷川祭礼絵巻（市指定有形民俗文化財）、川越氷川祭礼絵馬（県指定文化財）、八坂神社社殿（県指定文化財）等、多くの価値ある文化財が伝えられています。

旧社格　県社
祭　神　素盞嗚尊・脚摩乳命・手摩乳命・奇稲田姫命・大己貴命
例　祭　10月14・15日
URL　http://www.kawagoehikawa.jp/
住　所　〒350-0052　埼玉県川越市宮下町2-11-3
電話　049-224-0589

主な祭典

良縁祈願祭

毎月8日、第4土曜日

縁起のよい末広がりの「八」にちなんで、毎月8日と第4土曜日の月2回、8時8分より良縁祈願祭が行われています。川越氷川神社には古くから「境内の玉砂利を持ち帰り、大切にすると良縁に恵まれる」との言い伝えがあり、参列すると本殿前の白い玉砂利を巫女が丁寧に包んで神職がお祓いした「縁結び玉」やおふだなどが受けられます。

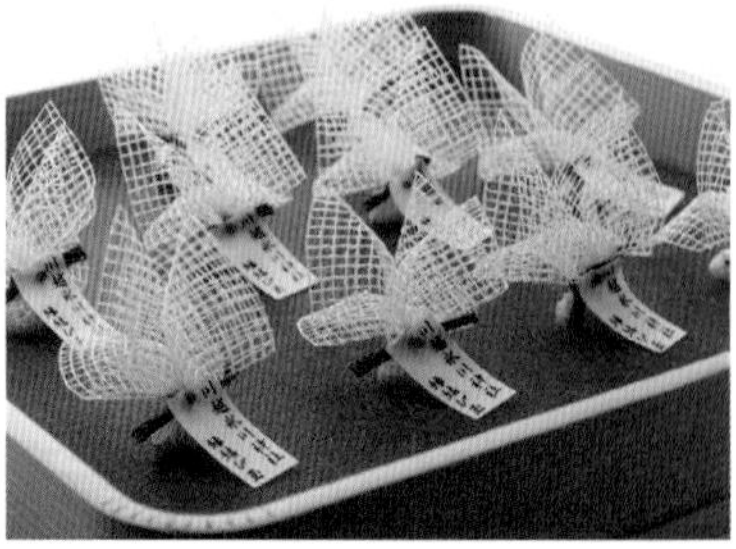

見どころ

無形文化遺産の山車行事

例祭の付け祭りとして行われる「川越氷川祭の山車行事」は国の重要無形民俗文化財に指定されています。神幸祭は慶安元（1648）年に川越藩主・松平信綱が神輿・獅子頭等の祭具を寄進して斎行を奨励した事に始まり、江戸「天下祭」に川越の特色を加えながら発展してきました。平成28（2016）年には、秩父市の秩父夜祭と共にユネスコ無形文化遺産に登録されました。

出世明神・開運の神

高麗神社《こまじんじゃ》

埼玉県日高市に鎮座する高麗神社は催し物等の新たな試みにも積極的に取り組み知名度も高く、「参拝すると出世できる」と遠方から多くの人々が訪れます。

平成29年9月20日には天皇皇后両陛下が行幸啓遊ばされたのを始め皇族や文化人も参拝されています。太宰治、坂口安吾、壇一雄、佐藤春夫、尾崎紅葉、幸田露伴、永井路子、中上健次、胡桃沢耕史など枚挙にいとまがありません。高麗神社のご祭神は、高句麗の外交使節の一員として日本に来られた高麗王若光（こまのこきしじゃっこう）です。当時の朝鮮半島は、新羅が唐と連合し、百済を滅ぼし、更に高句麗侵攻を企てる切迫した状況でした。若光ら外交使節は滅亡の危機にある高句麗救援のため派遣されたのでした。しかし努力もむなしく668年に高句麗が滅亡すると、帰る故郷を失った多くの高句麗人たちは日本に定着することになりました。716年大和朝廷は武蔵国の未開地に高麗郡を置き1799名の高句麗人を入植させ、開拓に当たらせました。若光は高麗郡の初代郡長となり、高麗郡民と共に当地の開拓に当たったと言われています。若光の卒後、郡民はその徳を偲び霊廟を建立し、若光の御霊を祀りました。これが高麗神社の始まりです。近代にいたり、高麗神社の由緒に惹かれた政治家、文学者、歴史家たちが参拝しました。中でも、斎藤実、若槻礼次郎、浜口雄幸、平沼騏一郎、鳩山一郎、小磯国昭らは参拝後に総理大臣になり、当社は「出世明神・開運の神」と称されるようになりました。今も各界で一流を目指す人々の崇敬を受けています。

御朱印は全部で14種類あり、季節により変化します。

社格　県社
祭神　高麗王若光（こまのこきしじゃっこう）
例祭　10月19日
URL　http://www.komajinja.or.jp
住所　〒340-1243 埼玉県日高市大字新堀833番地
電話 042-989-1403　FAX 042-985-2794

主な祭典

高麗神社例祭

10月19日

午後1時頃から氏子による獅子舞が奉納されます。獅子舞は400年ほど前から当社氏子に伝わる三頭一人立ちのいわゆる風流（ふりゅう）と呼ばれるものです。獅子が舞う様は「獅子狂い（ししっくるい）」と称されるほど激しく勇壮ですが、旋律を奏でる笛の音はきわめて単調で、時に哀愁すら感じさせます。

見どころ

高麗家住宅

高麗神社の社家・高麗家の住居として建てられています。江戸時代初期を代表する民家として、1971年（昭和46年）6月、国の重要文化財に指定されました。入母屋造、茅葺屋根で、山を背に、東を正面として建てられています。

知知夫国・秩父地方の総鎮守

秩父神社

ちちぶじんじゃ

秩父・武甲山の北に位置し、武甲山を遥拝する聖地であったといわれる秩父神社は、関東でも屈指の古社のひとつに数えられ、三峯神社、寶登山神社とともに秩父三社の一社であり、秩父市街地の中心部、柞乃杜（はそのもり）に鎮座しています。

創建は、第十代崇神天皇の御代に知知夫国の初代国造に任命された知知夫彦命（ちちぶひこのみこと）が、祖神の八意思兼命（やごころおもいかねのみこと）を祭神としてお祀りしたことに始まることが、平安初期の典籍『先代旧事紀』第十巻の「国造本紀」に記されています。武蔵国成立以前より栄えた知知夫国の総鎮守として現在に至っています。

中世以降は関東武士団の源流である、平良文を祖とする秩父平氏が奉じる妙見信仰と習合し、秩父妙見宮という名称で知られていましたが、明治以降に、旧来の秩父神社という社名に復しました。現在の社殿は、天正20（1592）年に徳川家康が寄進したもので、埼玉県の有形文化財に指定されています。

現在も多くの参拝者を集める秩父神社は、学業成就・縁結びの神様として崇敬されています。

旧社格	式内社（小社）・国幣小社
祭　神	八意思兼命・知知夫彦命・天之御中主神・秩父宮雍仁親王
例　祭	12月3日
URL	http://www.chichibu-jinja.or.jp
住　所	〒368-0041　埼玉県秩父市番場町 1-3
	電話　0494-22-0262　FAX　0494-24-5596

主な祭典

秩父夜祭

12月3日

秩父神社の例祭「秩父夜祭」は、京都の祇園祭、飛騨の高山祭と共に日本三大美祭のひとつとして知られています。神代神楽、屋台囃子、笠鉾・屋台の曳き回し、そして盛大な打ち上げ花火の競演など、人々を魅了する盛大なお祭りです。平成28年にはユネスコ世界無形文化遺産に登録されました。

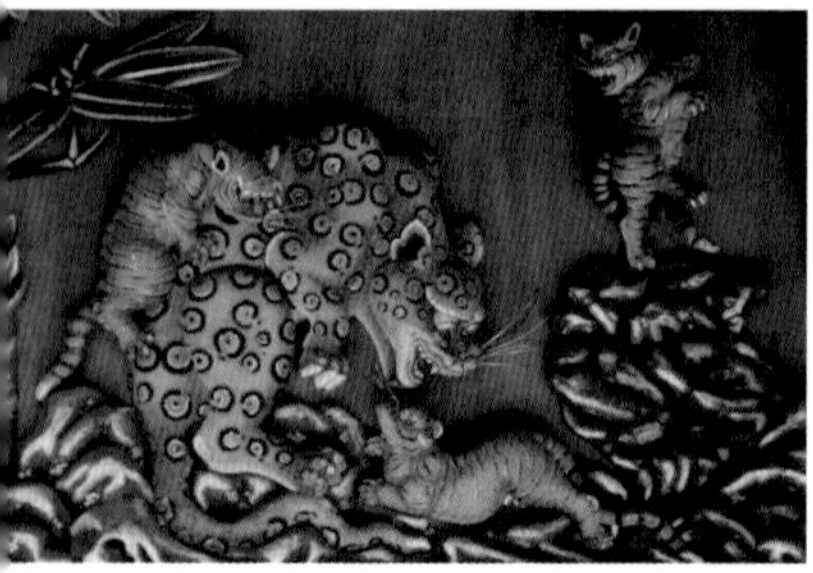

見どころ

本殿の彫刻

徳川家康が寄進した秩父神社の社殿には、江戸の名工・左甚五郎の絢爛豪華な彫刻「子育ての虎」、「つなぎの龍」などが施され、色鮮やかな世界を見せてくれます。当地の歴史と作品との関係を丁寧に解説している表示もあり、秩父の歴史を楽しく回想することができます。

秩父三社の一社

寶登山神社《ほどさんじんじゃ》

埼玉県秩父郡長瀞町の宝登山麓に鎮座する寶登山神社は、秩父神社・三峯神社とともに秩父三社の一社といわれます。今から1900年ほど前、第12代景行天皇の御子である日本武尊（やまとたけるのみこと）が宝登山に登って神日本磐余彦尊（かんやまといわれひこのみこと＝神武天皇）・大山祇神（おおやまづみのかみ）・火産霊神（ほむすびのかみ）を祀ったのが始まりとされます。

日本武尊が東国を平定して秩父の地に入り、禊をして山頂へ向かう途中、突然の山火事が起こりました。猛火に進退窮まった時、何頭もの山犬達が現れて火を消し止め、一行を山頂へと案内したといいます。日本武尊は山の神が眷属の大口真神（おおくちのまがみ、山犬の神）を遣わして救ってくださったのだと、山頂に第1代神武天皇・山の神である大山祇神・火の神である火産霊神の三柱を祀り、この山を「火止山（ほどさん）」と名付けたのが寶登山神社創建の由緒です。御神徳は火災盗難よけ・諸難よけとして、関東一円から年間100万人余りの参拝者が訪れます。また、宝珠が輝き山頂に飛翔したという伝承により「宝登山」とも表され、仏教の霊場としても栄えて真言宗玉泉寺が建立されました。

現在の社殿は江戸時代末から明治時代初めにかけて、当時の玉泉寺住職であった榮乗（後に還俗して寶登山神社初代神主になりました）が心血を注いで再建した権現造りで、本殿・幣殿・拝殿が一体となった複合社殿です。平成21（2009）年、御鎮座千九百年記念事業として、虹梁に施された竜や欄間の「二十四孝」の彫刻、軒下の組物などに彩色が施され、一層美しく荘厳な姿に甦りました。

旧社格　県社
祭　神　神日本磐余彦尊（神武天皇）・大山祇神・火産霊神
例　祭　4月3日
URL　http://www.hodosan-jinja.or.jp
住　所　〒369-1305　埼玉県秩父郡長瀞町長瀞1828
電話　0494-66-0084　FAX　0494-66-1860

主な祭典

奥宮祭　5月1日（八十八夜）

八十八夜の日、日本武尊の寶登山神社創設に倣って神職・氏子崇敬者が境内社から日本武尊の御神霊を神輿にお遷して山頂へ登り、奥宮の社前で神楽や演武を奉納するお祭りです。山頂にツツジの花が咲く時期である事から「ツツジ祭り」とも呼ばれ、秩父地方では農業開始の目安となっている日です。

見どころ

長瀞船玉まつり

長瀞の夏の風物詩として毎年約7万人もの人で賑わう船玉まつりは、川下りの船頭が水上安全祈願に水神様をお祀りしたのが始まりです。河原に設けられた祭場で祭典が行われる中、万灯船が荒川の水上を行き交い、約1000基の灯篭が荒川を流れます。夜には対岸からおよそ3500発もの花火が打ち上げられ、長瀞の夏の夜空を彩ります。

関東

三峯神社《みつみねじんじゃ》

狼を神使とする眷属信仰の中核

©ぶらり寺社めぐり

景行天皇の時代、東国に遣わされた日本武尊（やまとたけるのみこと）は、甲斐国（山梨県）から上野国（群馬県）を経て、碓氷峠に向かう途中、その清く美しく山の連なる風景に感銘し、伊弉諾尊（いざなぎのみこと）、伊弉册尊（いざなみのみこと）による古の国生みを偲び、ここに二神をお祀りしたのがはじまりと言われています。

その後、景行天皇は日本武尊が巡った東国を巡行し、白岩山、妙法ヶ岳、雲取山の三山の連なりを「三峯山」と名付け、それに囲まれた神社に「三峯宮」の称号を授けました。

中世以降の神仏習合時代には修験道の霊場として名を残しています。修験道の祖・役小角が修業をし、空海が観音像を安置したと伝えられています。東国武士を中心に篤い信仰を受け隆盛を極めました。天文2（1533）年には後奈良天皇に上奏され「大権現」の称号をたまわり、天台修験の関東総本山、観音院高雲寺となりました。享保5（1720）年には日光法印という僧によって、繁栄の基礎が出来「お犬様」と呼ばれる御眷属（ごけんぞく）信仰が遠い地方まで広まり、三峯講を組織し三峯山の名は全国に知られました。そして明治時代に、神仏分離により寺院を廃して、現在の三峯神社と号することになりました。

旧社格　県社
祭　神　伊弉諾尊・伊弉册尊
例　祭　4月8日、12月2日
URL　https://www.mitsuminejinja.or.jp
住　所　〒369-1902　埼玉県秩父市三峰298-1
電話　0494-55-0241　FAX　0494-55-0328

主な祭典

節分祭（ごもっとも神事）
2月3日

三峯神社の節分祭は、「ごもっともさま」と呼ばれる珍しい神事があります。社殿で豆まき神事が行われる際、豆まきの後にひかえた添人が、大声で「ごもっともさま」と叫び、巨大なごもっとも様を前上方に突き出します。長さ約1mの檜のすりこぎ棒型のもので、その頭に注連縄をまき、根もとには蜜柑2個をさげる象徴的なもの。これには特に子授けの奇瑞があると言われています。

見どころ

三ツ鳥居

明神型鳥居を三つ組み合わせた珍しい三ツ鳥居、三輪鳥居とも言われます。三峯神社の境内入り口に立っています。三ツ鳥居は、日本最古の神社のひとつとされる奈良県の大神神社にもありますが、大神神社では一般的には実物を見ることはできません。眼前で、観られる三ツ鳥居のひとつが、この三峯神社にあります。

下総国一の宮　香取神社総本社

香取神宮《かとりじんぐう》

下総国一の宮で、日本全国に約400社ある香取神社の総本社である香取神宮は神武天皇18年に創建された長い歴史のある古社です。江戸時代以前から伊勢神宮、鹿島神宮と共に「神宮」と称されたのは香取神宮を含めて三社のみ、由緒ある神社として篤い崇敬を集めています。

祭神は経津主大神（ふつぬしのおおかみ）です。神代の昔、天照大御神の命を受けて、鹿島神宮の武甕槌大神（たけみかづちのおおかみ）と共に出雲の国へ出向き大国主命と交渉の末、見事国譲りを成し遂げました。その功績から国家鎮護の神として皇室からの崇敬篤く、中世には武将からも信仰され武神として神威は現在まで維持されてきました。平和・外交の祖神として、勝運、交通安全、災難除けの神としても有名です。多くの人たちからは家内安全、産業指導の神、海上守護、勝運の神として深く信仰されています。

香取の杜と呼ばれる広大な境内には、樹齢千年と言われる巨杉の御神木をはじめ、老杉が茂り、また、水戸光圀の手植えと伝えられる黄門桜のほか、染井吉野、大島桜等が数百本あり桜の名所としても賑わいます。

旧社格　式内社（名神大社）・官幣大社・勅祭社
祭　神　経津主大神
例　祭　4月14日
URL　http://www.katori-jingu.or.jp
住　所　〒287-0017　千葉県香取市香取1697
電話　0478-57-3211　FAX　0478-57-3214

主な祭典

御田植祭

4月第1土曜日とその翌日曜日

香取神宮の御田植祭は、通称『かとりまち』と言われ、日本三大御田植祭の一つです。鎌・鍬・鋤や牛によって耕田風景を模した耕田式や、舞女による田舞や早乙女手代による植初め行事が奏されます。御神田で早乙女手代が田植え歌を歌いながら苗を植える田植式は、古の稲作風景を今に伝える貴重な光景として楽しめます。

見どころ

国宝『海獣葡萄鏡』

千葉県の工芸品で唯一の国宝『海獣葡萄鏡』は、葡萄唐草を地紋とし、唐獅子のつまみを中心に獅子、馬、鹿、麒麟等の獣類や孔雀、鴛鴦、鳳凰等の鳥類、昆虫などを配した白銅質の円鏡です。正倉院御物及び四国大山祇神社の神鏡と共に『日本三銘鏡』と言われています。直径は29・6㎝、縁の高さが2㎝、重量は4560gです。

関東

安房国一の宮

安房神社《あわじんじゃ》

房総半島に位置する館山市大神宮の吾谷山の麓（ふもと）に鎮座します安房神社は、安房国一の宮で、その創始は神武天皇が初代天皇として即位された皇紀元年と伝承される古い神社です。この神話時代に神武天皇の命を受けた忌部氏（いんべし）は、肥沃な土地を求めて現在の徳島県（阿波国）に渡り開拓、その後、安房国の房総半島に渡り、上陸地である布良浜に近い男神山に天太玉命（あめのふとだまのみこと）を、女神山に天比理刀咩命（あめのひりとめのみこと）をお祀りされたのが安房神社のおこりであると伝えられています。現在の吾谷山には奈良時代、養老元（７１７）年に遷座されました。

安房神社は、古代から朝廷に重要視され一郡全体を特定神社の所領・神域と定めた「神郡」を持った数少ない神社のひとつとして知られています。

主祭神の天太玉命（あめのふとだまのみこと）は、天照大御神に仕えた神様です。天照大御神が弟神・須佐之男命（すさのおのみこと）の乱暴な振る舞いに怒り、天の岩屋に籠もった時、大御神の出現を願うためのお祭りが行われました。その時、天太玉命は忌部の神々を指揮し、お祭りに必要な鏡や玉、神に捧げる幣帛や織物、矛や楯といった武具、社殿の造営などを司られました。それにより全ての産業創始の総祖神として崇敬されています。一般にはものつくり、企業隆昌、事業繁栄、商売繁盛、技術向上、学業向上にご利益のある神様として親しまれています。

旧社格	式内社（名神大社）・官幣大社
祭　神	天太玉命
例　祭	8月10日
URL	http://www.awajinjya.org
住　所	〒294-0233　千葉県館山市大神宮 589 電話　0470-28-0034　FAX　0470-28-0438

主な祭典

安房神社例祭
8月10日

一年間の祭典の中でもっとも盛大に行われる神事です。神社本庁からの幣帛（へいはく）をお供えし、国家の安泰・皇室の弥栄・国民の安寧を祈ります。８月９日には子供神輿、８月10日には大神宮青年団の御神輿が氏子区域内を御神幸し、大神の恩頼（みたまのふゆ）が頒たれます。

見どころ

御神木の槙

境内右奥、下の宮前に位置し、安房神社では最も古い巨木で、推定樹齢は５００年と伝えられています。この生命力に満ち溢れている御神木に近寄って見上げると、力強い御神気が感じられ、心身が浄化されて行く様な気がします。

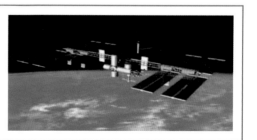

安房国一の宮

洲崎神社《すのさきじんじゃ》

©ぶらり寺社めぐり

千葉県館山市洲崎の御手洗山に鎮座する洲崎神社は、安房国の一の宮です。その歴史は古く、『古語拾遺』によれば、大同2（807）年、神武天皇元年に神武天皇の命を受けた天富命（あめのとみのみこと）が肥沃な土地を求めて阿波国を開拓し、その後、さらに肥沃な土地を求めて房総半島に上陸したとあります。そして神武天皇の治世、天富命の祖母神・天比理乃咩命（あめのひりのめのみこと）が持っていた鏡を神体として御手洗山に祀ったのが洲崎神社の始まりであると社伝『洲崎大明神由緒旧記』（宝暦3（1753）年）に記されています。

平安時代、『延喜式神名帳』によれば洲崎神社は大社に列格され、保永元（1081）年には神階が最高位の正一位に達すなど、重要な神社として位置付けられていました。

また治承4（1180）年、石橋山の合戦に敗れた源頼朝は、海路安房国へ逃れ洲崎神社に参拝し、無事帰還できた時には神田を寄進するとの御願書を奉じています。それ以来関東武士の崇拝を集めています。

今日では多くの人たちから安産、航海安全、豊漁、五穀豊穣、厄除開運、交通安全の守護神として祈祷を受けています。また源頼朝公の故事に倣い、再起・再興の神様として信仰されています。

©ぶらり寺社めぐり

旧社格	式内社（大社）・県社
祭　神	天比理乃咩命
例　祭	8月22日、20日、21日
URL	http://www.sunosaki.info
住　所	〒294-0316　千葉県館山市洲崎1697
	電話・FAX　0470-33-2800

主な祭典

洲崎神社例大祭

8月21日

148段の石段を上った御手洗山（110m）の中腹にある洲崎神社の祭礼では、神輿が神社境内から斜度が30度もある「厄祓い坂」の階段を降り海岸へ渡御し、地域の豊漁を祈願します。境内では伝統の洲崎踊り、悪霊払いの「鹿島踊り」と世直しを願う「弥勒踊り」の2種類が披露されます。

見どころ

洲崎神社自然林

洲崎神社の鎮座するご神体山である御手洗山（標高110m）に残る自然林は、神域として斧が入れられたことがないことから、自然林として保たれて天然記念物に指定されています。自然の豊かさに加え、黒潮踊る太平洋が一望でき、晴天の時は、富士の霊峰、大島の御神火を望むことができる風光明媚な山稜です。

上総国一の宮

玉前神社

たまさきじんじゃ

玉前神社は、房総半島九十九里浜の最南端に位置する温暖な気候に恵まれた一宮町に鎮座する上総国の一の宮です。永禄年間（1558年～1570年）の戦火により古記録等が焼失したため創建年代は不明ですが、『延喜式神名帳』や『三代実録』にも記録のある古社で、由緒のある神社です。鎌倉時代からすでに一の宮として崇敬を集めてきました。

祭神は玉依姫命（たまよりひめのみこと）で神武天皇の生母です。玉依姫命は海（龍宮）からこの地に上がり、姉神・豊玉姫命（とよたまひめのみこと）から鵜葺草葺不合命（うがやふきあえずのみこと）の養育を託されました。その後、鵜葺草葺不合命と結婚し、生まれたのが初代天皇神武天皇とされています。そのため、昔から皇室、武家、豪族の信仰が厚い神社です。

ご神徳として生活全般を見守り守護するのは勿論ですが、安産・子育てに象徴される女性の守護神として、また「龍宮」の意味する豊かさや喜びをもたらす縁結びの神として古くより信仰されています。

旧社格	式内社（名神大社）・国幣中社
祭　神	玉依姫命
例　祭	月日
URL	http://tamasaki.org
住　所	〒299-4301　千葉県長生郡一宮町一宮 3048 電話　0475-42-2711　FAX　0475-42-6922

主な祭典

上総十二社祭り

（上総の裸祭り）

9月13日

平安時代、大同2（807）年に始まったと伝えられる祭りで、一般には「上総の裸祭り」として知られています。房総半島に多くある浜降り神事の中でも古式を守る祭礼として千葉県無形民俗文化財に指定されています。神々が上陸した釣ケ崎海岸を祭典場とし、9基の神輿や神の馬1頭、騎馬6頭、そして1000名を数える裸の男たちが九十九里の大海原を背に駆けぬける祭りは、壮観そのものです。

見どころ

梅樹双雀鏡

（国指定重要文化財）

玉前神社に遺されている「梅樹双雀鏡」は、直径20・5㎝、縁の厚さは3・5㎝の白銅製の鏡で、鎌倉時代に作られたものです。鏡の背面は、梅や雀、流水が描かれ、のどかな春の情景が写実的に表現されています。日本的趣向にあふれる鎌倉期の貴重な文化財で、和鏡の中でも優れた逸品です。

東京第一の神社

日枝神社

ひえじんじゃ

日本の政治の中枢、国会議事堂のある永田町に位置する日枝神社は、古くは室町時代の後期文明10（１４７８）年に太田道灌が江戸城を築城した際に、川越日枝神社を勧請したことに始まります。江戸の守護神「江戸山王大権現」と称されてきました。そして天正18（１５９０）年に徳川家康が江戸城に入城すると、江戸城の鎮守として、江戸３００年を通じて東都第一の神社として将軍から庶民まで広く崇敬されてきました。明治維新以降は皇城之鎮と称された全国有数の名門神社として知られています。

主祭神は大山咋神（おおやまくいのかみ）。「咋」は「主」という意味で、山・水を司る神様として崇められています。故事には、大山咋神が丹塗の矢に変身し賀茂川を流れていると、偶然その矢を拾った玉依比売命に出会い、その後結ばれ子供をもうけたという話があります。このことから縁結びのご神徳があるとされ、恋愛成就、安産祈願、子授けなどのご利益で知られ多くの参拝者が訪れています。

Ⓒぶらり寺社めぐり

旧社格	旧官幣大社・准勅祭社
祭　神	大山咋神・国常立神・伊弉冉神・足仲彦尊
例　祭	6月15日
URL	http://www.hiejinja.net
住　所	〒100-0014 東京都千代田区永田町 2-10-5 電話　03-3581-2471　FAX　03-3581-2077

主な祭典

山王祭

6月7日～17日

日枝神社の山王祭は、京都の祇園祭（八坂神社）、大阪の天神祭（大阪天満宮）と並ぶ日本三大祭の一つです。徳川時代には歴代の将軍が上覧拝礼する「天下祭」として盛大を極め、その伝統は今にも引き継がれています。東京都心を王朝装束に威儀を正した祭礼行列が練り歩き、現代に王朝絵巻が甦ったような光景はまさに圧巻です。

見どころ

狛犬ではなく「神猿」（まさる）のいる境内

日枝神社の社殿には、通常狛犬があるところに「猿」が置かれています。本殿に向かって左側で子供を抱いているのが母猿、右が父猿です。猿は神様と人間をとりもつ存在「神猿（まさる）」といわれています。母猿の猿は子授け、安産、父猿は商売繁盛のパワースポットとして人気です。

江戸総鎮守　神田明神

神田神社《かんだじんじゃ》

江戸っ子の町、東京・神田に鎮座する神田明神は、１３００年近くの長い歴史をもつ古社で正式名称は神田神社と言います。

　社伝によれば、天平２（７３０）年、出雲氏族で大己貴命（おおなむちのみこと）の子孫・真神田臣（まかんだおみ）により武蔵国豊島郡芝崎村（現千代田区大手町・将門塚周辺）に創建されたと伝えられています。そして延慶２（１３０９）年、東国の英雄で庶民たちに仰がれた平将門公が合祀され、太田道灌、北条氏綱といった有力武将によって手厚く崇敬されました。慶長５（１６００）年、天下分け目の関ヶ原の戦いでは、徳川家康が戦勝の祈祷を行うと、神田祭りの９月15日に見事に勝利したことから、以後、将軍家より縁起の良い祭礼として絶やさず行うよう命ぜられると共に、合戦勝利に因み縁起の御守り「勝守（かちまもり）」を授与するようになり、それは現在も続いています。こうしたことから江戸幕府が尊崇する神社となり、元和２（１６１６）年に江戸城の表鬼門守護の場所にあたる現在の地に遷座し、幕府により社殿が造営されました。

　明治時代に入ると、東京の守護神として准勅祭社・東京府社に定められ、現在では東京十社の一つに数えられています。日本三大祭・江戸三大祭りのひとつ神田祭は、２年に１度行われます。神田、日本橋、秋葉原、大手町、丸の内の氏子１０８ヶ町を巡幸し、神輿２００基が練り歩きます。現在も多くの崇敬を集める代表的な神社です。

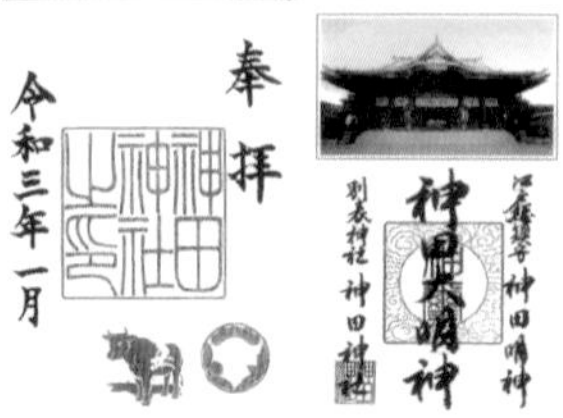

旧社格	府社
祭　神	大己貴命・少彦名命・平将門命
例　祭	5月15日
URL	http://www.kandamyoujin.or.jp
住　所	〒101-0021　東京都千代田区外神田 2-16-2
	電話　03-3254-0753　FAX　03-3255-8875

主な祭典

神田祭　5月中旬

徳川将軍が上覧した、江戸時代より続く「神田祭」は、「日本三大祭り」「江戸三大祭り」の一つに数えられています。特に神幸祭の鳳輦が平安装束をまとった人々に付き添われ粛々と行進し、そこに神輿、山車、武者行列などの付け祭りが追加される行列は、華麗極める光景を見せてくれます。

見どころ

神田明神文化交流館「EDOCCO」

天平２年（７３０年）の創建より１３００年を迎えるにあたり記念事業を実施し、参拝者の憩いの場となる環境を整えるため参道拡幅等の境内整備を行い、ご神徳の高揚と共に伝統文化の継承と新たなる文化の発信を志し、「伝統と革新」をテーマに、平成３０年１２月、神田明神文化交流館「EDOCCO」を建設いたしました。神札授与所・御参拝受付・飲食店や土産物店・様々な使用方法が期待できる「神田明神ホール」・多様な伝統文化を体験できるスタジオ・屋上庭園を備えた貴賓室など、充実した施設になった。現在、日本人だけでなく、多くの外国人観光客も利用し日々賑わっている。

東京のお伊勢さま

東京大神宮《とうきょうだいじんぐう》

伊勢神宮への参拝は、江戸時代から盛んになり、多くの人々にとって生涯をかけた願いのひとつでした。そうした信仰を受け、東京にいながら〝お伊勢参り〟が叶うように、明治13（1880）年、明治天皇のご裁断を仰ぎ、伊勢神宮の遥拝殿として創建されたのが東京大神宮です。当時は日比谷の地に鎮座していたことから「日比谷大神宮」と称されました。その後、大正12（1923）年の関東大震災で社殿を焼失し、昭和3（1928）年に現在の地に移され「飯田橋大神宮」と改称、そして戦後は現在の社名「東京大神宮」となりました。主祭神は伊勢神宮（内宮と外宮）と同じ、天照皇大神（あまてらすすめおおかみ）と豊受大神（とようけのおおかみ）です。

「東京のお伊勢さま」と親しまれている東京大神宮は、神前結婚式を創始した神社としても知られています。明治33（1900）年、皇太子嘉仁親王殿下（後の大正天皇）と九条節子さま（後の貞明皇后）の御結婚の礼が、宮中の歴史において初めて皇居内の賢所（かしこどころ）のご神前で行われたことを記念して、東京大神宮は一般の人々に向けた神前結婚式を創始しました。当時の結婚式のほとんどは家庭で行われていたので、画期的な出来事として人々の関心を集めました。

以来、神前結婚式の伝統を守り伝えてきたほか、万物の結びの働きを司る「造化の三神」をあわせ祀ることから、縁結びにご利益のある神社として、良縁を願う人々を中心に多くの参拝者が訪れます。

祭　神　天照皇大神・豊受大神・造化の三神（天之御中主神・高御産巣日神・神産巣日神）・倭比賣命
例　祭　4月17日
URL　http://www.tokyodaijingu.or.jp
住　所　〒102-0071　東京都千代田区富士見 2-4-1
電話　03-3262-3566　FAX　03-3261-4147

主な祭典

例祭
4月17日

年間を通して行われる祭典の中でもっとも重要なお祭りです。毎年4月17日に日比谷大神宮（東京大神宮の前身）の創建を記念して例祭が執り行われ、皇室と国家の繁栄とともに国民の幸福を祈願します。境内には崇敬者や地元の人々の協賛による献燈（提灯・ちょうちん）が掲げられ、例祭前後の週末には子供みこしの渡御や地元町会による催し物が行われます。（諸事情により変更になる場合があります。）

見どころ

境内社
飯富稲荷神社

東京大神宮の境内には衣食住・商売繁昌・家業繁栄の神として広く崇敬されている飯富稲荷神社があります。また、歌舞伎俳優の九代目市川団十郎が篤い信仰を寄せていたことから芸能にゆかりの深い神社としても知られ、芸能を志す人々が芸道精進を祈る姿もみうけられます。

注目の祭典行事

七夕祈願祭
7月7日

7月7日の七夕にご神前で心願成就と除災招福を祈願する七夕祈願祭が、毎年行われます。また「織姫短冊」と「彦星短冊」が用意され、その短冊に願い事を書いて納めると、神職と巫女が笹竹に結び付けて拝殿前に飾りつけます。笹竹は、7月1日から7月7日まで拝殿前に飾られ午後9時までライトアップされた美しい光景を見ることができます。（諸事情により祭典の内容が変更になる場合があります。）

祖国に殉じた尊い神霊《みたま》を祀る

靖國神社

やすくにじんじゃ

靖國神社は、明治２（１８６９）年６月29日、明治天皇の思し召しにより創建された「招魂社」が、明治12（１８７９）年「靖國神社」と改称され今日に至っています。国家のために尊い命を捧げた人々の「神霊」を慰め、その事績を永く後世に伝えることを目的に創建され、令和元年に御創立百五十年をむかえました。「靖國」という社号には「祖国を平安にする」「平和な国家を建設する」という願いが込められています。

御祭神は、戊辰の役、西南の役、日清戦争、日露戦争、第一次世界大戦、満洲事変、支那事変、大東亜戦争（第二次世界大戦）などの戦争や事変における戦歿者、明治維新のさきがけとなって斃れた幕末の志士達の神霊が祀られています。また戦場で救護のために活躍した従軍看護婦や女学生、学徒動員中に軍需工場で亡くなった学徒などの軍属、文官、民間の方々も数多く含まれ、さらに当時、日本人として戦い亡くなった台湾及び朝鮮半島出身者や、シベリア抑留中に死亡した軍人、軍属、大東亜戦争終結時にいわゆる戦争犯罪人として処刑された方々の神霊も祀られています。

祖国に殉じられた尊い神霊を身分、勲功、男女の区別なく「靖國の大神」として平等に祀り、その数は２４６万６千余柱に及びます。

境内にある「遊就館」では御祭神の御遺書、御遺品をはじめ多くの史資料を見て学ぶことができます。

旧社格	別格官幣社 (1879-1946 年)・勅祭社
祭　神	靖國の大神
例　祭	4 月 21 ～ 23 日、10 月 17 ～ 19 日
URL	https://www.yasukuni.or.jp
住　所	〒 102-8246　東京都千代田区九段北 3-1-1 電話　03-3261-8326　Fax　03-3261-0081

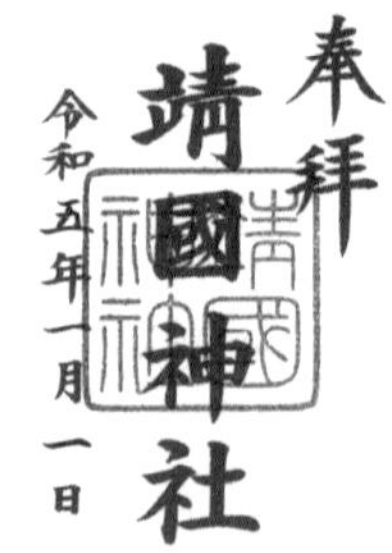

主な祭典

みたままつり

7月13日～16日

昭和22年に戦歿者の神霊を慰霊する為に始まった「みたままつり」は、毎年多くの参拝者で賑わいます。境内に掲げられた遺族、崇敬者より奉納の大小３万を超える提灯が夜空を美しく彩り、本殿では御祭神を慰霊する祭儀が行われます。また、みこし振りや青森ねぶた、歌謡・舞謡などの奉納芸能、盆踊りなどが行われ境内は大変賑わいます。

見どころ

桜の名所　靖國の桜

東京都内で有数の桜の名所になっている靖國神社は、毎年３月下旬から４月上旬にかけて多くの花見客で賑わいます。境内の桜は、およそ５００本。その中には東京管区気象台が指定した東京の桜の標本木があります。

「戌の日」には、安産祈願

水天宮《すいてんぐう》

安産・子授けの神として人々から厚い信仰を集める東京・日本橋蛎殻町の水天宮は、福岡県久留米市の久留米水天宮の分社です。江戸時代、久留米水天宮は久留米藩主に崇敬されていましたが、参勤交代で江戸屋敷に赴いても水天宮を親しくお参りできるように第九代藩主・有馬頼徳公は、文政元（1818）年芝赤羽根橋の上屋敷内へ国元久留米より御分霊を勧請したのが江戸の水天宮の始まりです。ただし屋敷内に神社があったため一般人の参拝が難しかったのですが、江戸でも信仰者の多い水天宮への一般参拝の許可を求める伺書を幕府へ提出し、毎月5の日に一般開放されるようになりました。

明治4（1871）年には有馬家屋敷が移転し赤坂に遷座、その翌年の明治5（1872）年には有馬家中屋敷のあった現在の日本橋蛎殻町に移転しました。

祭神は天御中主大神（あめのみなかぬしのおおかみ）、安徳天皇、建礼門院、二位ノ尼の4柱の神様です。安産祈願の祈祷に妊婦が多く訪れるため、特に戌の日には受付から祈祷まで何時間も待つほど、多くの人たちが水天宮に訪れます。

旧社格　－
祭　神　天御中主命・安徳天皇・建礼門院・二位ノ尼
例　祭　5月5日
URL　http://www.suitengu.or.jp
住　所　〒103-0014 東京都中央区日本橋蛎殻町 2-4-1
電話　03-3666-7195　FAX　03-3808-1158

見どころ

社殿は「住吉造」

2016年4月に新しい社殿となったばかりの本殿は、白木を基調とした神社建築様式を取り入れ、清々しい姿を見せています。代々受け継がれている伝統文化の錺金具や彫刻等も施されていますが、免震構造など見えないところで最新技術が用いられて、新しい時代の神社を感じさせられます。

主な祭典

初水天宮　1月5日

江戸時代、久留米藩有馬家上屋敷内に祀られていた水天宮は、毎月5日のみ一般の人が参拝できました。お正月に初めて水天宮の神様にお参りできる日が5日であったことに因み「初水天宮」と云われ、現在も縁日として多くの人で賑わいを見せます。

関東

赤坂の鎮守社

赤坂氷川神社

あかさかひかわじんじゃ

東京十社のひとつ、赤坂氷川神社は、天暦5（村上天皇　951）年、武州豊島郡人次ケ原（現在の赤坂4丁目）に創建され、その約百年後、治暦2（後冷泉天皇1066）年、関東に大旱魃が発生、神社に降雨を祈るとその霊験があったため、以後、よく祭事が行われたと言われています。

現在の地に遷座されたのは、享保15（1730）年、江戸幕府第8代将軍・徳川吉宗の命によるもので、社殿はこの時に造営、関東大地震や東京大空襲等の被害を免れ、東京都の重要文化財に指定されています。境内には至る所に江戸の年号が刻まれた、石碑・灯籠・狛犬が現存し、江戸の風情が数多く残されています。

主祭神は素盞嗚尊（すさのおのみこと）とその后・奇稲田姫命（くしいなだひめのみこと）、そして大己貴命（おおなむぢのみこと）の三柱。素盞嗚尊は、天照皇大神の弟神で、八岐大蛇退治で有名です。その勇猛果敢で優しい性格により災厄を祓い退ける「厄除け」。奇稲田姫命と結ばれたことで「縁結び」の神徳があるとされます。また大己貴命は、別名「大国主命」で「縁結び・商売繁盛」の神徳があるといわれています。

幕末の勝海舟は「氷川翁」「氷川の大法螺吹き」と言われていました。「氷川」とは赤坂氷川神社のこと。海舟が亡くなるまでの約30年間、同社近くに寓居していたためにそう呼ばれたそうです。神社には、海舟筆の掛け軸や扁額等が収められています。

旧社格	准勅祭社・府社
祭　神	素戔嗚尊・奇稲田姫命・大己貴命
例　祭	9月15日
URL	http://www.akasakahikawa.or.jp
住　所	〒107-0052　東京都港区赤坂6-10-12 電話　03-3583-1935　FAX　03-6441-2118

主な祭典

赤坂氷川祭

9月

ＴＢＳや東京ミッドタウンなど、東京のモダンな街並みを背景に、宮神輿、町会神輿をはじめ、江戸時代から残る「江戸型山車」が盛大に巡行する赤坂氷川祭は、「江戸絵巻」がダイナミックに復活する壮麗な祭礼です。花柳界からは赤坂芸妓衆が附祭りとして隊列に加わるなど、氏子地域が一体になった、日本を代表する華やかな祭りが繰り広げられます。

見どころ

社殿　長華崖の格天井絵

吉宗公の命により建立された社殿は、総欅造り銅葺朱塗の一間社流造（いっけんしゃながれづくり）の華麗な美を極めた建築として有名です。昭和4（1929）年、遷座200年を記念し、その格天井に、河合玉堂の弟子であった長華崖（ちょうかがい）が趣のある花鳥がを描いています。建築と絵画が見事に調和の取れた社殿となっています。

関東のお伊勢さま

芝大神宮

しばだいじんぐう

©ぶらり寺社めぐり

関東圏で伊勢信仰の中心的な役割を果たし「関東のお伊勢さま」として、ひろく親しまれてきた芝大神宮は、古くは武蔵国に置かれた伊勢神宮の御厨（みくり）であった「飯倉厨房」に創祀された神明社を起源としています。当初は、飯倉山（港区芝公園）に鎮座していました。そして平安中期、一条天皇の時代、寛弘2（1005）年に、伊勢の内外両宮を勧請して創建されました。主祭神は、伊勢神宮の主祭神と同じ、伊勢神宮内宮の天照大御神（あまてらすおおみかみ）と、伊勢神宮外宮の豊受大御神（とようけのおおみかみ）の二柱です。名称は日比谷神明、芝神明宮、飯倉神明宮と変遷を重ね、今日の名称に至ります。

　創建以来、芝大神宮は源頼朝をはじめ、足利直義、太田道灌、北条氏直、豊臣秀吉、徳川家康等、歴代の有力武家から篤い崇敬を受けてきました。現在の地には、1598年に増上寺が、芝大神宮の旧鎮座地に移転することに伴い、芝大門に奉遷。

　江戸時代には、武家だけでなく、徳川幕府の篤い保護の下に一般町民の参拝も増え、神社周辺も大いなる賑わいを見せるようになりました。その当時の状景は、安藤広重の錦絵に見ることができます。そして現在も、明治、大正、昭和、太平洋戦争などの激動期を超えて、東京の中心地にある代表的な神社として、東京十社のひとつに数えられています。

旧社格	准勅祭社・府社・東京十社
祭　神	天照大御神・豊受大御神
例　祭	9月16日
URL	http://www.shibadaijingu.com
住　所	〒105-0012　東京都港区芝大門 1-12-7 電話　03-3431-4802　FAX　03-3431-0793

主な祭典

芝大神宮だらだら祭り

9月 （しょうが祭り）

長期間に渡り開催されることから「だらだら祭り」と言われた例祭のもう一つの名前が「しょうが祭り」。健康を祈願して「生姜」を神社に奉納する風習が根強く残り、境内や周囲の至る所に飾られることからこう呼ばれるようになった。昔は神社の周辺で生姜の畑があったことに由来する。

見どころ

芝大神宮の力石

重い石を持ち上げる「力競べ」や「曲持ち」の際に使われた石が「力石」。江戸時代後期には力持ち力士による興業が行われていました。東京都港区には、その「力石」が14点確認されているというが、力士「金杉の藤吉」の伝承と共に残されているのは唯一、芝大神宮のみとなっている。

学問・芸能の「小野照さま」

小野照崎神社

おのてるさきじんじゃ

小野照崎神社は「小野照さま」の名で樋口一葉の『たけくらべ』にも登場する、東京の下町・入谷の神社です。仁寿2（852）年に小野篁公が亡くなり、篁公が風光を楽しんだという上野照崎（現在の上野公園付近）に、住民達の願いにより祀られたのが始まりといわれています。「上野殿」と親しまれていましたが、寛永2（1625）年の東叡山寛永寺創建にあたり、坂本村の長左衛門稲荷神社の境内であった現在鎮座の地・下谷に遷座されました。江戸時代後期には墨田区両国の回向院より菅原道真公の尊像が遷祀され、江戸二十五社天神の一つとして尊崇されてきました。そして現在は、この地の地主神として元々祀られていた長左衛門稲荷神社を含めて境内に十五柱の神々が祀られています。

御祭神の小野篁公・菅原道真公は共に学問・芸能に優れ、小野照崎神社も学問や芸能の御神徳ある神社として氏子崇敬者に篤く信仰されています。俳優の渥美清が願掛けをして出世したという逸話があり、芸能・芸術の道で成就を願う若者や仕事・習い事の上達を祈る人々が多く参拝に訪れます。大正12（1923）年の関東大震災、昭和20（1945）年の東京大空襲などで都内の多くの寺社が焼失した中、この歴史的な二度の火難を免れたのは、篁公・道真公の御神威と下谷の人々の祈りが生んだ奇跡なのかもしれません。

室町時代末期に始まった富士信仰は特に江戸を中心に流行し各地で富士塚が築かれましたが、小野照崎の「下谷坂本の富士塚」は国の指定重要有形民俗文化財に登録されています。また、江戸情緒豊かな例祭は本来の5月19日に一番近い5月第3週の週末に行われ、入谷周辺は約6万人もの人出で賑わいます。

旧社格	村社
祭　神	小野篁公・菅原道真公
例　祭	5月19日に近い土日
URL	http://onoteru.or.jp/
住　所	〒110-0004　東京都台東区下谷 2-13-14 電話　03-3872-5514　FAX　03-3872-4238

主な祭典

足利学校・雅楽の夕べ

9月23日

約400年前、小野照崎神社が上野照崎から現在の地に遷座した日を記念して開催される神賑行事です。小野篁公が創建したともいわれる日本最古の学校から名を取った、著名人を招いての講演会「足利学校」。夕闇の中に照らし出される幻想的な特設ステージでの奉納演奏「雅楽の夕べ」。学問と芸能に秀でた小野篁公も喜ばれているような涼やかな秋風が頬を撫でます。

見どころ

下谷坂本の富士塚

（国指定重要有形民俗文化財）

江戸で盛んだった富士講の一派・入谷東講によって文政11（1828）年に小野照崎神社の境内に富士塚が築造されました。高さ約6m、直径約15m、塚全体が富士山から運ばれた岩石で覆われ、麓には浅間神社を奉斎しています。原形保存状態が良好な塚は東京に少なく、貴重な文化財です。塚の上には一合目から十合目まで登山道があり、6月30日・7月1日のお山開きでは登拝が可能です。

昇り龍・降り龍の「上野権現様」

上野東照宮《うえのとうしょうぐう》

元和2（1616）年、徳川家康公は天台宗僧侶の天海僧正と津藩主の藤堂高虎を呼び、三人一つ処に末永く魂鎮まる所を作って欲しいと遺言されました。天海僧正は上野の藤堂邸内に東叡山寛永寺を開き、寛永4（1627）年、境内に「東照大権現」として家康公をお祀りしたのが始まりと伝えられます。御祭神は徳川家康公・徳川吉宗公・徳川慶喜公ですが、御朱印には創建当初の御祭神「東照神君・天海僧正・藤堂高虎」の印が用いられています。

金箔と彫刻が美しい社殿は拝殿・幣殿（石の間）・本殿からなる権現造りです。現存するのは慶安4（1651）年に第3代将軍家光公が造営替えをしたもので、金箔を多く使った絢爛豪華な姿から「金色殿」とも呼ばれ、国の重要文化財に指定されています。また、社殿を囲む唐破風造り四脚門（からはふづくりよつあしもん）、通称「唐門」と透塀（すきべい）も同年の造営で金箔と見事な彫刻が施されており、唐門に刻まれた昇り龍・降り龍は名工・左甚五郎の作で毎夜不忍池の水を飲みに行くという伝説があります。唐門脇に並ぶ48基の銅灯籠も国指定重要文化財で、寛永慶安年間（1624〜1652）に紀伊・水戸・尾張の徳川御三家や諸大名が奉納しました。

参道に沿って並ぶのは全国の大名から奉納された200基超の石灯籠です。中でも大石鳥居（国指定重要文化財）の脇にある高さ6・8mの大灯籠は寛永8（1631）年に佐久間勝之が奉納したもので、その大きさから「お化け灯籠」と呼ばれて日本三大石灯籠の一つに数えられています。「他抜き（たぬき）守」の栄誉権現社、樹齢約600年の大楠等、貴重な文化財が数々の戦乱や災害を乗り越えて現存するのは家康公の御徳の賜物でしょう。

旧社格　府社
祭　神　徳川家康公・徳川吉宗公・徳川慶喜公
例　祭　4月17日
URL　http://www.uenotoshogu.com
住　所　〒110-0007　東京都台東区上野公園9-88
電話　03-3822-3455

主な祭典

例祭　4月17日

家康公は元和2（1616）年4月17日に数え75歳で没しました。忌日である4月17日に徳川家の代表が供物を献上したという江戸時代の行事が再現された例大祭が行われます。また、金の箔押しがされた桐箱に入った「昇龍守」は強運・勝利・出世のお守りで、家康公の月命日である毎月17日のみ限定頒布されています。

見どころ

ぼたん苑（1〜2月、4〜5月）

牡丹は富貴の象徴とされ、江戸時代以降多くの品種が生まれました。昭和55（1980）年に日中友好を記念して開苑し、現在は日中洋500株以上の牡丹が咲き誇ります。冬は珍しい寒牡丹やロウバイやマンサク、春はケマンソウやシャクナゲ、シャクヤクなども楽しめます。開催期間中は「ぼたん守」や牡丹の花のスタンプが押された御朱印も受けられます。開催は開花状況によるためホームページ（http://www.uenotoshogu.com/botan/）等で要確認。

都内最古のお稲荷様

下谷神社

したやじんじゃ

　下谷神社は奈良時代に創建された都内最古のお稲荷様で、古くから「正一位下谷稲荷社」と称されていました。聖武天皇の時代、天平2（730）年に上野忍ヶ岡の地に大年神（おおとしのかみ）・日本武尊（やまとたけるのみこと）の二柱が祀られたのが始まりと伝えられています。商売繁盛・家内安全の御利益があるとされていますが、大年神は素戔雄尊（すさのおのみこと）の御子であり、多くの稲荷神社で主祭神とされる宇迦之御魂神（うかのみたまのかみ）の兄弟神で共に食物を司る穀物神として崇拝されます。日本武尊は第12代景行天皇の御子で「智・仁・勇」を兼ね備え、諸国を平定しました。

　天慶3（940）年、藤原秀郷が下谷神社に参篭して平将門追討の祈願をし、その報恩のために社殿を新たに造営したといわれます。寛永4（1627）年、東叡山寛永寺建立にあたって上野山下へ、さらに延宝8（1680）年に広徳寺門前町に替地。大正12（1923）年の関東大震災での社殿焼失を経て昭和3（1928）年に現在の地に鎮座しました。今の社殿は昭和9（1934）年に再建されたもので、平成5（1993）年には屋根の修復、平成10（1998）年には床の補修工事を終えてその荘厳さを保っています。

　また、拝殿には横山大観の天井絵（台東区有形文化財）、境内には「寄席発祥の地」の碑や正岡子規の句碑があり、浅草通りに立つ大鳥居の扁額は東郷平八郎の筆です。

　明治5（1872）年には神社名を「下谷神社」と改めましたが、下谷神社周辺は稲荷町と呼ばれており、今も東京メトロ銀座線の駅名の「稲荷町駅」に名が残されています。

旧社格　郷社
祭　神　大年神・日本武尊
例　祭　5月11日に近い土日
URL　http://shitayajinja.or.jp/
住　所　〒110-0015　東京都台東区東上野 3-29-8
電話　03-3831-1488　FAX　03-3831-1544

主な祭典

例祭　令和2年5月10日・11日

　下町で一番早い夏祭りといわれる下谷神社の例大祭。本社神輿が渡御する「本祭り」と、町会神輿のみ渡御する「陰祭り」が隔年で行われます。本社神輿は台輪四尺一寸（124㎝）四方、高さ十尺一寸（306㎝）の千貫神輿で、本祭りは7000人もの担ぎ手による盛大な渡御になります。下町は露天商が多く、例大祭期間中は150～160軒余りの出店でお祭りが盛り上がります。

見どころ

横山大観筆の拝殿天井絵「龍」（台東区有形文化財）

　関東大震災で社殿を焼失し「新築する拝殿には後世に誇る立派な絵を掲げたい」という氏子一同の願いで、近代画壇の巨匠・横山大観に天井絵が依頼されました。大の酒好きだった大観は「天井絵は奉納する、お金はいらないからもっと大勢でお酒をぶら下げて来い」と言い、天井絵奉納式を終えた参列者が横山邸へ赴き大宴会が行われた、という逸話があります。

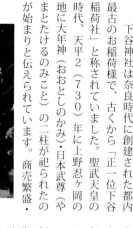

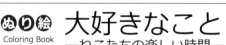

浅草寺の隣にある神社

浅草神社

あさくさじんじゃ

江戸三大祭りのひとつ「三社祭」で知られる浅草神社は、「三社様」としても呼ばれています。

推古天皇36（628）年、隅田川で漁をしていた檜前浜成（ひのくまはまなり）・武成（たけなり）の兄弟の網に人形の像がかかり、これを土師真中知（はじのあたいなかとも）に訊ねると、人形は観音像であることが分かりました。その後、僧侶となった土師真中知が自宅を寺とし観音像を祀ったのが東京浅草の浅草寺の始まりです。この浅草神社の社伝によれば、土師真中知の歿後、真中知の子の夢に観音菩薩が現れ、真中知、浜成、武成を神として祀れというお告げがあり、三人を神として祀ったのが神社の起源であるとしています。この三人の霊により「三社権現」と称されるようになりました。

主祭神は、土師真中知、檜前浜成、武成で、東照宮（徳川家康）・大国主命・恵比須を合祀しています。

旧社格　郷社
祭　神　土師真中知命・檜前浜成命・檜前竹成命
例　祭　5月中旬
URL　http://www.asakusajinja.jp/index
住　所　〒111-0032　東京都台東区浅草2-3-1
電話　03-3844-1575　Fax　03-3841-2020

主な祭典

三社祭

5月中旬

浅草神社には3基のお神輿があります。三社祭では、一之宮に土師真中知命、二之宮に檜前浜成命、三之宮には檜前武成命の神霊が移され、町中を渡御します。またお囃子屋台、鳶頭木遣り、びんざさら舞、白鷺の舞などが行列をつくって浅草の町を歩く様は、まさに江戸の心意気を感じさせる祭りです。

見どころ

社殿の霊獣

三代将軍・徳川家光により建立寄進された社殿は、重要文化財に指定され当時の姿をそのまま残しています。日光東照宮と同じ権現造りで、そこには、鳳凰（ほうおう）、飛龍（ひりゅう）、麒麟（きりん）など架空の動物が描かれています。補修され彩色が蘇った美しい表現をみることができます。

関東

根津神社《ねづじんじゃ》

江戸の神社建築、権現造の傑作

東京十社のひとつで、深い緑に包まれツツジの名所としても知られる根津神社は1900年ほど前に日本武尊（やまとたけるのみこと）が千駄木に創祀したとされる歴史のある古社です。社殿は文明年間（1469年～1486年）に太田道灌により再建されています。

現在の根津神社境内は、5代将軍・徳川綱吉の兄・甲府中納言綱重の屋敷のあった地で、6代将軍・綱豊（家宣）が生まれた地でした。宝永2（1705）年、綱吉は兄綱重の子綱豊（6代家宣）を養嗣子に定めると、氏神根津神社にその屋敷地を献納しました。そして世に「天下普請」と言われる大造営を行なったのです。翌年、宝永3年に完成した社殿は、江戸の神社建築としては最大の規模を誇り、本殿、幣殿、拝殿が一体構造的となっている権現造の傑作とされています。それが300年以上、東京大空襲などの戦災からも逃れ、変わらぬ見事な姿を今に残しています。本殿、幣殿、拝殿、唐門、西門、透塀、楼門の7棟が、国の重要文化財に指定されています。

主祭神は須佐之男命（すさのおのみこと）、大山咋命（おおやまくいのみこと）、誉田別命（ほんだわけのみこと）の三柱。長い歴史と文化に満ちた根津神社には、多くの参拝者が訪れています。

旧社格	府社・准勅祭社
祭　神	須佐之男命・大山咋命・誉田別命
例　祭	9月21日
URL	http://www.nedujinja.or.jp
住　所	〒113-0031　東京都文京区根津 1-28-9
	電話　03-3822-0753　FAX　03-3822-9753

主な祭典

根津神社例大祭

9月21日

根津神社例大祭は、日枝神社の山王祭、神田神社の神田祭と並ぶ江戸の三大祭といわれ、華やかな雰囲気に溢れ、多くの人で賑わいます。特に三座ノ舞（区指定無形文化財）や浦安舞など、伝統が継承されている行事から、ぎっしりと並ぶ露店など、神社と街が一体で盛り上がるお祭りが行われます。

見どころ

文豪憩いの石

古くは「根津権現」と称されていた根津神社は、多くの文学作品の情景描写に登場しています。実際に夏目漱石や、森鴎外が腰掛けたといわれている石があり、そこに座ることもできます。岡本綺堂、寺田寅彦、宮本百合子、武田泰淳など当社を作品に登場させた多く作家たちも、きっとこの石に座っていたのでしょう。

学問の神様

湯島天満宮《ゆしまてんまんぐう》

学問の神様として古くより崇敬されている菅原道真公を祀る湯島天満宮は、別名・湯島天神としても知られ、受験シーズンともなると多数の受験生が合格祈願に訪れます。また、小説家・泉鏡花の『婦系図』の舞台となり、演劇、映画、歌謡曲で「湯島の白梅」は有名になりましたが、江戸時代より梅の名所として参詣客で賑わいを見せてきました。

このように多くの人たちに親しまれている湯島天満宮の歴史は古く、雄略天皇2（458）年、雄略天皇の勅命により、天照大御神が隠れた天岩戸を無双の神力でこじ開けた、天之手力雄命（あめのたぢからをのみこと）を祀る神社として創建されたと伝えられています。そして、南北朝時代の正平10（1355）年、住民の請願により菅原道真公を勧請して合祀されました。

江戸時代になると、徳川家康は泰平の世が続き、文教が大いに賑わうようにと菅原道真公の遺風を仰ぎ湯島天満宮を篤く崇敬しました。学者・文人の参拝もたえることなく続き、そして5代将軍・綱吉が、近くにある湯島聖堂を昌平坂に移すにおよび、さらに文教の中心となるよう湯島天満宮に崇敬を集めました。

湯島境内は、広重の「江戸百景」などの画題ともなり、境内とその界隈は江戸有数の盛り場で、宮芝居や植木市さらに正月境内で大相撲本場所、幕府公認の富籤も行われるなど江戸町人の憩いの場として繁盛しました。

こうして、江戸時代より広く親しまれてきた湯島天満宮は、明治から一時「湯島神社」と改称されましたが平成12（2000）年から、元の「湯島天満宮」に戻りました。

旧社格　府社
祭　神　天之手力雄命・菅原道真公
例　祭　5月25日
URL　http://www.yushimatenjin.or.jp
住　所　〒113-0034　東京都文京区湯島 3-30-1
電話　03-3836-0753　FAX　03-3836-0694

主な祭典

梅まつり
2月～3月両上旬

樹齢70～80年の白加賀を中心に月影、豊後梅、寒紅梅など約300本の梅がその花を競う「梅まつり」は昭和33年から続いています。毎年45万人を超える人出を記録する、早春の一大イベントになりました。江戸時代より「梅の名所」として知られ、菅原道真公が愛した梅の花は湯島天満宮で、大切に育てられています。

見どころ

撫で牛

菅原道真公は、丑年の生まれで、亡くなられた際には、「自分の遺骸を牛に乗せて、その牛の行くところにとどめよ」と遺言を残したなどの逸話があり、牛が天神様の神使となりました。境内、手水舎の左右にある「撫で牛」の、自分の体の悪いところと同じ部分を撫でると、除病のご利益があると言われています。多くの人の願いが、常に光沢のある「撫で牛」を見せています。

江戸最大の八幡さま

富岡八幡宮《とみおかはちまんぐう》

江戸の町が形成発展していく時代に創設され、「深川の八幡様」、「江戸最大の八幡様」として親しまれ、今日まで幅広い信仰を集めてきた富岡八幡宮。今も変わらぬ賑わいをみせる東京下町の門前仲町に、八幡様を参拝する人達の来訪は絶えません。

寛永4（1627）年に、長盛法印が神託により、当時、永代島と呼ばれた小島の砂州を埋め立て八幡宮を建立し富岡八幡宮は創建されました。最初は「永代嶋八幡宮」と呼ばれていました。

また、江戸勧進相撲の発祥の地でもあり、境内で本場所が行われたこともあります。現在も新横綱誕生の奉納土俵入等の式典が行われています。社内には相撲にまつわる多くの石碑もあります。

御祭神は八幡大神の応神天皇（おうじんてんのう）です。八幡大神を崇拝した徳川将軍家の保護を受けると同時に、庶民に広く親しまれ、厄除、家内安全、交通安全、商売繁盛、必勝祈願、無病息災、病気平癒、安産祈願、身体健康、心願成就、など多くの祈祷を受けています。

社格	府社
祭神	応神天皇外八柱
例祭	8月15日
URL	http://www.tomiokahachimangu.or.jp
住所	〒135-0047　東京都江東区富岡1-20-3
	電話　03-3642-1315　FAX　03-3642-5580

主な祭典

深川八幡祭り

8月15日を中心に行われる例祭

赤坂・日枝神社の山王祭、神田明神の神田祭とともに「江戸三大祭」のひとつとされる深川八幡祭りは、別名「水掛け祭」と言われ、神輿の担ぎ手に観衆から清めの水が浴びせられます。伝統的な掛け声「ワッショイ、ワッショイ」が沿道に響き、担ぎ手と観衆が一体となって盛り上がり、江戸の粋を今に伝えるお祭りとして受け継がれています。八幡宮の御鳳輦が渡御を行う本祭りは3年に一度です。

見どころ

富岡八幡宮には江戸元禄時代の豪商・紀伊國屋文左衛門が奉納した金張りの宮神輿が3基ありましたが、関東大震災で焼失。その後平成3年に「日本一の黄金大神輿」が奉納され、宮神輿が復活しました。ダイヤモンド、ルビーなどで装飾され、4・5tもの重さのある屋根延金地塗神輿は、お祭りがなくても参拝時に拝見することができます。

花の天神様　東宰府天満宮

亀戸天神社

かめいどてんじんしゃ

学問の神・菅原道真公をお祀りする下町の天神様として「亀戸の天神様」「亀戸天満宮」と親しまれてきた亀戸天神社は、古くは総本社に当たる太宰府天満宮に対し、東の宰府として「東宰府天満宮」、あるいは「亀戸宰府天満宮」「本所宰府天満宮」と称されていましたが、それが昭和11（1936）年に現在の亀戸天神社となりました。

©ぶらり寺社めぐり

創建は江戸時代、正保年間（1644年～1647年）に菅原道真の末裔で九州の太宰府天満宮の神官、菅原大鳥居信祐（亀戸天神初代別当）は、天神信仰を広めるため社殿建立の志をもって盛岡、日光など諸国を巡っていました。そして寛文元年（1661）年、江戸の本所亀戸村にたどり着き、昔から村にあった天神の小さな祠に道真ゆかりの飛梅で彫った天神像を奉祀したのが始まりだとされています。

その当時は、大きな被害を出した明暦の大火からの復興を目指す江戸幕府は、本所を復興開発の地と定め、天神様を篤く信仰していた四代将軍徳川家綱はその鎮守神として祀るよう現在の社地を寄進しまいた。そして寛文2（1662）年、太宰天満宮に倣い社殿、楼門、回廊、心字池、太鼓橋などが造営されたのです。

それから約350年その姿を守り、東国天満宮の宗社として変わらぬ崇敬を集めてきました。境内には道真公を慕って飛んできた「飛梅」を祀った「紅梅殿」、道真公が5歳で詠んだ紅梅の和歌を刻んだ「五歳菅公像」、触ると知恵を授かる「神牛」などがあります。

旧社格　府社
祭　神　菅原道真公・天穂日命
例　祭　8月25日
URL　http://kameidotenjin.or.jp
住　所　〒136-0071 東京都江東区亀戸3-6-1
電話　03-3681-0010　FAX　03-3638-0025

主な祭典

藤まつり

4月下旬～5月上旬

亀戸天神社は2月の「梅まつり」、11月の「菊まつり」と、花の豊な世界を季節ごとに見せてくれますが、4月には「藤まつり」が行われます。〝東京一の藤の名所〟と言われ、神社中が藤色一色に染まる様は、見事です。特に太鼓橋から心地池に広がる藤を見渡すのが絶景となっています。

見どころ

太鼓橋・男橋、平橋、太鼓橋・女橋

大鳥居を過ぎると、心字池に三つの橋が掛けられています、手前から「男橋」「平橋」「女橋」です。これは「三世一念の理」を表したもので、それぞれの橋が過去・現在・未来を意味し、人間の一生を見たてています。太宰府天満宮を模して造られたこの光景は歌川広重の『名所江戸百景』シリーズの「亀戸天神境内」に描かれています。

徳川家ゆかりの神社

品川神社

しながわじんじゃ

関東

山王日枝神社や根津神社、富岡八幡宮と共に「東京十社」のひとつに数えられる品川神社は、文治3（1187）年、後鳥羽天皇の御世、源頼朝が海上交通安全と祈願成就の守護神として、安房国の洲崎明神（現・千葉県館山市鎮座 洲崎神社）の天比理乃咩命（あめのひりのめのみこと）を勧請したことに始まります。当初は品川大明神と称されていましたが、現在は社名を品川神社と改められています。

また、慶長5（1600）年には、関ヶ原の戦いへ出陣する徳川家康が参拝し戦勝を祈願し、その後、祈願成就の御礼として仮面（天下一嘗の面）・神輿（葵神輿）などを奉納しています。

同社は徳川家の尊崇する神社となり、社紋も徳川家の家紋「三つ葉葵」と定め、江戸時代には徳川家の厚い庇護を受けてきました。

そして明治天皇からは、明治元（1868）年准勅祭社と定められ、東京の鎮護と万民の安泰を祈る神社の一つとされました。

社殿の屋根には皇室・皇族の菊紋である16菊紋があり、先述の徳川家が用いた三つ葉葵もあります。

また東海道の宿場町。品川宿として栄えた同社は東海七福神の一社として大黒天も祀られています。

旧社格	東京府下郷社
祭　神	天比理乃咩命・宇賀之売命・素盞嗚尊
例　祭	6月上旬の金土日
住　所	〒140-0001　東京都品川区北品川3-7-15 電話　03-3474-5575　FAX　03-3474-5599

©ぶらり寺社めぐり

主な祭典

品川神社例大祭

6月上旬の金土日

鮮やかな5色の旗が飾られる例大祭は、独特のテンポの品川拍子に乗って、力自慢の若い衆が神社の傾斜の厳しい階段を神輿を担いで上がったり降りたりする、迫力のある光景が見られます。すべての神輿には徳川家康由来の「天下一嘗の面」の赤い面が付けられます。屋台も賑わいお祭りは盛り上がります。

見どころ

石鳥居「双龍鳥居」

石鳥居の一方の柱に昇龍、そして反対側に降龍があしらわれている双龍鳥居は珍しく、東京三鳥居と呼ばれ都内の3神社でしか見ることができません。そのなかでも歴史がもっとも古く大正14（1925）年に建造されました。細部まで造形された石彫の美しさを見ることができる鳥居です。

江戸越えのお宮さま

戸越八幡神社

とごしはちまんじんじゃ

戸越稲荷神社の創建は室町時代、人皇百四代後柏原天皇（ごかしわばらてんのう）の大永6（1526）年に、諸国を行脚していた行永法師が村内の藪清水池水源地に誉田別命（ほんだわけのみこと・応神天皇、八幡神）のご神体が出現したのを見つけ、そこに草庵「成就庵」を作り京都・石清水八幡宮から分霊を勧請し共に祀ったことが始まりとされています。

この戸越八幡神社の起源となった「成就庵」は、

〈江戸越えて　清水の上の　成就庵
ねがひの糸の　とけぬ日はなし〉

と、願い事が叶うという内容が古歌に歌われています。この草庵がある村は「江戸越え」の村として知られていましたが、その「江戸越」が、やがて「戸越」と呼ばれるようになり、現在の地名になったと言われています。

社殿も180年前に建立されたもので、当時から、評判を聞きつけて遠方からの参詣者で賑わった姿を今に留めています。絵馬なども、江戸末期のものが現存し、歴史のある風情を感じさせます。

御祭神の誉田別命（応神天皇）は、文学を奨励し、殖産興業を盛にし、灌漑を行い、大船を作って交通の道を開き、朝鮮の百済王から縫衣工女を呼び養蚕絹織を始めるなど、わが国の文教の祖、殖産の守護神として崇められると共に、厄除開運の御神徳は高く、篤い信仰を集めています。

旧社格　村社
祭　神　応神天皇、豊受姫命、天兒屋根命
例　祭　9月第2日曜日
URL　http://togoshihachiman.jp
住　所　〒142-0041　東京都品川区戸越 2-6-23
電話　03-3781-4186　FAX　03-3787-3277

主な祭典

大例大祭

戸越八幡神社の例大祭は、毎年9月の第2土曜、日曜日に斎行されます。3年に一度、本社神輿渡御が行われますが、中でも6年に一度氷川神社の大祭と一緒になるため、相互敬意を表し、五反田駅近くのかむろ坂で行われる合同拝礼式は圧巻です。

見どころ

奉納絵馬

戸越八幡宮は、関東大震災、東京大空襲などの災害を免れ、江戸末期当時の氏子、崇敬者から寄進された奉納絵馬が数多く残っています。拝殿に飾られたそれらの絵馬は、当時の文化風俗を生きいきと伝えてくれる貴重な資料として、参拝時に見ることができます。

関東

国民の心のふるさと

明治神宮

めいじじんぐう

毎年、日本一の初詣参拝者数を集めている明治神宮は、大正9（1920）年11月1日に渋谷区代々木の地に鎮座しました。祭神は明治天皇と皇后の昭憲皇太后（しょうけんこうたいごう）です。

明治45（1912）年、明治天皇が崩御し、立憲君主国家としては初の君主の大葬が行われ、京都の伏見桃山陵に葬られました。しかし、天皇を追慕する国民から、神社を東京に創建したいという熱望が起こりました。続く大正3（1914）年、昭憲皇太后が崩御すると、神社奉祀調査会は、昭憲皇太后を奉祀することを政府に建議し、大正4年、大正天皇の裁可を受け、政府は官幣大社明治神宮の創建を発表しました。

明治神宮の境内は内苑、外苑に分かれており、もともとの自然林であったのではなく、内苑は日本各地や朝鮮半島、台湾からの献木約10万本が計画的に植えられた人工の杜です。造営には全国青年団など延べ11万人もの自発的に参加した勤労奉仕の人達によって行われました。現在では、都会の中のオアシス、貴重な杜として人々に安らぎを与える自然環境を形成し、希少な植物や野鳥を育むようになっています。外苑は、聖徳記念絵画館を中心に、神宮球場や銀杏並木、明治記念館が整備されています。

明治神宮は明治天皇・昭憲皇太后の御神徳を仰ぎつつ、都心に豊かな自然環境を作り、よりよい社会、国づくりに尽くす人々の祈りの場となっています。

旧社格	官幣大社
祭　神	明治天皇・昭憲皇太后
例　祭	11月3日
URL	https://www.meijijingu.or.jp
住　所	〒151-8557　東京都渋谷区代々木神園町1-1 電話　03-3379-5511　FAX　03-3379-5519

主な祭典

秋の大祭・流鏑馬神事

10月下旬～3日

明治神宮の秋の大祭の期間中は、さまざまな奉納行事が行われます。中でも流鏑馬（やぶさめ）は、鎌倉時代由来の日本弓馬術の保存、普及、古式馬術の実践を行う大日本弓馬会がその華やかな演技を見せてくれます。天下泰平・五穀豊穣を祈願するという起源をもつ本格的な流鏑馬が堪能できます。

見どころ

明治神宮御苑

御苑の花菖蒲は、明治天皇が昭憲皇太后のために植えられたものです。御苑奥の清正井（きよまさのいど）からの湧水が菖蒲田を潤し現在、江戸系の約150種1500株が咲き競います。花の見頃は6月初旬から中旬ですが、四季折々に、自然味豊かな風情を見せてくれます。

勝利と至誠の神様

東郷神社《とうごうじんじゃ》

明治38（1905）年、日露戦争・日本海海戦で連合艦隊司令長官として三笠艦上にて「皇国の興廃此の一戦に在り、各員一層奮励努力せよ」とZ旗を掲げ、世界屈指の戦力を誇っていたロシアのバルチック艦隊を一方的に破り、世界から大きな注目を集めた東郷平八郎。その御霊、東郷平八郎命（とうごうへいはちろうのみこと）を祭神と祀るのが東郷神社です。

東郷平八郎命は、弘化4（1847）年12月22日に、薩摩藩士東郷吉左衛門の四男として鹿児島市鍛冶町に生まれ、19歳で薩摩藩の海軍に入隊。明治4（1871）年24歳にはイギリスに留学し、ウースター号等で7年間訓練した後帰国、日本海軍士官となりました。以後、戦略や国際法を修め、日清戦争等で国際問題等を処理し世界的な名声を高めました。日露戦争では世界の海戦史上空前絶後の勝利を成し遂げ国難から国を救いました。大正の始めには元帥府に列せられ、大正3（1914）年からは東宮御学問所総裁として昭和天皇の教育の大役を果たし、明治、大正、昭和の三朝に一貫奉仕し、昭和9（1934）年5月30日、88歳で東京麹町三番町で薨去されました。

これを受け、全国各地から世界的な英雄を神社にお祀りして欲しいと言う要望や献金が集まり、明治神宮に近い元鳥取藩主池田侯爵邸に、日本海海戦に勝利した日、5月27日に鎮座祭が行われました。

旧社格	別格官幣社
祭　神	東郷平八郎命
例　祭	5月28日
URL	https://togojinja.or.jp/
住　所	〒150-0001　東京都渋谷区神宮前1-5-3 電話　03-3403-3591　FAX　03-3403-8205

主な祭典

東郷神社みたま祭り（祖霊祭）

7月16日

境内霊社である「海の宮」に合祀している2万余柱の御霊（みたま）と、参列者の先祖の慰霊を目的とし、厳粛な祭典が行われます。そして池畔では灯籠流しが行われ、打ち上げ花火が夜空を彩ります。原宿の街の夏の風物詩として多くの人々に親しまれています。

見どころ

庭園

東郷平八郎が生前に住んでいた千代田区麹町から、明治天皇が祀られる明治神宮の近くがいいと、ここに鎮座した東郷神社。元池田侯爵の屋敷であったため、季節の花々が咲き誇る庭園が残っています。東屋や池もあり、鯉に餌をあげながら都会の喧騒を離れて、のんびりと一息休みできる爽やかな空気に充たされています。

授与品

強運守
1000円

しあわせ守
1000円
※頒布日
毎月1日、5月28日、30日、12月12日

開運御宝花守
3000円

恋勝守
1000円

関東

吉田松陰留魂の地

松陰神社

しょういんじんじゃ

明治維新への精神的指導者として奔走した吉田松陰は、僅か30歳の生涯に思想家、教育者、山鹿流兵学師範として目覚ましい行動を見せました。特に身分の上下や職業に関係なく若者を指導した松陰の私塾「松下村塾」では、高杉晋作、伊藤博文、久坂玄瑞、前原一誠、品川弥二郎、山田顕義、野村靖、山県有朋など、明治維新で活躍した多くの若者達が巣立っていきました。

吉田松陰は安政の大獄に連座し、安政6（1859）年、江戸伝馬町の獄中で刑死されました。その4年後、文久3（1863）年に南千住の回向院にあった松陰の墓が、高杉晋作など松陰の門人によって、長州毛利藩藩主毛利大膳大夫の別邸、現在の松陰神社の地に改装されました。そして明治15（1882）年には、墓の隣にやはり門人によって松陰を祀る神社が創建されたのです。それが松陰神社で、現在の社殿は昭和3（1927）年から翌年にかけて造営されました。境内には再現された松下村塾や、吉田松陰のブロンズ像、毛利元昭はじめ門下生の伊藤博文、山県有朋の縁故者などが奉納した32基の石燈籠があります。

松陰の志を受け継いだ門人たちによって、明治維新が導かれ、そしてその精神をとどめるべく松陰神社が創建され、現代まで多くの人達の崇敬を集めています。文武両道の卓越した吉田松陰の魂にあやかり、学力向上、合格祈願のご利益があると言われています。

旧社格　府社
祭　神　吉田寅次郎藤原矩方命（吉田松陰）
例　祭　7月21日
URL　http://www.shoinjinja.org/
住　所　〒154-0023　東京都世田谷区若林4-35-1
電話 03-3421-4834 FAX. 03-3418-7111

主な祭典

秋の例大祭　10月27日

安政の大獄に連座し、安政6（1859）年5月に幕府による江戸召喚命令を受け、江戸で数回に渡る取り調べを受け、10月26日に松下村塾生や同志に遺書「留魂録」を遺し、翌日罪状の申し渡しを受け、江戸伝馬町の獄舎にて殉死された、その日、10月27日が松陰神社の例大祭の日となっています。

見どころ

「松下村塾（複製）」

松陰の地元・山口県萩市の松陰神社境内に保存されている松下村塾を模して再現された「松下村塾」の建物は、当時の雰囲気を感じることができます。8畳の間には実際に床の間に掲げられていた塾生の心得「多くの書物を読まず、苦労を厭う者は大成しない」という文字も見ることができます。その建物を見守るように松陰のブロンズ像が配置されているのも、一層、臨場感を感じさせられます。

関東

新宿総鎮守

花園神社

はなぞのじんじゃ

大和国吉野山よりの勧請により創建したと伝えられている花園神社は、徳川家康が江戸に入った1590年にはすで存在し、江戸時代に宿場町・内藤新宿が開かれて以来、新宿総鎮守・街の守り神として祀られてきました。

「花園」の名称の由来は、寛永年間、朝倉筑後守が神社の地を拝領し下屋敷の敷地内となって参拝ができなくなったため、氏子が幕府に訴えて、尾張藩下屋敷の庭の一部である現在の地を拝領し、そこに遷座しました。そこは多くの花が咲き乱れていた花園の跡であることから「花園稲荷神社」と呼ばれるようになったと伝えられています。

その後、「稲荷神社」、「花園稲荷神社」と改称されましたが、昭和3（1928）年に新宿4丁目の雷電稲荷神社を合祀し村社から郷社に昇格し、昭和40（1965）年に、現在の本殿に建て替えられた際に、末社・大鳥神社（祭神：日本武尊）を本殿に合祀し、社名は「花園神社」に改められました。

東京・新宿のエネルギーに満ちた街にある同社は、唐十郎のテント芝居で知られることになりましたが、そうした文化を育む歴史は古く、安永9（1780）年と文化8（1811）年の、大火で社殿を焼失した際に、社殿を再建するため境内に劇場を設けて、見世物や演劇、踊りなどを興行して好評を博しました。花園神社と新宿の文化は、既にその頃から密接に結びついて今日に至っているのです。

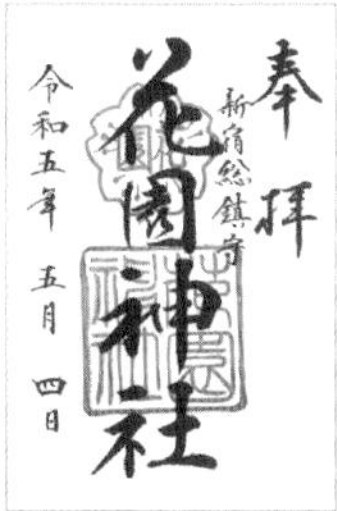

旧社格　郷社
祭　神　倉稲魂神、日本武尊、受持神
例　祭　5月28日に近い週末
URL　http://hanazono-jinja.or.jp/
住　所　〒160-0022　東京都新宿区新宿5-17-3
電　話　03-3209-5265　FAX　03-3209-5645

主な祭典

例大祭
5月28日に近い週末

花園神社の例大祭は本祭と陰祭（西暦奇数年）が、隔年で行われます。本祭では本社神輿と雷電神輿の二基が渡御し、陰祭では氏子8町会の神輿が神社から大通りを渡御します。伊勢丹前では神輿が下ろされ、区長の挨拶や獅子舞の奉納などがおこなわれます。境内では多くの露店が出て、新宿ならではの賑わいを見せてくれます。

見どころ

村田整珉の彫刻・唐獅子像

花園神社の靖国通り側の参道には、江戸時代後期の名工・村田整珉の代表作としても知られ、文政4（1821）年に造立された「銅の唐獅子一対」があります。ビルの谷間の新宿ならではの参道の、鳥居を入ったすぐのところで唐獅子が迎えてくれます。厳めしい表情の唐獅子像は時代を超えて生きているようです。新宿区の有形文化財としても登録されています。

東京のへそ・子育厄除八幡さま

大宮八幡宮

おおみやはちまんぐう

東京の中心に位置し、かつては武蔵国三大宮のひとつ「多摩の大宮」あるいは「武蔵国八幡一の宮」と称された大宮八幡宮は古い歴史をもっています。昭和44（1969）年には旧境内から弥生時代の祭祀遺跡や族長の住居跡が発掘され、太古からの聖域であったことが判明しています。社名は、明治以来、大宮八幡神社と呼ばれていましたが、1981年に「大宮八幡宮」に戻されました。

創建は康平6（1063）年。第70代後冷泉天皇の時代、天喜年中（1053〜1057）に奥州に乱（前九年の役）が起き、鎮守府将軍・源頼義が平定に赴く途中、大宮の地で八条の白雲の瑞祥を見て「八幡大神の御守護のしるしである」と喜び、凱旋の時には、必ずこの地に神社を構えることを誓ったということです。そして奥州平定後、京都・石清水八幡宮の御分霊を勧請し「大宮八幡宮」として創建されました。

祭神は品陀和気命（ほむだわけのみこと・応神天皇）、帯中津日子命（たらしなかつひこのみこと・仲哀天皇）、息長帯比売命（おきながたらしひめのみこと・神功皇后）の3柱で、この3神を合わせて八幡三神とされています。

応神天皇は、母（神功皇后）の胎内に有る時から神威を発揮され、胎中天皇とたたえられました。そして父（仲哀天皇）の遺志を次いで国造りを進められました。そうした三神の固い絆から、古来より縁結び・安産・子育ての信仰が受継がれています。

旧社格	府社
祭　神	品陀和気命・帯中津日子命・息長帯比売命
例　祭	9月15日
URL	http://www.ohmiya-hachimangu.or.jp
住　所	〒168-8570　東京都杉並区大宮 2-3-1 電話　03-3311-0105　FAX　03-3318-6100

主な祭典

大宮八幡祭り（秋の大祭）

夏も過ぎ、秋の気配を感じる9月、恒例の大宮八幡祭りが行われます。特に熱気が感じられるのは、神輿合同宮入りで、氏子6地区から10基の神輿が一斉に神門内に練り込み、祭は最高潮に達します。このほか、小笠原宗家による弓の神事、大宮幼稚園園児民謡踊り、杉並太鼓、方南エイサー踊りなど様々な神賑行事が奉納されます。

見どころ

ご神木　共生の木

古代より武蔵野の社叢の中で、2つの異なる木、かやの木と犬桜が1本の幹で結ばれているご神木が大宮八幡宮にあります。この木が生き続けている姿は、まさに国際協調、宗教協力、相互扶助、夫婦和合などを示唆していようです。共生（ともいき）の木と呼ばれています。

関東の熊野信仰の拠点

王子神社《おうじじんじゃ》

東京十社に数えられる、王子神社は創建の記録は詳らではありませんが、康平年間（１０５８〜１０６５）、源義家が奥州征伐（前９年の役）の際、同社で慰霊祈願を行い、甲冑を納めたという故事が伝えられています。古くから聖地として崇められていたことが分かります。つまり康平年間以前の平安時代に既に勧請されたことを窺わせます。また、文保（１３１７〜１３１９年）および元弘（１３３１〜１３３４年）年間には当地の領主豊島氏が社殿を再興し、熊野新宮の浜王子より「若一王子宮」を改めて勧請し王子神社となったこと、小田原北条氏が社領を寄進したことが「小田原衆所領役帳」に記されています。この勧進によって、岸村と言われていた地名が王子村となり、王子神社は地名由来の神社であり、熊野信仰の拠点となったことが分かります。そして時代が進み、徳川家康からは天正19（１５９１）年に社領２００石の朱印状を拝領、八代将軍吉宗は紀州出身で、紀州熊野権現の勧請である同社を崇敬し、元文二年に飛鳥山（現・飛鳥山公園）を寄進。明治期には准勅祭社の指定を受け、戦後は東京十社の一社となりました。

主祭神は、伊邪那岐命（いざなぎのみこと）、伊邪那美命（いざなみのみこと）、天照大御神（あまてらすおおみかみ）、速玉之男命（はやたまのおのみこと）、事解之男命（ことさかのおのみこと）の五柱で、総称して「王子大神」と呼ばれています。

旧社格	准勅祭社・郷社
祭　神	伊邪那岐命・伊邪那美命・天照大御神・速玉之男命・事解之男命
例　祭	8月上旬日曜日
URL	http://ojijinja.tokyo.jp
住　所	〒114-0002　東京都北区王子 1-1-12 電話　03-3907-7808　FAX　03-3907-7839

主な祭典

例大祭「槍祭」の田楽舞

8月上旬日曜日

例大祭「槍祭」の最終日に行われる王子神社の田楽舞は古式のほぼ全てを有し、日本三大田楽のひとつと言われています。戦争で途絶えていたものを、昭和58年に復興し、昭和62年に北区無形文化財に指定されています。境内の仮設舞台で、地域の子供たちが舞手となって王子田楽が行われています。

見どころ

王子神社境内の大銀杏

（東京都指定文化財）

戦前は、王子神社には「太田道灌雨宿りの椎」と伝えられる巨木を始め、多くの樹木が茂り、ここで勝海舟も修行したと伝えられています。しかし、ほとんどが戦災で焼失してしまいました。そこで残ったのが高さは約20mの大銀杏です。樹相が立派なこの大樹には、神社の歴史を見続けてきた重さが感じられます。

武蔵国の守り神　御鎮座壱千九百年

大國魂神社《おおくにたまじんじゃ》

東京都府中市にある大國魂神社は、武蔵国の守り神で、著名な神社を併せて祀る総社として主要な位置を占めていました。府中は古くは武蔵国府（政治的中心都市）の所在地で、近世は甲州街道の宿場町として栄えましたが、常にその中心にあったのが大國魂神社です。

その創建は古く、社伝によれば景行天皇41（111）年5月5日、武蔵国の護り神として大國魂大神がこの地に降臨し、それを祀ったのが起源とされています。この大神は、出雲の大国主神と同神で、縁結び、厄除け・厄払いの神様です。

大化元（645）年の大化の改新以後は、この地に国府が置かれ国司が祭祀を行いましたが、平安時代には各諸神を合祀する「総社」が置かれ、武蔵国では大國魂神社がそれにあたりました。国内の著名な六か所の神社を合祀していることから「武蔵総社六所宮」とも呼ばれました。

その後も、源頼義と義家が奥州戦に向かう際に戦勝祈願をし、源頼朝が妻の安産を祈願した、などの伝承があり、武士の時代にも篤い崇敬を受けてきました。現在、国の天然記念物に指定されている「馬場大門のケヤキ並木」は、源頼義・義家父子が、欅の苗1000本を寄進したのが起源です。そして江戸時代には社領500石の御朱印状を拝領しています。

明治4（1871）年、社名が現在の「大國魂神社」に復称されました。毎年5月の例大祭「くらやみ祭り」には80万人の人出で賑わい、今も変わらぬ崇敬を集めています。

旧社格　官幣小社
祭　神　大國魂大神　他
例　祭　4月30日～5月6日
URL　https://www.ookunitamajinja.or.jp
住　所　〒183-0023　東京都府中市宮町3-1
電話　042-362-2130　FAX　042-335-2621

主な祭典

くらやみ祭
4月30日～5月6日

大國魂神社の例大祭は、関東三大奇祭のひとつと言われる「くらやみ祭」。神輿渡御が深夜に町中の灯を消して闇の中で行われていたため、くらやみ祭と呼ばれていましたが、現在は、夕刻に変わっています。その他、旧甲州街道での古式競馬式や、参道のケヤキ並木での府中囃子、20台あまりの山車行列など、多彩な神事が賑わいの中で繰り広げられます。

見どころ

木造狛犬一対（宝物殿）

境内にある宝物殿に、鎌倉時期の作と言われる木造の狛犬の阿、吽の一対があります。国の指定文化財のこの狛犬は、座高各70cmで木造としては大型です。彫の深い顔と自然な姿で前足を伸ばし堂々と座っている様は、鎌倉彫刻の力強さを感じさせます。その他、宝物殿には仏像なども展示されています。

関東三大天神

谷保天満宮

やぼてんまんぐう

谷保天満宮は、亀戸天神社（江東区）、湯島天満宮（文京区）と共に、関東三大天神とされ、東日本で最古の天満宮としての歴史を有し、甲州街道に面した国立市に鎮座しています。創祀は、延喜３（９０３）年、菅原道真が薨去した年になります。右大臣であった菅原道真が大宰府に左遷されると、第三子の菅原道武も武蔵国分倍庄栗原、現在の府中市国立あたりに配流されていました。そこで父・道真の悲報を知った道武は、その年に菅原道真を祀る廟を建てたのが天満宮の始まりであると『天満宮略縁記』に記されています。その菅原道武も延喜21（９２１）年に亡くなると、谷保天満宮の相殿に合祀されました。

そして京都北野天満宮が造営された天暦元（９４７）年に、当社の威霊を奉上し、官社に列しています。その後、菅原道武卿の裔孫津戸三郎為守によって、養和元（１１８１）年に天神島にあった天満宮に遷座しました。また建治３（１２７７）年には、後宇多天皇の勅により藤原経朝書「天満宮」の扁額が納められています。

毎年、学問の神・菅原道真を祀った、谷保天満宮には受験生やその親族達が多く参拝に訪れ、受験シーズンになると境内に合格祈願の絵馬が所狭しと掛けられる光景が見られます。特に初詣の時は行列ができるほど混雑し、参詣者数は年々増加傾向にあります。また、甲州街道側にある梅林は梅の名所としても知られ、毎年梅の盛り時期には梅まつりが開催され賑わいを見せます。

旧社格　府社
祭　神　菅原道真公・道武公
例　祭　9月25日
URL　http://www.yabotenmangu.or.jp
住　所　〒186-0011　東京都国立市谷保5209
電話　042-576-5123　FAX　042-576-5124

主な祭典

おかがら火（庭燎祭）

11月3日

庭燎祭は、関東の奇祭のひとつと言われています。神楽殿の前に高さ３ｍの２基の槇の山を積み、午後６時に一斉に点火し、炎の高さを競い御神木の転倒を防ぎ合う祭事です。天神島から現在の地に遷座した際、その残木を神前で焚き上げたことに始まると言われています。また、同日「うそ替え神事」も行われます。

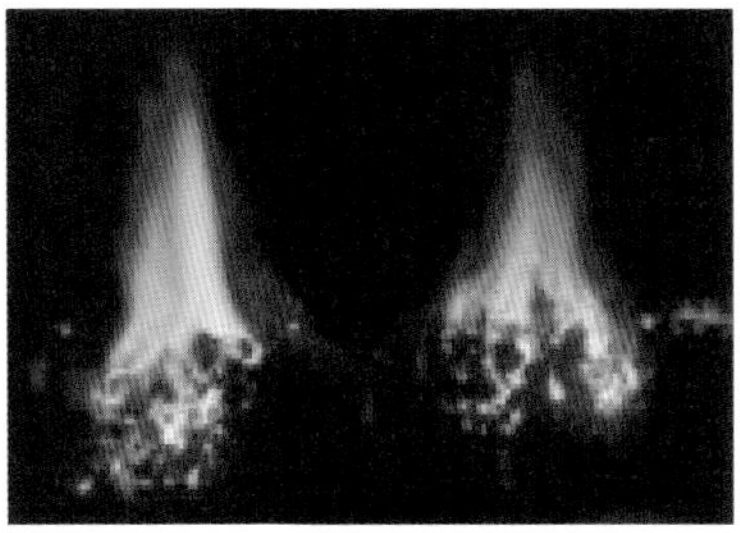

見どころ

木造獅子狛犬

（国指定・文化財）

現在、宝物殿に収蔵されている木造獅子狛犬は重要文化財で、阿吽一対の寄木造、それぞれ増高は53・5㎝（阿形）、53・0㎝（吽方）で迫力のある表情をしています。鎌倉時代の獅子狛犬の伝統的な技法が見られる銘作で、動物らしい躍動感を感じさせる写実表現のなかにも、穏やかな作風を感じさせてくれます。

尉殿大権現

田無神社

たなしじんじゃ

田無神社は鎌倉時代、正応年間（1288〜1293年）の創建と言われています。田無北部の鎌倉街道沿いの谷戸の宮山に鎮座し、尉殿大権現（じょうどのだいごんげん）と呼ばれていました。祭神は龍神として水と風を治める豊穣の神、男神の級津彦命（しなつひこのみこと）、女神の級戸辺命（しなとべのみこと）をお祀りしていました。同時に、神仏集合により尉殿大権現は不動明王としても信仰されてきました。時代は下り、徳川家康が江戸幕府を開くにあたり、城、町建造のために大量の石灰を必要としました。家康はそれを青梅の地に求め、青梅街道を開きました。その際に、肥沃な谷戸に住んでいた人々は、こぞって1キロほど南の青梅街道沿いに移住し、宿場町・田無を造営したのです。この様な歴史の中で、人々は宮山に鎮座する尉殿大権現を、まず元和8（1622）年に上保谷に分祀し、正保3（1646）年に宮山から田無（現在の地）に分祀し、寛文10（1670）年には、宮山に残っていた尉殿大権現の本宮そのものを田無に遷座しました。その後、尉殿大権現は明治5（1872）年に熊野神社、八幡神社を合祀して田無神社と社名を改め、主祭神・大国主命（おおくにぬしのみこと）と須佐之男命、猿田彦命、八街比古命、八街比売命、日本武尊命、大鳥大神、応神天皇をお祀りしました。そして今日まで多くの崇敬を集めてきました。

旧社格	旧村社
祭　神	大国主命・級長津彦命・級長戸辺命・須佐之男命・猿田彦命・八街比古命・八街比売命・日本武尊命・大鳥大神・応神天皇
例　祭	10月第2週（土）（日）
URL	http://tanashijinja.or.jp
住　所	〒188-0011　東京都西東京市田無町 3-7-4 電話　042-461-4442　FAX　042-467-9236

主な祭典

例大祭

10月第2日曜日とその前日

田無神社の例大祭は、本宮で午前10時から厳粛に斎行されます。その後、本社神輿が田無の町を練り歩きお祭りの盛り上がりを見せます。前日の宵宮では、提灯を四面に掲げた万燈神輿が商店街を渡御し、境内には露店や、催事なども楽しむことができます。

見どころ

田無神社本殿・嶋村俊表の彫刻

（東京都指定文化財）

嶋村家は、江戸で最も有力な彫物大工御三家のひとつでした。田無神社本殿はその嶋村家八代にあたる嶋村俊表が手がけました。嶋村俊表は単に名工という域をはるかに越えた地紋彫の多様さ、絶妙さ、快活で磊落でありながら繊細な表現をもった作品を多く残しております。田無神社本殿は江戸期日本文化を一身に体現した芸術といえます。

川崎の鎮守、歴史を誇る古社

稲毛神社《いなげじんじゃ》

樹齢1000年のご神木・大銀杏が聳える稲毛神社は、武神・武甕槌神（たけみかつちのかみ）を祭神として祀る歴史ある神社で、古くは祭神の名を冠した「武甕槌宮」と呼ばれていました。

欽明天皇（在位539年～571年）により武神・経津主神（ふつぬしのかみ）、和睦神・菊理媛神（くくりひめのかみ）、協力神の伊弉諾神（いざなぎのかみ）、伊弉冉神（いざなみのかみ）の四柱が合祀され、平安時代の末期に、当地を治めた河崎冠者基家（かわさきかじゃもといえ）によって、社名が「河崎山王社」に改称されています。江戸時代には社領20石を拝領し、東海道川崎宿および河崎七ヶ村の鎮守として崇敬を集めておりました。現在も「山王さま」という名で親しまれているのは、この歴史に由来しています。

稲毛神社の例祭「川崎山王まつり」は、江戸時代川崎宿の繁栄の中で盛況を極め、「東の祇園」と称され、現在も川崎市の代表的な伝統ある祭りとなっています。

川崎市の中心地の神社として、長い歴史の中でその存在を大きく示している稲毛神社は、明治時代の神仏分離令により、鎮座地の名を取って、現在の社名に改称され今日に至り、現在も「勝」と「和」の神徳のある神社として多くの参拝者が訪れています。

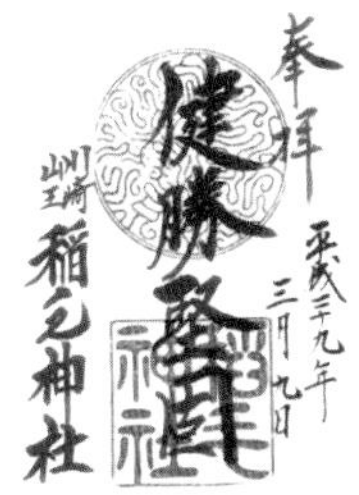

旧社格　郷社
祭　神　武甕槌神・経津主神・菊理媛神・伊弉諾神・伊弉冉神
例　祭　8月2日
URL　http://takemikatsuchi.net
住　所　〒210-0004 神奈川県川崎市川崎区宮本町 7-7
電話　044-222-4554　FAX　044-245-2003

主な祭典

川崎山王祭（川崎山王まつり）

8月2日の「例祭」を中心に行われる『川崎山王まつり』の祭事の中でも、期間最終日に行われる「神幸祭」では、男神が遷される「孔雀神輿」と女神が遷される「玉神輿」と呼ばれる2基の神輿が氏子町内を渡御、神輿の周りは大勢の人達で賑わいます。この渡御には、神々の結婚、懐妊、御子神の誕生という物語が表わされているのです。

見どころ

御神木大銀杏

この樹齢千年以上とも言われる大銀杏は、江戸時代、東海道を旅する人達に「山王様の大銀杏」として知られ、安藤広重の『武相名所旅絵日記』にも描かれています。かつては天然記念物にも指定されていましたが、昭和20年の戦火で大きな損傷を受けてしまいました。しかし、現在では無事に蘇り、その力強い生命力は「平和のシンボル」としても篤い信仰を受けています。

関東

柿生の琴平（こんぴら）さん

琴平神社《ことひらじんじゃ》

元は王禅寺村の神明社で、文政9（1826）年、王禅寺村の名主・志村文之丞が四国の金刀比羅宮の御祭神を勧請し、神明社と合祀した事が起こりと伝えられます。神明社の創建は元亀年間（1570～1573）頃とされています。志村家に伝わる古文書にも記録を見ることができます。

昭和55（1980）年、金刀比羅信仰が強まり「琴平神社」と改称されました。本殿正面に向かって右側の神座に天照皇大御神（あまてらすおおみかみ）を、左側の神座に琴平大神（ことひらおおかみ。大物主神（おおものぬしのかみ）とされる）がお祀りされております。

昭和44（1969）年以降、儀式殿、参集殿、御札授与所、社務所、東屋等が次々に築かれました。境内では花や樹木が四季折々の美しい姿を見せ、東屋は参拝者の憩の場所ともなっています。大物主神と同一神とされる大国主神（おおくにぬしのかみ）は大黒様、その御子の事代主神（ことしろぬしのかみ）は戎（えびす）様と知られますが、先代宮司が建立した石像は福の神として親しまれています。また、金運増財の銭洗弁天、多賀社・塩釜社・稲荷社の「お多賀さん」、神仏習合の色を残す本殿手水舎の山伏「がまんさん」、大物主神と共に国造りをした少名毘古那神（すくなひこなのかみ）を表現した儀式殿手水舎なども古くから崇敬されています。

平成19（2007）年、放火による火災で本殿を失いましたが、幣殿は蔵造りのような土壁であり御神体・御神宝は守られ、平成23（2011）年に再建されました。拝殿天井の花鳥山水画は、渡辺崋山筆と伝えられた板絵を現宮司であり画家でもある志村幸男氏が復元したものです。

祭　神　天照大御神、大物主神
例　祭　第2月曜日（祝日）
URL　http://kotohirajinja.com
住　所　〒215-0018　神奈川県川崎市麻生区王禅寺東 5-46-15
電話　044-988-0045　FAX　044-988-6821

主な祭典

人形和め祭　3月7日

長年大切にしてきた、小さい頃から成長を見守ってくれた、特別な思い出のある人形。そういった思い入れのある人形達に感謝し、浄火で清めるお祭りです。（境内でのお焚き上げはせず、設備の整った施設に運ばれて処分されます。）祭壇に並べられた人形達の華やかさ、一体一体に宿った御霊の物語には心打たれます。申し込みは人形のみ（ケース、雛壇、飾り等は不可）、初穂料を添えて社務所まで。詳細はお知らせサイト・電話でご確認下さい。

見どころ

拝殿天井画

63枚もの見事な花鳥山水画は、元は渡辺崋山筆と伝えられた板絵でした。火災で焼失しましたが、画家でもある宮司の志村幸男氏が先代宮司の残した写真を手掛かりに油絵で復元しました。志村氏の作品は参集殿や琴平会館にも常時展示されています。また、琴平神社では毎年5～6月頃、志村氏を始め地域のアーティスト達が集まる展示会「柿生の里展」が開催されます。

横濱総鎮守

伊勢山皇大神宮

いせやまこうたいじんぐう

横浜の総鎮守とされる伊勢山皇大神宮は「関東のお伊勢さま」として親しまれています。横浜が国際貿易の要として開港され、外来文化に接する機会が多くなる中、人々の心を一つにし、諸外国との国柄の違いを胸に刻み、国家の鎮護を祈ることを目的に明治3年4月14日境内の整備が開始され翌年4月15日、社殿並びに境内施設が竣功し正遷宮が執り行われました。明治5年の太陽暦採用に伴い例祭日は5月15日に改められ戦前までの例祭日には市内官公庁を始め会社、工場、学校に至るまで休日となり市民を挙げてお祝い申し上げたとの事です。

御祭神は、伊勢神宮の内宮（皇大神宮）と同じ天照大御神（あまてらすおおみかみ）です。皇室の祖神であり、日本国民の総氏神とされる天照大御神を祀る神社です。

伊勢山皇大神宮は令和2年に創建150年を迎えました。その記念事業として、伊勢神宮で行われた第62回神宮式年遷宮で建替えられた内宮の社殿1棟を、平成26年に譲り受けました。伊勢神宮にあった時のままの茅葺、掘立柱の唯一神明造に建造され、平成30年10月1日遷座祭が斎行されました。部材の一部の下げ渡しはありましたが、社殿そのままというのは稀なことです。いかにも伊勢神宮との縁の深さがうかがわれます。旧社殿は、震災の被害を受けた宮城県石巻市の鹿島御児神社（かしまみこじんじゃ）で再建されることになりました。

旧社格　県系社
祭　神　天照大御神
例　祭　5月15日
URL　http://www.iseyama.jp
住　所　〒220-0031　神奈川県横浜市西区宮崎町64番地
電話　045-241-1122
FAX　045-242-7766

主な祭典

杵築宮子之大神例祭
8月20日

伊勢山皇大神宮に摂社として祀られている、杵築宮と野毛地区の氏神である子之大神の夏祭りでは、2年に1度、各町内より20基以上の神輿が出輿する神輿渡御が行われます。境内から参道の急な石段を担いで紅葉坂から桜木町を練り歩く熱狂的な姿は、浜っ子の心意気が感じられます。

見どころ

提灯屋形

社殿の屋根は、角のような形の千木（ちぎ）と鰹木が特徴のある形が印象的です。新本殿にお鎮まりになられた、大神様が皆様をお護り下さいます。

関東

海神を祀る、源頼朝建立の社

瀬戸神社

せとじんじゃ

瀬戸神社の創建は治承4（1180）年です。源頼朝が伊豆で挙兵した際に守っていただいた伊豆三島明神（三島市三嶋大社）をこの地に勧請し、社殿を建立したことに遡ります。その後も実朝（「わたつみの瀬戸の社の神垣に願ひぞみつる潮のまにまに」を献詠）や、北条氏、足利氏、小田原北条氏などの崇敬を集めています。元来この地は入海の狭い海峡（瀬戸）で、海上交通の難所だったため海神を祀っていました。

現在の社殿は寛政12（1800）年の建立で様式は権現造。屋根は昭和4（1929）年に銅板に葺き替えられ、さらに平成24年に脇殿増築等、屋根替えもふくめ改装されました。

主神の大山祇命（おおやまづみのみこと）は伊予国（愛媛県）大三島の大山祇神社、伊豆国（静岡県）三島大社の祭神と同神で、港の神、海上渡航の神、交易の神として古来より信仰され、交通安全・旅行安全・商売繁盛の守護神として知られています。相殿として須佐之男命、菅原道真公を配祀、また旧六浦地区の各地の神社や円通寺東照宮の御祭神を合わせて祀っています。

また本社と国道を挟んで平潟湾に突き出た堤の先の小島・弁天島に境内神社の琵琶嶋神社があり、祭神は音楽・技芸の神、市杵嶋姫命（いちきしまひめのみこと）、通称弁天様とよばれています。この社は源頼朝の妻・政子が、近江（滋賀県）の竹生島弁財天を勧請したもので、立姿の御神像と頼朝・政子が流人の身から征夷大将軍に立身出世したことに因み、立身弁財天とも呼ばれています。また舟寄弁財天の呼称もあり、立身出世、千客万来の御利益があると言われています。

貴重な宝物としては、鎌倉初期作の二面の舞楽面（「陵王」と「抜頭」）が収蔵され、平成12（2000）年に国の重要文化財に指定されています。また、平成7年（1995年）社叢林が横浜指定文化財に登録、樹齢800年と伝えられる槇の古木は区内最古の指定名木で、参拝者の目を楽しませています。

旧社格　郷社
祭神　大山祇神
例大祭　5月15日
URL　http://www.setojinja.or.jp/
住所　〒236-0027　神奈川県横浜市金沢区瀬戸18-14
電話　045-701-9992　FAX　045-701-9994

主な祭典

天王巡幸祭
7月7日～14日（近い日曜日）

天王巡行祭は六浦全氏子町内を天王神輿が御巡幸になる古来の疫除けの夏祭りで、七日は天王神輿の出御祭、九日には「三ツ目神楽」、十四日は還御祭が行なわれます。特に九日の夕刻からの「三ツ目神楽」は古式の湯立神楽で「湯花神楽」とも「鎌倉神楽」とも言われ、鎌倉八幡宮に神楽方として奉仕した「職掌（しきしょう）」と呼ぶ社人の家に伝わる古式の神楽で、古来、祭礼神事の中心的行事として重んぜられてきました。この神楽に参列すると、無病息災になると伝えられています。

見どころ

福石・飛石

「福石」は境内琵琶島神社の参道にあります。もとは社頭の海岸にあり、頼朝が伊豆三島明神を勧請し、百日の日参をした時、汀に降りて海水で潔斎するのに衣服を掛けたので「服石」とも呼ばれています。この石の前で物を拾うと、必ず福を授かるとして信仰を集めました。

「飛石」は神社の南300mほどのところの昇天山金龍院という寺院の境内にあります。太古にこの石に乗つて瀬戸の祭神が飛んできて鎮座したと伝承されてきました。頼朝による勧請以前からあった「いわくら」信仰に由来する伝承でしょう。瀬戸神社周辺からは古墳時代の祭祀遺物も発掘されており、鎮座の起源は古代に遡る神社だと考えられます。

国家鎮護の神

鶴岡八幡宮《つるがおかはちまんぐう》

鶴岡八幡宮は、康平6（1063）年源頼義が源氏の氏神としてご加護を祈願した京都の石清水八幡宮を由比ヶ浜辺にお祀りしたことに始まります。その後、源氏再興の旗上げをした源頼朝公が、治承4（1180）年鎌倉に入るや神意を伺い、直ちに由比ヶ浜辺から現在の地にお遷しし、建久2（1191）年には鎌倉幕府の宗社にふさわしく上下両宮の姿に整え、鎌倉の町づくりの中心としました。以来、同宮は武家の精神のよりどころとなり、国家鎮護の神としての信仰は全国に広まりました。

ご祭神は応神天皇（おうじんてんのう）、神功皇后（じんぐうこうごう）、比売神（ひめがみ）、の3柱の神様です。

現在の本殿は、文政11（1828）年、江戸幕府11代将軍徳川家斉造営の代表的な江戸建築で、若宮（下宮）とともに国の重要文化財に指定されています。境内には源頼朝公、実朝公をお祀りする白旗神社をはじめとする境内社のほか段葛や、静御前ゆかりの舞殿が八百年の長い歴史を伝えています。

旧社格　国幣中社
祭　神　応神天皇・比売神・神功皇后
例　祭　9月15日
URL　https://www.hachimangu.or.jp
住　所　〒248-8588　神奈川県鎌倉市雪ノ下2-1-31
電話 0467-22-0315　FAX 0467-22-4667

主な祭典

例大祭

9月14日～16日

武士道を伝える神社ならではの流鏑馬神事が例大祭の最終日に行われます。鎌倉武士さながらの狩装束に身を包んだ射手が、馬で駆けながら馬場に配された3つの的を射抜く勇壮な神事です。源頼朝公の時代より800年の伝統を受け継いできた迫力が伝わります。

見どころ

源平池

段葛から三ノ鳥居をくぐり東西にあるのが源平池です。源平池には源氏にちなんだ「白蓮」、平家にちなんだ「赤蓮」がそれぞれ植えられていたといわれています。春には桜、夏には紅白の蓮の花が入り混じり見事に咲き乱れます。また源氏池の中の島には弁財天をお祀りする旗上弁財天社があり、多くの参拝者が訪れます。

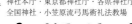

尊徳翁を祀る、地域住民の心の拠り所

報徳二宮神社

ほうとくにのみやじんじゃ

関東

私たち日本人にとって二宮金治（次）郎（号・尊徳）は、苦難を乗り越え厳しい努力の末、それが実り花開いた立志伝中の人物として知られているが、その薪を背負って本を読む銅像は各地の小学校に建てられ、多くの人の目に焼き付けられているのではではないだろうか。二宮尊徳翁は小田原市に生まれ、小田原藩主・大久保忠真公に抜擢され身を起こし、荒地を開拓、産業振興、富国安民の法を設け、経世済民を目指し報徳思想を唱えて、報徳仕法と呼ばれる農村復興政策を指導する。その尊徳の「報徳思想」は全国津々浦々に波及し、後世の多くの人々に多大な影響を与え「報徳社」という結社が作られるまでに発展した。

報徳二宮神社は明治27（1898）年4月、伊豆、三河、遠江、駿河、甲斐、相模の各報徳社の総意により、二宮尊徳翁を御祭神として生誕地である小田原の小田原城二の丸小峰曲輪の一角に創建された。明治42年本殿、幣殿を改築し、神苑を拡張し、現在の景観に整えられる。現在ではこの鎮座の日を例祭日としている。平成6（1994）年には創建百年記念奉告祭が斎行された。

社殿は神明造り。拝殿は天保の大飢饉の際、藩主大久保公の命により、尊徳翁が小田原城内の米蔵を開き、米が人々の手にわたって、小田原11万石の領内から一人も餓死者も出さずにすんだという、その時の米蔵の礎石が用いられている。また境内には尊徳翁の像や博物館など見所もたくさんあり、受験期には金次郎のイメージから学問の神様として多くの受験生で賑わっている。

旧社格	県社
祭　神	二宮尊徳翁
例大祭	4月15日
URL	http://www.ninomiya.or.jp
住　所	〒250-0014　神奈川県小田原市城内8-10
	電話　0465-22-2250　FAX　0465-23-3286

二宮尊徳翁之像（廻村の像）

見どころ

二宮尊徳像

二宮金次郎の少年像は昭和天皇の即位大礼記念として、神戸証券取引所の中村直吉理事長が寄進したもので、これと同じ像は、全国の小学校に向けて約一千体制作されたが、戦時中すべて供出に遭い、現在残っているのはこの一体だけと言われている。左手には「大学」を持ち、働きながら知識を習得しようとする姿を現している。制作者三代目慶寺丹長。

二宮尊徳翁之像は平成21年兵庫県の報徳学園の大谷勇理事長から学園創立100周年を記念してつくられ贈られたもの。左手には帳面を持ち、様々な記録を残しながら村々を廻り、農民の指導をしていた姿を現している。制作者南部祥雲。

主な祭典

夏越の大祓　6月30日

全ての人が神様からいただいたままの、清く、正しい心の持ち主に立ち帰ることにより、日本の国が罪や穢れのない、清く、明るく正しい社会になるように願う神事です。夏越の大祓へは、一年の後半を迎えるにあたっての祓へを行います。麻と紙を小さく切った「切麻」を我が身に撒いて祓います。紙を人の形に切り抜いた人形（ひとがた）に、自分の名前・生年月日を記し、体を撫で息を吹きかけて神社に持参し、一緒に祓らう方法がとられます。

関東山岳信仰の一大霊場

箱根神社《はこねじんじゃ》

箱根・芦ノ湖上に立つ平和の鳥居から、石段の参道を通って、美しい自然の光景の中に箱根神社はあります。古くは、関東総鎮守箱根大権現と尊崇されてきました。

かつて、箱根山は、関東における山岳信仰の一大霊場として栄えました。奈良朝の初期、万巻上人が箱根大神様の御神託をうけ、勅願によって現在の地に里宮を建て、箱根三所権現と称え奉りました。鎌倉期には源頼朝が深く信仰し、その後、執権・北条氏、徳川家康など武家による篤い崇敬を集め栄えてきました。

近世、箱根道の整備とともに、庶民信仰の聖地となり、従来の旅人は同社に道中の安全を祈りました。

明治の初年には神仏分離により、関東総鎮守箱根大権現は、箱根神社と改称されました。御祭神は、箱根大神（はこねのおおかみ）。これは、瓊瓊杵尊（ににぎのみこと）、木花咲耶姫命（このはなさくやひめのみこと）、彦火火出見尊（ひこほほでみのみこと）の御三神の総称です。開運厄除・心願成就・交通安全に御神徳の高い運開きの神様として信仰されています。

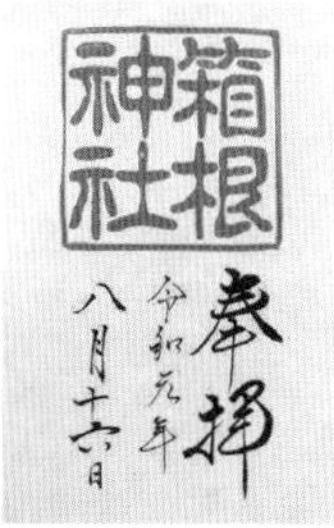

旧社格	国幣小社
祭神	箱根大神（瓊々杵尊・木花開耶姫命・彦火火出見尊）
例祭	8月1日
URL	http://hakonejinja.or.jp
住所	〒250-0522 神奈川県足柄下郡箱根町元箱根 80-1 電話 0460-83-7123 FAX 0460-83-6669

主な祭典

箱根神社例大祭

8月1日（湖水祭：7月31日）

一年に一度の最も重要な祭事、例大祭が箱根神社で厳かに斎行されます。境内では「箱根延年の舞」や「湯立獅子舞」などの神賑行事も奉納され、夜は芦ノ湖の元箱根湾で花火大会も開催されます。7月31日から8月6日迄の1週間は「芦ノ湖夏まつりウィーク」と題し、華やかな花火大会が打ち上がり、箱根の彩ある時間が芦ノ湖で繰り広げられます。

見どころ

宝物殿

箱根神社の宝物殿は奈良時代から明治時代までを対象に、神社の創建期・最盛期・再興期に区分し、関東総鎮守と崇められた歴史と文化を概観できます。国の重要文化財の万巻上人坐像（平安時代）、箱根権現縁起絵巻（鎌倉時代）など、各時代の彫刻・絵画・古文書・工芸品等を鑑賞することができます。

関東

日本三大弁財天

江島神社

えのしまじんじゃ

江島神社は厳島神社（広島）、竹生島（滋賀）とともに、日本三大弁財天のひとつと呼ばれています。社伝によれば、江島神社は欽明天皇13（552）年の年、勅命により島の洞窟（現在の岩屋）に神様を祀ったのが始まりだとされています。

鎌倉時代には、岩屋に参籠して戦勝祈願を行った源頼朝が八臂弁財天と鳥居を奉納。また後宇多天皇は、蒙古軍を撃ち退けた御礼に、江島大明神の勅額を奉納しました。こうして「戦いの神」としての弁財天信仰が広がりました。そして泰平の世となった江戸時代は、「芸能・音楽・知恵の神」、「福徳財宝の神」として信仰されるようになりました。

ご祭神は、天照大神が須佐之男命と誓約された時に生まれた三姉妹の女神様です。奥津宮の多紀理比賣命（たぎりひめのみこと）、中津宮の市寸島比賣命（いちきしまひめのみこと）、辺津宮の田寸津比賣命（たぎつひめのみこと）。この三女神を江島大神と称しています。財宝招福、勝運守護、学芸上達、夫婦和合、海上安全の神として広く信仰されています。

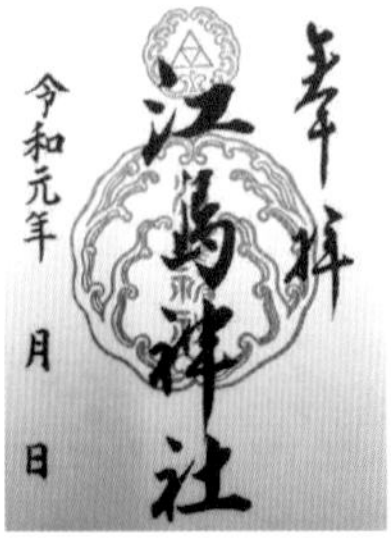

旧社格　県社
祭　神　宗像三女神：
市寸島比賣命・多紀理比賣命・
田寸津比賣命
例　祭　4月初巳の日、10月初亥の日
URL　http://www.enoshimajinja.or.jp/
住　所　〒251-0036
神奈川県藤沢市江の島 2-3-8
電話 0466-22-4020

主な祭典

古式初亥祭

古式初亥祭は、春の初巳例大祭と並ぶ江島神社の二大例祭のひとつです。1460年前から連綿と続けられています。特殊神饌「亥の子餅」が祈祷者に振る舞われ、古式にのっとった秋の大祭は、大きな賑わいを見せます。

見どころ

八臂弁財天 御尊像　奉安殿

（神奈川県重要文化財）

奉安殿には鎌倉時代初期の作、八臂弁財天の御尊像を見ることができます。源頼朝が奥州の藤原秀衡調伏祈願のため、文覚上人に命じて造らせたと『吾妻鏡』に記されています。勝運守護の神様として武家から庶民にいたるまで広く信仰を集めたてい ました。

北相模総守護社

亀ヶ池八幡宮

かめがいけはちまんぐう

亀ヶ池八幡宮の歴史は建保二年（一二一四）、相模野台地横山の麓に太古より浄き水が湧き出づる姥川の辺の上溝の大地に御祭神とする八幡大神が鎮座したことから始まるといはれ、以来、霊験あらたかな由緒ある北相模の総守護社として、綿々と発展し続けてまいりました。

かつては社殿の東に亀が多く棲息する池があり、人々が亀ヶ池八幡と呼ぶようになったのが社名の由来と伝えられています。

中世以降は朝野の信仰篤く尊崇され武運長久の祈願が盛んになり、また北相模の農耕開拓の守護神として信仰はますます深く崇められてきました。慶安二年（一六四九）には、徳川幕府から朱印地を拝領した記録があります。

本殿には、南北朝時代に製作された衣冠束帯姿の神像が奉安されていて像の背面に「暦応四年（一三四一）正月たん那左衛門大夫藤原吉高朝臣」の銘があり、市の有形文化財に指定されています。

当八幡宮では、元弘・文禄・明暦・延宝・宝暦と時代の変遷とともに社殿を再建していて、近代以降は明治維新百周年・昭和天皇御即位六十年・第十一回還暦大祭などの折に境内施設の建設または造営事業を行い、平成十三年には神楽殿が竣功、更には平成二十六年に御鎮座八百年の佳節を迎え、記念事業として進めてきた御社殿御神門等造営工事が、氏子崇敬者総奉賛のもとめでたく完遂されました。

竣功した総檜の馨しい新御社殿は権現造で、本殿・幣殿・拝殿が一体となっており、本殿は流造、拝殿は正面大切妻入母屋造、向拝は大唐破風造で、拝殿から東西に廻廊が伸び切妻屋根の神門が参拝者をお迎えいたします。

八百年の悠久の時を超え、竣功した瑞々しい当八幡宮へ皆様の御参拝をお待ちしております。

旧社格　村社
祭　神　応神天皇・比売神・神功皇后
例　祭　9月15日に近い土曜ないし日曜日
URL　http://www.kamegaike.jp/
住　所　〒252-0243 神奈川県相模原市中央区上溝 1678
電話　042-751-1138　FAX　042-757-3811

主な祭典

例祭

9月15日に近い土曜ないし日曜日

亀ヶ池八幡宮において最も大切な一年に一度のお祭りです。神奈川県神社庁より献幣使参向のもと盛大に執り行われます。祭典では氏子亀山家に代々伝わる番田神代神楽（相模原市指定無形民俗文化財）が奉舞されます。境内においては氏子による奉納剣道などの神賑行事が催され、終日賑わいます。

見どころ

亀八招福稲荷神社

亀ヶ池八幡宮境内に祀られています亀八招福稲荷神社の御本殿は、文禄五年（一五九六）の建築で一間社流造の社殿としては県内最古で大変貴重な建造物（相模原市指定文化財）です。

また、その御神徳は家運隆昌・商売繁昌・万事の向上を司り、初午祭は例年大勢の参列者のもと斎行されます。

相模國一之宮

寒川神社《さむかわじんじゃ》

古来唯一、八方除の守護神として信仰されている相模國一之宮・寒川神社。テレビ放送の関係者には「視聴率祈願の神社」として知られ、芸能人の参拝者も多いそうです。

　寒川神社の歴史は古く、『総国風土記』によると、約千六百年前、雄略天皇の御代に幣帛を奉納せられたと記されています。当時より関東地方における著名な神社として広く知られていたことが窺えます。

　御祭神は寒川比古命（さむかわひこのみこと）と寒川比女命（さむかわひめのみこと）で、寒川大明神と奉称されています。寒川大明神は相模國を中心に広く関東地方をご開拓され、衣食住など生活の根源を開発指導された、関東地方の文化の生みの親神様として崇敬されてきました。

　近年、関東有数のパワースポットとして有名になり、全国から訪れる人もますます多くなりました。

　全国で唯一の八方除の守護神として、すべての悪事災難をとり除き、福徳開運を招き、生活に限りなき恵をもたらすなど、御神徳は広大無辺だと言われています。

旧社格	延喜式式内社（相模國十三社のうち、唯一の名神大社） 元国幣中社（現在は神社本庁傘下の別表神社）
祭　神	寒川比古命・寒川比女命
例　祭	9月20日
URL	https://samukawajinjya.jp
住　所	〒253-0195 神奈川県高座郡寒川町宮山 3916 電話　0467-75-0004　FAX　0467-75-0071

主な祭典

浜降祭
7月第3月曜日（海の日）

湘南地方に本格的な夏の到来を告げる、暁の祭典「浜降祭」。茅ヶ崎海岸南湖の浜に、寒川神社の神輿を筆頭に、寒川、茅ヶ崎地区の神輿約40基が乱舞するお祭りです。神輿が海に入り、海水で清められることから、「みそぎ神事」とも呼ばれています。浜には毎年、勇壮な祭典を見ようと十数万人の人々の熱気が溢れます。

見どころ

全国には山や滝など荘厳な自然の中にある神社が多いのですが、寒川神社は平坦な地に御鎮座しています。まさに農耕と一緒にあった、水を媒介とした神様です。その古えの姿が今もしっかり残っているところが、寒川神社の素晴らしいところだと思います。

入澤一三（氏子代表）

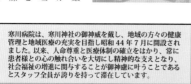

佐渡国一の宮

度津神社《わたつじんじゃ》

©ぶらり寺社めぐり

美しい自然と、木々に囲まれた渡津神社は、新潟県佐渡市にある佐渡国一の宮です。平安時代、延長5（927）年に編纂された『延喜式神名帳』に記載された神社を式内社と言いますが、当時の佐渡には渡津神社など9社の名前がありました。その記載順によって渡津神社は第一の宮として古来より一の宮と称し格式の高い神社であったことが窺えます。しかし、残念ながら文明2（1470）年に起きた羽茂川の洪水によって、社殿や古文書等の記録がすべて流出してしまい、創立年代などの詳細は分からなくなってしまいました。

主祭神は五十猛命（いたけるのみこと）。素戔嗚尊（すさのおのみこと）の子で、配神には、いずれも素戔嗚尊の娘で、主祭神の妹の大屋津姫命（おおやつひめのみこと）、抓津姫命（つまつひめのみこと）で兄妹三神の構成になっています。和歌山市の伊太祁曽神社も同じ構成の御祭神です。（この祭神に関しては古文書消失により異論もあるようです。）

いずれの3神も木の文化を司り、林業、建築業、造船業の神。五十猛命は木材による家屋、舟、車の築造技術を向上させた功徳により、大屋毘古神（おおやびこのかみ）とも呼ばれています。また航海術にも優れ、海上・陸上の交通安全の守護神として崇敬されています。

社名の「ワタ」は海の古語で、「ワタツ神社」は「海の神の社」という意味となり、佐渡に地に相応しい神社が海北鎮護のために鎮座していると言えるでしょう。

旧社格	式内社（小社）・国幣小社
祭　神	五十猛命
例　祭	4月23日
住　所	〒952-0503　新潟県佐渡市羽茂飯岡550-4 電話　0259-88-2030

主な祭典

一の宮まつり
4月

度津神社の「一の宮まつり」は桜の季節の中、約10人が長い胴体の中に入って各氏子の家々を練り歩く「大獅子」が登場します。氏子は待ち遠しい表情で獅子を待ちます。そして祭りのハイライトは流鏑馬。氏子家族の中から2人の少年が選ばれ、馬に乗って弓を的に射るという神事です。走りながらではなく、静止した馬からですが、子供の流鏑馬が特徴です。

見どころ

五十猛命の「釣り岩」と「亀石」

御祭神・五十猛命は、一の宮を流れる羽茂川の上流にある一ノ関でよく釣りをして楽しんだと伝えられていいます。その時、腰を掛けて釣り糸を垂れたといわれた「釣り岩」と、すぐ下の水中に亀の形をした「亀石」がありました。しかしその場所が工事で埋没する恐れがでてきたので、境内に移設され、大切に残されています。

越後国一の宮

彌彦神社

やひこじんじゃ

中部

© ぶらり寺社めぐり

越後平野の中央に聳えたつ霊峰弥彦山の山麓に鎮座する彌彦神社は、約二千年前に創建された由緒のある神社で『万葉集』にも、二首、詠われています。古くから「おやひこさま」と呼ばれ、多くの人達から心のよりどころとして広く親しまれてきました。境内は、樹齢500年あまりの杉、欅などが鬱蒼と茂り、神々しい空気を湛えています。

御祭神は天照大御神の曾孫にあたる天香山命（あめのかごやまのみこと）です。東征に功績をたてられた後、神武天皇の勅命を受け、越後国の開拓のため、漁業、製塩、農耕、酒造など産業文化の基礎を築き、開拓の祖神として信仰されています。また、東征に戦果を上げた神として武人からも篤い崇敬を集めてきました。

社殿は、朝廷、将軍家、武将等により、たびたび造営・修造され、美麗を極めたと伝えられていますが、明治45（1912）年の大火により、ほとんどが焼失してしまいました。しかし新潟県民の、越後一の宮の再建への熱意は高く、大正5（1916）年、現在の荘厳壮大な社殿が再建されました。現在も、地域を代表する神社として、年間百万人を超える参拝者を集めています。

旧社格	式内社（名神大社）・国幣中社
祭　神	天香山命
例　祭	2月2日
住　所	〒959-0393　新潟県西蒲原郡弥彦村弥彦 2887-2 電話　0256-94-2001　FAX　0256-94-4552

主な祭典

燈籠神事
7月24日〜26日

国の重要無形民俗文化財に指定され、千年の昔から伝わる燈籠神事は、奉納花火大会で花火が打ち上げる中、勇壮な担ぎ手によって大燈籠が巡行する光景がクライマックスです。その他、前夜祭の民謡流し、芸妓や子ども燈籠押しなどが行われる、賑わいのある一大祭りです。

見どころ

宝物殿

多くの武人に崇敬されてきた彌彦神社の宝物殿には貴重な武具が社宝として多く収蔵されています。日本有数の大太刀「志田大太刀（しだのおおたち、重要文化財）」や、源義家や上杉謙信などの所縁が伝えられる武具や書状などを見ることができます。

越後国一の宮

居多神社

こたじんじゃ

豊かな自然に恵まれ野鳥などが見られる五智公園（上越市）の隣に鎮座する居多神社。もともとは現在地の近く、身輪山にありましたが、慶応2（1866）年に海岸侵食によって崩壊し、明治12（1879）年に現在地に社殿が造営され遷座しています。

この社殿は明治35（1902）年に火災で焼失、仮社殿が造営されていましたが、その後、平成20（2008）年6月に本社殿が造営されました。

居多神社は、越後国の旧国府（政治の中心都市）にあったことから越後国一の宮とされています（越後一の宮は弥彦神社の2社があります）。歴史のある古社で、創設年代は不詳ですが、延長5（927）年に編纂された『延喜式神名帳』には式内社として記載されています。また、承元元（1207）年に越後国府に流罪となった親鸞が参拝したという記録もあります。

古くより歴代国司や領主から庇護され、南北朝時代以降は、守護上杉家からの篤い崇敬を受けて隆盛を見せました。しかし戦国時代に入ると戦乱に巻き込まれ、社殿を焼失した時期もありましたが、その後、江戸時代には、幕府から朱印地を与えられるなど、広く崇敬を集め今日に至っています。

祭神は、大国主命（おおくにぬしのみこと）と、妻の奴奈川姫命（ぬなかわひめのみこと）そして子神である建御名方命（たけみなかたのみこと）と事代主命（ことしろぬしのみこと）の4柱。農耕、漁業、殖産、医薬、縁結び、安産のご利益があるとされています。

旧社格	式内社・県社
祭　神	大国主命・奴奈川姫命・建御名方命・事代主命
例　祭	5月3日
住　所	〒942-0081　新潟県上越市五智6-1-11 電話　025-543-4354　FAX　025-543-4354

主な祭典

居多神社講社大祭　8月20日
神輿渡御　山の日

人々の繁栄や豊作願を祈願する夏祭り「講社大祭」は、80年以上の歴史を持つ伝統のある祭りです。午後2時の出発式の後は、神輿渡御が行われ、150人を超える若い衆に担がれた立派なお神輿が地元町内を練り歩く様は勇壮です。子供神輿もあり、多くの人たちで賑わいを見せる、楽しいお祭りです。

見どころ

親鸞聖人御像

神社参道の直ぐ右に、親鸞聖人像があります。承元元（1207）年、越後国府に配流となり、居多ヶ浜に上陸した親鸞聖人は、まず越後一の宮居多神社を参拝しました。そして「すゑ遠く法を守らせ 居多の神　弥陀と衆生のあらん限りは」と詠いました。その姿が思い浮かぶような御象です。境内には、親鸞聖人越後七不思議の一つ「片葉の芦」が群生しています。

越中国一の宮

雄山神社《おやまじんじゃ》

雄山神社は、富士山、白山と共に日本三霊山として信仰されてきた霊峰立山を神体とし、伊邪那岐神（いざなぎのかみ）、天手力雄神（あめのたぢからおのかみ）の二神が祀られています。峯本社（みねほんしゃ）、中宮祈願殿（ちゅうぐうきがんでん）、前立社壇（まえだてしゃだん）の三社をもって雄山神社とし、この三社は三位一体の性格を持っているため、どの社殿に参拝してもご利益は同じだとされています。雄山山頂（3003m）の屹立した険しい頂上にある峯本社は、冬の参拝が至難のため、祈殿と前立社壇は、年中の祭礼をつつがなく行えるよう山麓に建てられたと言われています。社地の範囲は広く、地獄谷や弥陀ケ原を含む立山連峰全域とされています。

「我、濁世の衆生を救はんがため此の山に現はる。或は鷹となり、或は熊となり、汝をここに導きしは、この霊山を開かせんがためなり」

という阿弥陀如来と不動明王の霊示を受けた越中の国司・佐伯宿禰有若の嫡男有頼（後の慈興上人）が、大宝元（701）年に、文武天皇の勅命により開山したのが霊峰立山だと社伝にあります。その神山を仰ぎ、壮大なる神社仏閣が建立され、以来、神仏習合の一大霊場として、皇室、武将などの篤い崇敬を受けてきました。

現在では、観光、スポーツ登山などで「立山登山」としても知られていますが、本来の「立山登拝」に訪れる参拝者も多く、依然、篤い信仰で支えられています。

旧社格	式内社（小社）・国幣小社
祭　神	天手力雄神・伊邪那岐神
例　祭	7月25日
URL	http://www.oyamajinja.org
住　所	〒930-1406　富山県中新川郡立山町芦峅寺 電話　076-483-1148（前立社壇）

主な祭典

雄山神社峰本社 例大祭
7月25日

佐伯有頼が立山を開山したとされる7月25日は雄山神社峰本社で、登山安全、業務安全、業務繁栄の祈願が行われます。山頂では富山県警山岳警備隊、山小屋、ホテル等の代表者が集まり玉串の奉納をします。参加者はお神酒を持って上がるという習わしがあり、例大祭が毎年行われています。

見どころ

前立社壇　本殿

山麓岩峅寺（いわくらじ）に鎮座する前立社壇の本殿は五間社流れ造りで室町中期の様式を示し北陸最大の社殿で、源頼朝、足利義稙、佐々成政らの有力者によって手を掛けられてきた建物です。明治39（1906）年に国の重要文化財に指定された国指定の重要文化財です。

越中国一の宮

高瀬神社《たかせじんじゃ》

越中の国一の宮である高瀬神社の創建は、遠く神代の昔、また景行天皇の御代とも伝えられています。

社伝には、主祭神である大国主命（おおくにぬしのみこと）が北国開拓の遠征時にこの地の守護神を祀られ、また国を成し終えた後には自らの御魂をも鎮め祀り、出雲の国へお帰りになられたと記されています。

以後、朝廷の崇敬も篤く、また当地が皇室の御領に充てられたこともあり、越中の国一の宮として崇められてきました。戦国時代の混乱期には一時社頭も閑散としましたが、加賀藩主前田家の篤い崇敬のもと、再び神威の昂揚を成し得ました。

その後は明治、大正から昭和、平成、そして令和の代に至るまで、県内外からの参拝者で賑わう神社として広く親しまれています。

主祭神の大国主命（大己貴命）は素戔嗚尊（すさのおのみこと）の御子神。出雲の国より越中の国に渡り、悪神を平定して土地を開拓、農耕や医術の法を授けるなど、民生の安定に広大な徳を残しました。現在では福の神、縁結びの神、また医薬医療の神として人々の崇敬を集めています。

旧社格　式内社（小社）・国幣小社
祭　神　大国主命（大己貴命）・天活玉命・五十猛命
例　祭　9月13日
URL　https://www.takase.or.jp
住　所　〒932-0252 富山県南砺市高瀬291
電話　0763-82-0932　FAX　0763-82-3204

主な祭典

例祭・祈年穀祭

9月13日

高瀬神社の例祭は、毎年9月13日に斎行。6月10日には除熱・虫送りの特殊神事である祈年穀祭が執り行われ、農作物の豊かな稔りを祈念します。

また初詣の境内は、例年約20万人の参拝者で賑わいます。

見どころ

なでうさぎ

拝殿向かって右側に配された像は「なでうさぎ」です。自身が癒されたいと願うところと同じ部分を撫でることで、神のご加護を戴きます。過ちを犯して傷ついたうさぎを、大国主命が医薬医療の知識によって救った神話「因幡のうさぎ」に因んだうさぎの像です。

中部

越中総鎮守　越中国一の宮

射水神社《いみずじんじゃ》

加賀藩初代藩主・前田利長が築いた高岡城の城跡（国指定史跡）は、現在、高岡古城公園となっています。高岡市の中心に位置し、春は桜、秋は紅葉の名所として有名な緑の豊かな公園の中央に射水神社は鎮座しています。越中国（富山県）で、もっとも重要な神社として古くから崇敬を集めています。

創建は、奈良以前とされ、太古より神の山とされてきた「二上山」の麓に鎮座していました。当時の領域は、二上荘六十七ヵ村、二上神（ふたがみのかみ）を二上権現として祀った別当寺を含めた社寺は二上全山に亘り22万余坪に達したといわれ、越中国全土の各戸より毎年初穂米一升二合奉納の制度があり、隆盛を極めました。

『日本書紀』には、天武天皇3年に奉幣があったとあり、『延喜式神名帳』では越中国唯一の「名神大社」に選ばれています。

以後、戦国期に戦災などで社殿を焼失したこともありますが、皇室や武将の尊崇も篤く、江戸時代には加賀藩の祈祷所になるなど、越中国一の宮としての格式を保持してきました。二上山の麓から現在の地に遷座したのは明治8（1875）年のことになります。

祭神は、当地で二上神と称される瓊瓊杵尊（ににぎのみこと）。伊勢神宮に祀られる祖神・天照大御神の孫神で、稲作文化を日本全土に広めたという功績から、五穀豊穣や商業繁栄はじめ、越中文化の発祥にゆかり深い総鎮守の神として人々に崇敬されています。

旧社格	式内社（名神大社）・国幣中社
祭神	二上神（瓊瓊杵尊）
例祭	4月23日
URL	http://www.imizujinjya.or.jp
住所	〒933-0044　富山県高岡市古城1-1
	電話　0766-22-3104　FAX　0766-21-3715

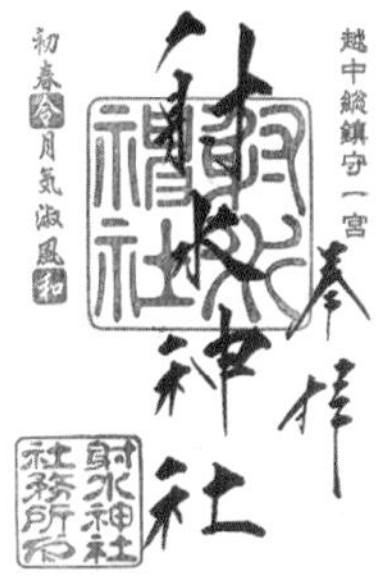

主な祭典

越中天神 清祓奉納祭
2月上旬

男児の誕生に母方の実家から〝天神さま〟が贈られ、お正月に飾ってお祭りする伝統は現代も各家庭で受け継がれています。

江戸時代、藩主前田家の祖先が菅原道真公とされ、天神さまを通し藩主敬慕の忠誠心を表したものと考えられます。

しかし、損傷や諸事情で取り扱いに困っているとの声により、古くなった菅公像に感謝の祈りを捧げ焼納しています。

越中文化の天神信仰が断絶しないよう、代わりに小さな「天神さま人形」を授与しています。

見どころ

第一鳥居

平成25年の伊勢神宮の第62回神宮式年遷宮の後、平成27年の10年に一度の射水神社式年大祭にあたり豊受大神宮板垣北御門（鳥居）が特別に譲与され、その御用材によって第一鳥居が建立されました。かつて拝殿前には、昭和4年、昭和天皇即位の礼、大嘗祭にあたり下附された神明型鳥居があり、この再建で往時の姿が甦りました。

越中國一宮

氣多神社《けたじんじゃ》

氣多神社のある富山県高岡市は、かつて越中國の国府や国分寺が置かれ、政治文化の中心地として栄えてきました。当社の境内にも越中國総社跡の伝承地があり、古くから越中國一宮を称しています。越中國には一宮が氣多神社の他に3社（雄山神社・射水神社・高瀬神社）ありますが、唯一、所在地名に「一宮」が入っているのは氣多神社のみとなっています。

創建は、天平元（757）年に、越中國から能登國が分立する際、それまで越中國の一宮とされてきた氣多大社（石川県羽咋市）が能登國一宮となりました。そのため、国府のある高岡に御分霊を勧請し、新たに越中國一宮として氣多神社が鎮座することになりました。

また、別の伝承によると、それ以前の養老2（718）年に、僧の行基により創建されたという説もあります。

祭神は大己貴命（おおなむちのみこと）、奴奈加波比売命（ぬなかわひめのみこと）、事代主命（ことしろぬしのみこと）、菊理比売命（くくりひめのみこと）。

『延喜式神名帳』では越中國射水郡「氣多神社」に比定され、社域には神宮寺などの大伽藍が立ち並んでいたということです。

戦国の時代には、木曽義仲や上杉謙信の兵火に、社殿を焼失した歴史もありますが、正保2（1645）年、領主前田利常が社殿を再建、社領を寄進しその祈願所としました。本殿は国の重要文化財に制定されています。境内は樹林が多く幽寂の佇まいにあふれています。

旧社格	式内社（名神大社）・県社
祭　神	大己貴命・奴奈加波比売命・事代主命・菊理比売命
例　祭	4月18日
URL	http://ketaweb.com
住　所	〒933-0116　富山県高岡市伏木一宮 1-10-1 電話　0766-44-1836

主な祭典

春季例大祭
4月18日

氣多神社では、春のはじめに国の隆昌と皇室の弥栄、併せて氏子・崇敬者の幸せを祈る春季例大祭が行われます。神輿渡行の後、古くから伝えられている素朴な舞で頭だけがゆっくりと動き、睨まれた参拝客の厄を払うと言われる「にらみ獅子」が神殿広場で奉納されます。市指定無形民俗文化財に指定されています。

見どころ

本殿
（国指定重要文化財）

上杉謙信の兵火にかかり焼失した社殿は、永禄年間（1558～1569年）頃に再建され現在に残されています。その本殿は、意匠こそ簡易に見えますが、木割が大きく全体に雄大な風格があり、室町時代の神社建築の特徴を見ることができます。三間社流造りで正面一間の向拝があり、屋根は柿板葺きで軒は二重繁垂木です。杉の御神木も聳え立ち、清寧な気配が感じられます。

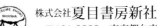

加賀国一の宮

白山比咩神社

しらやまひめじんじゃ

中部

標高2702mの霊峰白山を神体山として仰ぎ、山麓に鎮座する白山比咩神社は全国に約3000を数える白山神社の総本宮です。麓に暮らす人々や秀麗な山容を望む平野の人々にとって、白山は聖域であり、生活に不可欠な命の水を供給してくれる神々の座で、「白山（しらやま）さん」「白山権現」「白山本宮」とも通称され、山岳信仰、修験道の聖地としても、多くの崇敬を集め、隆盛を極めた神社です。

その由緒は古代に遡り、崇神天皇の7（前91）年に白山を遥拝する「まつりのにわ」が創建され、元正天皇の霊亀2（716）年に安久濤の森に遷座して社殿堂塔が造立されたと社伝にあります。平安時代の『延喜式神名帳』では白山比咩神社は加賀国石川郡10座中の筆頭に掲載されています。

祭神は白山比咩大神（しらやまひめのおおかみ）＝菊理媛尊（くくりひめのみこと）、伊弉諾尊（いざなぎのみこと）、伊弉冉尊（いざなみのみこと）の三柱の神です。白山比咩大神（菊理媛尊）は、『日本書紀』に登場する女神のひとりで、「国生み」「神産み」の夫婦神・伊弉諾尊と伊弉冉尊の仲裁をした神で、「和合の神」「縁結びの神」としても崇敬を受けています。

白山比咩神社は文明12（1480）年に大火延焼で神社・神宮寺が全焼し、また本願寺一向一揆門徒の勢力確立で一時荒廃しましたが、前田利家が白山本宮を再興され、以後、加賀藩主前田家の庇護を受け大いに栄えました。

そして、現在、白山の頂上にある奥宮には、夏山のシーズン中は多くの登拝者で賑わいを見せるなど、篤い信仰を集めています。

旧社格	式内社（小社）・国幣中社
祭　神	白山比咩大神（菊理媛命）・伊弉諾尊・伊弉冉尊
例　祭	5月6日
URL	http://www.shirayama.or.jp
住　所	〒920-2114　石川県白山市三宮町ニ 105-1 電話　076-272-0680　FAX　076-273-0933

主な祭典

例大祭
5月6日

1年の中で一番大きなお祭り「例大祭」は氏子、崇敬者の安寧を祈ります。古くは国司も参列した由緒ある祭事で、菅原道真ゆかりの神饌「梅枝餅（うめがえもち）」が供えられ、舞女による神楽「浦安の舞」が奏されます。

見どころ

宝物館

白山比咩神社の宝物館は、国宝、重要文化財など貴重な宝物を数多く所蔵しています。古代から中世にかけての史料は、白山信仰を知る上で欠かせない文化財です。近世以降は、加賀藩主前田家ゆかりの宝物も多数伝わっています。悠久の歴史ロマンを感じることができ展示を、参拝と同時に見ることで、神社の成り立ちをより深く理解することができます。

北陸道総鎮守　能登国一の宮

氣多大社《けたたいしゃ》

加賀百万石前田利家とまつが崇敬した大社です。

氣多大社が 中央の文献に初めて見えるのは『万葉集（まんようしゅう）』です。

能登半島の要衝（ようしょう）に鎮座する氣多大社の神威は中央国家まで及んでいました。日本海沿岸にひろく氣多の神が祀られており、古における氣多大社の神威がしのばれます。

近世には前田利家をはじめ歴代の藩主が崇敬しました。また、祈願、祈祷はもとよりしばしば社殿の造営をしました。現在の本殿（大己貴命（おおなむちのみこと）、拝殿、神門、摂社若宮神社（事代主命（ことしろぬしのみこと）、摂社白山神社（以上国指定重要文化財）、神庫、随身門（ずいしんもん）（ともに県指定文化財）がそれです。

加賀藩の保護した社叢（しゃそう）（国指定天然記念物）には奥宮が鎮座し、「入らずの森」と呼ばれる聖域となっています。

旧社格	式内社（名神大社）・国幣大社
祭　神	大己貴命
例　祭	4月3日（例大祭）
URL	http://keta.jp
住　所	〒925-0003　石川県羽咋市寺家町ク 1-1 電話　0767-22-0602　Fax　0767-22-5515

主な祭典

平国祭

3月18日～23日

能登の春祭りとして親しまれている平国祭は「おいで祭り」とも呼ばれています。大己貴命が、能登を平定した故事をしのぶ行事だと言われています。羽咋・鹿島郡内の2市5町を巡行する神輿の長い行列は、全国的にも知られています。

見どころ

拝殿

（国の重要文化財）

鳥居をくぐり参道を歩いていくと、まず神門が迫ってきます。国の重要文化財が多い氣多大社の中で、最も古い社殿は、室町時代の若宮神社。安土桃山時代には神門が造営されました。切妻造の四脚門で檜皮葺の風情ある建築です。そこから、拝殿、本殿など、重要文化財の歴史的建造物を見て歩くことができます。これも氣多大社を訪ねる醍醐味のひとつと言えます。

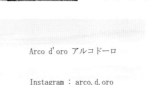

北陸道総鎮守・越前国一の宮

氣比神宮《けひじんぐう》

中部

北陸地方から京都へ向かう交通の要衝にある敦賀市は、敦賀湾に面した良港に恵まれ、古くから朝鮮半島や中国への玄関口としても重要視されてきました。その敦賀市の市街地に鎮座する氣比神宮は、北陸道総鎮守の社として、産業発展、海上の守護神として篤い崇敬を集め、現在も重要な神社として多くの参拝者が訪れます。

創建に関しての歴史は上古に遡り、主祭神の伊奢沙別命（いざさわけのみこと）が天筒山に霊跡を垂れ境内の土公の地に降臨したと社伝にあります。そして、『氣比宮社記』によれば、仲哀天皇の妃・神功皇后が三韓遠征出兵（新羅遠征）にあたり氣比神に祈願をすると、海神を祀るように神託があり、皇后は穴門に向かう途中で海神から干・満の珠を得たとされています。その後、神功皇后と武内宿禰（たけのうちのすくねのみこと）は仲哀天皇8（200）年に氣比神を祀らせ、これが神宮の創建にあたるとされています。

『古事記』『日本書紀』にこの時期の記載が残されています。

古より朝廷の崇拝が厚く、奉幣の記録も多く、また『延喜式神名帳』（927年）では越前国敦賀郡に「氣比神社七座 並名神大」と記載され、名神大社に列しています。このように隆盛を極めた氣比神宮も、戦乱の世には、織田信長に北陸進出で社殿が灰燼にきしたこともありますが、江戸時代、慶長9（1604）年には社殿造営がなされて再興が果たされました。

現在の社名は明治28（1895）年の神宮号宣下により氣比神社から「氣比神宮」に改称されました。昭和20（1945）年の敦賀空襲で社殿の多くを焼失しましたが、本殿は昭和25（1950）年に再建、その他の社殿も再建・修復を経て現在に至っています。

旧社格	式内社（名神大社）・官幣大社
祭　神	伊奢沙別命・仲哀天皇・神功皇后・応神天皇・日本武尊・玉姫命・武内宿禰命
例　祭	9月4日
URL	http://kehijingu.jp
住　所	〒914-0075　福井県敦賀市曙町 11-68 電話　0770-22-0794　FAX　0770-22-0786

主な祭典

氣比の長祭

9月2日〜15日

北陸の歴史的年中行事として著名な氣比の長祭は、2日の宵宮祭に始まり、3日神幸祭、4日例大祭、5日より後日祭、10日祭を経て、15日の月次祭と長期に渡るので「長祭」と呼ばれています。神宮前商店街には露店が並び、練山引山が出され、大きな賑わいを見せます。北陸だけでなく、近畿、東海からも多くの参拝者が集まります。

見どころ

大鳥居

（重要文化財指定　日本三大鳥居）

昭和20（1945）年の敦賀空襲で、氣比神宮社殿で唯一その戦火を免れて現在に残っているのが、大鳥居です。これは旧神領地佐渡国鳥居ケ原から伐採奉納した榁樹（むろのき）で、正保2（1645）年に建立されました。高さが約11m、木造両部型本朱漆の貴重な鳥居は国の重要文化財であり、日本三大鳥居のひとつです。

富士山最古の神社

冨士御室浅間神社《ふじおむろせんげんじんじゃ》

富士山最古の神社、北麓に位置する富士御室浅間神社は、文武天皇3（699）年に藤原義忠により霊山富士の二合目に祀られたと伝えられています。社名にある「御室」は、かつて石柱をめぐらせた中で祭祀を行っていたことを表しています。そして和銅1（708）年には祭場の形が作られました。その後、山屋、社殿が創建されますが、富士山の噴火で焼失したこともあります。しかし、山麓という厳しい気候条件にもかかわらず、しばしば社殿は再興、増設されてきました。

天徳2（958）年には、村上天皇が、氏子の祭祀の利便のため河口湖の南岸に里宮を創建。国の重要文化財に指定されている現在の本殿は、この地に遷祀されています。慶長17（1612）年に徳川家の家臣・鳥居成次によって建てられたものです。

中世には修験道、近世は富士講と結びついて発展しました。特に戦国時代には甲斐武田家三代に渡り崇敬を受け、武田信玄直筆の安産祈願文を始め、多数の古文書が今も保管されています。現在は「富士山－信仰の対象と芸術の源泉」の構成資産として、世界遺産に登録されている神社のひとつです。

主祭神は木花開耶姫命（このはなさくやひめのみこと）富士山の女神です。良縁、子宝、安産、火防の神徳があり、また火山を鎮める水の神として恵みをもたらす流通、繁栄の神様としても崇敬を集めています。

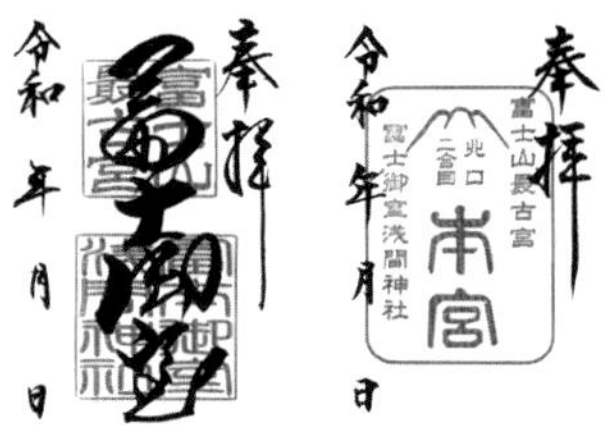

旧社格　県社
祭　神　木花開耶姫命
例　祭　4月25日、9月9日
URL　http://fujiomurosengenjinja.jp
住　所　〒401-0310
山梨県南都留郡富士河口湖町勝山3951
電話　0555-83-2399　FAX　0555-83-2399

主な祭典

流鏑馬
4月29日

天慶3（940）年、藤原秀郷が平将門の乱を鎮定した帰り、戦勝を祝った礼祭で流鏑馬を奉納したことから始まった、「流鏑馬祭り」が今に伝わっています。現在は、武田流流鏑馬神事として行われ、勇猛な武田騎馬軍の姿が思い起こされます。

見どころ

勝山歴史民俗資料館

里宮境内にある資料館には、武将・武田家にまつわる古文書（レプリカ）などが納められています。山梨県指定有形文化財の古文書『勝山記』など、当時の山梨県や神社周辺の様子を研究するための貴重な資料が揃っています。見学には連絡が必要です。（富士河口湖町教育委員会 TEL.0555-72-6053）

中部

富士山下宮

小室浅間神社《おむろせんげんじんじゃ》

樹齢600年を越える南北朝時代からの古木「桂の木」が聳える由緒ある小室浅間神社。社伝によれば、桓武天皇の延暦12（793）年、征夷大将軍・坂上田村麻呂が東征の際に、当地から秀麗なる富士の山容を拝して戦勝を祈願し、それを苦難の末に果たした後、大同2（807）年平安時代初期に、神護に感謝して社殿を造営したといわれています。

古来より国家鎮護の大社として武士、庶民から、また武将武田家の祈願所としても篤い崇敬を集めてきました。主祭神は富士山の女神、木花開耶姫命（このはなさくやひめのみこと）です。

現在は小室浅間神社と呼ばれていますが、最も古い記録では社号は「宮」と称されていました。しかし、近隣各村で浅間神社が祀られるようになったので、それを区別するために、元来は富士山二合目の小室浅間神社山宮の里宮であったことから「下宮浅間神社」、「富士下宮浅間宮」と呼称されてきました。それが明治の神社制度改革期以後になって、今の社号に改められました。

社号にある「小室（御室）」は、そこに神霊が常在するという意見で、富士山で四囲に石柱をたて祭祀されていた事からきています。同社は浅間信仰でも独自の位置づけを持つと同時に、山の神、田の神信仰、氏神信仰と重層する形で、広く崇敬を集め、さまざまな祭祀が行われています。また、富士吉田市の中心に位置するところから、多くの参詣者によって、永く隆昌を見せています。

旧社格　郷社
祭　神　木花開耶姫命
例　祭　9月18日、19日
URL　http://www.fgo.jp/~yabusame/
住　所　〒403-0004
山梨県富士吉田市下吉田三丁目32番18号
電話　0555-22-1025

主な祭典

流鏑馬祭り
9月19日

県の無形民俗文化財に指定されている八百年続く此の祭りは、武士が行う流鏑馬と違い、氏子崇敬者の普通の人々が一週間の切火潔斎（泊まり込みで精進潔斎して祭りを迎える準備）を行い奉仕されます。他に例を見ない神事は、馬を馳せらせた後の馬の蹄跡で、世襲の占人が地域の吉凶を占うことです。

見どころ

大塔宮桂之古蹟

御神木「桂」の老樹は市の天然記念物です。南北朝時代鎌倉で討たれた大塔宮護良親王の首級を雛鶴姫が持って落延び、この根本に葬ったと伝えられます。

富士登山道の入口

北口本宮冨士浅間神社《きたぐちほんぐうふじせんげんじんじゃ》

山梨県側から富士を望む、北口本宮冨士浅間神社の創建は、景行天皇40（西暦110）年に遡ります。日本武尊（やまとたけるのみこと）の東征の折、大塚丘に立ち寄り、そこから富士の神霊を仰ぎ拝し「北方に美しく広がる裾野をもつ富士は、この地より拝すべし」と仰せになったということです。その言葉に従い大塚丘に浅間大神と日本武尊をお祀りすることになりました。その後、富士山の噴火が天応元（781）年にあり、甲斐国主の紀豊庭朝臣が卜占、延暦7（788）年に大塚丘の北方に社殿を建立、これが現在社殿のある地です。ここに浅間大神を、大塚丘には日本武尊をお祀りしていました。

平安時代には山岳信仰が普及し、修験道が広まるとともに、お山に登ること即ち祈り、とする「登拝」によって、人々は山頂を目指すようになりました。

江戸時代には「江戸の八百八町に八百八講あり」冨士講が盛んになりました。

祭神は富士の女神。木花開耶姫命（このはなさくやひめのみこと）、木花開耶姫命を娶られた彦火瓊瓊杵尊（ひこほのににぎのみこと）、大山祇神（おおやまづみのかみ）の三柱の神です。

旧社格	県社
祭　神	木花開耶姫命・瓊々杵尊・大山祇神
例　祭	5月5日
URL	http://www.sengenjinja.jp
住　所	〒403-0005　山梨県富士吉田市上吉田5558番地
	電話　0555-22-0221　FAX　0555-24-5221

主な祭典

吉田の火祭り（鎮火祭）

8月26日、27日

「吉田の火祭り」と呼ばれ、北口本宮冨士浅間神社と摂社の諏訪神社の両社の秋祭りです。富士山の噴火を鎮める祭で、御祭神が猛火の中で安産なされた故事に基づくとされて、町中で大松明が焚き上げられます。古くからは「日本三奇祭」、昨今は「日本10大火祭り」の一つに数えられ、国の無形民俗文化財に指定されています。

見どころ

日本最大木造鳥居「冨士山大鳥居」

北口本宮冨士浅間神社の長い参道は、神仏習合時代の礎石や樹齢を重ねた樹木、歴史を感じさせる建築物で神聖な空気を湛えています。どれも見逃せないものですが、中でも高さ18ｍの日本最大の木造鳥居が聳え目を引きます。江戸時代より60年に一度改修が行われてきましたが、2014年に改修が行われ美しい朱色が輝いています。

甲斐国一の宮

浅間神社《あさまじんじゃ》

浅間神社は、甲斐国一の宮であることから古くから「一宮さん」と呼ばれ、富士山の神社として親しまれ広く崇拝を受けてきました。

創建は、約2000年前、第11代垂仁天皇の時代、現地から約2km離れた現在は摂社となっている山宮神社（浅間神社創祀の元宮）に大山祇神（おおやまつみのかみ）、瓊瓊杵命（ににぎのみこと）、木花開耶姫命（このはなさくやひめのみこと）の三神が祀られたことに始まります。

そして貞観6（864）年、『日本三代実録』によれば、富士山の大噴火が起こり、駿河国（静岡県）だけでなく、富士山の北側甲斐国でも浅間神を祀ることが必要だと考えられ、翌年貞観7年に、山宮神社に祀られていた3神のうちの一神、木花開耶姫命を遷座して、浅間神社が現在の地に鎮座することになりました。延長5（927）年『延喜式神名帳』には名神大社に列格され「甲斐国八代郡 浅間神社」の論社の一社であるとされ、平安時代末期より甲斐国一の宮とされてきました。富士山の噴火後は、いくつかの浅間神社が創建され、さまざま説も存在しています。

御祭神の木花開耶姫命は、富士山を神格化した神で、木の花（桜花）の咲き映ゆる如く艶麗優美で、考順、謙譲の美徳をもって天孫にお仕え、国土経営に尽くされた内助の功も大きく、今日の日本の基礎を築いた日本女性の規範と仰がれています。山火鎮護、農業、酒造（葡萄酒）の守護神、また婚姻、子授安産のご利益があるとされています。

また神道では「御神酒（おみき）」は日本酒を奉納しますが、浅間神社では昭和40（1965）年頃から山梨県産のワインを御神酒として奉納しています。

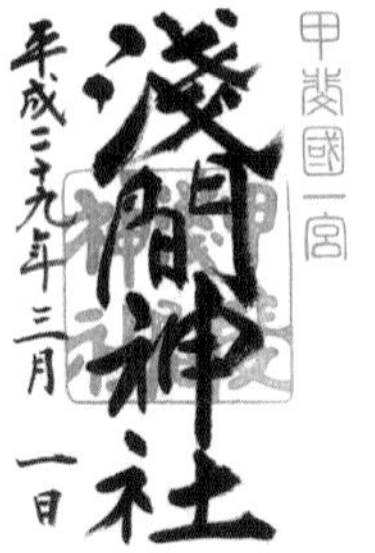

旧社格　式内社（名神大社）・国幣中社
祭　神　木花開耶姫命
例　祭　4月15日
URL　http://asamajinja.jp
住　所　〒405-0056 山梨県笛吹市一宮町一ノ宮 1684
電話　0553-47-0900　FAX　0553-47-3963

主な祭典

大神幸祭「おみゆきさん」

4月15日

例大祭催行後に行われる大神幸祭、通称「おみゆきさん」は、大洪水に見舞われたことに発祥を持つ川除祭（水防祭）。神輿は片道約24km先の甲斐市竜王釜無川の信玄堤まで巡行し、古式に倣い川除祭が行われます。「そこだい そこだい」と神輿が担がれる様子は勇ましく、その神輿をくぐると、子供が健康に育つと言われています。

見どころ

県指定天然記念物「夫婦梅」

浅間神社の境内には、「夫婦梅」と言われるご神木があります。陰陽の二つの花が相寄りあって咲き、一顆を結実するということで知られています。そのため、この梅をいただくと子宝を得られると言われています。この梅を神前に供え、子授祈願祭も行われています。

天岩戸神話　縁の社

戸隠神社

とがくしじんじゃ

日本人なら誰もが知っている遠い昔の有名な神話「天の岩戸」。弟神の素戔嗚尊（すさのうのみこと）の度重なる傍若無人な振舞い怒った太陽の神・天照大御神が天の岩戸に隠れてしまい、世の中は真っ暗な闇に包まれたという話です。各神が知恵を絞って天照大御神は出てきますが、閉じられていた巨大な岩戸を無双の神力で天手力雄命（あめのたぢからおのみこと）が、下界に投げたのが、現在の戸隠山になったと言われています。

戸隠神社は、その戸隠山の麓に、奥社、中社、宝光社、九頭龍社、火之御子社の五社から構成されています。孝元天皇５（紀元前２１０）年に創建されたといわれる、二千年余りに及ぶ歴史を刻んできました。

祭神は「天の岩戸開きの神事」に功績のあった神々が多く、５社のそれぞれの祭神は奥社が岩戸を投げた天手力雄命、中社は天八意思兼命（あめのやごころおもいかねのみこと）で岩戸を開くきっかけを作った神、火之御子社は岩戸の前で舞った天鈿女命（あめのうずめのみこと）です。その他は宝光社の天表春命（あめのうわはるのみこと）は天八意思兼命（中社）の子神、九頭龍社は地主神として奉斎されている九頭龍大神（くずりゅうのおおかみ）です。

平安時代末は神仏習合の修験道の道場として知られた霊場で、戸隠山顕光寺と称し「戸隠十三谷三千坊」と呼ばれ、比叡山、高野山と比較されるほどに栄えました。江戸時代には徳川家康の手厚い保護を受け、農業、水の神としての崇拝されるようになり、門前町としても繁栄してきました。そして現在もその多くの参拝客が自然豊かな戸隠山を訪れています。

©ぷらり寺社めぐり

旧社格　国幣小社
祭　神　［宝光社］天表春命
［火之御子社］天鈿女神命
［中社］天八意思兼命
［九頭龍社］九頭龍大神
［奥社］天手力雄命
例　祭　8月14日～16日、18日
URL　http://www.togakushi-jinja.jp
住　所　〒381-4101　長野県長野市戸隠3506
電話　026-254-2001　FAX　026-254-3180

主な祭典

柱松神事

古く鎌倉時代にさかのぼる柱松神事が、２００年の歳月を経て平成15年に復活されました。「特別祈祷祭」「行列」「柱松山伏の入峰修行」「験比べ」「火祭り」「直会」の５つの流れで行われます。修験の地の霊験所として天下に知られた神社の古式豊かな光景が、厳かな神徳を感じさせてくれます。

見どころ

奥社社叢
（長野県指定記念物）

車では行くことができない奥社は静かで神秘的な空気が漲っています。随神門から参道をはさんで約５００mに渡って樹齢４００年を越える杉並木があります。その周りは原生林に囲まれ、ここまで歩いてきた疲れが吹き飛ぶような清寧な空気に包まれます。

信濃国一の宮

諏訪大社《すわたいしゃ》

本宮幣拝殿

秋宮幣拝殿

日本最古の神社のひとつ諏訪大社は、諏訪湖の周辺に上社の本宮と前宮、下社の春宮と秋宮の４箇所の境内地をもつ神社で、信濃国一の宮です。また全国に約1万社ある諏訪神社の総本社であり、旧称は上諏訪神社下諏訪神社。通称として「お諏訪さま」「諏訪大明神」とも呼ばれてきました。御祭神は、建御名方神（たけみなかたのかみ）と、その妃神・八坂刀売神（やさかとめのかみ）です。

諏訪大社の特徴は、古代の神社には社殿がなく山や岩などの自然物を御神体として拝していましたが、諏訪大社も本殿がなく、上社は神体山・守屋山を、下社は御神木を、御神体として御幣を通じて、拝するという古からの姿を今に残しています。

創建の詳細に関しては定かではありませんが、『古事記』には、出雲を舞台に国譲りに反対して諏訪までやってきた建御名方神が、そこに国を築いたとあり、また『日本書紀』には持統天皇5（691）年に「信濃須波」の神を祀るという初見があります。『延喜式神名帳』では「信濃国諏訪郡 南方刀美神社二座 名神大」と記載され名神大社に列していることが分かります。この二座は上社、下社を指しています。

諏訪大社の御神徳は広く、諏訪信仰は全国に広がっています。風と水を司る竜神の信仰や、風や水に直接関係のある農業の守護神として、また海の守り神、関東第一の軍神、武家の守護神とも尊ばれて来ました。そして現在も、多くの人たちの篤い崇敬を集めています。社殿も国指定の重要文化財が多く、風格のある風景が見られます。

旧社格	官幣大社
祭　神	建御名方神・八坂刀売神
例　祭	（上社）4月15日　（下社）8月1日
URL	http://suwataisha.or.jp
住　所	上社本宮 〒392-0015 長野県諏訪市中洲宮山1
	上社前宮 〒391-0013 長野県茅野市宮川2030
	下社春宮 〒393-0092 長野県諏訪郡下諏訪町193
	下社秋宮 〒393-0052 長野県諏訪郡下諏訪町5828

主な祭典

御柱祭

諏訪大社と言えば「御柱祭」がまず思い出されます。正式名は「式年造営御柱大祭」、桓武天皇の８０４年以前から続いています。7年目毎、寅と申の年に行われる宝殿の造り替え、社殿の四隅に「御柱」と呼ばれる樅の巨木を曳建てる最大の神事です。前回は平成28年に行われました。山から巨木を下ろす勇猛な光景は壮観を極めます。

見どころ

御柱

諏訪大社の御柱祭は有名ですが、それは、各宮の社殿を囲むように4本の「御柱」を建てるために、八ヶ岳の麓から曳いてくる祭事です。ですから、参拝時には、4ヶ所の境内に4本ずつある、合計16本の御柱を見ることができるはずです。しかし、20m近い高さの御柱でも木立に隠れていたり、簡単に一望できません。それを探すのも醍醐味です。

岐阜の護り神

伊奈波神社

いなばじんじゃ

岐阜市に鎮座し、同市の初詣でもっとも多くの参拝客が集まる伊奈波神社は、1900年以上の古い歴史を持つ古社です。この地は、揖斐・長良・木曽の三大河川に恵まれ、水の恩恵に浴す一方、洪水から守り、治水を行い稔り豊かな土地にする事が重要視されてきました。伊奈波神社はその水を防ぐ信仰の神社でもあり、家内安全、商売繁盛、安産、交通安全、土建、水利などの参拝者が多くやってきます。

創建は、社伝によれば、景行天皇14（84）年、武内宿禰が稲葉山（金華山）北西の椿原（現在の岐阜公園内の丸山）に五十瓊敷入彦命（いにしきいりひこのみこと）を祀ったことに始まるとされています。五十瓊敷入彦命は、第11代垂仁天皇の長男で『古事記』、『日本書紀』にもその事蹟が記載されています。武事をおさめ、勅命によって河内、大和、摂津、美濃など諸国に開拓した池溝の数は800に及び産業、農業の勃興に大きく寄与しました。その遺徳を偲び薨去の翌年に、開拓神として祀られたのです。

また、天武1（672）年の壬申の乱の際に天武天皇が当社に戦勝を祈願したということも伝えられています。

現在地は、天文8（1539）年に、斎藤道三が稲葉山に稲葉山城を築城するにあたり、遷座しています。そして現在も常に変わらず、岐阜の護り神として篤い崇敬を受けています。

旧社格
祭　神　五十瓊敷入彦命
例　祭　4月5日
URL　http://www.inabasan.com
住　所　〒500-8043　岐阜県岐阜市伊奈波通1-1
電話　058-262-5151　FAX　058-262-5153

主な祭典

岐阜まつり（神幸祭）
4月第一土曜日

岐阜まつりは岐阜市にある伊奈波神社、金神社、橿森神社など多くの神社の例祭が同じ日に行われる一大祭りです。伊奈波神社宵宮では、岐阜市の重要有形民俗文化財に指定された4台の山車（蛭子車、安宅車、清影車、踊車）と神輿が練り歩きます。ちょうど数百本の桜が見ごろとなりこの時期、大勢の行楽客でも賑わいます。

見どころ

四巻の古縁起巻物

伊奈波神社には神社の由緒、御祭神等について書かれた巻物が現存しています。岐阜県の重要文化財指定の『美濃国第三宮因幡社本縁起事』（1359年）と写本（1472年）、『濃州厚見郡因幡神縁起』、『美濃国因幡大菩薩本縁起之事』の四巻の貴重な古縁起巻物があります。また、この四巻は製本され解説付きで出版されています。

年間200万人の参拝者が訪れる

千代保稲荷神社《ちよほいなりじんじゃ》

岐阜県海津市の千代保稲荷神社は、京都の伏見稲荷大社、愛知の豊川稲荷とともに日本三大稲荷のひとつに数えられることもあります。境内は広くありませんが、商売繁盛、家内安全などにご利益があるとされ、年間200万人が参拝する神社です。地元では、お千代保稲荷（おちょぼいなり）と呼ばれることが多く、通称「おちょぼさん」として親しまれています。

創建は、平安時代、八幡太郎源義家の六男の義隆が分家する際、義家から「先祖の御霊を千代に保て」と先祖の御霊璽と宝剣、義家の肖像画を賜ったのが始まりと伝えられています。千代保稲荷神社の名称もこの言葉に由来します。

この神社の特徴として、稲藁で結んだ油揚げとろうそくをお供えすることがあげられます。また、御礼や御守は一切授与していません。

参道には100以上の店が軒を連ね、縁起物を扱う店も多くあります。ほかにも、草餅、川魚料理、串カツ、土手煮、漬物などの名物があって、大鳥居をくぐると、縁日のような賑やかな雰囲気を味わうことができ、月末月始の月越し参り、休日は大変混雑します。

中部

旧社格　ー
祭　神　大祖大神、稲荷大神、祖神
例　祭　10月第2月曜日
住　所　〒503-0312　岐阜県海津市平田町三郷1980
電話　0584-66-2613　FAX　0584-66-2619

主な祭典

おちょぼ稲荷の月越し参り

毎月月末

千代保稲荷神社では、毎月月末に月越し参りという風習があり、月末の夜から翌一日にかけて大勢の参拝者で賑わいます。ほとんどの店が深夜まで営業していて、活気に溢れています。

見どころ

温故集成館

温故集成館は、千代保稲荷神社が所蔵している国内外の作品を展示している付属の美術館です。主な収蔵品としては、岐阜県ゆかりの作家の絵画や陶磁器、古代中国や朝鮮半島などで作られた物、地元高須藩に関わる松平氏の書画などがあります。

中部

美濃国一の宮

南宮大社《なんぐうたいしゃ》

撮影・村上彰（一の宮巡拝会）

岐阜県の西部、南宮山の山麓に鎮座する南宮大社は、主祭神に金山彦命（かなやまひこのみこと）を祀り、相殿に見野命（みののみこと）、彦火火出見命（ひこほほでみのみこと）が祀られています。この主祭神の名から、全国の鉱山、金属業の総本宮として、古くから深い崇敬を集めています。

金山彦命は天照大御神の兄神で、社殿によれば、神武天皇東征の折、金鵄（日本建国を導いた金色の鵄）を援けて、神験を顕したことにより、美濃国の国府が置かれていた不破郡府中に祀られ、後に、十代崇神天皇の時代に、現在の地に遷座されたとされています。社名は国府から南方に位置することから南宮大社と言われるようになりました。平安時代の『延喜式神名帳』には「美濃国不破郡 仲山金山彦神社」と記載され名神大社に列し、美濃国一の宮とされています。

社殿は、慶長5（1600）年に、関ヶ原の戦いで焼失しましたが、寛永19（1642）年、三代将軍・徳川家光によって再建されました。その当時から360年の時を経た現在も、和様と唐様を混用した独特の様式の南宮造と呼ばれている社殿はその姿を留め、本殿、弊殿、拝殿など15棟すべてが国の重要文化財に指定されています。

明治の近代社格制度で1871年に「南宮神社」と称していましたが、戦後、現在の「南宮大社」と改称されました。

旧社格　式内社（名神大社）・国幣大社
祭　神　金山彦命
例　祭　5月5日
URL　http://www.nangu-san.com
住　所　〒503-2124　岐阜県不破郡垂井町宮代 1734-1
電話　0584-22-1225　Fax.　0584-22-1226

見どころ

金物絵馬

南宮大社には、多くの絵馬が奉納され、歴史を象徴する伝説、人物を描いたものがあります。特に、鍬、鎌などの金属製の現物を取り付けた「金物絵馬」があり、それは現在も奉納されています。機械メーカーが奉納したエンジンや歯車などもあり、鉱山、金属業の神として信仰を集めた南宮大社ならではの光景が見られます。

主な祭典

金山祭「ふいご祭」

11月8日

通称「鞴（ふいご）祭」と呼ばれ、地元の野鍛冶（農具等の鍛冶屋）の奉仕による、古式ゆかしい鍛錬式が行われます。多数の参拝者が見守るなかで小刀ができあがり、神職によって神前に奉納されます。金物の神様の神社らしい祭りで、全国から多くの鉱山・金属業者が参拝に訪れます。

飛騨国一の宮

飛騨一宮水無神社

ひだいちのみや　みなしじんじゃ

古来より表裏日本を分かつ分水嶺・位山（くらいやま）は水無大神（みなしのおおかみ）の鎮座する神体山として信仰され、水無大神は宮川・神通川、飛騨川・木曽川流域の水源を司る水主神（みぬしのかみ）、実りと収穫を司り産業を奨励し民生の安定を進める「作神様」として農耕の祖神、養蚕畜産の守護神、衣食住や延命長寿の守護神と崇められ、飛騨、美濃、信濃、越中等の広域で分社が祀られています。また、里宮が交通の要所に鎮座しているため交通神としての信仰もあります。

創建年代は神代と社伝にありますが定かではありません。国史での初見は貞観９（８６７）年に従五位上の神位を授けられたとあり、その後しばしば昇叙して『延喜式』では飛騨八社の首班として国幣小社に列しました。水無神社が飛騨国の一の宮として周知される頃より、天皇御即位や改元の際に位山の一位材を以て奉製された御用の笏を国司または水無神社から朝廷に献上する慣例が生まれ現存しています。鎌倉時代以降は神仏習合が進み水無（みなし）大菩薩とも称され、室町時代初期には神領四郷十八ヶ村という隆盛を誇りましたが、戦国時代の兵乱により徐々に衰微していきました。江戸時代・安永年間の大原騒動（大一揆）により一時期境内は荒廃し神社は疲弊しましたが、その後朝野の支援を受けて早急に再興し、明治４（１８７１）年には国幣小社に列し、飛騨地方唯一の官国幣社となりました。

旧社格	式内社・国幣小社
祭　神	水無大神（御歳大神・大已貴命・神武天皇・応神天皇・天火明命・三穂津姫命・高照光姫命・高降姫命・須沼比女命・大歳大神・天照皇大神・豊受姫大神・少彦名命・天熊大人命・大八椅命）
例　祭	5月2日
URL	http://minashijinjya.or.jp
住　所	〒509-3505　岐阜県高山市一之宮町5323 電話　0577-53-2001　FAX　0577-53-2346

主な祭典

雛祭「生きびな祭」　4月3日

戦後から始められた祭礼の「生きびな祭」は、高山市等3市1郡から推薦された、18歳から25歳までの未婚女性9人が生きびな様として、神前奉仕と華やかな行列を行うものです。女性の幸せと豊作を願う、全国にも稀有な祭りとして人気を集めています。

見どころ

島崎正樹宮司歌碑

島崎正樹宮司は明治の文豪・島崎藤村の著書『夜明け前』の主人公・青山半蔵のモデルとなった人物です。藤村の父親で、明治７（１８７４）年から3年間ほどを宮司として在職していました。学問、詩歌の道にも優れ、在任中に高山中教院の教導職（中講義）として多くの若者を指導しました。その歌碑が境内にあります。

「きのうけふ　しぐれの雨と　もみぢ葉と　あらそひふれる　山もとの里」

伊豆国一の宮

三嶋大社《みしまたいしゃ》

旧東海道に面するとともに、下田街道の起点に位置し、この地の三島という名前の由来にもなった三嶋大社。三島は交通の要衝であり、古くは国府がおかれ伊豆の玄関口として栄えるとともに、三嶋大社の門前町としても発展しました。

創建の時期は不明ですが、奈良時代の古書にも記述がみられ、その格式は高く平安中期延長5（927）年にまとめられた『延喜式神名帳』では名神大に列格されています。

御祭神は大山祇命（おおやまつみのみこと）積羽八重事代主神（つみはやえことしろぬしのかみ）の2柱の神を祀り、総じて「三嶋大神（みしまのおおかみ）」あるいは「三嶋大明神（みしまだいみょうじん）」と奉称します。大山祇命は山の神で林業、農業を始め殖産の神、衣食住の守護神であり、積羽八重事代主神は、俗に恵比須様と称され福徳の神として知られ、魚漁航海の神、商売繁昌の神としても信仰されています。

歴史的には、平安時代末期、伊豆に流された源頼朝が源氏再興を祈願し、旗揚げに成功したことから武家崇敬の神社ともなります。近世に入ると三島は東海道の宿場町として発展し、街道を往来する人々からも篤い信仰を集め、三嶋大社の名は全国に広がりました。現在でも多くの人々から崇敬されており、正月三ケ日には60万人以上の参拝者が初詣に訪れます。

所蔵する宝物には貴重なものが多く、北条政子奉納の国宝「梅蒔絵手箱」を始めとして、多数の宝物、古文書が国の重要文化財や静岡県指定文化財に指定されています。

旧社格	式内社（名神大社）・官幣大社
祭　神	大山祇命・積羽八重事代主神
例　祭	8月16日
URL	http://www.mishimataisha.or.jp
住　所	〒411-0035　静岡県三島市大宮町 2-1-5
	電話　055-975-0172　FAX　055-975-4476

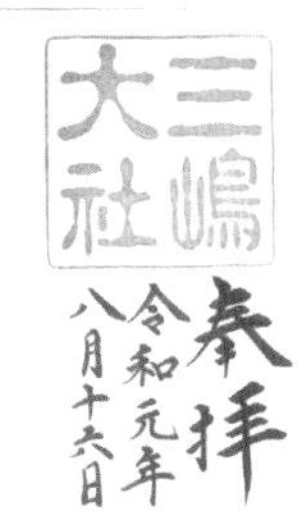

主な祭典

例祭　明神様のお祭り

8月16日

三嶋大社で最も重要なお祭りである例祭は、毎年8月16日に執り行われ、「三嶋大祭り」として三島市民に親しまれてきました。

8月16日を挟む8月15日から17日の3日間には、多くの祭典を始め「手筒花火神事」や「流鏑馬神事」などの伝統的な神事の他、「頼朝公旗揚げ行列」「農兵節」など境内外にて多くの催しが行われます。夜には約800灯の御神灯に灯りが点り、旧東海道に立ち並ぶ露店とともに祭りを彩ります。

見どころ

宝物館

宝物館には、三嶋大社に伝えられた文化財が収蔵されています。展示品のなかでひときわ目を引く国宝「梅蒔絵手箱」（伝北条政子奉納、原品は東京国立博物館に寄託保管）の模造復元品は、約4年の歳月をかけて制作されたもの。学術的調査の上再現されています。また、重要文化財の太刀や脇指、源頼家筆般若心経など貴重な宝物が蔵され、一部が公開されています。

岳南総鎮守

富知六所浅間神社《ふじろくしょせんげんじんじゃ》

富士山南麓を守護する岳南総鎮守として、長い歴史を持つ富知六所浅間神社は、建てかえられたばかりの木造の美しい社殿が、霊峰富士と並んで立っているように見える素晴らしい光景を持つ神社です。250年ぶりに遷座1220年、下方五社勧進1200年の記念事業として建築された社殿（2015年）は、現在の純粋木造建築として最大規模の威容を誇り、本殿拝殿を繋げると柱のない100畳ほどの広い空間が特色となっています。櫻井豊彦宮司の神社建築に対する強い拘りが、江戸時代に建てられ老朽化した入母屋造の堂々とした本殿に変わる、新しい歴史を刻印したということを感じさせられます。

創建は、社伝によれば第5代孝昭天皇2年6月10日という西洋紀元前に遡る古い歴史を持っています。その後、富士山の噴火による影響から、山腹から現在の地に鎮座したのが、延暦4（785）年と伝えられています。時がくだり大同元（806）年、平城天皇が五社浅間を富士山麓の5神社に勧請されるにあたり、唐本の大般若経が寄せられ当社は首座と定められています。また、弘仁2（811）年、嵯峨天皇皇后の安産祈祷を奉仕し、以後、国家安泰の勅願所として祈祷が行われてきました。中世には今川氏の篤い庇護を受け、江戸時代には社領808石を有するなど、富士山麓に於ける大社としての位置を保ち続け、商工業の発展、家庭守護、安産守護の神として篤い信仰を集めてきました。

現在の社名は、明治5（1872）年に改称されたもので、それまでは「富士六所浅間宮」と呼ばれていました。また地元では、かつて神社周辺に市が立っていたことから「三日市（みっかいち）の浅間さん」とも愛称されています。

旧社格	式内社、郷社
祭　神	大山祇命
例　祭	5月3日
URL	
住　所	〒417-0073　富士市浅間本町5-1 電話0545-52-1270　FAX0545-52-8972

主な祭典

木の感謝祭

5月第2土曜日

富士市内の大工をはじめとする建設工事に関係する人々が、1200年の樹齢を誇るクスノキのご神木にしめ縄を奉納するお祭りです。自然の樹木の恵み、そして日々の生活の安寧に対する感謝をあらわす祭典です。お祭り当日には、古いまな板のお焚き上げや削り直し、包丁研ぎが無料で行われます。

見どころ

ご神木大樟

（静岡県天然記念物）

社殿の東側に、御神木の大樟（クスノキ）があります。神社の歴史と共に時を重ねてきたその樹齢は約1200年と伝えられています。周囲が11・85メートル、樹高は13・4メートルで静岡県天然記念物に指定されています。Vの字のように途中で太い幹が二股に分かれているこの御神木は、古より縁結びと長寿の信仰を集めてきました。

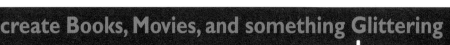

駿河国一之宮

富士山本宮浅間大社《ふじさんほんぐうせんげんたいしゃ》

©ぶらり寺社めぐり

富士山を神体山として祀る、富士山本宮浅間大社は、全国の浅間神社の総本宮と称えられ、富士信仰の中心地として知られています。社記によると第7代孝霊天皇の御代（BC３４２～２１５年）に富士の大噴火があり、住民は離散して荒れ果てた状態が続きました。これを憂いた第11代垂仁天皇（在位68～99年・日本書紀）が、浅間大神を祀り山霊を鎮められたのが起源とされています。

祭神は木花之佐久夜毘賣命（このはなさくやひめのみこと）。姫神の水徳をもって噴火が静まり、平穏な日々が送れるようになったというこの偉大な神徳は万人の知るところとなり、篤い崇敬を集めました。

境内は広大で、本宮は富士山南麓（富士宮市街地）、祭神にまつわる神木として約５００本もの桜樹が奉納されています。そして奥宮は富士山頂にあり、８合目以上の約３８５万㎡も社地となっています。

本宮の本殿は徳川家康による造営で、「浅間造」という独特の神社建築様式で、国の重要文化財に指定されています。また、本宮境内には富士山の湧水が湧き出す「湧玉池」があり、国の特別天然記念物に指定されています。

富士山と桜、日本の風物を象徴する環境の中で、多くの崇敬を集めている神社です。

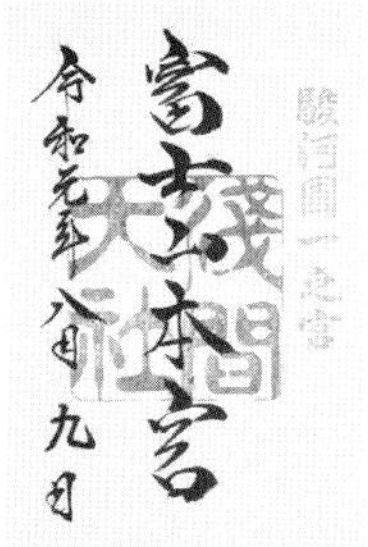

旧社格　式内社（名神大社）・官幣大社
祭　神　木花之佐久夜毘賣命・大山祇神・瓊瓊杵尊
例　祭　11月4日
URL　http://www.fuji-hongu.or.jp/sengen/index.html
住　所　〒418-0067　静岡県富士宮市宮町 1-1
電話 0544-27-2002　FAX 0544-26-3762

主な祭典

例祭
11月4日

平安時代の『富士山記（ふじさんき）』に「貞観17（８７５）年11月初申の日に吏民旧によりて祭を行う」という記録に残る同社の最も古い祭りです。富士宮市内では3・4・5日の3日間、威勢の良い「富士宮囃子（ふじのみやばやし・静岡県無形文化財指定）」を奏でながら山車（だし）や屋台（やたい）を引き廻し、賑やかに例祭を祝います。

見どころ

登拝と奥宮

富士山の御神徳を拝しながら、金剛杖をつき「六根清浄」を唱えのぼり、頂上では両奥宮参拝後、お鉢（火口の事）廻りをするのが習わしです。時間は約1時間半。7・8月の開山期には、神職が奉仕し、家内安全等の諸祈願、結婚式の奉仕、お札・お守りの授与、金剛杖・行衣等の御朱印の授与も行っています。

駿河国総社、また静岡の守護神として

静岡浅間神社

しずおかせんげんじんじゃ

貝原益軒に「日本にて神社の美麗なる事、日光を第一とし、浅間を第二とし」と言われ、古くから「東海の日光」と称えられる静岡浅間神社は、神部神社（かんべじんじゃ）、浅間神社（あさまじんじゃ）、大歳御祖神社（おおとしみおやじんじゃ）の三社からなり、静岡市市街地に接する賎機（しずはたやま）の麓に鎮座している。三社は鎮座以来独立の神社で、明治21年、三社別々に国幣小社に昇格したが、戦後神社本庁の別表神社なり、現在は一つの法人格になっている。三社とも朝廷をはじめ国司・武将の崇敬が篤く、とくに徳川家康ゆかりの神社として有名で、歴代将軍の祈願所となり、神職社僧の装束類も幕府から下校されるようにもなった。

神部神社は第十代崇神天皇の御代、約2100年前に駿河開拓の祖神・駿河の国魂の大神が鎮座され、平安時代に駿河国総社となる。祭神は大己貴命（おおなむちのみこと）。浅間神社は延喜元（901年）年醍醐天皇の勅願により富士山本宮より分祀され、以来富士神宮として国司の尊崇を受ける。祭神は木之花咲耶姫命（このはなさくやひめのみこと）、大歳御祖神社は応神天皇4（272）年に古代この地方の物流の拠点、商業の中心地であった「安倍の市」の守護神として創祀される。祭神は大歳御祖命（おおとしみやおのみこと）。境内には三社の他に、麓山神社（はやまじんじゃ）、八千戈神社（やちほこじんじゃ）少彦名神社（すくなひこなじんじゃ）、玉鉾神社（たまほこじんじゃ）の四境内社が鎮座している。能楽の始祖観阿弥は今川氏の氏神である当社に能を奉納し、この地で死んでいる。境内の能舞台は観阿弥終焉の舞台として有名であり、26世宗家観世清和氏による顕彰碑が建てられている。また昭和46年6月24棟の社殿が、平成11年2月には、宝蔵、神厩舎が国の重要文化財に指定される。

旧社格	式内社（小社）（神部・大歳）
祭　神	大己貴命・木之花咲耶姫命・大歳御祖命
例　祭	4月5日
URL	http://www.shizuokasengen.net
住　所	〒420-0868　静岡県静岡市葵区宮ケ崎町 102-1
	電話　054-245-1820(代)　FAX　054-248-0360

見どころ

社殿

すべて社殿において素晴らしい彫刻が見られるとともに、「大拝殿」の132畳敷きの広間の天井には、伊川院「狩野栄信」と、融川院「狩野寛信」による墨絵の「八方睨の龍」・「四方睨の龍」、極彩色による「天人」・「迦陵頻伽」の計10面が描かれている。社殿そのものの造りも特徴的で、浅間神社特有の「浅間造」と呼ばれ、その造りは楼閣さながらの高さを誇り、特に高さ25メートルに及ぶ「大拝殿」は木造神社建築としては異例の高さを誇っている。

主な祭典

廿日会祭

4月1日〜6日

春爛漫の中に開催される例大祭。5日の大祭は稚児の舞楽を奉納することから、かつては「舞楽会」とも言われ、起源は徳川家康公が駿府城在城の時「建穂寺」の観音会に参拝した折に稚児等の奏した舞を家康公がいたく気に入り、この舞を浅間神社の2月20日の「お会式」に奉納して、天下泰平、五穀豊穣を祈願したことに遡る。現在稚児舞楽では「振鉾」「納曽利」「安摩」「環城楽」「太平楽」が奏され国の選択無形文化財に指定されている。形は変わったが現在でも盛大に稚児舞の奉納が行われている。

中部

全国東照宮の創祀

久能山東照宮

くのうざんとうしょうぐう

静岡県静岡市にある久能山（216メートル）山頂に鎮座する久能山東照宮は、徳川家康公をご祭神としてお祀りする全国東照宮の創祀である。徳川家康公は晩年を駿府で過ごし、生前家康公は「自分の遺骸は久能山に埋葬するように」と遺言を残し、元和2（1616）年4月、駿府城にて逝去する。遺骸は本人の遺言通り久能山に埋葬された。そして二代将軍秀忠公は久能山に家康公を祀る神社を造ることを命じ、正保2（1645）年11月3日宮号の宣下があり以来「東照宮」となる。御社殿は中井大和守正清を大工の棟梁とし、当時の最高の建築技術・芸術が結集された。権現造、総漆塗、極彩色の江戸初期の代表的建造物として、造営から約400年の平成22（2010年）年12月24日には本殿、石の間、拝殿が国宝に指定されている。また、唐門、東門、廟門、玉垣、渡廊、廟所宝塔（神廟）、末社日枝神社本殿（旧本地堂）、神庫、神楽殿、神饌所、鼓楼、神厩、楼門は国の重要文化財に指定され、境内全域も「久能山」として国の史跡に指定されている。

平成27年には御鎮座四百年大祭を斎行し、現在日本国内だけでなく、世界各国より多くの参拝客で賑わっている。

旧社格　別格官幣社
祭　神　徳川家康公
例　祭　4月17日
URL　https://www.toshogu.or.jp
住　所　〒422-8011　静岡県静岡市駿河区根古屋390
電話054-237-2438　FAX.054-237-9456

主な祭典

御例祭　4月17日

御祭神徳川家康公が薨去した4月17日に斎行される当宮で最も重要な祭事。徳川宗家当主を司祭に迎え、特別に調えられた「三品立神饌（さんぼんだてしんせん）」の供進や、江戸時代に駿府代官所・町人より野菜・菓子が献納された故事に基づく「神供進献の儀」などが厳粛に執り行われる。天下泰平の世の礎を築かれた徳川家康公の偉業を称え、遺徳を偲び、皇室の弥栄、国の隆昌と世界の平和を祈念する。

見どころ

方角と位置

神廟は家康公の御遺言によって、西向きに建てられ、真西には駿府城。更にその西は、家康の母であるお大の方が子授け祈願をした「鳳来寺」。家康公が生まれた「岡崎城」などがある。そして御前崎からこの東照宮を結んだ延長線上に富士山（不死の山）。更にその延長線上には、徳川発祥の地である群馬県の世良田東照宮や、日光東照宮が直線状にあるなど、方角や位置を考えながら参拝するとまた面白い。

中部

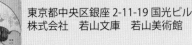

遠江国一の宮　祈願成就の神社

事任八幡宮

ことのままはちまんぐう

ⓒぶらり寺社めぐり

旧東海道沿いの日坂宿（にっさかしゅく）近くに、当社は鎮座します。中山越え、大井川越えの安全を祈念し感謝する場であり、その位置と名称のために、著名人たちの記述に登場します。

成務天皇（第13代）の代に創建、大同2（807）年坂上田村麻呂が勅令を奉じ、それまで西の本宮山に祀られていたお宮を当地（里宮）に遷座、といった記録があります。延長5（927）年の『延喜式神名帳』には、遠江佐野郡四座のひとつとして「己等乃麻知神社」があげられています。

清少納言の枕草子「社は」の段には、「ことのまま明神、いとたのもし」との一節があります。願い事のままにかなえてくれる神として都に伝わっていたのでしょう。鴨長明は「ことのままといふ社あり、そこにて詠める」として歌を残しました。康平5（1062）年には、源頼義が京の石清水八幡宮を当社に勧請。『大日本国一宮記』では遠江国一の宮に挙げています。

徳川家康が本殿を、秀忠が中門を造営。国学者の賀茂真淵の日記にも記述があります。通称「誉田八幡宮」でしたが、明治に入ると「県社八幡神社」に。昭和22（1947）年に古称に基づく、現社名に改称しました。古えからの祈願成就の神社として、参拝者が集います。

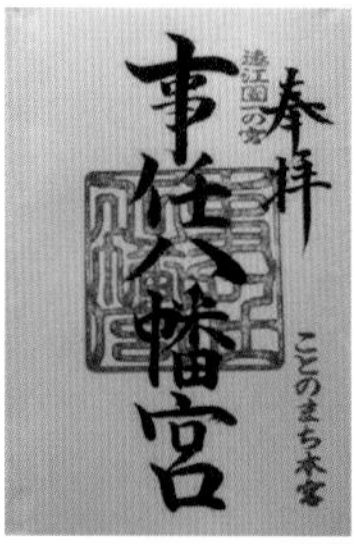

旧社格	式内社・県社
祭　神	己等乃麻知媛命・息長足比売命・譽田別命・玉依比売命
例　祭	敬老の日の前の金曜～日曜日
住　所	〒436-0004　静岡県掛川市八坂642 電話　0537-27-1690

見どころ

大杉、大楠

樹木とともに日本の文化があったからでしょう。樹木は好まれ、大切にされてきました。当社の神木の大杉と大楠は、ともに市指定天然記念物指定。本殿東側に伸びやかに立つ大杉は、樹高35m、目通り幹囲6・5m、根回り11・2m、千年杉と呼ばれています。境内中央で三方に枝を広げる大楠は、樹高31m、目通り幹囲6m、根回り19・3m。

主な祭典

例大祭

敬老の日の前の金~日曜日

五穀豊穣に感謝し、9月の3日間にわたって開催。日坂、八坂地区の氏子8町による2輪の朝顔屋台が勇壮に引き回されます。初日には祭青年が集い安全祈願祭が執り行われます。2日目の本祭では屋台が境内にそろい、大笛祭が催され祭囃子が奉納されます。最終日は神輿渡御（とぎょ）が各町をまわり、八町連合万歳で締めくくられます。朝顔屋台が勇壮に引き回されます。また屋台の提灯にろうそくの灯が灯されます。

遠江国一の宮　出世・縁結びの神社

小國神社《おくにじんじゃ》

社名の「小國」は、神々が鎮まる清らかな場所を表わしています。社伝によれば、欽明天皇の御代に、本宮山（511m）に神霊が鎮まり社殿が造営されました。この本宮山からは遠江国を一望することができます。のちに6km南の山麓の当地に遷宮。本宮山にはいま、境外末社・奥磐戸神社（奥宮）が鎮まっています。

鎌倉初期の史料に「当国鎮守小國一宮」と記され、江戸時代には「一宮小國神社」を称しています。古代律令制が衰弱した時期でも、祭祀は途絶えませんでした。徳川家の寄進を幾度も受けています。明治5（1873）年に県社に列格し、翌年には国幣小社に昇格しました。その後明治15年に社殿を焼失しましたが、出雲大社のご厚意により、ご本殿図面を拝借、明治19年に出雲大社ご本殿約2分の1のスケールの本殿を含む社殿群を再建しています。

境内は約35万坪。川が流れ、杉や檜の巨木に囲まれ、花菖蒲や紅葉の名所となっています。縁結びの社として県内外からの信仰は篤く、年間を通して多くの参拝者が訪れます。

また、平成15年9月14日には、秋篠宮文仁親王殿下同妃紀子殿下がご親拝、平成18年11月8日には、神宮祭主池田厚子様がご参拝、平成29年4月29日には、高円宮妃久子殿下のご親拝がなされました。

旧社格	式内社（小社）・国幣小社
祭　神	大己貴命（だいこく様）
例　祭	4月18日
URL	http://www.okunijinja.or.jp
住　所	〒437-0226　静岡県周智郡森町一宮 3956-1 電話　0538-89-7302　FAX　0538-89-7367

見どころ

家康公の立ち上がり、大願成就の起源石

徳川家康公の生涯において重要な祈願所のひとつがここ、小國神社であったと伝えられています。戦乱の世、元亀三年（1572）九月二十二日に「当社（小國神社）の神力に頼らなければ勝つことができない」という切実な思いを込めた願文と名匠「三条小鍛治宗近」を銘する大刀二振を当社に奉納の上、戦勝・開運を祈願しました。後、天正三年（1575）再び参拝し、この石に腰掛けたと伝わります。

主な祭典

例祭
4月18日

神霊が本宮峯（本宮山）に鎮斎された日であり、大宝元（701）年の勅使参向のときに舞楽の奉奏された日です。連舞、色香、蝶の舞、鳥の舞、太平楽、新まっく、安摩、二の舞、陵王、抜頭、納蘇利、獅子の十二段からなる十二段舞楽（指定重要無形民俗文化財）が、18日に一番近い土・日曜日に奉納。日曜日には神興渡御の神幸祭が行われます。なお、1月3日の田遊祭（県の無形文化財）も歴史ある神事です。

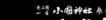

火を司る秋葉神社の総本宮

秋葉山本宮秋葉神社《あきはさんほんぐうあきはじんじゃ》

日本各地の秋葉神社の総本社で、火の神を祀る神社。祭神の火之迦具土大神（ひのかぐつちのおおかみ）は、別名・秋葉大神。東京の秋葉原の名の由来にもなっています。社伝では、和銅2（709）年に初めて社殿建立、元明天皇より「あなたふと秋葉の山にまし坐せるこの日の本の火防ぎの神」と御製を賜っています。平安初期に三尺坊という修験者が秋葉山を本山としたと伝えられます。江戸時代には、禰宜・僧侶（曹洞宗）・修験（当山派）の三者が奉仕。秋葉大権現は、火防の神として熱心な信仰者を全国に生み、火事の頻繁な江戸では秋葉講が結成されて、秋葉詣りはお伊勢参りに匹敵する勢いでした。

明治に入っての神仏分離策によって、仏教の秋葉寺と分れました。秋葉神社と名を改め、県社列格に。第2次世界大戦中の山火事で、当社東側の山門以外の建物すべてを焼失。山麓に下社を造営し祭祀を継続しました。昭和27（1952）年、現社名に改め、昭和61年に山上の社殿が上社として再建されると、両社合わせての名称になりました。

武田信玄ほか名だたる武将の奉納した太刀が現存。今川仲秋の奉納した太刀「弘次」など3振の太刀は重要文化財です。

旧社格　県社
祭　神　火之迦具土大神
例　祭　12月16日
URL　https://www.akihasanhongu.jp
住　所　〒437-0626　静岡県浜松市天竜区春野町領家 841
電話　053-985-0111　FAX　053-985-0113

主な祭典

秋葉の火まつり

12月15日、16日

初日は御阿礼祭。2日目が例祭で、夜に行われる防火祭（ひぶせのまつり）では、神職による三舞が、秘伝をもって奏されます。弓の舞、剣の舞に続いて、松明を大きく振りかざし舞う火の舞で締めくくられます。火災焼亡の危急、洪水波没の難、諸厄諸病の難を免れ給う願いが込められています。諸厄の難を免れ給う願いが込められおり、古式ゆかしく行われます。

見どころ

表参道と神門

南アルプス・明石山脈の南端に位置する当社は、天竜川の中流近くに鎮座します。東海自然歩道の一部となっている表参道には、大杉や石灯籠、茶屋跡も並び、文化9（1812）年諏訪三郎の作と伝える華やかな彫刻を施した神門が建っています。下社から徒歩2時間近く登っての、秋葉山頂にある上社からの眺望は、東海一といわれます。

三河国一の宮

砥鹿神社

とがじんじゃ

愛知県東部の、三河（みかわ）。その三河を一望するのが、豊川市中心部の北北東にそびえる本宮山（789m）です。

社伝では、大宝年間（701〜4年）、文武天皇（第42代）の病気平癒祈願のため派遣された草鹿砥公宣（くさかどのきんのぶ）は、三河山中で道に迷いますが老翁の導きで任務を果たし、天皇の病も平癒されました。そのお礼として再訪すると、老翁は衣の袖を抜き取り宝川の清流に投じたので、公宣はこれを追います。山麓の岸辺に留まった袖を取り上げ、祀った社が里宮と称され、本宮山頂の社が奥宮と称されました。二所一体となったのです。本宮山中には磐座が、真南の山麓の一宮町内には古墳群が現存するので、古来の信仰エリアと考えられています。

『延喜式』所載の神社で、神階は貞観12（870）年の時点で正五位上。中世以降、三河国一の宮とされました。江戸時代には、幕府から朱印領100石を寄せられ、近在諸侯、とくに豊橋の吉田藩主の崇敬を得ました。明治4（1871）年に国幣小社に列しています。

社宝の銅鐸が県の有形文化財に、里宮のケヤキ、および奥宮の社叢が県天然記念物に指定されています。

旧社格	式内小社・国幣小社
祭神	大己貴命
例祭	5月4日
URL	http://www.togajinja.or.jp/index.html
住所	〒441-1231　愛知県豊川市一宮町西垣内2（里宮） 電話　0533-93-2001　FAX　0533-93-7888

主な祭典

例祭

5月3日〜5日

里宮の祭事。3日に献花祭や宵宮祭などがあり、4日には神輿渡御のあと、流鏑馬（やぶさめ）が行われます。和装に身を包んだ12人の少年たちが12頭の馬に乗ると、200m余りを次ぎつぎと疾走。馬上で両手を広げ、五色の布引をなびかせます。5日には剣道大会や弓道大会、後鎮祭などが行われます。なお、奥宮では、2月6日が例祭で、1月15日の粥占祭も重要な祭典です。

見どころ

西参道大鳥居

総高7・26mの石鳥居は、もともとは当社奥宮を遥拝するものとして、天保13（1842）年、岡崎藩家老職の長尾応二郎興達により、旧宝飯郡市田村に建立されたものでした。昭和20（1945）年の空襲で損傷し、昭和31年に当地に移転されたものです。石鳥居としては市内第2の大きさで、空襲時の被弾痕がいたるところに見えます。市指定文化財。

草薙神剣を奉斎する

熱田神宮《あつたじんぐう》

熱田神宮は、かつて伊勢湾に突き出す台地南端に位置し、おそらくその景観によって、不老長寿の神仙の住む蓬莱伝説を招きました。その後の干拓で変貌はしましたが、大都会の中の約6万坪（境外地をあわせると9万坪）の境内には、樹齢千年を超えるという楠などが生い茂っています。

草薙神剣（くさなぎのみつるぎ）は、三種の神器のひとつ。日本武尊（やまとたけるのみこと）は、この神剣の加護により東国を平定しました。尊の亡きあと、妃であった尾張国造（くにのみやつこ）の娘・宮簀媛命（みやすひめのみこと）は、かねてから尾張氏の斎場であったこの熱田を社地に定め、神剣を祀ったのが起源です。神剣の名は、尊が東国で草を薙いで窮地を脱したことによります。

平安時代に、延喜の制で名神大社。鎌倉時代には、大宮司の娘を母にもつ源頼朝が奉幣しています。以後、武将たちの崇拝はやむことがありませんでした。

明治元（1868）年、熱田神社の社号を熱田神宮と改め、官幣大社となり、伊勢の神宮に次ぐ社格を有しました。明治26（1893）年には建築様式を尾張造から、伊勢の神宮と同じ神明造に改築しています。境内外に、別宮1社、摂社12社、末社31社を祀っています。

初詣参拝者は中部地方随一で、三ヶ日で約230万人におよびます。

旧社格	式内社（名神大社）・官幣大社
祭　神	熱田大神
例　祭	6月5日
URL	https://www.atsutajingu.or.jp
住　所	〒456-8585　愛知県名古屋市熱田区神宮 1-1-1 電話　052-671-4153　FAX　052-681-0538

主な祭典

例祭（熱田まつり）
6月5日

天皇陛下のお使いである勅使参向のもと、厳粛且つ盛大に執り行われます。奉納行事時の一つ「献灯まきわら」と「打ち上げ花火」は名古屋の初夏を彩る風物詩として名高く、古くより伝わる年間約60の祭典と、約10の特殊神事の大半は、産業や日々の暮らしと深い関係をもつものです。例祭は、熱田まつりとも、尚武祭とも称されます。

見どころ

剣の宝庫　草薙館

三種の神器の一つ「草薙神剣」を奉斎する熱田神宮は、古来各時代の刀剣の奉納が行われてきました。「剣の宝庫　草薙館」は、その貴重な刀剣が紹介される刀剣展示館です。国宝・重要文化財指定20口、愛知県指定文化財12口の収蔵を数え、刀工の国も山城、大和、相模、筑前、美濃、尾張など各所に及び、その作刀時代も古刀から新刀まで長期間に亘ります。貴重な刀剣の鑑賞を堪能することができます。

尾張国一の宮

真清田神社《ますみだじんじゃ》

愛知県一宮市の中心部に鎮座する真清田神社は、尾張国一の宮として崇敬を集めてきました。一宮市という名称も同社に由来し、市政に「一宮」という名称を冠しているのは全国で一宮市だけです。市章も同社の御神宝「五鈴鏡」から模したデザインが採用され、今日も一宮市民に広く親しまれていることを物語っています。

真清田神社の歴史は古く、社伝によれば神武天皇33年（約2700年前）に鎮座し、平安時代には国幣の名神大社と認められ、尾張国の一の宮となりました。鎌倉時代には、順徳天皇に崇敬され、多くの舞楽面が奉納され、それは現在重要文化財として保存されています。江戸時代は徳川幕府の神領となり、大正時代には国幣中社に列し皇室から厚待遇を受けています。

祭神は、尾張氏の祖神である天火明命（あめのほあかりのみこと）。紀記の神話では天照大御神の孫神（天忍穂耳命の子神）と言われています。国土開拓、産業守護の神として崇敬を集めています。

令和4年に御鎮座2650年を迎えました。

旧社格	式内社（名神大社）・国幣中社
祭　神	天火明命
例　祭	4月3日
URL	http://www.masumida.or.jp/
住　所	〒491-0043　愛知県一宮市真清田 1-2-1 電話　0586-73-5196　FAX　0586-73-5198

主な祭典

桃花祭

4月3日

往古、真清田神社の周辺は桃の木が群生し「青桃丘」と呼ばれていました。霊力があるという桃の枝を持って身の穢れを祓い、同社近くの木曽川にこの枝を流して除災招福を祈ったのが桃花祭の始まりとされています。別名「馬まつり」とも称され、神輿の巡幸には、「馬の塔」と呼ばれる飾り馬が練り出す、勇壮、華麗なお祭りです。

見どころ

宝物館

（開館日：不定期）事前予約制

お祭りの時期でなくても、「桃花祭」に使われる色鮮やかな飾り馬具を見ることができます。馬道具の様式は二本の祓い串を両脇に配し、中央に真清田神社の神号や神話、伝承、昔話から題材をとった人形が配されています。制作年代は天保13年から明治、大正、昭和のものまであります。また重要文化財のお供え用の食器類、雅楽面、矛、盾、弓なども見ることができます。

尾張国一の宮

大神神社

おおみわじんじゃ

中部

愛知県の一宮市に鎮座する大神神社は、大和国（奈良県）大神神社の主祭神と同じ三輪の神、大物主神（おおものぬしのかみ）を祀る神社です。かつてこの地の地名が「中島郡大和村」だったことから大和系の人々が三輪の神を祀ったことに始まるとされています。また地名にあるように「花池」は水が美しく蓮田が多くあり、毎年、熱田神宮に奉納する蓮が咲く沼であったといわれます。近世では「三明神」「三宮明神」と称されていましたが、これは神宝として玉・鏡・矢の三種の証印を社蔵していたことに由来します。

創建に関しての年代は不詳ですが、延長5（927）年の『延喜式神名帳』では尾張国中島郡に「大神神社 名神大」と記載され、名神大社に列していたことが分かります。

明治5年の近代社格制度において、郷社に列し、現在は尾張国一の宮とされています。尾張国には真清田神社が一の宮として大神神社の北側にありますが、大神神社は、その相殿・対の宮として一の宮とされていると、神社の表記には記載されています。

尾張の一の宮として崇敬を集めてきた大神神社は、天平12（1584）年に、「小牧長久手の戦い」で、織田信長の軍勢によって焼失させられてしまいました。それにより、社宝、古記録が失われました。

現在は広い境内に社殿が立ち並び、国土生成、農工商業、方除、治病、造酒、交通、航海、縁結びなど人間生活の守護神として参拝されています。

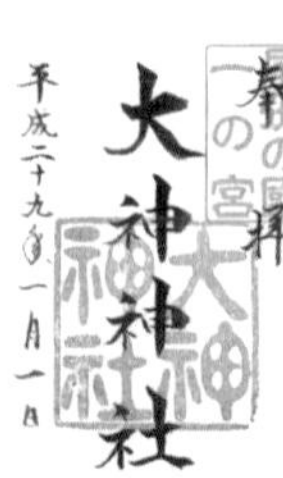

旧社格	式内社（名神大社）・郷社
祭神	大物主神
例祭	10月10日
住所	〒491-0914 愛知県一宮市花池2-15-28
	電話 0586-45-5846

主な祭典

湯の花祭 11月

祭典当日、拝殿前の〆縄を張った斎場には、葦の蓋をした大釜が3基。新藁で沸かされた湯が各釜から3杯ずつ、桧の柄杓で氏子総代のもつ「おんぼろ」に注がれると、五穀豊穣を感謝し、神前に供えられます。そして参列者全員がおさがりの湯をいただき健康祈願がなされます。この神事を終えると、氏子は残った湯を家庭に持ち帰ります。このほか、10月10日には例祭が、12月31日には年越しの儀が行われます。

見どころ

木造狛犬

木造狛犬一対は、文化12（1815）年作。高さ40㎝の阿形と、高さ45㎝の吽形からなり、檜材寄木造。力強さと量感に満ち、素朴で手造り的味わいがあります。市指定文化財の指定を受け一宮市博物館に寄託とのこと。その代わりというわけではありませんが、拝殿の前と招魂社の前には石造りの狛犬が座っています。

都波岐奈加等神社

つばきなかとじんじゃ

三重県鈴鹿市にある都波岐奈加等神社は、江戸時代に都波岐神社と奈加等神社が合併して一の宮とされました。伊勢国には椿大神社と共にふたつの一の宮があります。創建は社伝によれば、雄略天皇23（479）年に伊勢国造・高雄束命が勅を奉じて、河曲郡中跡里（現一ノ宮町）に都波岐神社と奈加等神社の二社を造営したのが始まりだとされています。そして都波岐神社には猿田彦大神（さるたひこのおおかみ）を、奈加等神社には、天椹野命（あまのくのみこと）、中筒之男命（なかつつおのみこと）を祭神として祀りました。

『延喜式神名帳』では両社とも小社に列し、天長年間には弘法大師が神社に籠り、二つの獅子頭を奉納しています。承暦3（1079）年、2社に対して正一位の神階が授けられ、白河天皇直筆の勅額が授けられました。社殿は、永禄年間（1558～1570年）に織田信長の伊勢平定時の戦火により焼失し、貴重な記録なども失われましたが、江戸時代、寛永年間（1624～1644年）に、神戸城主一柳監物によって再建されました。

そして現在は2社の祭神がひとつの社殿に相殿として祀られ、方災解除、厄祓、延命長寿、縁結び、安産、土地家屋敷国土の守護神として都波岐奈加等神社は多くの参拝者が訪れています。

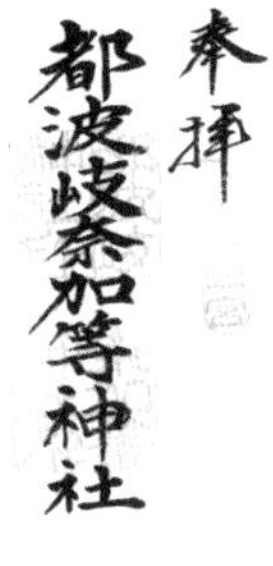

旧社格　式内社（小社）・県社
祭　神　猿田彦神・天椹野命・中筒之男命
例　祭　10月10日
住　所　〒513-0031　三重県鈴鹿市一ノ宮町1181
電話　059-383-9698　FAX　059-383-9695

主な祭典

例大祭「中戸の獅子舞」
10月10日

伊勢地方では昔から「四山の獅子」という四つの獅子舞があり、盛んに行われてきました。そのすべてが鈴鹿市にあります。そのひとつが都波岐奈加等神社の中戸流舞神楽で「中戸の獅子舞」として知られてきました。しかし、その伝統が一度途絶しましたが、昭和56（1981）年に見事復活しました。秋の例大祭には、由緒深い優雅な舞神楽がかつてのように花を添えることとなり、多くの参拝者で賑っています。

見どころ

中戸流舞神楽

中戸流舞神楽は、秋の例大祭の舞神楽で奉納されます。その舞方は、雌雄二頭の獅子による舞で、四方拝・飛の尾・起し舞・扇の舞・花起し・花の舞の順で行われるのが基本となっています。古式の伝統ある、この神楽は、社殿での舞が終わると、氏子の家の門舞が続いて行われます。この夕闇の中で行われ舞も楽しみにされています。

心のふるさと

伊勢神宮《いせじんぐう》　皇大神宮《こうたいじんぐう》（内宮《ないくう》）

写真提供　神宮司庁

「何事のおはしますかは知らねどもかたじけなさに涙こぼるる」

西行が初めて伊勢神宮を訪れた時に詠った歌です。僧侶としての立場からあえて「ここにはどのような神様がいらっしゃるかは分からないけれども、しかし、ありがたくて涙がこぼれる」と詠いました。

垂仁天皇26年にご鎮座されてから、２０００年以上。古代から伊勢神宮は神階（神様の位）を受けず、近代社格制度でも制度の対象外とされるなど、常に別格の扱いを受けてきました。

「とこしへに民やすかれと祈るなるわが世をまもれ伊勢の大神」と明治天皇も詠っています。

伊勢神宮の通称「内宮」と呼ばれる皇大神宮は、神路山・島路山を源とする五十鈴川のほとりにご鎮座しています。皇室の御祖先であり、国民から総氏神のように崇められる天照大御神をお祀りし、ご神体は三種の神器のひとつ「八咫鏡」です。内宮の入口である宇治橋を渡り、玉砂利を敷き詰めた長い参道を進むと「心のふるさと」とも言われる日本の原風景が広がります。

神明造という建築様式のご正殿をはじめ、付属の殿舎ならびに御垣は、20年に一度「式年遷宮」の大祭を執り行って、建て替えられています。

写真提供　神宮司庁

祭　神　天照大御神
例　祭　神嘗祭　10月16、17日
URL　http://www.isejingu.or.jp
住　所　〒516-0023　三重県伊勢市宇治館町１
電話 0596-24-1111（神宮司庁）

主な祭典

神嘗祭　10月16日・17日

神嘗祭は神宮の最も由緒深い祭典です。浄闇の中、午後10時と午前2時の二度にわたって由貴大御饌の儀が行われ、神宮神田で清浄に栽培された新穀の御飯・御餅・神酒を始め、海の幸、山の幸をお供えします。二日目の正午には勅使をお迎えして奉幣の儀を奉仕します。

写真提供　神宮司庁

見どころ

どんなに強固な石造りでも永い歳月、原初のスタイルを維持し続けるのは不可能です。パルテノン神殿、ボロブドゥル寺院、エルサレム市街……、世界各地に永遠を目指した石造りの古代神殿がありますが、維持されているところはありません。ところが伊勢神宮では20年に一度の再生「式年遷宮」の制度により「神明造」の社殿が新しく、１３００年にわたり維持されているのです。そして、新築された社殿で、今も昔も変わらぬままに毎日お祭りがなされています。

心のふるさと

伊勢神宮《いせじんぐう》 豊受大神宮《とようけだいじんぐう》（外宮《げくう》）

写真提供　神宮司庁

関西

「三十日（みそか）月なし千とせの杉を抱く嵐」

久々に訪れた伊勢神宮の神々しさに深く感動した、松尾芭蕉が詠った句です。句意は、月のない三十日、漆黒の闇に包まれた神宮の森には、千年も経たかと思われる杉の巨木が立っているが、その杉の周りを荒々しい風が、まるで神慮を告げるかのように吹き過ぎていく、というものです。

伊勢神宮を参拝する際、内宮へ参る前に参拝することが習わしとされるのが、通称「外宮」と呼ばれる豊受大神宮です。豊受大神宮は伊勢市の中心部、高倉山を背にしてご鎮座しています。

皇大神宮（内宮）ご鎮座より遅れること481年、雄略天皇の御代、丹波の国（今の京都府下、丹後半島付近）からお迎えした豊受大御神をお祀りしています。豊受大御神は、内宮の天照大御神のお食事を司る御饌都神（みけつかみ）であり、衣食住、産業の守り神としても崇敬されています。

神明造のご正殿は、内宮のご正宮と規模やつくりはかわりませんが、鰹木が内宮より1本少なく、千木が外削（先端が垂直に切られている）になっています。

写真提供　神宮司庁

祭　神	豊受大御神
例　祭	神嘗祭　10月15、16日
URL	http://www.isejingu.or.jp
住　所	〒516-0042　三重県伊勢市豊川町 279 電話 0596-24-1111（神宮司庁）

主な祭典

神嘗祭 10月15日・16日

神嘗祭では、秋の実りに感謝申し上げ、皇室の弥栄、五穀の豊穣、国家の隆昌、並びに国民の平安を祈願します。神嘗祭は両正宮に引き続き25日まで、別宮を始め、摂社・末社・所管社に至るすべてのお社において行われます。

写真提供　神宮司庁

見どころ

伊勢神宮のご神域ではいたるところに、樹齢千年はあろうかという杉の巨木が聳えています。歳月を経て大きくなり続ける木と、ご社殿の建造物は見事に調和しています。このように大自然と見事に調和する建築物は他の国には見られないものです。歴史的な建築家ブルーノ・タウトは「伊勢は世界建築の王座である」とまで言い切っています。

「みちひらき」の神様

猿田彦神社

さるたひこじんじゃ

関西

伊勢神宮内宮の近くに鎮座する猿田彦神社は、「みちひらき」の神様としてよく知られる猿田彦大神（さるたひこおおかみ）がお祀りされています。神話によれば、猿田彦大神は瓊瓊杵尊（ににぎのみこと）の天孫降臨で先導を終えた後、天宇受売命（あめのうずめのみこと）と共に本拠地である「伊勢の狭長田（さながた）五十鈴の川上」に戻り、この地をはじめ全国の開拓にあたられたとされています。そのような道案内や開拓の功績から、物事の始まりの際に道標となっていただける神様として、猿田彦大神は古くから信仰されてきました。

　また、『皇大神宮儀式帳』等には、猿田彦大神の御裔（みすえ）である大田命（おおたのみこと）が、倭姫命（やまとひめのみこと）の御巡幸に際し、猿田彦大神が聖地として開拓された五十鈴の川上にある宇遅（宇治）の地をお勧めし、そこに皇大神宮（内宮）が創建されたと伝えられています。

　猿田彦神社は、猿田彦大神、大田命の子孫にあたる宇治土公（うじとこ）家が代々宮司を務めています。本殿は「さだひこ造り」と呼ばれる特殊な妻入造で、欄干や鳥居には八角形の柱が使用されています。境内には、天宇受売命（あめのうずめのみこと）を祀る佐瑠女神社（さるめじんじゃ）が本殿と向かい合うように鎮座しています。天宇受売命は、天照大御神を岩戸から出すため神楽を舞った神話から芸能の神とされ、全国各地から芸能関係の人々が参拝に訪れます。

旧社格	無格社
祭　神	猿田彦大神・大田命
例　祭	春季例祭　4月4日・5日　秋季例祭　11月4日・5日
URL	http://www.sarutahikojinja.or.jp
住　所	〒516-0026　三重県伊勢市宇治浦田 2-1-10 電話　0596-22-2554

主な祭典

御田祭
5月5日

毎年5月5日、神田に豊作を祈って早苗を植えるお祭りで、桃山時代の風俗衣裳をつけた植方がのどかな田楽のはやしにのって優雅な初夏の風俗絵巻を繰り広げます。三重県の無形文化財に指定されており、神饌として飛魚をお供えする風習もあります。

見どころ

方位石

猿田彦神社は「みちひらき」の神様で、方位の神様でもあります。本殿の前には「方位石」と言われる八角形の石があり、昭和11年の御造営まで御神座のあった神聖な位置に建っています。

志摩国一の宮

伊射波神社《いさわじんじゃ》

天照大御神に仕えていた稚日女尊（わかひめのみこと）を加布良古岬にお祀りしたことが創祀とされ、志摩地方の海上守護神として信仰されてきました。創建の時期は不詳ですが、１５００年以上の歴史を持つと言われています。参道入り口の鳥居は海に向かって立っており、かつて船でお参りした名残を伝えます。地元では「志摩大明神」「加布良古大明神」と呼ばれ、「加布良古さん」の愛称や「一の宮」で通っています。

伊佐波登美尊（いざわとみのみこと）は、倭姫命（やまとひめのみこと）が伊勢神宮に朝夕の御贄（みにえ）を奉ずる地を捜し求めた際、この地で出迎えたとされる神で、新田開発に功績を遺され志摩国の開拓祖神とされています。玉柱屋姫命（たまはしらやひめのみこと）はその妃神で、天日別命の御子神です。

狭依姫命（さよりひめのみこと）は宗像三女神の一柱である市杵島姫命の別名で、祀られていた島が水没したため当社に合祀されたそうです。

当社の玉垣内には丸白石が敷き詰められており、古くから漁民はこの白石を船霊として船中に安置し、豊漁を祈る習慣があります。社殿の脇には昭和31（１９５６）年に再建された籠堂があり、人々は昔からこの堂に篭って大漁の祈願や修行をしてきました。

旧社格	式内社（大社）
祭　神	稚日女尊・伊佐波登美命・玉柱屋姫命・狭依姫命
例　祭	7月7日に近い日曜日／ 11月23日
住　所	〒517-0021　三重県鳥羽市安楽島町 1020 電話　0599-25-4354

主な祭典

勤労感謝祭　大漁祈願祭
11月23日

大漁祈願祭では「御魚取り神事（みとりしんじ）」があり、素襖に烏帽子姿の年寄り5人が神前で刺し網を張り、そこへ新鮮な魚を「大漁じゃ」の掛け声と共に投げ入れます。神事終了後には焼き魚として振る舞われます。

見どころ

領有神

社殿から２５０メートルほど岬の先へ進んだ場所には、領有神（うしはくがみ）が祀られています。朝日の遥拝所があり正月には初日を拝む人で賑うそうです。

志摩国の大社

伊雑宮《いざわのみや》

伊雑宮は、志摩市磯部町に鎮座する内宮の別宮で、天照坐皇大御神御魂（あまてらしますすめおおみかみのみたま）をお祀りしています。創立は約2000年前、第11代垂仁天皇の御代と言われています。

皇大神宮ご鎮座の後、倭姫命（やまとひめのみこと）が御贄地（皇大神宮へ奉る御供物を採る所）を定めるため、志摩国をご巡行された後、伊佐波登美命（いざわとみのみこと）がこの地に神殿を創建し、皇大御神の御魂をお祀りしたと伝えられています。

写真提供　神宮司庁

別宮14社のうち伊勢国外のものは伊雑宮（志摩国）のみで、神田まで持つ唯一の別宮です。また皇大神宮に準じた祭事が行なわれ、祈年、月次、神嘗、新嘗の諸祭には皇室からの幣帛（へいはく）が奉られます。

固有の特殊祭典として、御田植式（おたうえしき）が神田で行われます。

「いぞうぐう」とも呼ばれ、「志摩一の宮」との見解もあり、「天照大御神の遙宮（とおのみや）」として崇敬を集め、地元の人々によって海の幸、山の幸の豊穣が祈られてきました。

そのため海女や漁師は、伊雑宮のお守りである「磯守」を身につけ漁へ赴き、海からの厄災に対しての、ご加護を授かっています。

旧社格　式内社（大社）・皇大神宮別宮
祭　神　天照坐皇大御神御魂
例　祭　6月24日
URL　http://www.isejingu.or.jp/about/naiku/izawa.html
住　所　〒517-0208　三重県志摩市磯部町上之郷374
電話　0596-24-1111（神宮司庁）

写真提供　神宮司庁

見どころ

巾着楠

伊雑宮には、古来より原生林が広がり巨木が連なります。境内の斎館前にも、推定樹齢700年と言われる楠の巨木が生えています。その大きく膨らんだ根元には強い生命力が感じられます。

主な祭典

御田植式

6月24日

香取神宮・住吉大社とあわせて日本三大御田植祭とされます。御田植式での伝承芸能は「磯部の御神田（おみた）」として、平成2（1990）年に国の重要無形民俗文化財に指定されています。

関西

伊賀国一の宮

敢國神社

あえくにじんじゃ

敢國神社の主祭神である大彦命（おおひこのみこと）は、３５０年頃第８代孝元天皇の長子として大和の国に生まれ、大和朝廷創建期の武人と言われています。北陸地方を平定後、伊賀国を本貫の地として留まられ、その地が阿拝（あえ）郡であったことから、阿拝氏・阿部氏・安部氏の姓を名乗るようになり、伊賀の国中に子孫が広がっていき栄え、この地に国府が置かれました。

社伝によると神社の創建は６５８年で、当初は大彦命と少彦名命（すくなひこなのみこと）が祭神とされており、後９７７年に神社前方の南宮山（なんぐうさん）に鎮まる金山比咩命（かなやまひめのみこと）が合祀されました。

江戸時代には藤堂高虎が伊賀へ入府後、伊賀上野城から丑寅鬼門の方角にあたるところから「鬼門鎮守厄除」の神社として累代の崇敬厚く社殿調度品の修営、神器神領寄進を受けました。伊賀が生誕地である松尾芭蕉も参拝し、「手はなかむ音さへ梅の匂ひかな」の句を詠んでいます。

獅子神楽が特殊神事として古くより行われ、江戸時代には正月３日に舞初祭を行った後、藩公城中において領内安全五穀豊穣の祝祷の後、伊賀一国を巡奏して厄除の舞を奉奏し終って、報賽神事として4月17日に舞上祭を行ってきました。現在では境内において、正月３日、4月17日、12月5日に執り行っています。

旧社格	式内社（大社）・国幣中社
祭　神	大彦命
例　祭	12月5日
URL	http://www.aekuni.jp
住　所	〒518-0003　三重県伊賀市一之宮 877 電話　0595-23-3061　FAX　0595-24-3972

主な祭典

例祭 12月5日

伊賀各地で行われている獅子神楽の原型とされる、県民俗無形文化財の指定を受けた「獅子神楽」も執り行われます。

見どころ

南宮山

神社の前方の南宮山は秀麗な姿で「伊賀小富士」と称せられます。頂上には末社浅間社が鎮座し、ここからの眺望は四季を通じ素晴らしいものです。

伊勢国一の宮

椿大神社《つばきおおかみやしろ》

椿大神社は、伊勢国鈴鹿山系の中央麓に鎮座し、広い境内には杉・桧の大木が鬱蒼と茂っています。主祭神は神山入道ケ嶽にて高山生活を営まれた国津神・猿田彦大神（さるたひこのおおかみ）で、相殿に皇孫・瓊々杵尊（ににぎのみこと）、栲幡千々姫命（たくはたちぢひめのみこと）を、配祀に猿田彦大神の妻神である天之鈿女命（あめのうずめのみこと）、木花咲耶姫命（このはなさくやひめ）を祀っています。

猿田彦大神は天孫降臨の際、天の八衢に立ち「道別の大神」として出迎え先導した神です。それにより肇国の礎を成した大神として、垂仁天皇27（紀元前3）年、倭姫命の御神託により、この地に「道別大神の社」として社殿が奉斎されたと伝えられています。仁徳天皇の御代、御霊夢により「椿」の字をもって社名とされ、現在に及んでいます。また、猿田彦大神を祀る全国2千余社の本宮として「地祇猿田彦大本宮」と尊称されています。境内には、松下幸之助が奉納した茶室「鈴松庵（れいしょうあん）」もあります。

県無形文化財に指定されている「獅子神御祈祷神事」は、今から約1300年前の奈良時代、猿田彦大神の神裔である行満神主の時に始められました。以来、干支に丑、辰、未、戌の年に東海各地で奉納されており、この3年毎の巡舞作法を守りながら今日まで伝えられてきた日本最古の獅子舞です。

旧社格	式内社（小社）・旧県社
祭 神	猿田彦大神
例 祭	10月11日
URL	https://tsubaki.or.jp
住 所	〒519-0315 三重県鈴鹿市山本町字御旅1871 電話 059-371-1515 FAX 059-371-1668

主な祭典

本宮秋季例大祭・神幸祭

10月11日

11時より本宮において秋季例大祭が斎行されます。祭典後は、神幸祭が斎行され、本殿より猿田彦大神の御神霊が神輿に遷され、厄年にあたる氏子らの奉仕により、天之鈿女命が鎮まる別宮・椿岸神社へと遷御されます。

見どころ

御船磐座（みふねいわくら）

謡曲「鈿女（うずめ）」にうたわれている神代の神跡で、この地に瓊々杵尊一行の御船が到着されたと伝えられている場所です。

関西

夫婦岩の名所

二見興玉神社《ふたみおきたまじんじゃ》

二見興玉神社の鎮まるこの二見の地は、倭姫命があまりの美しさに二度景色を振り返ったことから「二見」という名が付けられたと伝えられています。昔から伊勢神宮に参拝する前には、この二見浦で禊を行い身を清めてから両宮に参拝するのが慣わしでした。今日でも、二見興玉神社に参拝してから、外宮、内宮とお参りするのが正式な「お伊勢参り」と言われています。

二見興玉神社といえば、夫婦岩が有名です。男岩は高さ9m、女岩は高さ4mで五本の注連縄により固く結ばれています。また、夫婦岩は日の大神及び、沖合約700mに鎮む、御祭神猿田彦大神縁りの御霊石「興玉神石」を遥拝する鳥居の役目をしております。この夫婦岩の間からは、五月・六月・七月の頃朝日が大変美しく昇ってきます。特に夏至の日の前後1週間、天気が良く空気の澄んだ日には、霊峰富士の背より昇る朝日を拝することができます。また、秋から冬の頃は、月の出が幻想的で、夫婦岩の間より昇る満月を拝することができます。

二見興玉神社の参道には、多くの蛙の置物が置かれています。この蛙は、御祭神である猿田彦大神の御使いとされており、無事かえる、大切なものがかえる等のご利益を受けられた方々が献納されたものです。

また、全国各地には天照大御神がお隠れになったという天の岩屋と伝えられる場所が数多く存在しますが、この二見興玉神社にも、そう伝えられる霊跡が存在します。夏至の頃、夫婦岩の間から昇った太陽が、この岩屋の奥深く沈んでいくことから、日の大神がお隠れになった天の岩屋伝説が伝えられています。かつては石神とも申される宇迦御魂大神をお祀りしていましたが、現在はご本殿に合祀しています。

旧社格	村社
祭　神	猿田彦大神・宇迦御魂大神
例　祭	7月15日
住　所	〒519-0602　三重県伊勢市二見町江 575 電話　0596-43-2020　FAX　0596-43-2015

主な祭典

大注連縄張神事（5月5日・9月5日・12月中旬土日）

夫婦岩に張られている大注連縄は、古式によって調整されるもので、1本の長さが35メートルで、計五本が張り渡されています。神事は5月・9月・12月の年三回行われ、二見太鼓や木遣りの歌の響く中張り替えられます。

見どころ

夫婦岩

二見興玉神社の見どころといえば、やはり夫婦岩。夫婦岩は日の出のスポットとしても有名で、5月から7月の間は夫婦岩の間から日の出を拝むことができます。特に見どころは夏至の前後1週間の日の朝。また、冬至の前後（10月～1月頃）は夫婦岩の間からの月の出を見ることができます。

かるたの聖地

近江神宮《おうみじんぐう》

関西

第38代天智天皇をお祀りする近江神宮は、琵琶湖西岸の天智天皇の古都・近江大津宮跡に鎮座しています。滋賀県・大津市の発展は天智天皇が近江大津宮に都をおかれたことに始まるとして、県内では格別に崇敬が深く、明治20年代以来、天智天皇をお祭りする神社の創建の運動が沸き起こりました。そして、昭和に入って昭和天皇の御勅許を賜わり、滋賀県民を始め全国崇敬者の真心の奉賛により、皇紀2600年の佳節にあたる昭和15（1940）年に近江神宮が創祀されました。

天智天皇は第34代舒明天皇の皇子で、中大兄皇子として知られ、皇太子として藤原鎌足とともに大化の改新（645年）を行いました。古代国家確立の大本を打ち立てられ、中興の英主と称えられます。

近江神宮の境内地は約6万坪。社殿は近江造りあるいは昭和造りと呼ばれ、山麓の斜面に本殿・内外拝殿を回廊が取り囲み、近代神社建築の代表的なものとして平成10年より国の登録文化財として登録されています。

また、『小倉百人一首』巻頭歌が天智天皇のものであることから「かるたの殿堂」とされ、お正月に行われる「かるた祭」や競技かるたのチャンピオンを決める各種の大会が毎年開催されています。漫画『ちはやふる』でかるたの聖地として登場し、コミック・テレビアニメにより全国的に有名になりました。

旧社格	旧官幣大社・勅祭社
祭　神	天智天皇（天命開別大神）
例　祭	4月20日
URL	http://oumijingu.org
住　所	〒520-0015　滋賀県大津市神宮町1-1
	電話　077-522-3725　FAX　077-522-3860

主な祭典

かるた祭
1月上中旬の日曜日

天智天皇御製の『小倉百人一首』巻頭歌を朗誦し、采女装束を着た4名の取姫が儀式的にかるたを取り「かるた開きの儀」を行います。続いて近江勧学館において高松宮記念杯をいただいた競技かるたの全国大会が開催されます。

見どころ

時計館宝物館

天智天皇が日本で初めての時計である漏刻（水時計）を設置した経緯から、昭和38（1963）年に時計歴史館として設立され、平成22年に時計館宝物館として改装された。世界の時計約2300点を集めた時計をテーマとする博物館です。

近江最古の大社

白鬚神社《しらひげじんじゃ》

近江最古の大社として知られる白鬚神社は、全国にある白鬚神社の総本宮とされます。社伝では、垂仁天皇25年に倭姫命によって社殿が建てられたのが創建であると伝えられています。沖島を背景として琵琶湖畔に鳥居を浮かべることから、「近江の厳島」とも称されています。鳥居は弘安3（1280）年の絵図では陸上に描かれていますが、『白鬚大明神縁起絵巻』（白鬚神社所蔵・江戸時代中期）には、「永禄5（1562）年、突然社前の一町（約11m）程沖に石の神門（鳥居）が現れた」とあります。

白鬚神社のご祭神は猿田彦命（さるたひこ）で、『古事記』では「天の八衢に居て、上は高天原（たかまがはら）を光し、下は芦原中津国を光す神」とされ、自ら「吾は国つ神」とあり、この国土にあって国民のための導きの神であったことを知らしめています。『白鬚大明神縁起絵巻』では、伊勢から近江にたどり着いた猿田彦命が「これは良いところだ」と湖で釣りを楽しんでいるうちに、気がつけば白鬚の老翁になっていたと伝えられています。そして、猿田彦命から「白鬚明神」が生まれました。「白鬚」とつくことから、長寿の神様としても信仰されています。「西近江七福神巡り」では、白鬚神社は寿老神に充てられています。

白鬚神社の本殿は、豊臣秀吉の遺命を受け、秀頼公の寄進により慶長8（1603）年に建立されたもので、昭和13年、国の重要文化財に指定されています。檜皮葺きで入母屋造り、桃山時代特有の建築で、片桐且元書の棟札も残されています。

旧社格	国史見在社・県社
祭　神	猿田彦神命
例　祭	5月3日
URL	http://shirahigejinja.com
住　所	〒520-1122　滋賀県高島市鵜川215 電話　0740-36-1555　FAX　0740-36-1560

主な祭典

白鬚まつり（秋季大祭）
9月5日、6日

江戸時代の文献にも出てくる「なるこ参り」という神事も行われます。数え年で2歳になった子供に白鬚大神からの呼び名を授かり、この名前で数日間その子を呼ぶと無事に一生幸福の御守護があると言われています。

見どころ

岩戸社

社殿の奥の山にある岩戸社、その横には注連縄を巻かれた大きな岩が祀られています。御祭神の猿田彦命縁の古墳とも伝えられている、「天の岩戸」と呼ばれる神域です。

近江国一の宮

建部大社

たけべたいしゃ

日本武尊を祀る近江国一の宮・建部大社は、滋賀県大津の瀬田唐橋のたもとに鎮座します。日本武尊は第12代景行天皇の第二皇子で、日本各地の豪族を平定した英雄として語り継がれています。亡くなった時、景行天皇は御名代として「建部」を定めてその功名を伝えられました。そして、景行天皇46年、神勅により御妃布多遅比売命（ふたじひめのみこと）（父は近江安国造）が、御子稲依別王（いなよりわけのみこ）と共に住まわれていた神崎郡建部の郷（御名代の地）に日本武尊の神霊を奉斎されたのが当社の草創になります。

その後、天武天皇白鳳4（675）年、当時近江国府の所在地であった瀬田の地に迁祀し、近江一の宮として崇め奉ったのが現在の建部大社です。天平勝宝7（755）年には、大己貴命が大神神社から勧請され、権殿に祀られました。歴朝の御尊信篤く、武門武将の崇敬枚挙にいとまありません。とくに源頼朝が平家に捕われ、14才で伊豆に流されるため、京都から関東へ向かう途中、永暦元（1160）年3月20日当社に参篭して前途を祈願した事が『平治物語』に記されています。その後、頼朝は源氏再興の宿願成って、建久元（1190）年11月右大将として上洛の際、再び社前で祈願成就の神慮に対し、幾多の神宝と神領を寄進してます。

昭和20年8月、日本で初めて作られた千円紙幣（甲号券）の図柄には日本武尊と当社の本殿が使用されました。わずか7ヶ月間という通用期間であったため、幻の紙幣とされています。

撮影・村上彰（一の宮巡拝会）

旧社格　式内社（名神大社）・官幣大社
祭　神　日本武尊
例　祭　4月15日
URL　http://takebetaisha.jp
住　所　〒520-2132　滋賀県大津市神領 1-16-1
電話　077-545-0038　FAX　077-545-2438

主な祭典

船幸祭
8月17日

春の日吉大社の「山王祭」、秋の天孫神社の「大津祭」と共に「大津三大祭」のひとつともされている、夏の建部大社の「船幸祭」。日本武尊の東征故事に拠るもので、重さ1・5トンの大神輿を御座船に乗せて瀬田川を下ります。

見どころ

御神木の三本杉

孝徳天皇の御代天平勝宝7（755）年大己貴命を権殿へと奉祀された際、一夜にして生長したと伝わる御神木の三本杉です。建部大社の神紋にも使われています。

生命の神様「お多賀さん」
多賀大社《たがたいしゃ》

古くから「お多賀さん」の名で親しまれる多賀大社は、滋賀県犬上郡多賀町多賀に鎮座します。祭神は伊邪那岐大神（いざなぎのおおかみ）・伊邪那美大神（いざなみのおおかみ）で、『古事記』によるとこの2柱の大神は神代の昔に初めて夫婦の道を始められ、日本の国土、続いて天照大御神をはじめとする八百万の神々をお産みになられました。生命の親神様であることから、古くから「延命長寿・縁結び・厄除け」の神様として信仰を集め、鎌倉時代から江戸時代にかけて武家や民衆にも信仰が広まり、多賀大社の分祀社は全国で239社を数えます。伊勢・熊野とともに庶民の参詣で賑わい、「お伊勢参らばお多賀へ参れ お伊勢お多賀の子でござる」「お伊勢七度熊野へ三度 お多賀さまへは月参り」という俗謡もあります。ここに見る「お多賀の子」とは、伊勢神宮祭神である天照大御神が伊邪那岐大神・伊邪那美大神の御子であることによります。

多賀大社では、「お多賀杓子（おたがじゃくし）」という杓子のお守りが有名です。奈良時代、元正天皇の病気に際し、当社の神主が強飯を炊き、しでの木で作った杓子を献上したところ、天皇はたちまち全快したと伝えられ、以来、杓子を縁起物のお守りとしているのです。これが「お玉杓子」や「オタマジャクシ」の名の由来になったそうです。

旧社格	式内社（小社）・官幣大社
祭神	伊邪那岐大神・伊邪那美大神
例祭	4月22日
URL	http://www.tagataisya.or.jp
住所	〒522-0341　滋賀県犬上郡多賀町多賀604番地 電話　0749-48-1101　FAX　0749-48-1105

主な祭典

古例大祭（多賀まつり）
4月22日

「古例大祭」は、鎌倉時代の古記録にも出てくる多賀大社年間の最重儀です。「多賀まつり」、あるいは騎馬多数の供奉が行われることから「馬まつり」とも呼ばれています。大祭の後、列次を整えてお渡りが出発し、その列次は馬頭人、御使殿を中心に、氏子や崇敬者の騎馬供奉40数頭、御神輿や御鳳輦の供奉者など実に500名におよぶ行列となります。

見どころ

奥書院庭園

天正16年、太閤秀吉は米一万石を事納し、母大政所の病気平癒を祈りました。太閤橋や奥書院庭園は、その奉納によって築造されたと伝えられています。

京の都のお伊勢様

京都大神宮

きょうとだいじんぐう

江戸時代末期より盛んになっていたお伊勢参りに、直接行けない人々のために、伊勢神宮を遥拝できる施設が、明治維新後、全国都道府県に設けられました。京都大神宮も、最初は、伊勢神宮の布教機関、神宮教の京都教会所の神宮奉斎会京都地方本部として、明治6（1873）年に創建、明治8年に社殿が建立され、明治14年には神宮遥拝所となりました。

ご祭神は伊勢神宮内宮・外宮より天照大御神（あまてらすおほみかみ）、豊受大神（とようけのおほかみ）を奉迎し、相殿に伊弉諾尊（いざなぎのみこと）、伊弉冊尊（いざなみのみこと）と、宮中でまつられる八柱大神、大地主神（おほとこぬしのかみ）、倭比売命（やまとひめのみこと）が祀られています。

本殿は、日本有数の唐破風の優美さを湛える、一条家の玄関及び書院が移築されたものであり、手水舎の水盤は、太閤秀吉で知られる伏見城にあったものが寄進、移築されたと伝えられています。

創建以来、明治天皇の皇女、親王、時の大臣他多くの参拝者を集めてきました。また神前結婚式に対する貢献が大きいのも当社の特徴です。神前結婚式は明治33年、当時の皇太子（後の大正天皇）と九条節子姫（後の貞明皇后）の御成婚に始まりますが、宮中における初めての慶事は、多くの国民の神前結婚への要請が高まりました。そこで東京大神宮と共に京都大神宮は神前結婚の祭式を吟味し完成させ挙行してきました。それが今日に繋がっています。なお、日本で最初の神前結婚式は、明治15年4月28日、京都大神宮で斎行されました。社名は戦後、京都大神宮に改称。京都での現代的な教化は変わらず続けられています。

©kyotodaijingu

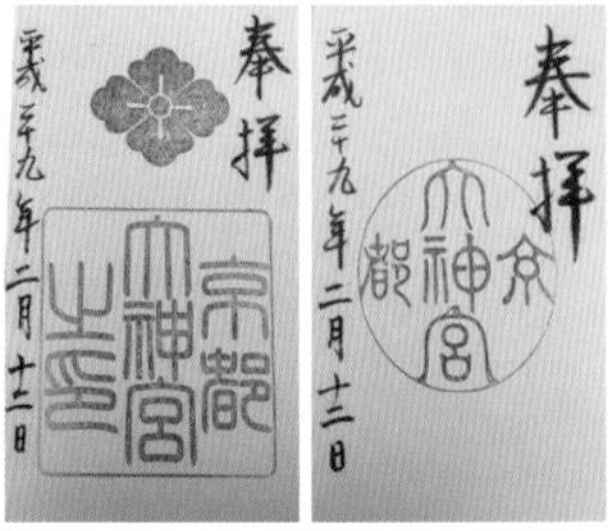

旧社格　ー
祭　神　天照大神・豊受大神・宮中八神ほか
例　祭　10月17日
URL　http://kyotodaijingu.jp
住　所　〒600-8031　京都市下京区寺町通四条下ル
貞安前之町622
電話　075-351-0221　FAX　075-351-0221

主な祭典

夏越祓

6月30日　午後5時

「水無月の夏越の祓する人は、千歳の命延ぶといふなり」と古歌を唱え、茅の輪を三度くぐって、心身を祓清める「夏越祓」は、夏を元気に越し、延命長寿を祈る神事です。また人の形に切り抜いた紙「形代（かたしろ）」に名前と年齢を書き、それで身体を撫でて息を吹きかけ、罪や穢を移し、我が身の代わりにして清めてもらうという神事も行えます。この祭事に多くの人たちが来られます。

見どころ

手水舎とイラストのバランス感覚

鳥居のすぐ横にある、手水舎の水盤は、豊臣秀吉によって京都・東山に築城され、豪華を極めた伏見城から移築されたものだと伝えられています。その由緒ある手水舎に対して、新しいイラストによって描かれている京都大神宮のキャラクターが随所に見られ、この新しい感覚は、神前結婚式を作り上げてきた、創造的な現代感覚を思わせます。

貴布禰総本宮

貴船神社《きふねじんじゃ》

京都の貴布禰総本宮 貴船神社は、全国に約500社ある貴船神社の総本社で水神である高龗神（たかおかみのかみ）が祀られています。創建の年代は定かではありませんが、社伝では、初代神武天皇の皇母である玉依姫命（たまよりひめのみこと）が、浪花の津から黄色い船に乗って淀川、鴨川、貴船川を遡りこの地に上陸し、水神を祭ったのに始まると伝えられています。

社名はその「黄船」（きふね）に由来し、奥宮境内にある「船形石」は、玉依姫命が乗ってきた船が小石に覆われたものと伝えられています。もっとも古い社殿造替の記録は677年（白鳳6年）のものがあり、そのことからも分かるように千数百年の歴史ある神社です。

祭神の高龗神は伊弉諾尊（いざなぎのみこと）の御子神で、水を司る神、降雨・止雨を司る龍神といわれています。そのことから農漁業、醸造業者らの篤い信仰を集めてきました。

また、古くから「氣生根（きふね）」とも表記され、氣力の生ずる根源の地で運気隆昌、諸願成就の御神徳があるとされています。平安時代の女流歌人・和泉式部も参詣し、不和となった夫との復縁祈願が成就した逸話があり、えんむすびの神としても若い世代より絶大な崇敬を集めています。

旧社格	式内社（名神大社）・二十二社（下七社）・官幣中社
祭神	高龗神
例祭	6月1日
URL	http://kifunejinja.jp/
住所	〒601-1112 京都市左京区鞍馬貴船町180
	電話 075-741-2016 FAX 075-741-3596

主な祭典

貴船祭 6月1日

貴船神社の例祭である貴船祭は、本宮での祭典から始まり、雅びやかな舞楽が奉納されます。そして神輿が本宮をスタートし奥宮へと向かい、そこでは子供たちが神石「船形石」に千度詣りを行ないます。その後、八岐大蛇（やまたのおろち）を退治した神話を再現した出雲神楽が島根県の貴船神社・出雲神楽団により奉納されます。

見どころ

本宮境内にある神馬像

古くから、晴れを願うときには白馬が、雨を願うときには黒馬が奉納されてきましたが、実際の馬に代わり木の板に描いた馬（板立馬）が奉納されたことが絵馬の発祥につながったと考えられており、貴船神社は絵馬発祥にもゆかりが深い神社です。

京都平安京の天門

北野天満宮

きたのてんまんぐう

　京都の北野天満宮は、学問の神として広く信仰を集めてきた菅原道真公（菅公）を御祭神とする全国約1万2000社の天満宮、天神社の総本社です。平安京の最も重要な北西（乾の方角）「天門」に位置し、古来より天神地祇の神々を祀る聖地であり、天神信仰発祥の地として崇敬されています。

　創建は平安時代、天暦元年（947）に、多治比文子、比良宮の神主神良種、北野朝日寺の僧最珍らが現在の地に社殿を建て、菅公をお祀りしたのが始まりとされます。永延元年（987）に一條天皇の勅使が派遣され、国家の平安が祈念されました。この時から「北野天満大自在天神」の神号が認められ、代々皇室の崇敬をうけ、国家国民を守護する霊験あらたかな神として崇められてきました。

　江戸時代には、読み書き算盤を教える寺子屋が普及し、そこに天神さまがお祀りされ、菅公の「御神影」が掲げられました。現在も「学問の神さま」、「芸能の神さま」として広く祈願されています。受験シーズンには、天神様に参拝する大勢の人たちが訪れることで知られています。

旧社格　二十二社（下七社）・官幣中社
祭　神　菅原道真公
例　祭　9月4日
URL　http://www.kitanotenmangu.or.jp/
住　所　〒602-8386　京都市上京区馬喰町
電話　075-461-0005 FAX　075-461-6556

主な祭典

御手洗祭と北野七夕祭

8月7日

御手洗祭は古来より初秋にあたる北野の四季祭の一つと数えられ、大祓神事を意味する祭りで、内陣に松風の硯・角盥・水差し・梶の葉をお供えします。古事によれば御神宝の虫干しや御祭神の御装束のお清めを行い、社中一同精進潔斎・参籠する重儀とされました。この御手洗神事の旧儀復興のため北野七夕祭として、御手洗川での足付け燈明神事や御本殿石の間通り抜け神事、御装束の展覧を行います。

見どころ

史跡御土居のもみじ苑

天正19年（1591）に豊臣秀吉公が築いた土塁「御土居」の一部が残り史跡に指定されています。御土居一帯は紅葉の名所として知られ、樹齢350年から400年の古木をはじめとする約350本のもみじが赤や黄に色づき、見事な眺めを見せてくれます。初夏には青もみじ苑として公開し、瑞々しい若葉を楽しむことが出来ます。

山城国一の宮の上社

賀茂別雷神社《かもわけいかづちじんじゃ》（上賀茂神社《かみがもじんじゃ》）

通称、上賀茂神社。賀茂御祖神社（下鴨神社）とともに、賀茂氏の氏神を祀る神社で、葵祭（賀茂祭）などは賀茂神社両社共同で実施されます。

古都京都の北に鎮座する、京都最古の神社。社伝では、神武天皇の代に、本殿の北２kmに位置する神山（こうやま）に祭神・賀茂別雷大神（かもわけいかづちのおおかみ）が降り立ったとのことです。「別雷」には雷を支配する意味もあるようで、古代の信仰をうかがわせます。

国史では、天武天皇（第40代）６（６７７）年に社殿が造営されています。平安遷都のおりには桓武天皇（第50代）の行幸があり、以後、皇城の鎮護神として両社への朝廷の尊崇はさらに高まります。大同２（８０７）年、最高位の正一位の神階を受け、賀茂祭は勅祭とされます。弘仁元（８１０）年からは約４００年にわたって、伊勢神宮の斎宮にならった斎院が置かれ、皇女が斎王（さいおう）として奉仕しました。国の重要な節目には、奉幣の祈りが捧げられてきたのです。明治においても官幣大社の筆頭とされ、明治16（１８８３）年には勅祭社に定められました。

御祭神が宿る神殿は、本殿・権殿と呼ばれ、流造の建築様式によるものです。長元９年（１０３６）に後一条天皇の勅命により21年毎の式年遷宮が定められ、今日までその制度は続いている。現在の本殿・権殿は文久３年（１８６３）の造替で、国宝に指定、さらに楼門など多数も重要文化財に指定されています。平成６（１９９４）年、ユネスコ世界遺産（文化遺産）に古都京都の文化財のひとつとして登録されました。

旧社格	式内社（名神大社）・二十二社（上七社）・勅祭社・官幣大社
祭神	賀茂別雷大神
例祭	5月15日
URL	http://www.kamigamojinja.jp
住所	〒603-8047　京都府京都市北区上賀茂本山339 電話　075-781-0011　FAX　075-702-6618

主な祭典

葵祭
5月15日

賀茂御祖神社との葵祭（正式には賀茂祭）は、京都三大祭りのひとつ。平安時代から国家的行事として行われてきました。貴族たちにとって祭りといえば賀茂祭であったことが源氏物語からもう窺えますし、物語中でも幾度も登場します。徳川家の三つ葉葵の原型が賀茂神社の神紋・二葉葵であることなどから幕府は重視し、元禄７（１６９４）年の行列復興により、葵祭と呼ばれるようになりした。なお当社の行事では５月５日の賀茂競馬も著名です。

見どころ

細殿と立砂

細殿は、皇族や斎王の到着のときに使われた殿舎です。寛永５（１６２８）年に造り替えられた、重要文化財です。その細殿の正面に円錐形に高く盛られた立砂は、御祭神が降り立った神山（こうやま）をかたどるもので、浄め砂の起源といわれます。毎年９月９日の烏相撲（からすずもう）では、立砂の前に土俵を造り児童たちの相撲が奉納されます。

京都五社「祇園さん」

八坂神社

やさかじんじゃ

関西

祇園祭で有名な京都市東山区の祇園町にある八坂神社は、千百年の歴史を誇る伝統ある神社で、全国の八坂神社や素戔嗚尊を御祭神とする関連神社約2300社の総本社。「祇園さん」という通称でも親しまれてきました。

明治以前は、元々お祀りされていた御祭神の牛頭天王（素戔嗚尊と同神とされている）が祇園精舎の守護神であったことから、祇園社、祇園感神院などと呼ばれていましたが、明治元（1868）年から、神仏分離令により現在の八坂神社と改名され、御祭神も変わりました。

現在の御祭神は、素戔嗚尊（すさのをのみこと）と櫛稲田姫命（くしいなだひめのみこと）の夫婦と、その子供達である八柱御子神（やはしらのみこがみ）です。素戔嗚尊が八岐大蛇（やまたのおろち）と対決した時に救い出したのが櫛稲田姫命であり、この事から夫婦円満の神様にあやかり、縁結びのパワースポットとしても昔から知られています。それだけでなく、家内安全、病気平癒、試験合格、商売繁昌などに関わる一切の厄災を祓い開運成就を遂げられるような様々なご利益があります。

旧社格	官幣大社・二十二社
祭　神	素戔嗚尊・櫛稲田姫命・八島篠見神・五十猛神・大屋比売神・抓津比売神・大年神・宇迦之御魂神・大屋毘古神・須勢理毘売命
例　祭	6月15日
URL	http://www.yasaka-jinja.or.jp
住　所	〒605-0073 京都府京都市東山区祇園町北側625 電話　075-561-6155　FAX　075-531-1126

主な祭典

祇園祭 7月1日-31日

千百年の伝統をもつ八坂神社の祭礼で、日本三大祭りの一つに数えられます。祇園祭は、貞観年中（859～877年）に京の都に疫病が流行した折、勅を奉じて66本の矛を立て、洛中の男児が神輿を神泉苑に送って厄災の除去を祈ったことに由来します。毎年7月1日から1ヶ月間、各種の神事、行事が盛大に行われます。

見どころ

平安時代の建築様式祇園造

神社建築は通常、神様のいらっしゃる神殿と拝殿は別々の建物になっていますが、八坂神社の神殿と拝殿は一体化しています。これは俗に祇園造と呼ばれています。また、内部空間を広げるため又庇をつけるという平安時代の建築様式も使われています。八坂神社の国宝になっている本殿の祇園造の建築美もじっくり堪能したいものです。

山城国の一宮の下社

賀茂御祖神社（下鴨神社）

かもみおやじんじゃ（しもがもじんじゃ）

通称、下鴨神社。賀茂別雷神社（上賀茂神社）とともに賀茂氏の氏神を祀る神社で、葵祭（賀茂祭）などは賀茂神社両社共同で実施されます。京都を流れる賀茂川と高野川が合流する三角地帯の糺（ただす）の森に鎮座しています。

関西

『山城国風土記』によれば、賀茂建角身命（かもたけつぬみのみこと）は、神武天皇の先導役で、大和国から加茂川上流にいたり、妻を迎えて娘・玉依媛命（たまよりひめのみこと）をもうけました。玉依媛命が川を流れてきた矢によって身ごもり、生まれたのが賀茂別雷神社の祭神・賀茂別雷大神となります。当社は賀茂建角身命と玉依媛命を祀るもので、社名の由来を示すものです。

社伝では、崇神天皇（第10代）の代には神社の瑞垣の修造が行われています。平安京の造営においては、造営祈願が下鴨神社で行われました。大同２（８０７）年、上社とともに最高位の正一位の神階を受け、賀茂祭は勅祭とされます。以来、王城の鎮護神として両社への朝廷の尊崇はさらに高まったのです。文久３（１８６３）年、天皇として２１２年ぶりの「外出」がなされます。孝明天皇が、徳川将軍を従えて両賀茂神社に攘夷祈願したのです。これこそ、天皇と幕府の関係が逆転したときであり、明治維新を導くエポックでした。

神霊が宿る神殿は、西本殿・東本殿と呼ばれ、流造（ながれづくり）の建築様式による国宝です。さらに多数の建築物が重要文化財に指定。古くから21年ごとに勅使を迎えて式年遷宮が行われてきました。平成６（１９９４）年、世界文化遺産に古都京都の文化財のひとつとして登録されました。

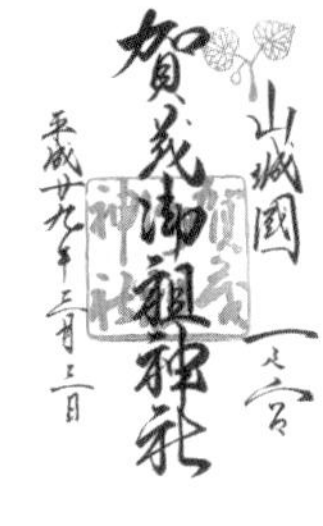

旧社格	式内社（名神大社）・二十二社（上七社）・勅祭社・官幣大社
祭　神	賀茂建角身命・玉依媛命
例　祭	5月15日
URL	http://www.shimogamo-jinja.or.jp
住　所	〒606-0807　京都府京都市左京区下鴨泉川町 59 電話　075-781-0010　FAX　075-781-4722

主な祭典

葵祭 5月15日

賀茂別雷神社との葵祭（正式には賀茂祭）は、京都三大祭りのひとつ。宮中から遣わされる勅使たちの本列、現在は京都の市民から選出された斎王代たちの女人列が、京都御所から当社を経て賀茂別雷神社まで牛車とともに進みます（路頭の儀）。双葉葵の葉と桂の枝を飾った平安装束による行列は、あたかも平安絵巻を見るようです。両社においては、天皇のお使いである勅使が御祭文を奏上します（社頭の儀）。なお当社の神事では7月土用丑の日の御手洗祭が著名です。

見どころ

糺（ただす）の森

境内のこの森は、12・4万平方メートルの面積をもち、古代の原生林がほとんどそのまま維持されている国の史蹟です。ケヤキ・ニレ・ムクノキなど落葉広葉樹林が多く生育し、小川が流れています。紫式部、中宮定子、小野篁と鴨長明などの和歌が詠まれてきました。近年の調査では、縄文時代の土器や平安時代の祭祀跡が発掘。この森も下鴨神社の一部として世界遺産に登録されています。

桓武天皇・孝明天皇を祀る時代祭の社

平安神宮《へいあんじんぐう》

京都は、1000年をこえる国都として栄えました。桓武天皇（第50代）が平安京に遷都されてから1100年の年に創建が推進され、翌年の明治28（1895）年、平安神宮は鎮座しました。そこには京都市民の強い気持ちがあったのです。

昭和15（1940）年には、さらに明治維新の基をつくられた孝明天皇（第121代）も祀られます。

京の都で最初に過ごされた天皇と最後に過ごされた天皇が併祀されたことになります。

社殿は、桓武天皇が開かれた当時の平安京の正庁、朝堂院が8分の5の規模で再現されたものです。大極殿（だいごくでん）・外拝殿）・応天門（おうてんもん・神門）・蒼龍楼（そうりゅうろう）・白虎楼（びゃっころう）・歩廊・龍尾壇（りゅうびだん）などは創建当時の造営です。

孝明天皇鎮座にあたっては、本殿・祝詞殿・内拝殿・翼舎・神楽殿（かぐらでん・儀式殿）・額殿（がくでん）・内外歩廊斎館（祭典の為参篭する館）・社務所などが増改築され、これまでの社殿も大修理されました。

創建時の社殿6棟と創建に関わりがある（神苑内展示）日本最古の電車が重要文化財に指定されています。

旧社格　官幣大社・勅祭社
祭　神　桓武天皇・孝明天皇
例　祭　4月15日
URL　http://www.heianjingu.or.jp
住　所　〒606-8341　京都府京都市左京区岡崎西天王町97
電話　075-761-0221　FAX　075-761-0225

主な祭典

時代祭
10月22日

明治維新時代、江戸時代、安土桃山時代、室町時代、吉野時代、鎌倉時代、藤原時代、延暦時代の8つの時代を20の行列に分けて、総勢約2000名が（京都御所建礼門から平安神宮まで）都大路を練り歩きます。創建の年から始まったものです。調度、衣裳、祭具は綿密な時代考証と伝統工芸技術により復元されたもので、まさに生きた時代絵巻といえましょう。京都人の心意気と誇りがふんだんに織り込まれています。京都三大祭りのひとつ。

見どころ

神苑

境内は約1万坪。社殿を取り囲むように、東・中・西・南の四つの庭で形成される神苑は、池泉回遊式庭園で、明治の名だたる造園家7代目小川治兵衛らの手になるものです。春には紅しだれ桜、初夏には杜若・花菖蒲、秋には紅葉、冬には雪景色と、四季折々に風光明媚な趣を見せます。国指定名勝。

関西

稲荷神社の総本宮

伏見稲荷大社《ふしみいなりたいしゃ》

全国に約3万社を数える稲荷神社の総本宮である京都の伏見稲荷大社は、奈良時代の和銅4（711）年にご鎮座し、1300年以上の歴史を誇る由緒ある神社です。「お稲荷さん」の愛称で広く親しまれ、今でも篤い信仰に支えられる、近畿地方でもっとも多く初詣の参拝者が訪れます。京都の観光地としても人気が高く、海外から訪れる多くの人々からもっとも行ってみたい魅力的な場所のトップに選ばれています。

主祭神の宇迦之御魂大神（うかのみたまのおおかみ　下社・中央座）、佐田彦大神（さたひこのおおかみ　中社・北座）、大宮能売大神（おおみやのめのおおかみ　上社・南座）、田中大神（たなかのおおかみ　下社摂社・最北座）、四大神（しのおおかみ　中社摂社・最南座）が五社相殿に祀られています。

稲荷大神は元来、五穀豊穣を司る神様ですが、今では広く商売繁昌、産業興隆、家内安全、交通安全、芸能上達の守護神としても信仰されるようになりました。

旧社格	式内社（名神大社）・二十二社（上七社）・官幣大社・単立神社
祭　神	宇迦之御魂大神・佐田彦大神 大宮能売大神・田中大神・四大神
例　祭	5月3日
URL	http://inari.jp/
住　所	〒612-0882　京都市伏見区深草薮之内町68番地 電話　075-641-7331　FAX　075-642-2153

見どころ

千本鳥居

朱色の数千本の鳥居が連なる伏見稲荷大社の参道を通るのは、実に神秘的な体験となるでしょう。稲荷山の神蹟を巡拝するお山巡りは約4キロメートルの道のりですが、特にトンネルのように続く朱色の鳥居の世界は壮観そのもの。見どころというより、神秘を身体全体で体感する世界があります。

主な祭典

稲荷祭

すでに平安朝から行われていた伝統的な祭事で、現在、同社で行われる最大の祭典が稲荷祭。5月3日には、美しく飾られた30数台の供奉列、奉賛列を従えた五基の神輿が、途中、東寺の僧侶による「神供」を受けた後、京都市内の氏子区域を巡幸した後、同社に還ってきます。その神輿からご神璽が本殿へ奉遷され、無事の還御を称える還幸祭が斎行されます。

洛南の古社

城南宮《じょうなんぐう》

京都盆地を北から南へ流れる二筋の川、東の鴨川と西の桂川が出会うYの形の中心に城南宮は鎮座します。古代より川が合流する地点は聖域であり、多くの神社が建てられました。城南宮はその聖域に、平安遷都の折、都の守護と国の安泰を願って創建され、城南宮の北に京の都が広がります。

平安時代後期に白河上皇が城南の地に鳥羽離宮を造営すると、城南宮は離宮の鎮守としても崇敬され、秋の城南祭は盛大に行われ流鏑馬も披露されます。当時は方位の吉凶が特に重視され、離宮は度々上皇や貴族の方違（かたたがえ）の宿所になりました。また当時流行した熊野詣の出発地となり、城南宮の方除・厄除・旅行安全の信仰を見ることができます。

城南宮の御神紋は三光の紋といい、太陽と月と星を象っています。城南宮の御神徳が昼夜分かたず無限に及ぶことを表し、大事な御守や御朱印にも用いています。

明治維新の火蓋を切った鳥羽・伏見の戦いでは薩摩軍が城南宮の境内に陣を敷き、旧幕府軍に勝利したのは城南宮のお蔭であると御礼参りに訪れました。

近年も方除、厄除や工事・引越・旅行・交通の安全などの御祈祷で多くの方が参拝されます。

京の都の北の賀茂別雷神社、東の八坂神社、西の松尾大社、南の城南宮に、桓武天皇を祀る平安神宮を加えた五社に参り、ご朱印をいただく「京都五社めぐり」も盛んです。

旧社格　式内社（小社）・府社
祭　神　国常立尊・八千矛神・息長帯日売尊
例　祭　7月20日
URL　http://www.jonangu.com/
住　所　〒612-8459　京都府京都市伏見区中島鳥羽離宮町7
電話　075-623-0846　FAX　075-611-0785

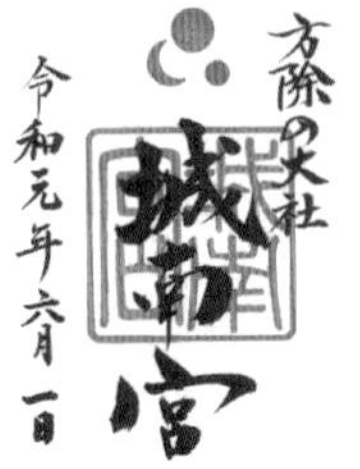

主な祭典

城南祭
10月第3日曜日

天皇や上皇の臨幸があった歴史ある祭礼。江戸時代には貴重な餅を大盤振る舞いしたことから、餅祭ともよばれてきました。下鳥羽、竹田、上鳥羽の3氏子区域の神輿が各区域を巡行し、夕方には提灯と松明の明かりの中、還御になります。

見どころ

楽水苑

作庭家・中根金作の代表作のひとつ。春の山、平安の庭、室町の庭、桃山の庭、城南離宮の庭という5つのエリアで構成されます。『源氏物語』ゆかりの植物が多く植栽され、2月下旬から3月上旬のしだれ梅、4月下旬のつつじ、11月末から12月初旬の紅葉は特に美しく、多くの人で賑います。

4月29日と11月3日に催される曲水の宴は平安貴族の装束を着た歌人たちが、小川の辺に座し、和歌を詠み短冊にしたため前を流れ来る羽觴（うしょう）を取ってお酒をいただく風雅な歌会です。

酒造りにかかわる洛西の古社

松尾大社《まつのおたいしゃ》

平安遷都以前からの古社。「まつおさん」とも呼ばれます。治水にすぐれ、平安京の造営に関わった渡来人の秦氏が、京の街の西の山、松尾山（223m）の神霊を勧請したことが創建とされます。その山麓にあり、四条通の西端、桂川を渡ると参道になる、というシンボリックな地点に鎮座し、都を護ってきました（ちなみに四条通の東端は、八坂神社）。

遷都以降はさらに重視され、正一位、式内社（名神大社）、二十二社（上七社）の一社となります。やはり古社の、北の賀茂社とともに、「賀茂の厳神、松尾の猛霊」と呼ばれましたが、これは神社の自然環境が穢されたときにおこったとされる祟りのパワーが大きかったためです。それもあってでしょう。境内は、約12万坪におよびます。

中世以降は、酒造の神として信仰を集めます。旧官幣大社。京都五社めぐりの一社でもあります。

室町初期の作で松尾造といわれる本殿（重要文化財）、江戸時代初期の作といわれる拝殿、釣殿、楼門などがあります。当社の庭園は、平安風の曲水の庭、鎌倉風の蓬莱の庭、そして古代の磐座を模した現代庭園で構成されています。この松風苑内に建つ神像館には、平安時代初期の等身大座像3体（重文）をはじめ21体の神像が収められています。

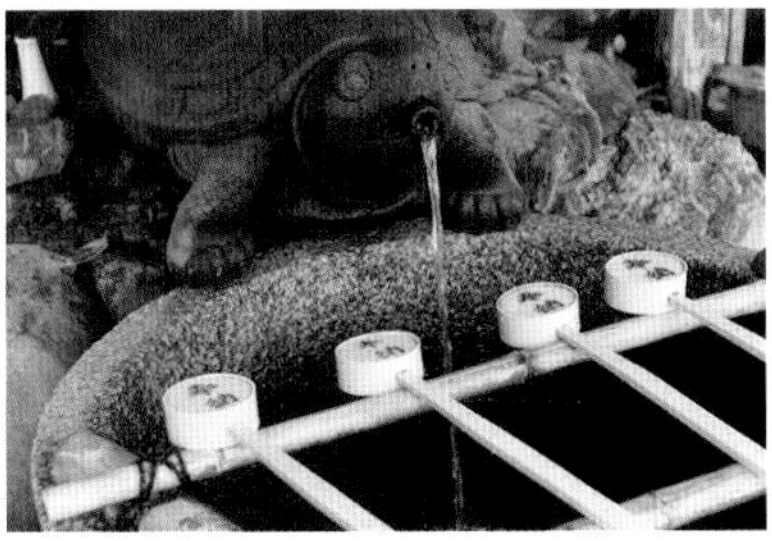

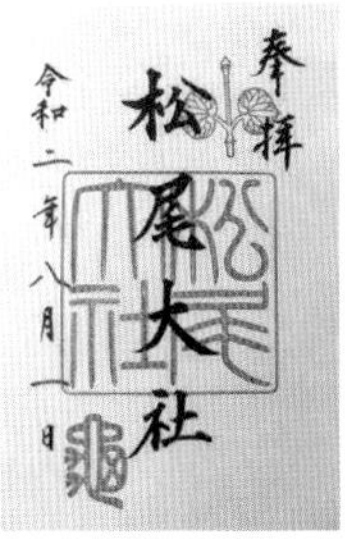

旧社格	式内社（名神大社）・二十二社（上七社）・官幣大社
祭　神	大山咋神・市杵島姫命
例　祭	4月2日
URL	http://www.matsunoo.or.jp
住　所	〒616-0024　京都府京都市西京区嵐山宮町3 電話　075-871-5016　FAX　075-871-3434

見どころ

亀の井

この名称は、当社の神使が亀のためとされます。別名「よみがえりの水」とも呼ばれ、この水を加えて醸造すれば腐らないとの伝承があります。境内に酒樽が多数積まれているのは、各地の酒造業者が酒の神に奉納したものです。醤油、味噌、酢等の業者からも尊崇を受け、家庭用水、茶道、書道の用水として汲み帰る参詣者は少なくありません。

主な祭典

松尾祭

4月20日以後の第1日曜と21日目の日曜

9世紀後半の資料に、朝廷からの勅使派遣が記されている祭事。4月の神幸祭においては、6社の神輿と1社の唐櫃が、本殿の分霊を受けて拝殿廻しし、松尾・桂の里を通って、桂川を船で渡ります。河原で7社が勢揃いすると団子神饌を献じ、西七条御旅所などに駐輦するのです。5月の還幸祭では、神輿と唐櫃が集合し神饌を供えると、七条通りを進み本社に還御します。稚児が「松尾使」として奉仕するものです。

朝廷の崇敬を受け、清和源氏が氏神とする社

石清水八幡宮《いわしみずはちまんぐう》

関西

第56代清和天皇の御代、貞観元（859）年、南都・大安寺の僧、行教和尚（ぎょうきょうわじょう）が豊前国宇佐八幡宮にこもり日夜熱祷を捧げ、八幡大神の神託を受け、勧請したことに始まります。そして翌貞観2（860）年、朝廷の命により山城国男山の山頂に八幡造の社殿が造営され、4月3日に御鎮座になりました。創建のころから神仏習合の宮寺として、古くは「石清水八幡宮護国寺」と称し、山内には多くの寺院や僧坊が建ち並びました。京都の南西の裏鬼門を守護する王城鎮護の神、伊勢の神宮に次ぐ国家第二の宗廟として皇室から厚く崇敬されました。

承平5（935）年から天慶4（941）年にかけて起こった平将門・藤原純友の乱の折には、朝廷よりご請願があり速やかに平定、また河内源氏の源義家公が、神前で元服し「八幡太郎義家」と名乗ったことからも知られるように、清和源氏をはじめ全国の武士が武運長久の神として尊崇を寄せました。以来、朝廷・幕府はもとより一般庶民に至るまで国家鎮護・厄除開運・諸願成就の御神徳あらたかな神様として篤い信仰の念を受けてきたのです。

明治の初めには「男山八幡宮」に改称されましたが、大正七年に再び創建以来の由緒深い「石清水」の社号に復し今日に至っています。御本殿を含む十棟及び棟札三枚が国宝、摂社五社並び総門三門の計八棟が重要文化財に指定される等、多数の文化財を所蔵しています。

旧社格　官幣大社
祭　神　八幡大神（応神天皇・比咩大神・神功皇后）
例　祭　9月15日
URL　http://www.iwashimizu.or.jp/
住　所　〒614-8558　京都府八幡市八幡高坊30
電話　075-981-3001　FAX　075-981-9808

主な祭典

勅祭石清水祭
9月15日

「勅祭」とは天皇の御使いである勅使が幣帛供進のため参向する祭典で、下鴨・上賀茂両社の葵祭（賀茂祭）、春日大社の春日祭とともに、三大勅祭のひとつに数えられます。貞観5年、石清水放生会として始まり、幾度かの変遷を経て今日に至ります。9月15日の真夜中、御鳳輦が山麓へ降り、早朝に奉幣の儀が行われ、引き続き魚鳥を放つ放生行事が催されます。

見どころ

境内と鳥居

境内は、本社のある山上の上院と、頓宮や高良神社のある山麓の下院とで構成されます。上院の本社社殿は、楼門から奥へと舞殿・幣殿・「八幡造」の本殿が続き、いずれも国宝指定。

表参道入口に立つ一の鳥居にかかる社額の「八幡宮」の文字は、三蹟のひとり藤原行成の筆跡を松花堂昭乗が書写したもの。なお境内の一角には昭乗晩年の草庵「松花堂」がありましたが、明治維新の「神仏分離」により、男山を離れ現在は男山南方の八幡市立松花堂庭園内に移築されています。

丹波国一の宮

出雲大神宮《いずもだいじんぐう》

京都亀岡盆地東方に位置する御蔭山（みかげやま）を御神体山とし、その麓に鎮座しています。この御蔭山には、古代の祭祀場である磐座群そして、この地方を統治していた豪族の古墳があり古代からの聖地であったことがわかります。

社殿は和銅２（７０９）年の創建で、出雲大神宮から島根の出雲大社に大国主命のご神霊を分霊したとの伝えがあることから、古くよりこの地方に〝元出雲〟の信仰がありその名乗りを挙げています。

御祭神は大国主命と后神の三穂津姫命（みほつひめのみこと）二柱の夫婦神です。三穂津姫命は天祖高皇産霊神（たかみむすひのかみ）の娘神で、国護りの際に天祖からの命により大国主命の后神となられました。国と国、人と人を結ぶ天地結び、縁結びの神と崇敬を集める所以です。国護りは日本建国の元となる出来事であり、丹波国（京都府中部、兵庫県北東部、大阪府北部）は地理的に古代出雲と大和の両勢力の接点であることも創祀に深く関わりがあります。

かの有名な吉田兼好の『徒然草』第２３６段に〝丹波に出雲という所あり〟と出雲大神宮を記しています。

旧社格	式内社（名神大社）・国幣中社
祭　神	大国主命・三穂津姫命
例　祭	10月21日
URL	http://www.izumo-d.org
住　所	〒621-0002　京都府亀岡市千歳町千歳出雲無番地 電話　0771-24-7799　FAX　0771-25-3832

主な祭典

鎮花祭
4月18日

雅楽の調べにあわせ、拝殿で巫女による浦安の舞がおこなわれます。古来、花の散るのに伴って疫病が蔓延すると考えられ、鎮めるために行われてきたものです。鎮花祭のあとには、出雲風流花踊が奉納されます（府登録無形民俗文化財）。御蔭山の御神水にちなんだ、祈雨の踊りを起源とするもので、断絶がありましたが、大正13（１９２４）年から再開されています。

見どころ

本殿

本殿は、室町前期、足利尊氏により改修されたと伝わるものです。前室をもつ三間社造で、屋根は檜皮葺。蟇股・手挟程度の装飾で、太い木割を使用した豪壮な社殿です（重要文化財指定）。境内の「真名井の水」は、御神水と崇められています。彫刻では、木造男神坐像二躯が平安時代の作で、主神像は大国主命像と伝えられます（重要文化財指定）。

丹後国一の宮

元伊勢《もといせ》 籠神社《このじんじゃ》

京都府北部にある日本三景のひとつ、天橋立の北浜に鎮座する当社は、伊勢神宮の元宮である元伊勢のひとつです。

天照大御神が崇神天皇39（BC59）年に大和国笠縫邑より4年間鎮座されました。また現在、伊勢神宮外宮に祀られている豊受大御神は、神代より「眞名井原」の地の「吉佐宮」（よさのみや、現在の奥宮眞名井神社）に鎮座されており、雄略天皇22（478）年に伊勢に遷られた歴史があり、伊勢神宮鎮座以前に天照大御神と豊受大御神が同殿にお祀りされていた唯一の社です。

その後、養老3（719）年に社名を「籠宮」（このみや）と改め、社地を現在地に遷し、主祭神を累代の当主である海部直（あまべのあたい）の祖先神、彦火明命（ひこほあかりのみこと）とされ、改めて天照大御神・豊受大御神を相殿にお祀りし、現在に至っています。

奈良時代には丹後国一の宮となり、平安時代に編纂された『延喜式』では名神大社とされ、山陰道八ヶ国の中でも格別の社格を朝廷から授かりました。

室町時代の画家、雪舟の「天橋立図」にも描かれている本殿は伊勢神宮と同じ唯一神明造りであり、弘化2（1845）年に再建されたもので、欄干には青、黄、赤、白、黒の「五色の座玉」が据え付けられており、これは伊勢神宮と籠神社にしか見る事が出来ない特徴的なものです。

神職は丹波国造であった海部直の一族が担っており、国宝に指定されている平安初期の系図『海部氏系図』は現存する日本最古の系図とされ、始祖彦火明命から代々、八十二代の当主が現在に至るまで奉仕をしています。

旧社格	式内社（名神大社）・官幣大社
祭　神	彦火明命・豊受大御神・天照大御神・海神・天水分神
例　祭	4月24日
URL	http://www.motoise.jp
住　所	〒629-2242　京都府宮津市字大垣430 電話　0772-27-0006　FAX　0772-27-1582

主な祭典

葵祭（あおいまつり）

4月24日

豊受大神ゆかりの藤の花を冠に挿すのが古例となっており、丹後では最古の祭礼といわれるものです。平成6年には葵祭（藤祭）発祥2500年祭が、盛大に営まれました。鳳輦（ほうれん）による御神幸（お渡り）の道中や祭典の前後に繰り広げられる平安時代以来の典雅勇壮な太刀振りや神楽などの奉納神事が見どころです（京都府無形民俗文化財）。

見どころ

狛犬

神門前の左右に立つ石造の狛犬は、鎌倉時代の作と伝えられるものです。阿形の狛犬の右前足には刀傷が残っており、それはかつて、この狛犬が夜な夜な天橋立に遊びに出て人々を驚かせるので、剣豪岩見重太郎が前脚を斬ったことによるものといわれています。霊験がある魔除けの狛犬として信仰を集めています（重要文化財）。

日本三大祭の天神祭

大阪天満宮《おおさかてんまんぐう》

菅原道真公を祀る大阪天満宮は、大阪の中心部に鎮座しており、参拝者がたえることはありません。社伝では、白雉元（650）年、孝徳天皇が都の西北を守る神として大将軍社という神社をこの地にお祀りされました。そして、延喜元（901）年、菅原道真公が太宰府へ向かう途中、この大将軍社に参詣され旅の無事を祈願されました。その後に道真公は太宰府でお亡くなりになりますが、それからおよそ50年後の天暦3（949）年、この大将軍社の前に一夜にして7本の松が生え、夜毎にその梢が金色の霊光を放ったと言います。これをお聞きになった村上天皇は、勅命によってここにお社をお建てになり、道真公の御霊を厚くお祀りされました。以来千年以上、氏子の大阪市民はもとより、広く全国より崇敬を集めています。

大阪天満宮の天神祭は、日本三大祭のひとつに数えられています。

天満宮御鎮座の翌々年、天暦5（951）年に社頭の浜から神鉾を流し、流れついた浜に斎場を設け「禊祓い・みそぎはらい」を行ない、その折、神領民が船を仕立てて奉迎したのが天神祭の始まりとされ、千年以上の歴史を誇っています。それ以来、船の数も増え、豊臣秀吉が大坂城を築いた頃には船渡御（ふなとぎょ）の形が整ってきました。

元禄時代（17世紀後半）以降、天神祭は浪速の繁栄のシンボルとして隆盛をきわめ、享保年間（18世紀前半）には新たにお迎え人形も登場し、祭りの豪華さは全国に名を馳せています。

旧社格　府社
祭　神　菅原道真公
例　祭　3月25日
URL　http://www.tenjinsan.com/
住　所　〒530-0041　大阪府大阪市北区天神橋 2-1-8
電話　06-6353-0025　FAX　06-6353-7692

主な祭典

天神祭
7月25日

7月25日の本宮の夜は、大川（旧淀川）に多くの船が行き交う船渡御が行われ、奉納花火があがります。大川に映る篝火や提灯灯り、花火などの華麗な姿より「火と水の祭典」とも呼ばれています。

見どころ

大将軍社

菅原道真公が大宰府に向かう前に参拝したという大将軍社は摂社として境内の西北に祀られており、元日の歳旦祭の前「拂暁祭（ふつぎょうさい）」というお祭りを行い、神事の中で「租（そ）」と言う借地料をお納めする習わしになっています。

蒲生の西向き八幡さま

若宮八幡大神宮《わかみやはちまんだいじんぐう》

若宮八幡大神宮は、その社殿が大阪市を守護するかのように西向きに建てられていることから「蒲生の西向き八幡さん」として、多くの人たちに親しまれています。同社の鎮座する大阪の蒲生は、「名産蒲穂、蒲生村より出る。数寄屋の天井、縁側の筵に用ゆ。色美にして尺長し」と『摂津名所図会』に記されています。これが同地の地名の由来とされ、昔から地味肥沃で農耕に適し、古街道が東西を結び、寝屋川と鯰江川が東西に流れ水運の便もよく、浪速における庶民の生業の地として繁栄してきました。

神社の創建についての詳細は残されていませんが、初めて浪速に都を定め、民衆の生活苦を救済したという仁徳天皇の仁政と遺徳を偲び奉り、村民がこぞって神祠を勧請創建したと伝えられています。祭神の仁徳天皇（大鷦鷯尊・おおさざぎのみこと）は、八幡様として知られている第15代応神天皇の皇子で、第16代天皇です。

また社伝によれば、1614年の大阪・冬の陣で、徳川方の武将・佐竹義宣が豊臣勢の木村長門守と戦った際、この神社に本陣を置いたという歴史が残されているということです。

若宮八幡大神宮は勝運、家内安全、商売繁昌、厄除、安産、病気平癒のご神徳があり、多くの人々から信仰されています。

旧社格　村社
祭　神　仁徳天皇・大鷦鷯尊
例　祭　10月21日（現行は10月第3土・日曜日）
住　所　〒536-0061　大阪府大阪市城東区蒲生4-3-16
電話　06-6931-5927　FAX　06-6931-5922

主な祭典

だんじり祭り

春祭　子供地車曳行　4月第3日曜日／夏祭　地車曳行　7月第3土・日曜日／例祭（秋祭）　地車曳行　10月第3土・日曜日

春・夏・秋祭には、氏子地域の安全を祈願してだんじりの曳行が行われます。賑やかな「だんじり囃子」と共に、春祭には氏子たちの手造りの「子供だんじり」が、夏・秋祭には明治の地車彫刻師8代目・小松源助作の荘厳なだんじりが氏子地域を練りまわり、神社周辺は有志の人たちの出店で賑わいます。

見どころ

社殿

流れ造りの本殿に、切妻造りの拝殿は、大きさを誇る社殿ではありませんが、拝殿正面の唐破風から釣り燈籠、随所の釘隠し等の細部に至るまでが丁寧に仕上げられています。内務省建築技師・木村義一の設計、木曽の宮大工梶浦鎌吉の手によって丹念に造りあげられた、荘厳さを湛えた社殿建築のひとつと言えます。平成26年に改修が行われ、創建当時の輝きが戻りました。

摂津国一の宮

坐摩神社《いかすりじんじゃ》

御祭神である坐摩大神（いかすりのおおかみ）は古来、神武天皇の御世に宮域をお守りする神様として宮中に奉斎されたのが起源とされています。坐摩（いかすり）の語源は諸説ありますが、土地又は居住地を守る意味の居所知（いかしり）が転じたものと伝えられています。

坐摩大神は五柱の神様の総称で、生井神（いくいのかみ）・福井神（さくいのかみ）・綱長井神（つながいのかみ）・波比岐神（はひきのかみ）・阿須波神（あすはのかみ）と申し、住居守護・旅行安全・安産守護の神様として皇室はもとより広く一般の方々からご崇敬を集めております。

神社の創祀は約１８００年前、神功皇后が新羅より御帰還の折、淀川南岸の大江の岸・田蓑島（後の渡辺の地）に奉斎されたことに始まります。また延喜式神名帳には摂津國西成郡の大社と記されております。

天正10年には豊臣秀吉の大坂築城に当たり替地を命ぜられ、寛永年間現在地に遷座。現在の地名を「渡辺」と称するのも元の地名が移されたものであり、全国の渡辺姓発祥の地とされています。

明治天皇御降誕の際には宮中より御安産の御祈願を仰せつかり、秋季大祭当日（旧暦9月22日）皇子が無事御降誕されました。また明治元年、明治天皇大阪行幸の折当社に御親拝になり、境内での相撲を天覧遊ばされました。

昭和11年官幣中社に昇格。戦災で焼失した社殿は昭和34年に戦前の姿のまま復興されたものです。

旧社格	式内社（大社）・官幣中社
祭　神	坐摩大神（生井神・福井神・綱長井神・波比岐神・阿須波神）
例　祭	4月22日
URL	http://www.ikasuri.or.jp
住　所	〒541-0056　大阪府大阪市中央区久太郎町4丁目渡辺3号 電話　06-6251-4792　FAX　06-6251-4425

主な祭典

坐摩神社夏祭・末社陶器神社せともの祭

7月21日〜23日

境内には末社「火防陶器神社」が鎮座しており、大阪市より無形民俗文化財の指定を受けた「火防陶器神社のせともの祭」を坐摩神社の夏祭とあわせて行っております。祭期間中境内では、古くから続く茶碗供養や陶器市などが開かれ、ジャズ・御神事太鼓等の神賑行事とともに大阪の夏の風物詩として親しまれ、賑わいをみせています。

見どころ

「上方落語寄席発祥の地」顕彰碑

江戸時代後期、初代桂文治が境内に小屋を建て開いた噺の席が、上方落語寄席興行の始まりです。それまで大道芸に近い辻噺を、室内の高座で演ずる現在の寄席形式にあらためました。その功績を称え境内には「上方落語寄席発祥の地」顕彰碑が建てられています。

住吉神社の総本社　摂津国一の宮

住吉大社《すみよしたいしゃ》

全国に約2300社ある住吉神社の総本社で、初詣の3ヶ日には200万人を超える参拝者で賑わうほどで、大阪の人々に「すみよっさん」として愛され、大阪のシンボルとして崇敬を集めています。

創建は神功皇后が朝鮮半島の新羅遠征を成功させて帰還する折、航海を守護してくれた海の神を祀ったことに始まるとされています。今から約1800年前になります。

海の神とは『古事記』によれば、伊弉諾尊（いざなぎのみこと）が黄泉の国から命からがら戻り、禊祓（みそぎはらえ）をした時に、海の中から現れた神で、底筒男命（そこつつのおのみこと）、中筒男命（なかつつのおのみこと）、表筒男命（うはつつのおのみこと）が住吉三神、あるいは住吉大神と総称されています。祭神は、後に神功皇后（息長足姫命）が加えられ、住吉大社の祭神は4柱となりました。かつては大阪湾が神社の近くまできていたことから、古くから、海の神、海上交通の守護神としてまた、和歌の神、安産の神としても信仰されています。

文化7（1810）年に造営された本殿は住吉造と呼ばれる独特の建築で国宝に指定されています。また第一本宮から第三本宮は、西から直列に並び、第三本宮と第四本宮が並列に配置さるという、海をゆく船団のような独自の建築構成としても知られています。約3万坪の広大な境内には国宝、重要文化財14棟が散在しています。

旧社格	式内社（名神大社）・二十二社（中七社）・官幣大社
祭　神	住吉三神（底筒男命・中筒男命・表筒男命）・神功皇后
例　祭	7月31日
URL	http://www.sumiyoshitaisha.net
住　所	〒558-0045 大阪府大阪市住吉区住吉 2-9-89 電話　06-6672-0753　Fax　06-6672-0110

主な祭典

住吉祭（夏祭り）

7月海の日（7月30日・31日・8月1日）

大阪の夏祭りの最後の締めくくりとして、住吉祭は毎年盛大に行われます。神輿を住吉大社から住吉公園まで巡行し、海水によって神輿が祓い清められる神輿洗神事。夏越女・稚児らが茅の輪をくぐる夏越祓神事（無形文化財指定）などが行われ、いよいよ最後は、住吉大神の御神霊をお遷した神輿が行列を仕立てる「神輿渡御」が行われます。賑やかで壮大な光景は素晴らしいものです。

見どころ

反橋（太鼓橋）

正面の石鳥居をくぐると、すぐ目の前に反橋があります。急な勾配のこの橋は太鼓橋とも言われ、川端康成の小説『反橋』の舞台にもなりました。朱色のこの美しい橋を渡ることによって、罪穢れが清められるということです。昔はこの手前まで海であったということです。

辻占総本社

瓢簞山稲荷神社《ひょうたんやまいなりじんじゃ》

天正11（1583）年、瓢簞を馬印とした豊臣秀吉公が大坂城築城にあたり、その巽の方角（大坂城の南東、吉方位）三里に位置する六世紀初め頃に造られた双円墳（その形状から名付けられた「瓢簞山古墳」）に、鎮護神として京都の伏見城から「ふくべ（ひょうたん）稲荷」を分霊、金瓢と共に鎮め祀ったと社伝にあります。現在の本殿は幕末慶応2（1866）年の造営です。

社殿は双円墳の瓢簞山古墳の西斜面中央に西を向いて建っており、社殿正面から瓢簞山古墳の向かって右（南）が鬼塚、左（北）が大塚と呼ばれています。この瓢簞山古墳は、一帯の山畑古墳群中でも最大にして最古のものです。

またこの神社は、現在の神社としての構え以前は小規模な叢祀とも言われ、祠と東高野街道との南中ほどにかつて一茅屋があり、老翁による門前の辻占（つじうら）が判じられ、やがて『河内名所図会』にはここを「如卜」と表され、占いの里であったようです。幕末からも「淡路島かよふ千鳥の河内ひょうたん山恋の辻占いらんかへ」との少女の売り口上とともに辻占おみくじが全国で売り歩かれたことにより、広く知れ渡り、現在に至っています。

祭神は、保食大神（うけもちのおおかみ）で、食物を司る神です。

旧社格　村社
祭　神　保食大神
例　祭　7月18日
住　所　〒579-8051　大阪府東大阪市瓢簞山町8-1
電話　072-981-2153　FAX　072-988-3987

主な祭典

例大祭（夏まつり）

7月18日

東大阪市の夏祭りとしても人気のある例大祭は、名物の「瓢簞山音頭・河内音頭大会」が夕刻から行われるほか、参道や境内に数多くの出店が並び、小中学生をはじめ、大勢の人たちで賑わいます。また、赤大鳥居近くでは、敬神婦人会が「いなり餅」と東日本大震災復興支援の「ふっくら布ぞうり」を販売します。このほかに2月初午の日の初午大祭も福餅まき、福餅つき、厄除甘酒のふるまいなどで大いに賑わいます。

見どころ

辻占

辻占には3種類あり、辻を行く人との縁で神意を占う「辻占判断」、やきぬき、あぶりだしなどの3種類のおみくじが入った「辻占おみくじ」、辻占おみくじが中に入っている、もなかと同じ材料で作られた瓢簞型の餅花を笹に括りつけた「辻占瓢簞笹」があります。それらすべての辻占総本社として全国に知られる「辻占」の創始としての歴史があります。

河内国一の宮

枚岡神社《ひらおかじんじゃ》

関西

創祀は初代神武天皇が大和橿原の地で即位された皇紀より3年前と伝えられております。神武天皇が御東征の砌、勅命を奉じて天種子命（あめのたねこみこと）が国土平定を祈願し、天児屋根命（あめのこやねのみこと）、比売御神（ひめみかみ）の2神を、生駒の枚岡山の聖地、神津嶽に祀られたのが始まりです。その後、孝徳天皇白雉元（650）年に中臣氏である平岡連等により、現在の場所に奉遷されました。

称徳天皇神護景雲2（768）年に天児屋根命、比売御神の2神が春日大社に分祀されたことから「元春日」と呼ばれ、その後、武甕槌命（たけみかづちのみこと）経津主命（ふつぬしのみこと）の2神が増祀され4殿となりました。また『延期式神名帳』では、名神大社に列せられ、中世には一宮制度の成立で河内国一の宮となり、明治4（1871）年には官幣大社に列せられました。尚、神代の昔、天児屋根命が祭りをおこない、美しい祝詞を奏上して、天の岩戸が開かれたことから、古来、「神事宗源の神」として崇敬されています。また天児屋根命は、天孫瓊瓊杵尊の降臨に際して、天照大神から、よく守護するよう命ぜられて天下り、恒に歴代の天皇のおそばに祀られてきたところから、「天孫輔弼」としても称えられています。

旧社格	式内社（名神大社）・官幣大社
祭　神	天児屋根命・比売御神・経津主命・武甕槌命
例　祭	2月1日
URL	http://www.hiraoka-jinja.org
住　所	〒579-8033　大阪府東大阪市出雲井町 7-16 電話　072-981-4177　FAX　072-982-8176

主な祭典

注連縄掛神事　通称 お笑い神事

12月23日

8時半から神前の注連縄をかけ替え、その後10時から天の岩戸開き神話になぞらえ、その注連縄を通して宮司の「あっはっはっ」の音頭に続いて観衆全員でこれを3度繰り返す神事。神事後は20分間自由に笑い続けて新年の来福を祈る全員参加の神事です。

見どころ

秋郷祭

10月14日（宵宮）、15日（本宮）の両日、秋の実りを感謝して当祭礼がとり行われます。両日氏子地域から担ぎ出された23基の豪華な布団太鼓台が宮入りし、境内を練り歩く勇壮な姿はまさに圧巻です。

和泉国一の宮

大鳥大社《おおとりたいしゃ》

全国の大鳥神社および大鳥信仰の総本社とされる大鳥大社は、和泉国一の宮です。第十二代景行天皇の皇子で、全国を平定するために活躍した日本の英雄・日本武尊（やまとたけるのみこと）の最後と関係します。西の熊襲を平定したのち、東国を平定した日本武尊でしたが、伊吹山で病の身となります。それでも大和を目指しますが能煩野（のぼの・三重県亀山市）で亡くなり、魂は白鳥となり飛び立ちます。伊勢を出た白鳥が、各地を巡ったあと最後に留まった場所には、一夜にして樹木が生い茂ったと伝わります。その「千種（ちぐさ）の杜」に鎮座するのが当社で、社名もこれによります。

　明治29（1896）年、政府の祭神考証の結果を受けた内務省の指示によって、大鳥連祖神（おおとりのむらじのおやがみ）に祭神を変更しましたが、昭和36（1961）年に大鳥連祖神にくわえて、日本武尊を再び祀るようになりました。

　いまも境内は広く、種々の樹木のある1万5000坪の鎮守の森は、大都市・堺の貴重な緑です。

　平清盛は、熊野詣から帰京のおり、「かひこぞよかへりはてなば飛びかけり はぐくみたてよ大鳥の神」と詠んでいます。その歌碑は、当社の宮司で書画の大家・富岡鉄斎の筆によるものです。

旧社格　式内社（名神大社）・官幣大社
祭　神　日本武尊・大鳥連祖神
例　祭　8月13日
住　所　〒593-8328　大阪府堺市西区鳳北町1-1-2
電話　072-262-0040　FAX　072-261-1192

主な祭典

花摘祭

4月第三土曜日

　平安時代に疫病・災厄を祓うとして始まった、古式ゆかしい祭です。花笠をかぶり、花かごを持った花摘女が行列し、さらに仕丁や稚児も町を進んで行きます。車列での神輿巡行も行われます。なお例祭は8月13日、増祀記念大祭は3月15日。鳳だんじり祭は10月第一金曜日からの三日間で、宮入は土曜日に行われます。

見どころ

本殿

　大鳥造の本殿は古代神社建築のひとつです。切妻、妻入形式の、「大鳥造」という独自の造りで、「出雲大社造」に次ぐ古形式とみなされます。立方体に屋根を乗せたような、直線的で簡素な様式です。国宝に指定されたのですが、明治38（1905）年の落雷で焼失しました。しかし再建は早く、同42年になされ、現在に至っています。

関西

史蹟ゆたかな、甦りの社

生田神社《いくたじんじゃ》

関西

神戸の繁華街の中央に位置し、神戸三宮駅から徒歩10分の距離です。

『日本書紀』によれば、神功皇后が外征の帰路、船が進まなくなり神占を行うと、稚日女尊（わかひるめのみこと）の「吾を活田長峡国（いくたながおのくに）に祀れ」との神託があり、海上五十狭茅（うながみのいさち）が祀ったのが起源とのこと。

当初は、布引山（砂山（いさごやま））に祀られましたが、延暦18（７９９）年、洪水で山の麓が崩壊。社の周囲の松は役立ちません。村人の刀祢七太夫が神体を負って避難し、歩き回るとにわかに重くなり一歩も歩けなくなったので、そこに安置したのが現在の鎮座地、との言い伝えがあります。かくして、生田の森に松の木は一本もなく、元旦は門松でなく杉飾りを立てるのです。

大同元（８０６）年には「生田の神封四十四戸」と古書に記されました。神地神戸（かんべ）はのちに、紺戸（こんべ）、そして神戸（こうべ）と変化します。『延喜式』には、当社境内でつくった酒を朝鮮からの要人に振るまったとあり、灘の酒造りの起源とも。明治29（１８９６）年、官幣中社に列格しました。

大水害、大空襲、近年の大震災で被害に遭いながらも、そのつど復興。甦りの社といえます。初詣の参拝客は約１５０万人、県内でトップです。

旧社格　式内社（名神大社）・官幣中社
祭　神　稚日女尊
例　祭　4月15日
URL　https://ikutajinja.or.jp
住　所　〒650-0011　兵庫県神戸市中央区下山手通1-2-1
電話　078-321-3851　FAX　078-321-3853

主な祭典

生田祭

4月15日と近日

11地区の氏子が毎年交代で行なう神幸式では、天狗の面を着けた猿田彦を先頭に、よろい姿の梶原武者、獅子舞、稚児行列と続きます。「しゃーんとせい」というかけ声とともに、担ぎ上げられた神輿が、高く放り上げられます。なお、正月に門松のかわりに杉の小枝を厄塚として盛る杉盛神事、7月15日の千燈祭（せんとうさい）などの祭事もよく知られるところです。

見どころ

境内の史蹟

『枕草子』にも和泉式部の歌にも登場する生田の森は、源平合戦、南北朝戦争、荒木村重対織田信長の戦いの舞台となりました。梶原の井は、源氏の梶原源太景季がこの井戸水を汲んで武運を祈り、箙（えびら）の梅は、そのときこの梅の一枝を箙に挿して奮戦したものです。

関西

「楠公（なんこう）さん」と愛されて

湊川神社

みなとがわじんじゃ

主祭神である楠木正成公（くすのきまさしげこう）は河内に本拠をおいた武将で、元弘元（1331）年に後醍醐天皇に応じて挙兵し、鎌倉幕府倒幕に貢献し、建武の中興に大きな功績を立てられた。しかし、足利尊氏の反乱において、九州から攻め上る尊氏を摂津国湊川の地で迎え撃つが、衆寡敵せず、延元元（1336）年5月25日、弟正季卿と七生滅賊を誓い殉節される。以後、正成公の塚（墓）は地元で大切にされ、太閤秀吉の検地の際には御墓域24坪が免租地とされた。戦国時代には主に楠木流兵学が研究され、江戸時代には至誠純忠の楠公精神を基幹とする学問の勃興と共に楠公景仰が世に広まった。特に、元禄5（1692）年徳川光圀公が楠公墓碑「嗚呼忠臣楠子之墓」を建立し、楠公の事績が遍く広められると、大名から町人に至るまで楠公崇敬の熱は昂り、幕末、志士達には尊皇思想の精神的支柱となった。明治維新前後、楠公を祀る神社を創建する請願が諸藩から相次ぎ、明治元（1868）年明治天皇は神社創建の御沙汰を下された。そして、墓地、殉節地7232坪（現在7666坪）を境内地と定め、明治5年5月24日、神社が鎮座となった。配祀は楠木正成公の子息正行公、弟の正季卿、また正成正季とともに自刃された御一族16柱並びに菊池武吉卿の神霊も配祀されている。戦災によって焼失した社殿を昭和27（1952）年に復興新築。様式は権現造に似た八棟造で、鉄筋コンクリートで建てられている。これは、戦後の新しい建築様式の代表的な物として注目を集めた。

旧社格　別格官幣社
祭　神　楠木正成公
例　祭　7月12日（5月25日楠公祭）
URL　http://www.minatogawajinja.or.jp
住　所　〒650-0015　兵庫県神戸市中央区多聞通3-1-1
電話　078-371-0001

主な祭典

楠公祭と楠公武者行列　5月25日

楠木正成公が殉節された5月25日を新暦に改めた7月12日が例祭日（官祭）と定められ、これに対して、5月25日には、氏子らが賑々しく執り行う私祭として楠公祭が行われている。5月月間は「楠公まつり」として、献華祭、献茶祭のほか、様々な行事が行われ、特に24日から26日は特設舞台をつくり、神賑行事などが華やかに行われる。また、数年に一度、御神幸「楠公武者行列」が巡行する。この武者行列は鎌倉幕府倒幕後、隠岐から御還幸途次の後醍醐天皇を、正成公が神戸の地でお迎えして京都まで先導された最も晴れやかなお姿を称えて行われるもので、正成公をはじめ甲冑姿の騎馬武者や騎馬女房など時代装束を纏った一大歴史絵巻が、神戸一帯に展開される。

見どころ

社殿天井の圧巻の奉納画

現在の社殿は戦後に再建されたものだが、天井は棟方志功はじめ全国の著名画家の奉納画163点で埋め尽くされ、まさに壮麗壮大である。中央円形の「大青龍」は、岡倉天心に学んだ南画の巨匠と呼ばれる福田眉仙の作。その右四枚の板画「運命」は、棟方志功（むなかたしこう）がニーチェのツァラトウストラに暗示を受けて創造した作品。また拝殿両側の獅子・狛犬の壁画は、これも棟方志功の傑作で、「降魔・伏邪（ごうま・ふくじゃ）」の賛は徳富蘇峰（とくとみそほう）の筆。

神戸発展の守護神

長田神社

ながたじんじゃ

関西

地元・神戸では「長田さん」の愛称で親しまれている長田神社は、平成13（2001）年にご鎮座1800年を迎えた由緒ある古社として、永く崇敬を集めてきました。平安時代の『延喜式神名帳』では名神大社に、また、祈雨八十五座に列し、神戸（かんべ）41戸によって奉祀護持され、今日の神戸発展の守護神と仰がれています。神戸の地名はこの神戸（かんべ）に由来しています。また、古伝によれば、鶏が神の使いと尊ばれ、奉賽の鶏が境内で群れ遊び、外国人からは親しみを込めて、かつては「チキンテンプル」と呼ばれていました。

創建は、神功皇后摂政元（201）年2月、神功皇后が新羅親征から難波にご帰還の途次、武庫の水門で船が進まなくなったので占ったところ、事代主神より「吾を長田の国に祀れ」との神託を受け、山背根子の女・長媛（ながひめ）をして創祀されたと『日本書紀』に記されています。

ご祭神の事代主神は、「恵美主（えびす）さま」「福の神」とも言われ、商工業をはじめ、あらゆる産業の守護神、日々の生活の開運招福・厄除解除の神として敬仰されています。また父神・大国主神（おおくにぬしのかみ）の「国譲り」の大業を助け、日本建国の基礎確立に大きな役割を果されたことにより、国家鎮護の神、皇室守護の神、言霊鎮魂の神として、宮中奉斎八神の一柱と宮中神殿に奉斎され、皇室の篤い崇敬をうけておられます。

平成7（1995）年の阪神・淡路大震災では本殿こそ倒壊を免れたものの、鳥居・燈籠・手水舎・透塀の倒壊など大きな被害を受けました。平成12（2000）年には震災復旧事業竣工奉告祭を斎行し、翌年めでたくご鎮座千八百年祭を迎えました。

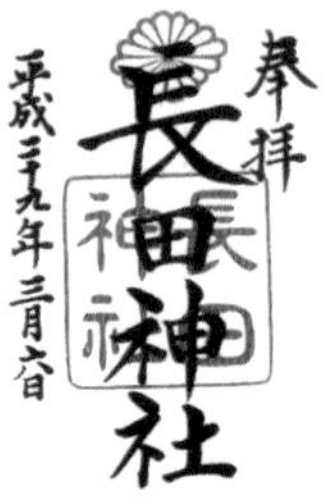

旧社格　式内社（名神大社）・祈雨 85 座・官幣中社
祭　神　事代主神
例　祭　10 月 18 日
URL　http://nagatajinja.jp/html/
住　所　〒 653-0812　兵庫県神戸市長田区長田町 3-1-1
電話　078-691-0333　FAX　078-641-5700

主な祭典

長田まつり神幸祭（神輿渡御）

10月19日

神幸祭の歴史は古く、祈雨八十五座に列せられた長田神社の「雨乞祭」を起源として始まり、七首の神輿歌を歌い、船が波を切り進むが如く左右に神輿を振り揺らし、「千歳楽・萬歳楽」と掛け声を発声して進む、勇壮にして荘厳な神輿振りが見られます。

見どころ

古式追儺式神事

（県重要無形民俗文化財）

追儺（ついな）は宮中で大晦日に行われてきた行事で、現在各家庭で行われる豆まきの行事です。鬼は、不吉をもたらすと追い払われますが、長田神社の追儺式の鬼は、神のお使いとして、神に代わり全ての災いを焼き、祓い清めて新春を迎えると云う善鬼なのです。古式を守り伝える節分の行事です。宝物は黒漆金銅装神輿（国重文）や太刀拵（県重文）、雨乞の石燈籠（県重文）を所蔵しています。

菅原道真、武神八幡大神の鎮守社

板宿八幡神社

いたやどはちまんじんじゃ

昌泰4（901）年、醍醐天皇の御代、右大臣・藤原時平の讒言により、九州・大宰府に左遷されることになった菅原道真は、その赴任の途中、須磨の海の波浪が高く舟待ちをすることになりました。その時、里人たちが板で作った宿を用意してもてなしたことから「板宿」の地名ができ、その地に永延元（987）年に、菅原道真と武神八幡大神を鎮守神として創祀されたのが板宿八幡神社だと言われています。

また神社周辺の「飛松町」という地名は、「梅は飛び　桜は枯るる　世の中に　何とて松のつれなかるらむ」と詩を詠んだ道真に対して、京から一夜にして松が飛来したという伝説からきています。その同社の「飛松」はかつて30メートルの樹高を持ち、紀淡海峡を渡る船人の針路を定める目印になっていたそうですが、大正時代に数度の落雷にあい、枯死しました。現在は飛松天神社に切株が奉斎されており、「大宰府の飛梅」と共に「板宿の飛松」と慕われています。寛政8（1796）年に刊行された『摂津名所図会』にも「菅神飛松　板宿村の山頭にあり。菅公筑紫へ趣きたまふ時、都よりここまで飛来しけるとぞ」と記されています。

菅原道真とゆかりの深い長い歴史を持ち崇敬を集めてきた同社は、明治40（1907）年には神功皇后征韓時、敏馬山の木を伐って船を造り、凱旋時にご神体を納めたという古社・池ノ宮神社（大日孁女）を合祀し、今日に至っています。

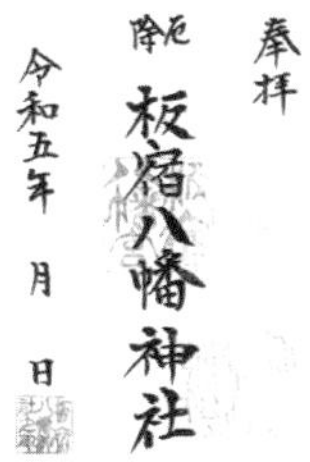

旧社格
祭　神　誉田別尊、菅原道真、大日孁貴命
例　祭　5月3日（春祭）・9月15日（秋祭）
URL　https://itayadohatiman.jimdo.com
住　所　〒654-0009　兵庫県神戸市須磨区板宿町3-15-25
電話078-731-3161　FAX078-731-3169

主な祭典

例大祭
5月3日（春祭）・9月15日（秋祭）

5月3日の例祭、春祭「おわたり」には3基の神輿渡御が行なわれます。朝8時に神社の発輿祭から始まり、板宿小学校で御旅所例祭を行い、商店街などを渡御し、午後4時ごろには神社での還輿祭となります。子どもたちをはじめ多くの人々が関わる地域の一大行事として賑わいを見せます。

見どころ

「松の切り株」

九州に左遷される菅原道真を慕って京都から当地に飛んできたという伝説で語られる、「松の切り株」が注連縄に飾られ社殿に祀られています。30メートルの樹高を誇ったその松も、落雷によって枯死しましたが、切株は遺されています。学問の神様の道真の御利益を信じる多くの受験生が参拝の列を作ることで知られています。

えびす宮総本社

西宮神社

にしのみやじんじゃ

えびす宮総本社 西宮神社は全国に約3500社ある、えびす神を祀る神社の総本社で、地元では「えべっさん」の愛称で商売繁盛の神様として親しまれています。歴史は古く、平安時代にはすでに西宮に鎮座されていたことは、様々な文献に記載されています。

室町時代には七福神信仰により、えびす神が福の神の代表となり、大漁満足、海上安全、商売繁盛に霊験があることが全国に知られました。これは、西宮神社の神人「傀儡師」による人形操りや謡曲、狂言などの芸能を通じご神徳が全国津々浦々にまで広まったことによります。現在国の重要無形文化財に指定されている大阪文楽や淡路島の人形浄瑠璃は同社の「えびす舞」が源流です。また人形操りの祖神として百太夫神社が境内に祀られています。

祭神は西宮大神（蛭児大神）を主神に天照大御神、大国主大神、須佐之男大神が祀られています。1月9日から11日の「十日えびす」は百万人に及ぶ参拝者で賑い福男が選ばれることで有名です。

旧社格　県社
祭　神　西宮大神・天照大御神・大国主大神・須佐之男大神
例　祭　9月22日
URL　https://nishinomiya-ebisu.com
住　所　〒662-0974　兵庫県西宮市社家町1-17
電話 0798-33-0321　Fax 0798-33-5355

主な祭典

西宮まつり

9月21日、22日、23日

「西宮まつり」は、西宮神社のもっとも重要な祭典「例祭」と前後に行われる「宵宮祭」、「渡御祭」を合わせた呼び名です。稚児行列、こども樽みこし、奉納演芸会、だんじり巡行、そして、えびすさまの神輿をのせた御座船など10数隻の船団が西宮の海を巡幸する「海上渡御」など神事と共に盛りだくさんの行事が行われます。

見どころ

本殿　三連春日造

えびすの杜を背景に佇む、西宮神社の本殿は三連の屋根が並ぶ、珍しい構造の三連春日造（さんれんかすがづくり）となっています。江戸時代、四代将軍徳川家綱から寄進（1663年　寛文3年）をうけた国宝建造物でしたが、昭和20年の空襲で焼失。昭和36年にほぼ元の姿に復興されました。

兵庫県第一の古大社

廣田神社

ひろたじんじゃ

平成13（2001）年に鎮座1800年の喜節を迎えた廣田神社は、由緒ある兵庫県第一の古社で、その創建は『日本書紀』に見ることができます。神功皇后摂政元（201）年、神功皇后の三韓征伐の際、和魂が皇后の身を守り、荒魂が先鋒として船を導くだろうと天照大御神のご神託がありました。その三韓征伐の新羅からの帰路、難波の港の目前で船が進めなくなってしまい、武庫の港に向かい、神意をうかがうと「荒魂を皇居の近くに置くのは良くない。廣田国に置くのが良い」と天照大御神の託宣がありました。そこで神功皇后は、帰還の途次に武庫の地・廣田の国に天照大御神荒魂（あまてらすおおみかみのあらみたま）＝撞賢木厳之御魂天疎向津媛命（つきさかきいつのみたまあまさかるむかつひめのみこと）を祀られたのが廣田神社の創建であると記されています。

　また平安時代の『延喜式神名帳』では、名神大社に列し、二十二社の一社とされ、奉幣勅使の派遣が度々あるなど、朝廷より篤い崇敬を受けてきました。中世の貴族は廣田神社を京の都の西方にあるので「西宮」と呼び、この神社参拝を「西宮」参拝、「西宮」下向と称していました。現在の西宮市の地名はここから由来しています。

　阪神タイガースの球団結成以来、毎年、必勝祈願に参拝することでも有名な廣田神社は、古くは神功皇后の三韓征伐など連戦連勝の守護、源頼朝の平氏討伐祈願、蒙古襲来時の神威発揮などから国難の守り、国家鎮護の大神として武運長久・勝運・合格の大神としても崇拝されています。現在の本殿は伊勢神宮荒祭宮（あらまつりのみや）の旧社殿を譲り受けて竣工したものです。

旧社格	式内社（名神大社）・二十二社・官幣大社
祭神	天照大神荒魂
例祭	3月16日
URL	http://www.hirotahonsya.or.jp
住所	〒662-0867　兵庫県西宮市大社町7-7 電話　0798-74-3489　FAX　0798-74-3725

主な祭典

大田植え

5月末の日曜

兵庫県内で唯一500年以上の歴史を誇る御田植神事「めぐみ廣田の大田植え」は有名な神事です。社殿での御田植祭の後、地元の小・中学生に100人以上による早乙女行列が参道を通り1キロメートルほど離れた御饌田まで行って早苗を手植えします。自然とふれあう貴重な神事として子供たちに人気があります。

見どころ

剱珠（けんじゅ）

水晶が神宝として保管されています。仲哀天皇2（193）年に、神功皇后が関門海峡の海中より如意珠を得られたと『日本書紀』にあります。この水晶の玉の中にある傷が剣の形にも見えることから剣珠（けんじゅ）と称されています。毎年10月1日初穂講祭において講員に対して奉拝を許しています。

渡来した王子（とその神宝）を祀る社

出石神社《いずしじんじゃ》

撮影・村上彰（一の宮巡拝会）

現代でもそうですが、古代においても、海外からの文化や文明が日本にもたらされています。異国からの渡来者を祭神とするところが、出石神社の特色です。その渡来者とは、『日本書紀』では天日槍（あめのひぼこ）、『古事記』では天之日矛と記される新羅の王子です。新羅の水辺で日の光で妊娠した女の生み落とした赤玉を天日槍は入手します。床辺においた赤玉は女と変じ妻となります。しかしののしりを受けて女は祖国に逃げ帰ったため、天日槍は日本まで追いかけます。遍歴ののちに但馬国に住み、当地の娘を娶って子孫をもうけました。また、玉津宝（たまつたから）という神宝8種を新羅から将来しています。

この神宝について、『日本書紀』には以下の伝も記されています。天皇が見たいと欲したため、曾孫の清彦に献上させます。このとき出し渋った「出石」という名の小刀1口はのちに忽然と消え、淡路島で発見され祠に祀られたというものです。当地ではさらに、天日槍が泥海状態であった盆地の水を津居山の瀬戸の岩を切り開いて流したという伝説もあります。渡来集団が鉄を用いて開拓したことをうかがわせます。

当社は、中近世には但馬国一宮にも位置づけられました。明治に入ると国幣中社に列しました。

境内の一角には玉垣に囲まれた約３００坪の禁足地が存在し、江戸時代には天日槍廟所と称されていました。社宝としては、重要文化財指定の脇差一振（南北朝時代、銘但州住国光）があります。

旧社格	式内社（名神大社）・国幣中社
祭　神	天日槍神・出石八前大神
例　祭	10月20日
住　所	〒668-0204　兵庫県豊岡市出石町宮内99 電話　0796-52-2440

見どころ

本殿、拝殿

現在の社殿は大正三（１９１４）年の再建によるものです（市指定文化財）。本殿は三間社流れ造で南面し、千木、堅魚木を備え前面に切妻造の幣殿と祝詞殿があり、その左右から透塀が本殿を囲んでいます。拝殿は舞殿形式であり、入母屋造平入りで、屋根は銅板葺。身舎屋根とは独立して平唐破風出桁造の向拝を持つという特徴があります。（神門や連なる塀は丹塗りです。）

主な祭典

御年花祭

（おはなびらまつり）
11月23日

その前日、木と木をこすり合わせての浄火で蒸した糯米から直径10㎝ほどの薄い円餅をつくり、当日神前に奉納したのち、参拝者にまき与えられる神事です。この餅は御年花（おはなびら）といい、霊験があるといわれています。当社ではなお、立春の日には神馬藻（なのりそ）という海藻を奉献する立春祭、5月5日には氏子男子の初節句を祝う節句祭（幟まわし）、10月20日には、天日槍命を偲ぶ例祭が行われます。

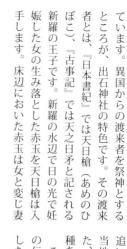

但馬国一の宮

粟鹿神社

あわがじんじゃ

©ぶらり寺社めぐり

関西

兵庫県はかつて、５つの国に分かれていました。その北部、日本海側が但馬で、『古事記』には「多遅麻」と記されていました。いまでも山林が面積の8割を占め、盆地が点在。生野銀山は著名です。当社は、山奥とはいえ山陰道の道筋にあり、紀元前の創建とみられています。近年、当社の西方の自動車道予定地を発掘調査したところ、直径約90mの巨大円墳が発見され、茶すり山古墳と名づけられました。5世紀前葉の当地の王墓と推定されます。この一帯からは弥生時代の住居跡も見つかっています。

当社には、粟の束をくわえた鹿が粟鹿山から降りてきて人びとに農耕を広めた、という伝承があり、これは開拓黎明期の風景を示唆するもの、との指摘があります。

主祭神の日子坐王（ひこほでみのみこと）は、開化天皇（第9代）の第3皇子で、神功皇后の4代前にあたります。皇后が海を渡って新羅に戦勝したのち当社に参拝したとの伝承は、当地の先進性を推測させるものです。

社殿の南には、檜や杉などの巨木が大きく広がり、また日子坐王の墳墓といわれた小型円墳もあります。

和銅元（708）年に祭神や歴代祭主などを詳細に記した『粟鹿大明神元記』の写本が残っています（宮内庁所蔵）。

当社は、室町時代の『大日本国一の宮記』では但馬国一の宮にあげられていますが、出石神社を一の宮とし当社を二の宮とする史料もあります。現在は両社とも全国一の宮会に加盟しています。

旧社格	式内社（名神大社）・県社
祭　神	日子坐王
例　祭	10月17日
住　所	〒669-5125　兵庫県朝来市山東町粟鹿 2152 電話　079-676-2465　FAX　079-676-2555

主な祭典

例大祭

10月17日

当日、行われる特殊な神事が、瓶子（へいじ）渡し。麻の裃を着用した宮当番4人のうち、2人が階上と階下にわかれ、御陵柿（かき）、茄子（なす）、稲のひこばえを盛った三宝を、「さあこされ」「さあ」と言葉を掛け合い、何度もやり取りしながら間合いを詰め、両者の手が合って三宝を渡された階上の者は、殿内に奉納するものです。狂言のようなやりとりに、笑いと拍手が巻き起こる、古式ゆかしい儀式です。

見どころ

勅使門

土塀で囲まれている当社の南側には日の出門、北側には勅使門があります。神功皇后が新羅から凱旋し当社に参拝したのちも朝廷の信任は厚く、国難においては勅使が4度、遣わされたとのこと。勅使門の扉の鳳凰は、江戸期の彫師・左甚五郎の作といわれます。約600年前の建立で、市の文化財に指定。秋の例祭のときのみ開く門です。

淡路国一の宮

伊弉諾神宮《いざなぎじんぐう》

神代の昔、『日本書紀』、『古事記』に記載されている「国生み」、「神生み」の大業を果たされた伊弉諾尊（いざなぎのみこと）、伊弉冉尊（いざなみのみこと）の夫婦神が、御祭神として祀られているのが伊弉諾神宮です。

その起源は、国生み、神生みの御神功を終えられた伊弉諾尊が、御子神である天照大御神に国家統治の権限を委譲し、自らは、日本の国々の中で最初に生まれた淡路島の多賀の地に「幽宮」を構えて余生を過ごされ、ここで終焉を迎えられた住居跡に神陵が営まれ、全国で最古の神社として創始されたのが、伊弉諾神宮だと『記紀』に記されています。

地元では「いっくさん」と親しみをもって呼ばれると同時に、日之少宮、淡路島神、多賀明神、津名明神、一宮皇大神とも別称されています。また昭和天皇により、「神宮号」を宣下され、兵庫県唯一の「神宮」として、昭和29（1954）年に伊弉諾神宮と改称されました。

広い境内は、天然記念物の大楠など照葉樹林に覆はれ、四季を彩る草木が繁茂する日本最古の神社としての風格を想わせます。現在も通年、多くの参拝者によって崇敬を集めています。

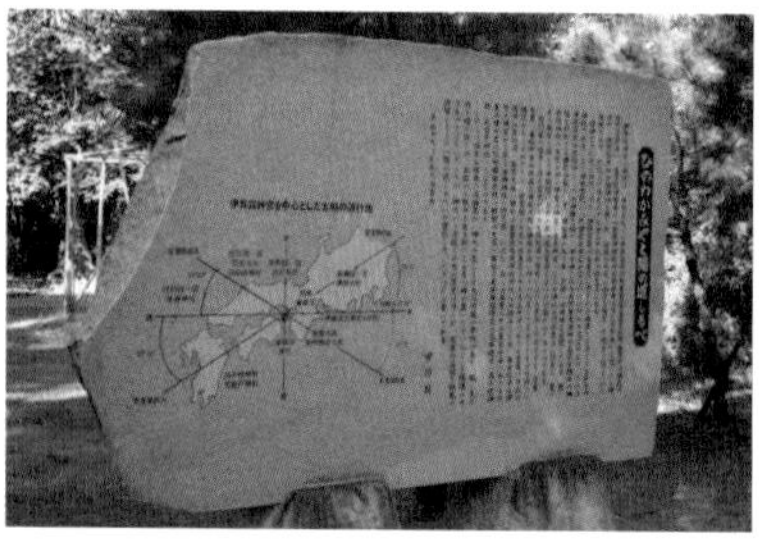

旧社格	式内社（名神大）・官幣大社
祭　神	伊弉諾尊・伊弉冉尊
例　祭	4月22日
住　所	〒656-1521 兵庫県淡路市多賀740 電話　0799-80-5001　Fax　0799-80-5021

主な祭典

例祭（春祭）
4月20日～22日

淡淡路の春祭を代表する例祭（春祭）で、宵宮祭、淡路祖霊社例祭、前夕祭、本宮例祭が3日間に亘って行われます。特に、大祭に続く神幸式で神輿や豪華な飾りのだんじり10数基が境内に勢揃いする光景は見事です。そして濱神社への行列は美しく見逃せないものです。

見どころ

陽の道しるべ

境内にあるモニュメント「陽の道しるべ」（太陽運行図）から、不思議な神社配置が読取れます。伊弉諾神宮を中心に、縁のある神社がぴったりと繋がるのです。神宮の真東には伊勢皇大神宮（内宮）があり、春分秋分には同緯度にある伊勢から太陽が昇り、対馬の海神神社に沈みます。そして夏至には信濃の諏訪大社から出雲大社、冬至には熊野那智大社から高千穂神社へと太陽が運行します。まるで誰かが計算して配置したような不思議な一致です。

播磨国一の宮

伊和神社

いわじんじゃ

播磨（はりま）の国は、兵庫県の南西部に位置します。北の山地から南の瀬戸内海に注ぐ川のひとつが、一級河川の揖保川（いぼがわ）で、川筋を北上すると、但馬や因幡との峠に至ります。その揖保川中流近く、因幡街道に面して位置する伊和神社は、杉、檜、榊、樫などが繁茂する約1万6000坪の森林の中に鎮座します。

周辺には縄文時代の開発のあとがあり、弥生・古墳時代の遺跡もゆたかです。伊和神社の主祭神、大己貴神（おおなむちのかみ）の別名は大国主命で、播磨国各地を巡歴し国造りの最後に伊和里（当地）に鎮まりました、これが伊和神社の創祀とされます。（『風土記』）

成務天皇（第13代）14年、もしくは欽明天皇（第29代）25年、豪族・伊和恒郷は大己貴神から「我を祀れ」との神託を受けると、一夜のうちに草木生い茂り石上に大きな鶴2羽が北向きに眠っていたのを見ました。そこで社殿を北向きに造営したとの伝えもあります。（社伝）これは出身地である出雲を向いているとの解釈があります。いっぽうで、『播磨風土記』には伊和大神（いわのおおかみ）が活発に登場することから、もとはこの地固有の神だったものが、出雲系神話と融合したのではないかとの研究もあります。

伊和神社は播磨国一の宮で『延喜式』（927年）には名神大社とあり正暦2（991）年には正一位に叙せられています。建武のころ新田義貞の戦勝祈願を受け、その寄状が残されています。明治の社格制度では、国幣中社でした。

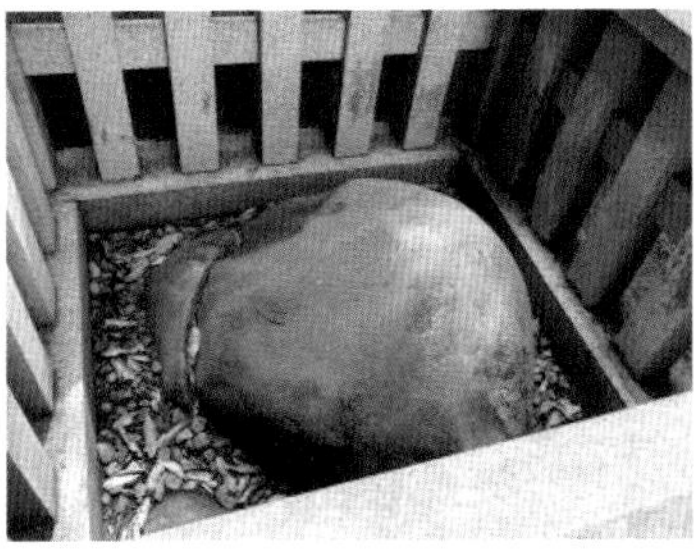

©ぷらり寺社めぐり

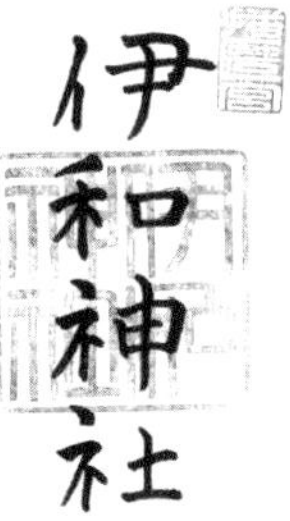

旧社格　式内社（名神大社）・国幣中社
祭　神　伊和大神
例　祭　10月15日、16日
住　所　〒671-4133　兵庫県宍粟市一宮町須行名407
電話　0790-72-0075　FAX　0790-72-0131

主な祭典

秋季大祭

10月15日、16日

神幸祭では、氏子地域などから5台の屋台が練り出されます。播州伝統工芸の粋を集めた屋台が数十人の若者たちの肩に乗せられ、太鼓と掛け声とともに上下左右します。百余人の神職や奉仕者の渡御行列は、神輿とともに御旅所に神幸します。このほか、20年に一度の「一つ山祭」、60年に一度、甲子の年の「三つ山祭」があります。それぞれの山には磐座が在ります。

見どころ

社殿と鶴石

境内の中央に、本殿・幣殿・拝殿が北向きに並びます。本殿は入母屋造で、文久2（1862）年、拝殿と幣殿は安政5（1858）年の建立です。本殿後方の石段を降りたところに、降臨石とか鶴石と呼ばれる岩座があります。その上に大きな白鶴2羽が北向きに眠っていたとの伝承ある神石です。社殿では、木彫の鶴や青銅の鶴に出会うことができます。

国家の繁栄と国民の平和を祈念

春日大社《かすがたいしゃ》

撮影・村上彰（一の宮巡拝会）

全国に3000社ある春日神社の総本社。奈良時代のはじめ、平城京の守護のため、鹿島から武甕槌命（たけみかづちのみこと）を御蓋山（春日山）に勧請したのが始まりです。神様が白鹿に乗って出現したため、鹿が神使とされています。

その後、香取と枚岡からさらに三神をお迎えし神護景雲2（768）年、現在御本殿が建つ場所に四棟の神殿が造営され、四柱の神様をあわせてお祀りしています。氏神として崇めた藤原氏の勢いが増すとともに、繁栄します。同じく藤原氏の氏寺とされた興福寺とは一対の関係で、ともに広大な所領を有し、鎌倉時代には大和国の守護職となっています。天皇・上皇の行幸は数多く、足利幕府や徳川幕府も崇めたため、全国に分社は増え、春日信仰は広がりました。明治4（1871）年、官幣大社春日神社となりますが、昭和21（1946）年に春日大社と改称しました。

平成10年（1998）、ユネスコ世界遺産（文化遺産）に古都奈良の文化財のひとつとして登録されました。

春日造と呼ばれる本殿四棟（国宝）は桧皮葺です。創建以来20年ごとの式年造替が行われてきました。平安末期から今日に至るまで、貴族や武士、一般庶民から奉納された燈籠は、約3000基あります。春日山原始林は天然記念物指定。昭和7年開園の萬葉植物園では、『万葉集』で詠まれた約300種の植物が、植栽されています。日本最古の萬葉植物園です。

旧社格	式内社（名神大社）・二十二社（上七社）・官幣大社・勅祭社
祭　神	春日神（武甕槌命・経津主命・天児屋根命・比売神）
例　祭	3月13日
URL	http://www.kasugataisha.or.jp
住　所	〒630-8212　奈良県奈良市春日野町160 電話　0742-22-7788　FAX　0742-27-2114

主な祭典

春日若宮おん祭
12月17日前後数日

春日大社の摂社・若宮神社の例祭で、12月15日〜18日にかけて行われます。保延2（1136）年、関白藤原忠通が万民救済を祈ってはじめてから、途切れることなく守り継がれています。若宮様をお迎えしお還りになるまでの24時間には、市内を練り歩くお渡り式や、社伝神楽・田楽・舞楽など芸能の奉納（国指定重要無形民俗文化財）などが行われます。

見どころ

春日大社国宝殿

旧春日大社宝物殿を増改築し、平成28年オープン。宝物類では、（王朝の）蒔絵箏や、刀剣類では金具のほとんどが金無垢で作られた金地螺鈿毛抜形太刀、赤糸威大鎧2領、鎌倉時代で唯一完存の菊蝶金物の籠手などの国宝計354点、重要文化財1482点をはじめ数多くの名宝を収蔵・展示するものです。

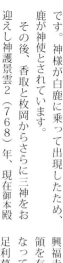

石上神宮《いそのかみじんぐう》

『日本書紀』に登場する歴史深い神社

天理市の東、布留山の麓の高台に鎮座する、日本最古の神社のひとつ。周辺には古墳群があり、山の辺の道が境内を通っています。社伝では、御祭神の布都御魂大神（ふつのみたまのおおかみ）の御神体は、神武天皇東征のおり一行の窮地を救った霊剣。『日本書紀』では、垂仁天皇（第11代）の代に、五十瓊敷（いにしき）命が一千口の剣を奉納し、のち物部連が治めることになったとのこと。古代豪族の物部氏が軍事を司る氏族でしたから、不自然はありません。素盞嗚尊（すさのおのみこと）の八俣大蛇退治の剣が「石上宮に在（ま）」すともあります。また他の文書にも、当社の高庭に遷した名高い剣のことが記されています。さらに、桓武天皇（第50代）が神宮の兵仗を遷したところ、異変が続いたため、神宝を返還されています。こうした逸話から、古代の朝廷の武器庫だったと考えられています。

当社の神体である神剣「師霊」が禁足地の土中深くに祀られているという伝承があったため、明治7（1874）年に調査されると、多くの玉類・剣・矛などとともに神剣「師霊」が出土しました。伝承は正しかったのです。それまでなかった本殿が大正2（1913）年に建てられ、神剣は奉安されました。宝物のなかには、年紀を有する七支刀(国宝)があり、百済から伝わったと推定されます。(禁足地は今もなお、布留社と刻まれた剣先状石瑞垣で囲まれています。)

建造物では、本社の拝殿と、摂社出雲建雄神社拝殿が国宝に指定されています。なお、境内には神の使いとされるニワトリ（神鶏）がおり、鏡池には奈良県天然記念物の馬魚（ワタカ）が生息しています。

関西

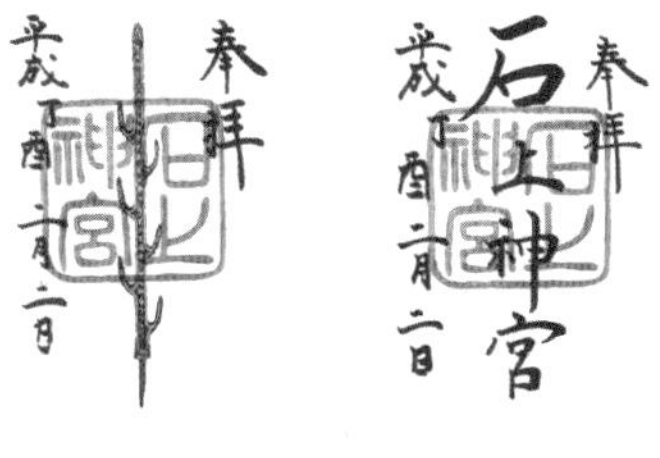

特別御朱印　国宝七刀

旧社格	式内社（名神大社）・二十二社（中七社）・官幣大社
祭　神	布都御魂大神・布留御魂大神・布都斯魂大神
例　祭	10月15日　ふるまつり
URL	http://www.isonokami.jp
住　所	〒632-0014　奈良県天理市布留町384 電話　0743-62-0900 FAX　0743-63-3124

主な祭典

ふるまつり

10月15日

当社最大の祭典で、「ふるまつり」とも、また市内の田町（旧田村）の御旅所まで渡御するので「田村渡（たむらわた）り」とも呼ばれます。午前は、田町より衣冠姿の稚児が騎馬で従者を伴い御幣を捧持して社参し斎行、稚児より荷前（のさき・新穀の穂のついたままの稲株）が奉られ奉幣の儀を行います。午後は、渡御行列が片道4キロメートルを往還し、還御祭が行われます。その御鳳輦（ごほうれん）は県内最大規模です。

見どころ

拝殿

拝殿は、白河天皇（第72代）が新嘗祭を行う宮中の神嘉殿として寄進されたとの伝承があります。建築様式の区分では鎌倉時代初期の建立とみられますが、いずれにせよ拝殿としては現存最古のもので、国宝に指定されています。入母屋造、檜皮葺で朱塗り、所々に仏堂建築の古制を伝える技法が施されています。

大和の国魂を祀る神社

大和神社《おおやまとじんじゃ》

撮影・村上彰（一の宮巡拝会）

大和神社は、山の辺の道の西方、東西に長く伸びた大地の上に鎮座し、参道は300mの長さで、境内は長大な森を形成しています。

『延喜式神名帳』の大和国山辺郡の筆頭に「大和大国魂神社三座」とあります。式内名神大社として、祈年のほか月次・相嘗・新嘗祭や祈雨・止雨に際して官幣を賜っています。

持統天皇（第41代）6（692）年、藤原宮遷都にあたって朝廷より伊勢・住吉・紀伊・菟名足の4社とならんで、奉幣を受けました。奈良時代には、朝廷の命により唐の国へ渡って学ぶ遣唐使や使臣たちは、出発に際して当社へ参詣し、海外渡航の安全を祈願されたといわれます。

『大倭国正税帳』によれば、天平2（730）年に山辺郡神戸稲・組み合わせて1041束を祭祀料にあてられ、『新抄格勅符抄』によれば、天平勝宝元（749）年より大同元（806）年まで大和・尾張・常陸・安芸・出雲・武蔵の諸国に、伊勢神宮に次ぐ327戸の神戸を有していました。神階は、貞観9（859）年に従一位、寛平9（897）年正一位を受け、伊勢神宮に次いで重視され、広大な社領を得たのです。永久6（1118）年の火災を境にしだいに衰え、天正の兵火（1583）の火災によって神領の書類をすべて焼失、江戸期には境内東西4町、南北3町の樹木鬱蒼たる広い神域を保持するのみで、無縁の状態になってしまいました。しかし、明治4（1871）年に官幣大社となり、翌年には新社殿を造営し一新したのです。

旧社格　式内社（名神大社）・二十二社（中七社）・官幣大社
祭　神　日本大国魂大神・八千戈大神・御歳大神
例　祭　4月1日
URL　http://ooyamatohp.net
住　所　〒632-0057　奈良県天理市新泉町星山306
電話　0743-66-0044　FAX　0743-66-0044

主な祭典

ちゃんちゃん祭り

（奈良県無形民俗文化財）
4月1日

大和の国の地主神・大国魂大神の例祭は、ちゃんちゃん祭ともいわれる、春の祭典です。氏子の頭屋、稚児など200余名による祭礼一行は、各町内より供奉し、行列順にて、各神具等を捧持します。ちゃんちゃん鐘を合図に成願寺・岸田を経て、中山郷大塚山の御旅所まで約2キロメートルを往復。御旅所では、翁の舞、龍の口の舞が奉納されます。

見どころ

戦艦大和展示室

遣唐使が参詣し祈願したことなどから海外渡航の安全の神社とされ、これまで多くの船員や乗船者が参拝に訪れてきた当社ですが、その祖霊社には、第二艦隊司令長官・伊藤整一ほか、世界最大の戦艦大和および護衛艦とともに海に沈んだ乗組員たちの英霊が合祀されています。展示品には、大和の模型や絵画など。境内には戦艦大和記念塔もあります。

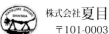

大和国一の宮

大神神社

おおみわじんじゃ

古くから日本人は、自然物に精霊が宿ると思ってきました。文明の進んだ今でも、そう感じる人は少なくないはずです。日本の約70パーセントが山岳地帯です。自然物では、山の神がもっとも祀られてきたのは当然のことといえましょう。

当社には、本殿がありません。なだらかな円錐の姿を見せる三輪山（高さ467m）がご神体であり、拝殿奥の三ツ鳥居を通して拝するのです。三輪山中には磐座があって古代の祭祀遺跡が残っています。

主祭神の大物主大神（おおものぬしのおおかみ）は、生活全般の守り神として信仰され、稲作豊饒、疫病除け、酒造りの神でもあります。

崇神天皇（第10代）の代に疫病が流行し、大物主大神を祀れば平らぐとの神託を受け、三輪氏の祖である意富多多泥古（大田田根子）を祭祀主として祀ったところ、国は鎮まったと伝わります。この大田田根子は、大物主大神が活玉依姫（いくたまよりひめ）に夜ごと通って生まれた子孫という伝承があり、姫がその正体を知ろうとその衣に糸をつけて追ったところ三輪山の神の社に至ったという神婚説話が『古事記』に記されています。

貞観元（859）年に最高位の正一位となるなど、朝廷からの信仰は、厚く長く続いています。

「味酒三輪の山あをによし奈良の山の山の際にい隠るまで道の隈い積もるまでにつばらにも見つつ行かむをしばしばも見放けむ山を心なく雲の隠さふべしや」という、万葉集に収められた額田王の長歌の枕詞、味酒は「うまさけ」と読むものです。かつて「神酒」を「みわ」と読んでいたことも解っています。古代より当社は酒の神として、酒が供されてきました。

旧社格	式内社（名神大社）・二十二社（中七社）・官幣大社
祭　神	大物主大神・大己貴神・少彦名神
例　祭	4月9日
URL	http://oomiwa.or.jp
住　所	〒633-8538　奈良県桜井市三輪1422
	電話　0744-42-6633　FAX　0744-42-0381

主な祭典

醸造安全祈願祭（酒まつり）

11月14日

酒造りの祖神と仰ぐ大神に、新酒の醸造安全を祈願します。4人の巫女が杉を手に神楽を舞い、ご神木の杉の枝を用いた杉玉が、全国から集った酒造家や醸造元に授けられます。そのほかでは、1月1日には古式にのっとり御神火が巡拝する繞道祭、4月18日には約2万点の医療品が供えられ病を起こす疫神を鎮め万人の無病息災が祈願される鎮花祭（薬まつり）に多数の参列があります。

見どころ

三ツ鳥居と拝殿

当社は三輪山がご神体であるため、本殿はおかれていません。拝殿は鎌倉時代には創建されたようですが、三ツ鳥居とそれに続く瑞垣はそれ以前からあったと考えられています。拝殿奥の三ツ鳥居の起源は不詳で、古文書にも「古来一社の神秘なり」と記されています。明神型の鳥居を横一列に三つ組み合わせた独特の形式は「三輪鳥居」とも呼ばれます。現在の拝殿は寛文4（1664）年の造営で、三ツ鳥居とともに重要文化財の指定を受けています。

大化の改新にゆかりの神社

談山神社

たんざんじんじゃ

大化の改新は、古代政治史上の一大改革です。豪族の蘇我氏が滅び、天皇中心の中央集権的支配実現に向かったものです。その推進者は、中大兄皇子（天智天皇）と中臣（藤原）鎌足で、蹴鞠による出会いのあと、この多武峰（とうのみね）で極秘に談合。のちに「談い山（かたらいやま）」と呼ばれたことから社名が生まれたといわれます。

寺伝によれば、鎌足の死後に唐から帰国した長男で僧の定慧（じょうえ）が、天武天皇7（678）年、摂津国阿威山の地に葬られた父の遺骨の一部を当地に改葬し、十三重塔と講堂（現・神廟拝所）を建立、妙楽寺と号しました。追って大宝元（701）年、次男の不比等が鎌足の木像を安置する祠堂（現・本殿）を創建したのです。藤原氏は、天皇家に次ぐ大きな足跡を日本史に残しました。最長の時代である平安時代に、当社は発展します。しかし宗派間の争いに巻き込まれることもしばしばで、破却遷座させられたこともありましたが、徳川家康の力で復興しました。

慶応4年の神仏判然令により明治2年僧徒が還俗し、談山神社と改称。江戸時代に宝庫から発見された粟原寺三重塔伏鉢は、銅製で和銅8（715）年の年号刻銘があり、国宝に指定されました。

多武峰山中では、十三重塔が著名ですが、楼門、本殿、権殿（みな重要文化財）などの朱塗りの社殿は華麗です。漆塗極彩色、三間社隅木入春日造の本殿には鎌足像が祀られ、日光東照宮の手本にされたといわれます。

旧社格	別格官幣社
祭　神	藤原鎌足公
例　祭	11月17日
URL	http://www.tanzan.or.jp
住　所	〒633-0032　奈良県桜井市大字多武峰319 電話　0744-49-0001　FAX　0744-49-0236

主な祭典

けまり祭

4月29日、11月3日

中大兄皇子と中臣鎌足が出会い、大化の改新のきっかけとなった飛鳥法興寺の蹴鞠会（けまりえ）の故事により、鞠装束で鹿革の鞠を蹴ってパスしあう雅な祭で、春と秋に行われます。もしあのとき、皇子の蹴鞠の靴を鎌足が拾いそこねたら歴史はどうなったのかと考えながら鑑賞するのも一興でしょう。

見どころ

十三重塔

藤原鎌足の追福のため、長男・定慧によって、（天武天皇7（678）年）に建立されました。その後、戦火で焼失したこともありましたが、享禄5（1532）年に再建されて現在に至っています。高さ17メートル、屋根は檜皮葺きで、世界で唯一、現存する木造十三重塔です。（明治33（1900）年の最高額面のお札には、鎌足とこの十三重塔が描かれました。）紅葉時には、観光客が多数訪れます。重要文化財。

神武天皇を祀る為明治に創建

橿原神宮《かしはらじんぐう》

「故、如此荒夫琉神等（かれかくあらぶる神ども）を言向け平和（やは）し、伏（まつろ）はぬ人等を退（はら）ひ撥（たいら）げたまひて、畝火の白檮原宮（かしはらのみや）に坐しまして、天の下治らしめき」『古事記』。これは、日向の国を出て東遷を成し遂げ橿原宮で即位した第一代天皇、神武天皇の記述です。その即位後、大物主命の娘・比売多多良伊須気余理比売（ひめたたらいすけよりひめ）を皇后として迎え現在、今上陛下に至るまで１２６代の皇統が続いているのです。

　橿原神宮の御創建は明治に入り民間有志から宮址碑の建立や、神社創建の請願が起こり、感銘を受けた明治天皇の御聖慮により京都御所の内侍所（賢所）と神嘉殿を本殿と拝殿に御下賜戴き、明治23（１８９０）年4月2日に御鎮座になりました。その後、明治から大正15年にかけて拡張整備が行われ、御創建当時の１・８倍の約３万６６００坪の広さに整備され、隣接地には約４万坪に及ぶ畝傍公園が造られ神宮外苑として位置づけされました。また、御鎮座50年である昭和15（１９４０）年は神武天皇が橿原宮で御即位されてより２６００年にあたり全国各地で奉祝行事が行われました。その中でも国を挙げての社殿修築並び拡張整備は全国から延べ１２１万人もの勤労奉仕と全国からの献木を合わせた約７万６０００本の植樹により、現在の雄大且つ荘厳な神域となりました。

　正月三ヶ日の参拝者は毎年１２０万人を超え年間多くの方々を迎えます。平成12（２０００）年に開館した宝物館には、明治天皇の御太刀、明治天皇の皇后・昭憲皇太后奉納の御鏡、上皇・上皇后奉納の御鏡、横山大観の絵画など奉納された名品が展示されています。

関西

旧社格　官幣大社
祭　神　神武天皇・媛蹈鞴五十鈴媛皇后
例　祭　2月11日
URL　http://www.kashiharajingu.or.jp
住　所　〒634-8550　奈良県橿原市久米町934
電話　0744-22-3271　FAX　0744-24-7720

主な祭典

紀元祭 2月11日

『古事記』や『日本書紀』が記す、神武天皇即位の元年、紀元前６６０年１月１日を新暦に換算したこの日は、元来明治６（１８７３）年に紀元節と定められて祝日となりました。戦後一旦廃止となりましたが、さまざまな議論がおこり、現在も建国記念の日としてお祝いされております。祭典では勅使の奉幣、神楽奉奏があり、厳粛のうちに斎行されます。祭典後には奈良県銃剣道大会をはじめとする各武道の奉祝行事が行われ、終日多くの参拝者で賑わいます。

見どころ

長山稲荷社

橿原神宮に付属する神社である末社にあたり、橿原神宮御鎮座以前からこの長山の地にお祀りされ、橿原神宮の御造営・御鎮座を御加護されてきた長山稲荷社。御祭神は宇迦能御魂神（うかのみたまのかみ）・豊宇気神（とようけのかみ）・大宮能売神（おおみやのめのかみ）です。開運厄除・五穀豊穣・商売繁盛の御神徳を持つ霊験あらたかな稲荷社です。

風の神様

龍田大社

たつたたいしゃ

龍田風神と呼ばれる「風の神」を祀る龍田大社は、古くから多くの人に親しまれてきた由緒ある古社で、紅葉の名所としても知られ、数多の歌にも詠まれてきました。

その創建は、『延喜式』の「龍田風神祭祝詞」によると、第10代崇神天皇の時代（約2100年前）に遡ります。数年に渡って凶作が続き疫病が流行したため、天皇自ら天神地祇を祀って祈願すると、夢に大神が現れ「天御柱大神（あめのみはしらのおおかみ）、国御柱大神（くにのみはしらのおおかみ）の二柱の神を龍田の立野の小野に祀りなさい」という神託が下ったとされています。その神託に従って社殿を造営すると作物は豊作となり、疫病は退散したということで、これが龍田大社の起源とされています。

龍田風神とは、天御柱大神と国御柱大神の二神の総称です。この「風神」と廣瀬大社の「水神」は並び称され、天武天皇、持統天皇は幾度となく併せて参拝したという記録も残されています。そのご利益は五穀豊穣、無病息災、近年では風の難を防ぐことから航海安全に霊験があるとして航海や航空の安全を祈願する参拝客が数多く訪れます。

また、「風の神」は陰陽五行では木気にあたることを示し木偏に風と書く「楓」で四方八方を風の神の清々しい「気」が行きわたるようにと「八重の楓」が龍田大社の神紋として用いられています。

旧社格　式内社（名神大社）・二十二社（中七社）・官幣大社
祭　神　天御柱大神・国御柱大神
例　祭　4月4日
URL　http://www.tatsutataisha.jp
住　所　〒636-0822 奈良県生駒郡三郷町立野南 1-29-1
電話　0745-73-1138　Fax　0745-32-3358

主な祭典

風鎮大祭
7月第一日曜日

風しずめの祭りとされる風鎮大祭は、『日本書紀』によると既に675年には国の祭りとして行われていたとされています。現代は、祭典後に剣舞や風神太鼓、民謡の奉納などが行われます。そして最後に行われる神さまへの火のごちそう「風神花火」は、力強い火力の美しい光景を見せます。

見どころ

重要文化財・宝相華彩絵奚婁鼓胴
（ほうそうげさいえけいろうこどう）

龍田大社の伝世品、平安時代作の奚婁鼓は舞楽や寺院における法会の際用いられる打楽器のひとつです。檜材製で表面に宝相華の華麗な彩絵を施した鼓胴で、鼓面部および胴部の紐帯には金箔が押されています。なお胴部の二か所には紐金物が打たれています。現存最古の奚婁鼓胴として良好な状態で保存されている貴重な工芸品ですが、奈良国立博物館に保管されています。

水の神を祀る水神宗社

丹生川上神社《うかわかみじんじゃ》

万物の生命の根源である水は、なによりも大切なものです。古代より、雨がふらなければ雨乞いを、雨が長く続けば止雨を祈り、五穀豊穣を願ってきました。

天武天皇（第40代）白鳳4（675）年に、「人声ノ聞コエザル深山吉野ノ丹生川上ニ我ガ宮柱ヲ立テテ敬祀ラバ天下ノタメニ甘雨を降ラシ霖雨（長雨の事）ヲ止メム」との神託により創祀（9世紀の記録）。雨師明神・水神宗社として朝廷の崇敬を受けて、『延喜式』には名神大社に列せられ、平安時代中期以降は、祈雨・祈晴の神として「二十二社」のひとつに数えられました。祈雨には黒馬を、止雨には白馬または赤馬の奉幣が96度なされました。

しかし、都が京都に遷り戦国時代以降はそのような祈願も中断され、丹生川上雨師明神社もいつしか蟻通神社と称され、その所在地さえ不明となってしまいました。明治維新後、丹生村（下市町）と川上村の神社が、官幣大社丹生川上神社下社、上社とされました。しかしその後の研究調査で、大正11（1922）年それまでの「蟻通神社」から「丹生川上神社」に改称、上下2社に対して「中社」を称するとともに、3社を合わせて「官幣大社丹生川上神社」として社務所を当社に置き、その中心に位置づけられたのです。戦後の官制廃止によって、3社は別々の神社となり、共に水の神として篤い信仰を集めています。

本殿は三間社流造、檜皮葺き。江戸時代文政12（1829）年の建築です。当社の由縁を証左した鎌倉時代の弘長4（1264）年銘の石灯籠は、（名工・伊末吉作によるもので、）高さ2・6メートル、笠幅73センチメートル。重要文化財に指定されています。

旧社格	式内社（名神大社）・二十二社（下七社）・官幣大社
祭　神	罔象女神　配祀：伊邪那岐命・伊邪那美命 東殿：大日孁貴尊・誉田別命・八意兼命 西殿：開化天皇・上筒男命・菅原道真・綿津見命・大國主大神・事代主大神
例　祭	10月16日
URL	http://www.niukawakami-jinja.jp
住　所	〒632-2431　奈良県吉野郡東吉野村大字小968 電話　0746-42-0032　FAX　0746-42-1134

主な祭典

小川祭り 10月16日

10月16日（その以前は旧暦9月16日）の例祭当日に太鼓台奉昇が行われていたが、近年は10月第2日曜日に行われます。壇尻祭、喧嘩祭の別称もあります。五穀豊穣を祈り、氏子区内から重さ1tを超えるケヤキ製の8連の太鼓台が華やかな衣装の若衆たちに担がれ境内に入ってくると、一際喚声があがり乗り児たちは太鼓を叩き弥栄サッサ、イヤサッサと声を張り上げます。太鼓台が勢ぞろいし勇壮に練り歩く、まさしく神人和楽の境地です。

見どころ

蟻通橋から臨む夢淵

蟻通橋からは、高見川・四郷川・日裏川の三水が合流して、碧潭な深い淵をつくり、神秘の気の満ちた霊境の夢淵が見渡せます。

『日本書記』によれば、神武天皇が丹生の川上にのぼり、天神地祇を祀って戦勝を祈願された所。即ち天香久山の埴土を取って厳瓮をつくり、丹生の川上に沈めたところ、大小の酔魚がマキノ葉の如く流れでて国土平定の瑞徴として喜ばれた伝承地とされ、流れでた魚は、魚編に占うと書く鮎です。

丹生川上三社めぐり

広大無辺の「水」の「神」の「力」によって世界に冠たる歴史を有する水豊かな神の国日本古の都 奈良の吉野で、日本最古の龍神を祀る、丹生川上（上社・中社・下社）では、広大な水の力・無辺の神の力を授かる〝三社めぐり〟を受け付け致しております。

三社朱印色紙

一枚の吉野の手すき和紙に三社の御朱印をいただきます。

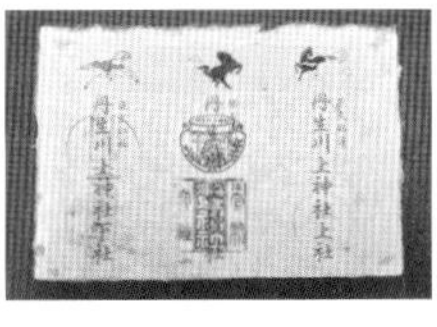

三社「水神力」守

上社で「水の霊（翡翠）」・中社で「神の霊（紅水晶）」・下社で「万の霊（黒瑪瑙）」をお受けし、水の神様の御力をいただきます。

三社巡り　福神矢

三社それぞれのお守りを福神矢に受け、三社をめぐり終えると「結願御神符」が授けられます。

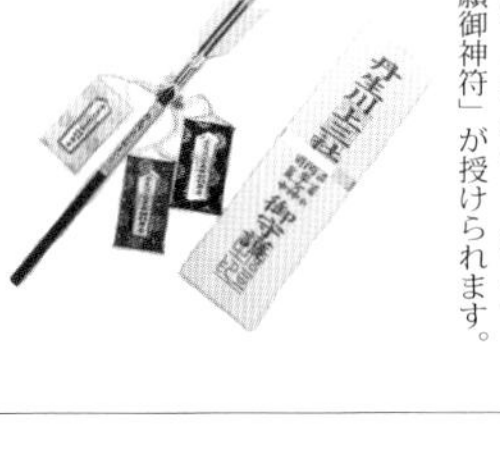

水の神を祀る下社

丹生川上神社下社《にうかわかみじんじゃしもしゃ》

神武天皇東征の折、丹生の川上で天皇自ら天神地祇を祀ったことが『日本書紀』に記されており、神道祭祀の初めとされます。この地に祀られた神社が丹生川上神社です。しかし、日本人の思考の変化によりその後数奇な道を辿ります。平安時代には『延喜式』名神大社となり「二十二社」にも数えられ国家の大事にかかる祈願が行われたところにも拘らず、応仁の乱以後その所在が不明とされます。江戸時代に入り「丹生大明神」と信仰されていた当社が「丹生川上神社」となり、明治4年官幣大社に列しますが、のちに高龗神社が「上社」と改称され当社は「下社」に、さらに大正時代には東吉野村出身の神職 森口奈良吉氏が論文を発表し蟻通神社が「中社」となり、三社合わせて「官幣大社丹生川上神社」となりました。戦後、官制の廃止により三社は別々の神社となり現代に至ります。

丹生川上神社下社の社前を流れる丹生川には縄文遺跡が存在し、本殿のある丹生山山頂には祭祀遺跡が確認されているところから、古くからこの地は信仰の場であったようです。嘉永7（1854）年に孝明天皇（第121代）の宣旨によって国家安泰がなされ、今も社宝として管理されています。また、当社神職であった橋本若狭は、この国の未来を案じ尊皇攘夷を訴える天誅組に加わり丹生の神に「川上の神の心をこころにて濁れる世は澄むとぞ思ふ」という和歌を残し亡くなります。

神社に伝わる神事芸能として太鼓踊りがあります。太鼓（古）踊りは、起源は旱魃の年、雨乞いの願が叶い雨の恵みを頂いた村人が、喜びのあまり神前に集まって踊ったのが初まりと伝わり、現在県の無形民俗文化財に指定されています。八咫烏の「道引き踊」から始まる神武東征の物語を表現するもので、大祭の他、天皇即位や皇室の慶事にも神前で踊られていました。

境内で、祈雨の黒馬、止雨の白馬二頭が飼育され丹生川上三社の神事に奉仕しています。

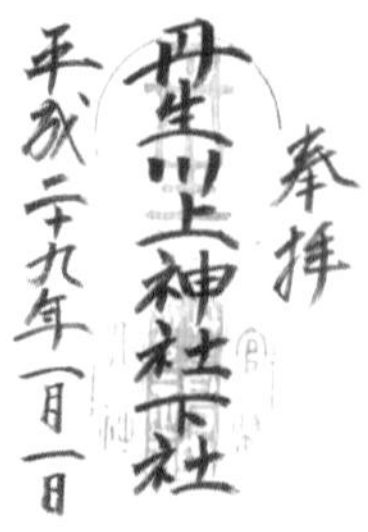

旧社格　式内社（名神大社）・二十二社（下八社）・官幣大社
祭　神　闇龗神
例　祭　6月1日
住　所　〒638-0021　奈良県吉野郡下市町長谷 1-1
電話　0747-58-0823　FAX　0747-58-0822

主な祭典

例祭 6月1日

通常は拝殿から本殿を見上げ参拝をしますが、6月1日の例祭に限りすべての参拝者が75段の階段を登り、山頂に鎮まる本殿へのお参りが許されます。例祭の前後一週間ほど氏子の家々では、「人身御供（ひとみごく）」と称される朴の葉にくるまれた鯖ずしを食す習慣があります。祭を済ませ農繁期を迎えた村々で、田植の時に畦で食べるお弁当として作られていました。今は吉野全域に広がりますが、もともとは丹生川の川上から下流7～8キロメートルほどの地域で食されていたようです。例祭参列者にはお祭の後、お祝いとして小さな朴の葉弁当が神社より振舞われます。

見どころ

本殿と階（きざはし）

丹生山山頂に鎮まる本殿は、文久3（1863）年の天誅組の蜂起に関連して罹災し、明治18（1885）年修築。三間社流造で、棟に千木・鰹木が置かれています。拝殿（明治34年復建）から本殿まで続く木製75段の階は、「明治天皇思いの階と言われ」必見です。

御守

三社めぐり御守
初穂料　1000円

神馬 白ちゃん黒ちゃんをモデルにした御守り
なんでもうまくゆく守り
初穂料　1000円

埴土勾玉守り
初穂料　1000円

集めた数でお皿か壺を奉製
毎月1つ集め12個でお皿
36個で壺をお作りします

水の神を祀る上社

丹生川上神社上社《にうかわかみじんじゃかみしゃ》

当社のある川上村は、吉野川・紀の川の源流の村です。雨は吉野杉を育て、川に注ぎ、時に洪水を起こすこともありますが、下流に多くの恵みをもたらしてきました。

明治6（1873）年に郷社に列するまでは、高龗神社（たかおかみじんじゃ）という小規模な祠で、その由緒も不詳でした。

翌年、丹生川上神社下社所轄の神社とされ、下社は「口の宮」、当社は「奥の宮」と称しました。明治29（1896）年には、それぞれ「丹生川上下社」、「同上社」と改称。2社を合わせて「官幣大社丹生川上神社」となりました。しかしその後の研究調査によって、東吉野村の「蟻通神社」を「丹生川上神社」に改称し「中社」を称するとともに、3社を合わせて「官幣大社丹生川上神社」となったのです。当社祭神も罔象女神から郷社時代と同じ高龗神（たかおかみのかみ）に再び戻されました。いずれも水の神です。戦後の官制廃止によって、3社は其々の神社となりました。

その後、治水と利水のため吉野川上流に大滝ダム建設が決定。村民の反対は激しく、建設には年月を費やしました。平成10（1998）年、水底に沈むため、当社はダム湖を見下ろす高台に遷座。そのためには、国・県や電力会社からの厚い協力をうけました。新社殿は豪壮な姿を見せています。

遷座にともなう調査では、宮の平遺跡を発見。縄文時代早期の竪穴住居跡、水銀朱の精製に使った縄文時代中期の石皿、自然石を半円形に並べた縄文時代中期末から後期初頭の環状列石（ストーンサークル）も見つかりました。

旧社格　式内社（名神大社）・二十二社（下七社）・官幣大社
祭　神　高龗神
例　祭　10月8日
URL　http://web1.kcn.jp/niukawakamijinja-kamisha/
住　所　〒639-3553　奈良県吉野郡川上村大字迫869-1
電話　0746-52-0733　FAX　0746-52-0645

主な祭典

例祭　10月8日に近い日曜日

官幣大社の頃は全村の総鎮守として盛大に行われたものの、戦後の官制廃止によって衰微しましたが、現在は、五穀豊穣と崇敬者の健康を願う神事が斎行されます。境内では、太鼓・歌・空手演武等の奉納が行われ、神賑行事として神輿御渡（一般参加可能）、餅撒き（くじ付）が行われます。近年参加者が増加しています。

見どころ

平安時代祭祀遺構（復元）

当社は、ダム建設に伴って平成10（1998）年に、現在地に遷座しました。それにともなう調査によって、旧御本殿下から発掘された社殿の石敷が平安時代祭祀遺構として、御社殿脇に復元されています。もとの境内に立っていた樹齢600年の神木、杉の幹の輪切りも展示されていて、水没の運命となった旧社がしのばれます。

御守

三社御守　初穂料　1000円

天空星守　初穂料　1000円

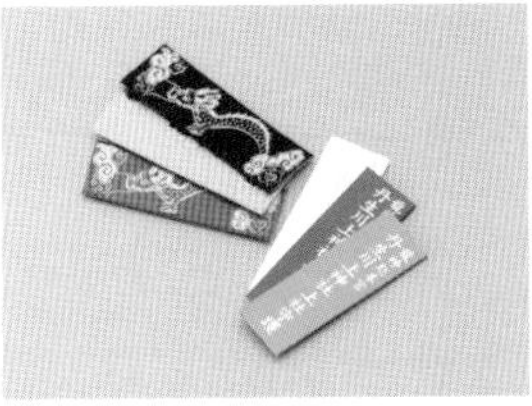

龍守　初穂料　各500円

大峯本宮

天河大辨財天社《てんかわだいべんざいてんしゃ》

大峯本宮　天河大辨財天は奈良県の天川村にある神社で、その起源は飛鳥時代まで遡り、天武天皇によって大峯山系の最高峰・弥山（みせん）の麓に社殿を構えたのが始まりとされています。主祭神は宗像三女神の一人、市杵島姫命（弁財天）。

弁財天は、古代インドの水の神サラスヴァティー神。せせらぎの如く妙なる弁舌や音楽の神であることから、日本で古代から行われてきた水神信仰とも結びついています。芸能の神としても知られているため、多くの芸能人が参拝に訪れています。神前での能の奉納は毎年行われ、世阿弥も用いた阿古父尉の面や能楽草創期からの価値の高い能面、能装束が多数奉納され、我が国能楽発達史上の貴重な資料となっています。

　また、古来より大峯修行の要の行場とされた歴史を持ち、高僧や修験者たちが集まりました。弘法大師空海は高野山の開山に先立ち、3年間大峯山で修行をしましたが、最大の行場が天河大辨財天社であったため、弘法大師ゆかりの遺品が奉納されています。空海お手植えと伝えられる天然記念物の樹齢1200年の大銀杏と、その脇に碑も残されています。

　現在も、芸能人をはじめ、幅広く多くの崇拝者を集める天河大辨財天社は、年間を通して数多くの行事が行われ、珍しい神事も多く、人々の精神の拠り所としての存在を大きくしている。

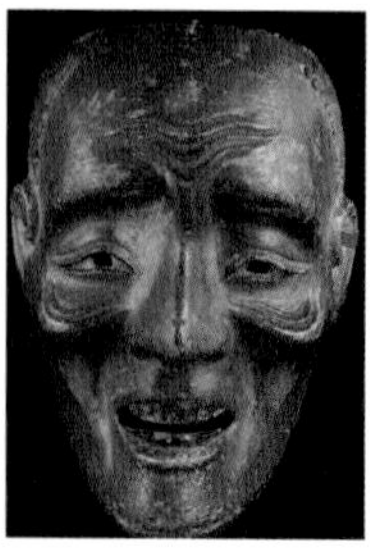

旧社格　郷社
祭　神　市杵島姫命
例　祭　7月17日
URL　https://www.tenkawa-jinja.or.jp/
住　所　〒638-0321 奈良県吉野郡天川村坪内107
電話　0747-63-0558/63-0334　FAX　0747-63-0848

主な祭典

例大祭宵宮祭、例大祭
7月16、17日

　1年の最大の祭典では、普段は閉ざされている本殿が開扉されます。宵宮祭では毎年神楽殿にて音楽が奉納されます。翌日の例大祭では聖護院門跡を始め本山修験行者による採燈大護摩が厳かに行われ、天河大辨財天社の歴史の深さを知ることができます。また能が神楽殿で演じられ、夜には江州踊り等終日賑わいをみせています。

見どころ

能面「あこぶじょう」

この面は、世阿弥の息男十郎元雅により寄進されました。将軍・足利義教から仙洞御所での演能を差し止められ、以後次々の将軍に疎んぜられた苦境の時代にあった世阿弥と元雅はこの面の裏に「所願成就円満」と記しています。芸能の神である弁財天に再起を期して寄進されたものでした。尉の面では最古の作品とされています。

巡礼・信仰者のための熊野三山の奥の宮

玉置神社

たまきじんじゃ

©ぶらり寺社めぐり

奈良県最南端にある十津川村は、琵琶湖や東京都23区よりも広い、日本一大きな村です。大和アルプスの別称でもある大峯山脈が南北に走り、北の吉野と南の熊野という聖地を結ぶ約170kmの山岳道は、大峯奥駈道（おおみねおくがけみち）として、平安時代初頭から修験道の修行の場となりました。修験道の開祖・役の行者や空海、円珍も修行され、山伏たちが行き交い霊場として栄えたのです。

十津川村を通る大峯奥駆道は約36km。神仏が宿るとされた拝所・行場は大峯七十五靡（なびき）と呼ばれますが、村内には35の靡があり、第10番目の靡が玉置山です。その標高1076mの山頂近く、杉の巨樹や春には石楠花（しゃくなげ）が咲きます。神武天皇が兵を休ませた古社。2679年以前より鎮座されています。

末社の玉石社は、三本の杉の根元に白い玉砂利が敷きつめられ、その中に頭を出した丸石が御神体とされています。神武天皇東征のおり、この石の上に十種神宝（とくさのかんだから）を置き武運祈願したことも伝えられています。

文化元（1804）年に建てられた社務所および台所、応保3（1163）年の銘がある梵鐘は国の重要文化財指定。玉置神社を含む大峯奥駈道は、ユネスコ世界遺産（文化遺産）「紀伊山地の霊場と参詣道」の構成資産のひとつです。

境内は巡礼・信仰者の神域のため、麓の公衆温泉で潔斎後、スーツ（女性はスーツに準ずる）又は、白衣で参拝するのが常となっています。ペットの入社は固く禁じられています。

旧社格	郷社
祭　神	國常立尊・伊弉諾尊・伊弉冉尊 天照坐皇大御神・神日本磐余彦命
例　祭	10月24日
URL	http://www.tamakijinja.or.jp
住　所	〒647-1582　奈良県吉野郡十津川村玉置川1 電話　0746-64-0500　FAX　0746-64-0429

見どころ

杉の巨樹群

温暖多雨な気候は、杉を大きく成長させました。神代杉（じんだいすぎ、幹周8.4m、樹高20m）、常立杉（とこたちすぎ、幹周8.3m、樹高25m）、磐余杉（いわれすぎ、幹周7m、樹高30m）、大杉（幹周8.7m、樹高40m）などの古杉が、神木として尊ばれ保護されてきました。海底から噴出した玄武岩質マグマが固まった、玉置山の枕状溶岩（まくらじょうようがん）堆積地とともに、県の指定天然記念物に指定されています。

主な祭典

例祭

10月24日

本殿での祝詞奏上につづいて奉納される弓神楽（ゆみかぐら）は、玉置権現が白木の弓で悪魔を退治した古事に由来するといわれ、邪気を祓うもので、「やまとなる玉置の宮の弓神楽、弦音すれば悪魔退く」と詠われています。本殿前から御旅所までの神輿渡御、餅つき踊りなどの後、餅が参列者に撒かれます。

紀伊国一の宮

伊太祁曽神社

いたきそじんじゃ

『日本書紀』などによれば、高天原を追われた素盞嗚命（すさのおのみこと）は、その子・五十猛命（いたけるのみこと）を連れてまず新羅国に天降りますが、その地は気に入らず埴土で船を造り出雲国に到ります。そして五十猛命は父神・素盞嗚命が鬚髯（ヒゲ）など体毛を抜いて生み出した樹木を託され、筑紫国より始めすべて大八州国（日本列島）に播殖して、国中を青山にしました。「木の神」として慕われ、やがてこの神様の鎮まる地は「木の国」と呼ばれるようになりました。紀伊国の名前の由来はここにあります。木は私達が生活する住居を造ることができます。また島国にとっては漁にも物流にも有効な船を造ることができます。木を燃料として煮炊きをすること、暖を取ること、更には製鉄を行うことができます。このことから大変に功績のあった神様として「有功神（いさおしのかみ）」とも呼ばれています。古事記には大屋毘古神（おおやびこのかみ）の名で登場し、大国主神が災難に遭われた時に生命を救ったと記されており、「いのち神」としても崇められ、厄難除け・病気平癒の御神徳もあるとされています。

　当社は主祭神として五十猛命を祀り、共に植林をして廻った妹神・大屋都姫命（おおやつひめのみこと）、都麻津姫命（つまつひめのみこと）の二神を配祀しています。当社についての具体的な年号の初見は、続日本紀の文武天皇大宝2（702）年。かつては日前宮の地に祀られ、現在の社地には和銅6（713）年に遷座したと伝えられます。延喜式神名帳では名神大社に列し、紀伊国一の宮とされています。明治18年に国幣中社、大正7（1918）年には官幣中社となりました。林業や漁業関係者、厄除け祈願者の参拝が多い神社です。

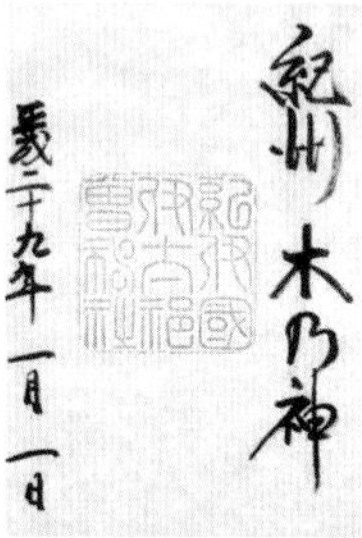

旧社格　式内社（名神大社）・官幣中社
祭　神　五十猛命（大屋毘古神）・大屋都姫命・都麻津姫命
例　祭　10月15日
URL　http://itakiso-jinja.net
住　所　〒640-0361　和歌山県和歌山市伊太祈曽558
　　　　電話　073-478-0006　FAX　073-478-0998

主な祭典

卯杖祭（うづえさい）　1月14日、15日

1月14日夕刻、占いの神事が始まります。小豆粥に竹筒を沈めて炊き上げ、取り出された筒は一晩神前に奉奠されます。15日早朝、筒を割り入っている粥の量で農作物の豊凶が占われるのです。そして、祭典が行われ神楽舞が奏されます。梅の若枝を束ねてつくられた卯杖で地面をたたき、大地の邪気が祓われます。これはかつて宮中でも行われていた神事で、年明け最初の卯の日に行われたことから卯杖祭の名があるのです。

見どころ

木の俣くぐり

大穴牟遅（大国主神）は、日本神話のヒーローのひとりですが、若い頃は兄弟神のたびかさなるイジメにあいます。殺されては蘇りながら、着いた木の国で、世話をしたのが大屋毘古神（おおやびこのかみ）です。追撃をかわし、「木の俣より漏（く）き逃して」、須佐能男のもとへと送り、大国主神としての大成をもたらします。この話にちなみ、当社に神木としてそびえていた杉の木の一部が「木の俣くぐり」として拝殿にあります。この穴を潜り抜け、厄除けをしてみてはいかがでしょうか。

紀伊国の一の宮

日前神宮・國懸神宮

ひのくまじんぐう・くにかかすじんぐう

樹木の茂る紀伊国の一の宮。総称して日前宮（にちぜんぐう）とも呼ばれます。境内に入って、向かって左（西側）が日前神宮、右（東側）が國懸神宮です。

日本神話の世界では、死と再生の物語がくりかえし描かれています。光と闇といってもいいでしょう。そのなかでもっとも重要な場面のひとつが、天照大御神の天の岩戸のお話です。高天原での弟・素盞嗚命の乱行に怒りを発した大御神が岩戸にお隠れになり、世の中も暗闇に包まれてしまいます。知恵の神思兼命の命により、石凝姥命がその御姿を写すため玉飾りを結んだ御鏡を鋳造し、鈿女命が岩戸の前にて裸で舞うなど様々な画策が施され、やがて大御神が外にお出でになられることで世界に光が復活したのです。

『日本書紀』の一書には、天香山（あめのかぐやま）の金（かね）を採って、日矛（ひぼこ）と天羽鞴（あめのはぶき）を造り、これを用いて奉る神は、是即ち紀伊国に所坐す日前神なり、とあります。

社伝では、日矛を鏡であるとし、伊勢大神宮奉祀の八咫鏡（やたのかがみ）の御同体として日像（ひがた）の鏡が日前神宮の、日矛の鏡が國懸神宮のご神体となったとのこと。また神武天皇2年に紀国造家が賜り、垂仁天皇（第11代）の代に現在地に遷座したともあります。なお、この天岩戸神話に登場する三神も両宮の相殿に祀られています。

戦国時代に荒廃したこともありましたが、紀州藩初代藩主・徳川頼宣が復興、明治4（1881）年に官幣大社に列しました。大正期の改修工事で一新され、現在の姿となったものです。

旧社格　式内社（名神大社）・官幣大社・単立神社
祭　神　日前神宮：日前大神　國懸神宮：國懸大神
例　祭　9月26日
URL　http://hinokuma-jingu.com
住　所　〒640-8322　和歌山県和歌山市秋月365
電話　073-471-3730　FAX　073-474-3869

主な祭典

例大祭

9月26日

太陽神・天照御大神を祭神とすることから、当社の名も生じているものと考えられ、ゆかりの日を祝って、「両宮の大神様ゆかりの日をお祝いし、日々のご神徳に感謝申し上げるとともにこれより先の人々の平和、国家安泰、五穀豊穣を祈念いたします」（社の説明）。11台の三方（器）に盛られた海の幸、山の幸が、神官の手から手へと運ばれます。

見どころ

薪能

（たきぎのう）

薪能は、神事・仏事の神聖な儀式です。奈良の興福寺の催しが初ともいわれます。7月26日の夜、篝火（かがりび）を焚がれると、舞台は幻想的に浮かび上がり、めでたくも華やかにして幽玄な世界がくりひろげられます。平成27（2015）年に県の文化奨励賞を受賞。夏祭りと併催され、午前には無病息災を祈願する茅の輪くぐり神事も。

全国熊野神社総本宮　甦りの社

熊野速玉大社《くまのはやたまたいしゃ》

関西

熊野は、太古より神々の鎮まる所として崇められてきました。『日本書紀』の神武天皇紀に「熊野神邑ニ至リ且天ノ磐盾ニ登ル」とあり、熊野神邑は、現在の新宮市の古称です。天ノ磐盾は神倉山の磐盾とゴトビキ岩を指し、神武天皇もお登りになったことが記されています。

神武天皇は熊野で神々の試練を受け、瘁え（をえ）＝気を失った状態になり、神剣（フツノミタマノツルギ）の霊威によって天神御子（あまつかみのみこ）として甦ります。

ここに生きる力をもう一度戴くという、熊野の「甦りの信仰」の原点があります。『熊野権現垂迹縁起』によると、神倉山に熊野の神々が初めて降臨されたと記されており、景行天皇（第12代）の御代に現在の熊野速玉大社の社地に奉遷したことから、初めて建てた黎明の社「新宮」とよばれています。

仏教伝来後は熊野権現信仰の興隆に伴い、朝廷から篤い信仰を集め、孝謙天皇（第46代）より「日本第一大霊験所根本熊野大権現」の勅額を賜り、天慶３（９４０）年には神階正一位に叙せられ、熊野三山の中でもいち早く極位を授けられました。

明徳元（１３９０）年、足利義満が奉納した調度品、蒔絵手箱、彩絵檜扇などの古神宝は、１２００点の国宝として今に伝えられ、とくに御神像七体は何れも桧の一木造り、著色坐像、なかでも熊野速玉大神坐像（平安初期の作）は最古最大、日本神像の最高に位置する神像として、学問上としても重要な文化財です。

全国熊野神社総本宮として千古の信仰を伝えています。

（平成16年「紀伊山地の霊場と参詣道」としてユネスコ世界文化遺産に登録）

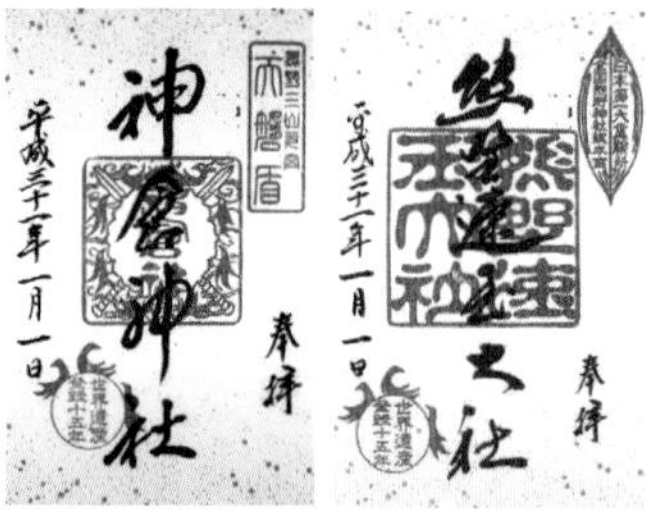

旧社格	式内社（大社）・官幣大社
祭　神	熊野速玉大神・熊野夫須美大神
例　祭	10月15日、16日
URL	http://kumanohayatama.jp
住　所	〒647-0081　和歌山県新宮市新宮１
	電話　0735-22-2533　FAX　0735-23-1560

主な祭典

例大祭
10月15日、16日

15日には、全国より崇敬者が参列し本殿大前ノ儀、神霊が御旅所へ渡御する神馬渡御（しんめとぎょ）式が行われます。16日には、神霊が神輿と神幸船で渡御され、９隻の早船が沿岸の観客の喝采を浴びながら先を争って御船島をめぐる御船祭と御旅所神事が行われます。２月６日の御燈祭とともに、国重要無形民俗文化財に指定されています。

見どころ

世界平和を祈る
御神木　梛（なぎ）

神木梛は高さ20ｍ、幹周り６ｍあり、平清盛の嫡男・重盛のお手植えと伝えられ、樹齢１０００年を越えます。「なぎ」は凪（おだやかなさま）に通じ、海上安全や家内安全、また険しい熊野詣で道中安全を願い、この葉を持ち帰るのが古くからの習わしです。

昭和47年沖縄の本土復帰の折にも、沖縄の平安を祈って熊野速玉大社の梛が植樹されました。

熊野三山のセンター

熊野本宮大社

くまのほんぐうたいしゃ

『古事記』によれば東征のおり、日に真向かうのでなく日を背に負って戦おう、と河内から大廻りし熊野に上陸した日の神の御子、神武天皇のもとに、高天原の高木大神（高御産巣日神。『日本書紀』によれば天照大御神）から、山奥に進むにあたってのアドバイスと烏が遣わされます。荒ぶる神が多くいるのでこの八咫烏（やたがらす）の道引きの後を幸行（いでま）すべし、と。これによって、大和への道を進めたのです。

太陽に三本足の烏が住むという神話は、中国や朝鮮などにもあります。太陽信仰と烏には、つながり深いものがあります。この八咫烏は、熊野三山（当社のほかに熊野速玉大社と熊野那智大社）に祀られ、守り神となりました。多数の烏をデザイン化した牛王宝印（ごおうほういん）が護符として、誓紙や起請文に使われました。古代の熊野の太陽信仰が反映されたものでしょう。（当社は、崇神天皇（第10代）の代に創建とされます。）

古来、熊野は異界の地とみなされていたのですが、やがて熊野を詣でると来世の安楽を得られるとの信仰が発しました。平安中期から鎌倉期には、白河・鳥羽・後白河といった上皇たちが幾度も参詣することとなりました。

当社社殿は19世紀はじめの造営で、重要文化財。宝物殿には、鎌倉初期の鉄湯釜（重要文化財）をはじめ各種の宝物が収められています。八咫烏をイメージしたデザインでリニューアルした瑞鳳殿は、道場や研修施設としての活用がはかられています。社務所前の黒い八咫烏ポストは、手紙を送る参拝者たちに喜ばれています。（熊野三山のひとつで、ユネスコ世界遺産「紀伊山地の霊場と参詣道」の一部です）

旧社格	官幣大社
祭　神	家都美御子大神
例　祭	4月15日
URL	http://www.hongutaisha.jp
住　所	〒647-1731　和歌山県田辺市本宮町本宮 電話　0735-42-0009　FAX　0735-42-0753

主な祭典

例大祭　4月13日～15日

13日の湯登神事（ゆのぼりしんじ）は、神の依代（よりしろ）である稚児が湯峯温泉で身を清め父兄の肩車で熊野古道、大日越えという3・4kmの山道を行く、例祭始まりの神事です（県無形文化財）。14日は船玉大祭と前夜祭。15日の本殿祭のあと渡御祭（とぎょさい）では、神霊の宿った神輿を中心に、熊野御幸を再現した行列が旧社地である大斎原へと向かい、そこで大和舞・巫女舞・御田植神事・護摩焚き等の神事が行われます。

見どころ

大斎原

当社の祭神は、中国から飛来して熊野川下流の新宮（速玉大社）に降臨したあとこの本宮に鎮座したとの伝承があります。新宮も本宮も中洲（川中島）に位置する共通項があり、川への信仰と結びつくものでしょう。洪水のため明治期に移築遷座するまでの旧社地は大斎原とよばれ、神事には多くの人が集まります。高さ約30mの大鳥居と、石の祠が建てられています。

関西

那智の大滝を祀る社

熊野那智大社《くまのなちたいしゃ》

熊野那智大社は、神日本磐余彦命（かんやまといわれひこのみこと）の御東征を起源にしています。

白肩之津（東大阪市）での戦いで、兄である五瀬命（いつせのみこと）が傷を負います。この戦いで「太陽の神の御子であるのに太陽に向かって挑んだため、このような結果になったのだ。ならば太陽を背にして敵を討とう」と誓いを立て、紀伊半島の南の地である熊野を目指すことになります。

西暦紀元前６６２年、神日本磐余彦命の一行は丹敷浦（現在の那智の浜）に上陸しました。その時、那智山東の光ケ峯に御神光が現れ命の軍勢を補佐し、霊光は那智御瀧の淵底に鎮まりました。

命はこの御神威あらたかなことを叡感され御瀧本に親（みずか）らお祀りされました。

神日本磐余彦命の一行は天照大神より使わされた八咫烏の先導により無事、大和の橿原の地へお入りになり、西暦紀元前６６０年２月11日に第一代天皇、神武天皇として即位されました。

先導の役目を終えた八咫烏は熊野の地へ戻り、現在は石に姿を変えて休んでいるといわれています（烏石）。そして仁徳天皇５（３１７）年、山の中腹に「烏石」を中心として社殿を設け、熊野の神々・御滝の神様をお遷ししました。これが熊野那智大社の始まりとされ、那智御瀧は熊野那智大社の別宮、飛瀧神社となりました。

旧社格	官幣中社
祭　神	熊野夫須美大神
例　祭	7月14日
URL	http://kumanonachitaisha.or.jp
住　所	〒649-5301　和歌山県東牟婁郡 那智勝浦町那智山1 電話　0735-55-0321

提供：熊野那智大社

見どころ

那智の滝

この大滝を目の当たりにすると、圧倒的なパワーに霊厳な思いをいだきます。近づき見上げれば、天からの水のようです。社伝によれば、東征に向かった神武天皇が上陸したのは丹敷浦（現在の那智の浜）。（一行は光り輝く山を見つけ、）この大滝を探りあて、神体として祀ったとのことです。落差133メートル、一段の滝としては落差日本一。

主な祭典

那智の扇祭り（那智の火祭り）

7月14日

「那智の扇祭り」は御遷宮・御創建をしのぶ神事であり、熊野那智大社の神様が元々お祀りされていた那智御瀧（飛瀧神社）へ御里帰りをし、それによって神霊を振るい起こし万物の生成発展を祈る神事です。「那智の火祭」と呼ばれる所以は午後2時に行われる「御火行事」によるものです。お滝の参道で熊野那智大社の神々が遷られている扇神輿を、50キロもある大松明にともされた炎によって、清める行事です。

空海に高野山を授けた女神の神社

丹生都比売神社

にうつひめじんじゃ

紀の川から南に紀伊山地に入り、標高450mの盆地、天野の地に当社が創建されたのは1700年以上前と伝えられます。

天照大御神の妹神である、丹生都比売大神（にうつひめのおおかみ）を祀り、同神を祀る全国約180社の総本社となります。

『播磨国風土記』によれば、神功皇后出兵のおり、丹生都比売大神の託宣によって赤土を賜り、これを天逆鉾に塗り船に立てると、戦勝。これに感謝してその子・第15代応神天皇が社殿を造営、紀伊山地の北西部一帯を神領として寄進したものです。この赤土は、古代から魔除けに用いられた丹砂を意味し、水銀の原料でもあります。丹砂産出にかかわった丹生氏の勢力を示すものとの学説もあります。

弘仁7（816）年、空海（弘法大師）は、当社より神領地を借り受け、高野山に守護神として丹生都比売大神を祀り、真言密教の総本山を開きました。『今昔物語』等では、丹生都比売大神の子・高野御子大神（たかのみこのおおかみ）が、2匹の犬を連れた狩人に化して空海の前に現れ、高野山へ導いたとあります。高野山への参詣者は、まず当社に参拝するのが習わしとなり、当社の周囲には、数多くの堂塔が建てられました。この密接な関係により「神道と仏教の融合した文化的景観」として、ユネスコの世界文化遺産「紀伊山地の霊場と参詣道」の一部となっています。（元寇のおりは、当社が神威を表したとして寄進を多く受け、紀伊国一の宮の称号を幕府より受けました。現在、全国一の宮会に加盟）

明治の神仏分離令で、状況は変わりましたが、大正13（1924）年に官幣大社に昇格しています。平安末期と推定される銀銅蛭巻太刀拵（ぎんどうひるまきたちこしらえ）ほか、伝来の神宝は多数あります。

室町時代に建てられた楼門とその奥に位置する本殿四殿は共に重要文化財に指定されています。また鏡池に映える赤い輪橋は淀君の寄進と伝えられ、参拝者も渡ることができます。（冬季は安全のため通れません）

旧社格　式内社（名神大社）・官幣大社
祭　神　丹生都比売大神・高野御子大神・大食都比売大神・市杵島比売大神
例　祭　10月16日
URL　https://www.niutsuhime.or.jp/
住　所　〒649-7141　和歌山県伊都郡かつらぎ町上天野230
電話　0736-26-0102　FAX　0736-26-0107

主な祭典

花盛祭　4月第2日曜日

春の訪れを祝う祭。桜やハナモモなどの花を飾る竹筒を参道に立て並べ、本殿の扉が開くと神前神楽が奉納されます。午後からの渡御（とぎょ）の儀では、狩衣の装束を着け神宝を持った奉仕者の行列が、雅楽の調べとともに参道を進みます。なお、1月第3日曜日に行われる御田祭（おんだまつり）は、豊作を祈る農耕神事です。県指定無形民俗文化財。

見どころ

本殿、楼門

本殿の第一殿には丹生都比売大神が、第二殿には高野御子大神が祀られており、鎌倉時代に第三殿と第四殿が加わりました。室町時代に火災によって消失しましたが、すぐに復興、一間社春日造では日本最大の規模といわれます。同じく室町時代に建てられた楼門とともに、重要文化財に指定されています。

因幡国一の宮

宇倍神社《うべじんじゃ》

関西

撮影・村上彰（一の宮巡拝会）

鳥取県はかつて、東半分が因幡（いなば）、西半分が伯耆（ほうき）の国でした。因幡の国の国府が置かれ、政治や文化の中心地となったのが当地で、一の宮である当社はながらく尊崇を受けてきました。ゆかりの著名人は少なくありません。

天平宝字3（759）年、国主（長官）として赴任していた大伴家持（おおとものやかもち）は、万葉集の最後に収められた歌を詠んでいます。また、斉衡2（855）年には国主に赴任する在原行平（ありわらのゆきひら）が、「立ち別れいなばの山の峰に生ふるまつとし聞かば今帰り来む」（百人一首収載）と詠んでいます。

祭神は、景行天皇（第12代）から5代に仕えわが国初の大臣となったという武内宿祢命（たけのうちのすくねのみこと）。仁徳天皇（第16代）55年に360余歳で本殿裏の丘に双履を残し昇天したことによる創建と伝えられます。古墳時代前期末から中期の円墳の一部といわれています。

江戸時代の鳥取藩池田家の崇敬も篤く、宝物を寄進。現在、拝殿左側にある徴古館には、御幸祭祭具が収蔵されています（県民俗文化財指定）。明治には、国幣中社となりました。本殿は明治31（1898）年の再建で、武内宿祢命とともに翌年、5円紙幣の絵柄となり、以後、祭神の驚異的な寿命にあやかりたい長寿・健康祈願者だけでなく、商売繁盛・金運上昇の祈願者も訪れるところとなりました。

旧社格　式内社（名神大社）・国幣中社
祭　神　武内宿禰命
例　祭　4月21日
URL　http://www.ubejinja.or.jp/index.php
住　所　〒680-0151　鳥取県鳥取市国府町宮下651
電話　0857-22-5025　FAX　0857-29-2225

主な祭典

例祭

4月21日

例祭の前の土曜日（または日曜日）には、全国屈指の大神輿による御幸祭がおこなわれます。また、鎧を着け青竹を持つ武者行列や、元禄時代の鳥取藩参勤交代の姿を伝える奴の舞が練り歩きます。例祭当日には、麒麟獅子舞（きりんじしまい）が奉納されます。一本角の獅子による荘重で厳粛な舞は、約350年の歴史をもち、因幡地方のみに見られる、県無形民俗文化財です。

見どころ

双履石（そうりせき）

本殿の後方の丘、亀金山上には、双履石という石が祀られています。『因幡国風土記』の逸文によれば、「仁徳天皇五十五年春三月、大臣武内宿祢命御年三百六十余歳で因幡国に下向され、亀金に双履を残して行方知れずとなった。因幡国法美郡の宇倍山の麓に神の社があり、武内宿祢の御霊である」。脱ぎ捨てた沓がふたつの石と化したとのことです。

伯耆国一の宮

倭文神社《しとりじんじゃ》

©ぷらり寺社めぐり

倭文神社は織物の神、安産の神を祀ることから「女性の守り神」として人気を集める格式の高い神社です。創立年代は不詳ですが、社伝によれば大国主命の娘の下照姫命（したてるひめのみこと）が出雲から海路を経て湯梨浜町宇野の地に着船し、御冠山を経て現社地に居を定め、当地で死去されるまで、安産の指導にあたりながら農業開発、医薬の普及に尽くしたとされています。また、創立当時、倭文（しづおり）の織物が主産業で、機織りに携わった倭文部一族の祖とされる建葉槌命（たけはつちのみこと）を、下照姫命と共に主祭神として祀られたのが起源とされています。平安時代の『延喜式神名帳』（922年）には、倭文神社の名が列せられています。

社殿の南方向の境内の山林に下照姫命の墳墓と目されていた円墳があり、大正4（1915）年の発掘調査により経塚であることが確認されました。平安時代後期には伯耆国一の宮であったことを示す銘文が刻まれた銅製円筒形の筒身に宝珠紐付き、屋根形の蓋のある経筒や、奈良時代に鋳造された金銅観音菩薩立像をはじめ、銅造千手観音菩薩立像、銅板線刻弥勒菩薩立像など貴重な遺物が発掘されています。これらは一括して国宝に認定され、伯耆一宮経塚出土品として東京国立博物館に寄託されています。

古来より安産信仰で、数々の霊験が伝えられている当社には、現在も変わらず、全国から安産祈願の参詣者が訪れ賑わいをみせています。

旧社格	式内社・国幣小社
祭　神	建葉槌命・下照姫命・事代主神・建御名方命・少彦名命・天稚彦命・味須気高彦根神
例　祭	5月1日
住　所	〒689-0707　鳥取県東伯郡湯梨浜町大字宮内754 電話　0858-32-1985　FAX　0858-32-1985

主な祭典

例祭「一宮さん」

5月1日

倭文神社の例祭は「一宮さん」として親しまれ、近郊最大の祭典として賑わいます。例祭前日には前夜祭が行われ、湯立神事という特殊神事が行われます。祭当日には、氏子の子供たちによる巫女姿の「浦安の舞」の奉納が祭典の中で行われ、午後には神輿渡御の賑やかな神輿とともに稚児行列も練り歩き、賑わいを見せます。

見どころ

安産岩

神社境内に至るまでの参道に「安産石」があります。そして次に夫婦岩を過ぎると鳥居に至ります。昔、難産に苦しむ婦人が参詣の帰途、安産岩の所で楽に出産したという故事から「安産岩」と称するようになりました。祭神・下照姫命への祈願と共に、帰路、安産岩に安産祈願をする人も多く、人気のスポットになっています。

神の宿る山

粟嶋神社《あわしまじんじゃ》

鳥取県の湖・中海を望む「錦海八景」として知られ、特に秋の月夜が美しいため「粟嶋秋月」と呼ばれる景勝地であり、神の宿る山として語り継がれてきた地に鎮座する粟嶋神社。度々の火災で記録を失い創建年は不明ですが、粟嶋の地名は、天平5（733）年の『伯耆国風土記』に、手に乗るほど小さな、こびとの少彦名命がこの地で粟を蒔いて、実り弾けた粟の穂に乗って常世の国へ渡ったという伝承から粟嶋と呼ばれていると書かれています。『日本書紀』でも同様な逸話があます。そのことから少彦名命の現世での最後の地が粟島ということになります。また神功皇后、後醍醐天皇の御祈願の伝承もあります。

境内には少彦名命が上陸した場所とされる御岩宮祠や、石段を下りた海岸近くには「八百姫宮」の洞窟などがあり、歴史を想わせる雰囲気を湛えています。

残されている記録では、室町時代、尼子氏が伯耆を侵攻した際に社殿が焼失し、後に尼子氏が再建し社領を寄進、米子城主代々の崇敬等があります。江戸時代は「粟嶋大明神」と称されていましたが、元禄2（1689）年に火災で焼失、翌3年に再建される際に社殿が山麓から山頂に移されました。その後、粟嶋周辺が干拓され地続きとなっています。明治維新には「粟嶋神社」と改名され、昭和11（1936）年に社殿が再築され、現在に至っています。

粟島は島全体が原始林で、西斜面に群落を形成しているシャシャンボ（ツツジ科）が大型化しているのも特徴的で、全体が「粟嶋神社社叢」として鳥取県の天然記念物の指定を受けています。

旧社格　郷社
祭　神　少彦名命、大己貴命、神功皇后
例　祭　4月12日
住　所　〒683-0854　鳥取県米子市彦名町1404番地
電話　0859-29-3073

主な祭典

春例大祭
4月12日

毎年4月12日に行われる春の大祭は、神職、氏子が集まり厳かに大祭の祭礼が行われます。豊かな自然に恵まれ、鶯の鳴き声が響く春の新緑の中で、山上の社殿までの階段を参拝に向かう多くの人たちの姿が、真摯な信仰の風景として例祭の賑わいを見せます。山上の社殿と麓の祠に神々が祀られた粟嶋神社は、信仰の山として広がりのあるお祭りが催行されます。

見どころ

「御岩宮祠」

社殿に向かう187段の階段を登る前に、右手に進むと「御岩宮祠」という小さな祠があります。この祠は少彦名命が、粟嶋に到着された最初の場所といわれる聖地として多くの人が参拝します。難病苦難の守り神とされ、家族の健康無事を祈る多くの方が訪れます。神性を感じさせる空気に包まれます。

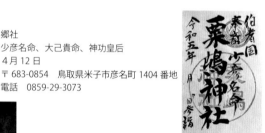

由良比女神社

ゆらひめじんじゃ

古来、海上交通の要衝である隠岐の島の道前、西ノ島にあり、須佐之男命の娘で大国主命の正妻、須勢理比売命（すせりびめのみこと）と同一人物であるとも言われる由良比女命（ゆらひめのみこと）を祀る神社です。

延長9（972）年編纂の『延喜式神名帳』に「由良比女神社　名神大　元名和多須神」との記載が見え、それより130余年前の承和9（842）年編纂の『続日本後紀』にも、同社、中ノ島の宇津加命神社、島後の水若酢神社の隠岐3官社がすでに登場しています。

また島前には、由良比女命が芋桶に乗り、海に出て手で漕いでいたところ、その手の美しさにひかれて烏賊が手に絡みつきました。しかし烏賊はこの非礼を悔いて詫びに訪れました。以来毎年、社前の由良の浜、別名烏賊寄せの浜には烏賊の大群が押し寄せるようになったとの伝承があります。

さらに、由良比女神社はもともと知夫里島（ちぶりじま）の烏賊浜にありましたが、西ノ島に移ってからというもの、烏賊は由良の浜に集まるようになってしまったとの伝承が、知夫村（ちぶむら）に残っています。由良比女命が「ちぶり神」とも呼ばれる由縁です。

中世以降、江戸中頃まで衰微したが安永2（1773）年に島前13か村の総意により例大祭が復興し、この頃、道後の水若酢神社とともに隠岐国一の宮を称するに至りました。

現在のような構えになったのは、明治22年以降のことです。

旧社格	式内社（名神大社）・村社
祭　神	由良比女命
例　祭	7月28日
住　所	〒684-0211　島根県隠岐郡西ノ島町浦郷922 電話　08514-6-0950

主な祭典

例祭　7月28・29日

山陰地方最大さんの船祭りである例祭は、一年おきに大祭が行われます。大祭では、神輿が境内を練り歩いた後、神船（みふね）に乗船し海上巡幸します。巡幸後、海岸広場に接岸上陸すると「チョウーサ、チョウヤッサ」の威勢あるかけ声で、押し合い、へし合いの暴れ神輿が参拝者の目を惹きつけ、盛大な祭りはクライマックスを迎えます。

見どころ

本殿

隠岐島前の文化財 有形文化財に指定されている本殿は、春日造変態様式、向拝唐破風の建築で、明治22（1889）年に造営されました。以降、境内各社、随身門などが配置、整備され立派な社伝となっています。烏賊にまつわる意匠や形状が各所に見てとれます。

隠岐国一の宮

水若酢神社《みずわかすじんじゃ》

©ぶらり寺社めぐり

隠岐の島は淡路、四国に次ぐ3番目の島として『古事記』に登場します。古来より、海上交通の要衝として繁栄してきました。

水若酢神社は、島前（どうぜん）と島後（どうご）に大別されるこの島根県隠岐の島の、島後にあります。

祭神の水若酢命（みずわかのみこと）は、古代に隠岐を治めた大須別命（おおすわけのみこと）の御子で、隠岐国を開いた神と伝えられています。しかし文献による史料が、中世の兵火や、明応年間（1492～1500）年の水難にみまわれ、鎮座地が変遷しているため、旧記、古文書、社宝の類がほとんど消失しており、詳細は不明です。

しかし延長5（927）年に編纂された『延喜式神名帳』に「水若酢命神社 名神大社」と記載があり、またわずかに残る古文書に、創建には崇神天皇年間、仁徳天皇年間説がありますが、古来、五穀豊穣、海島守護、航海安全の神として崇敬されてきました。

現在地より北側にあった旧社が、明応年間に襲った洪水により流され、下流で発見され、その社殿を人々が元の場所まで力を合わせて引き上げたという故事（再建時の用材曳き）に由来するといわれる山曳き神事が行われる例大祭は大勢の人で賑わいます。

旧社格	式内社（名神大社）・国幣中社
祭　神	水若酢命
例　祭	5月3日
URL	http://okinoshima.info/mizuwakasu/
住　所	〒685-0311　島根県隠岐郡隠岐の島町郡723 電話　08512-5-2123

見どころ

本殿

国指定重要文化財

本殿は隠岐の島島内の神社独特の隠岐造様式を代表するもので、平成4年に国の重要文化財に指定されています。造営は寛政7（1795）年に再興されたもので、切妻造妻入、屋根は茅葺です。桁行（側面）2間、梁間（正面）3間の身舎（もや）の前面に片流れ、檜皮葺の庇を付し、棟には千木、鰹木を置いています。切妻屋根と正面の庇が一体化していないところが春日造と異なる点です。

境内一帯には数基の古墳時代後期の円墳群が分布していましたが、現在は2基を見ることができます。授与品として達磨人形の底に埋められたおみくじが人気です。

主な祭典

水若酢神社祭礼風流

5月3日（県指定無形文化財、西暦偶数の隔年斎行）

蓬莱山に見たられた山車を御旅所まで曳く山曳き神事や、御旅所ではこの間、巫女舞、神楽舞、獅子舞、大楽（明神囃子）、流鏑馬などが奉納披露されます。隠岐島後三大祭のひとつに数えられ、島根県指定無形文化財に指定されています。

出雲国二の宮　神在の社

佐太神社《さだじんじゃ》

佐太神社の歴史は古く、『出雲国風土記』（733年）に「神名火山（かんなびやま・朝日山）の麓に座す」佐太大神社（さだおおかみのやしろ）、あるいは佐太御子社（さだみこのやしろ）という記載があり、また『延喜式神名帳』（927年）には佐陀大社として列し、出雲国二の宮とされてきました。出雲大社、熊野大社と共に出雲国三大社の一つとされ、古くから篤い崇敬を集めてきました。中世になると伊弉冉尊（いざなみのみこと）の陵墓である比婆山の神陵を遷し祀って祭神とした神社として、旧暦10月は母神・伊弉冉尊を偲んで八百万の神々が集まるとされ、様々な神事が行われることから、佐太神社は「神在の社」（かみありのやしろ）としても広く信仰されています。

主祭神は、出雲四大神の一角を占める佐太大神（さだのおおかみ）で世に言われる、猿田毘古大神（さるたひこおおかみ）。除災、招福、長寿の神で、海陸交通守護、地鎮、縁結び、安産の神として人々が楽しく豊な生活が送れる「導きの神」として崇敬されています。

社殿の本殿は珍しい三殿並立の大社造で、中央に正殿、向かって右が北殿、左が南殿と左右対称に配されています。造営は文化4（1807）年ですが、貞享4（1687）年造営の際の棟梁の筆になる棟札、指図板（いずれも重要文化財）が残っていることから、この様式はそれ以前からあるものと考えられています。国の重要文化財に指定されています。

旧社格　式内社（小社）・国幣小社
祭　神　佐太大神・天照大神・素戔嗚尊・他
例　祭　9月25日
URL　http://sadajinjya.jp
住　所　〒690-0331　島根県松江市鹿島町佐陀宮町73
電話　0852-82-0668　FAX　0852-82-0668

©ぷらり寺社めぐり

主な祭典

神在祭（じんざいさい）「お忌さん」（おいみさん）

旧暦10月

旧暦10月になると出雲地方では八百万の神々がお集まりになる神在祭がいくつかの神社で行われます。中でも佐太神社は約500年前の記録とほぼ同じ内容で行われています。佐太神社に参集した神々は、日本海が見渡せる神目山から舟に乗って旅立つとされ、2キロメートルほど離れた斎場に向かって神職や参拝者は、提燈の明かりで暗闇の山道を進みます。神在祭の期間中は、門前に多くの露店が立ち並び賑わいを見せます。

見どころ

御本殿三社（国指定重要文化財）

佐太神社の御本殿は、大社造が三殿並立しているという他に類例のない構造になっています。中央の正中殿は左右の南殿・北殿よりひと回り大きく、大社造の中では、出雲大社本殿に次いで規模が大きい建築物です。平面は三殿で少しずつ異なり、南殿と北殿は全く左右逆になっています。一見の価値ある貴重な建造物です。

えびす様の総本宮

美保神社《みほじんじゃ》

美保神社の創建は不詳ですが、歴史ある古社として、また全国各地にある「えびす社」約3000社の総本宮として多くの崇敬を受けてきました。8世紀に編纂された『出雲国風土記』の神社台帳に記載があり、また『延喜式神名帳』（927年）では小社に列しています。近世になると「大社（出雲大社）だけでは片詣り」と言われるようになり、出雲大社とともに参拝者が増えるようになり、出雲大社とあわせて「出雲のえびすだいこく」と総称されるようになりました。

本殿は左右2殿連棟の、美保造あるいは比翼大社造と呼ばれる特殊な大社様式をとっており、文化10（1813）年の造営、国の重要文化財に指定されています。右殿に大国主神と神屋楯比売命（かむやたてひめのみこと）の間に生まれた事代主神（ことしろぬしのかみ）・えびす様、左殿に多妻であった大国主神の后の一柱であるとされ事代主神の義母にあたる三穂津姫命（みほつひめのみこと）の2神を主祭神として祀っています。拝殿は昭和3（1928）年の造営で、設計者は数多くの神社仏閣建築を手がけた伊東忠太です。

事代主神・えびす神を祀る神社として、海上安全、大漁、商売繁盛などの信仰を集め、三穂津姫命も五穀豊穣、夫婦和合、安産、子孫繁栄など祈願する人々に参拝されています。また、「鳴り物」の神様として楽器の奉納も多いことで知られています。

旧社格　式内社（小社）・国幣中社
祭　神　三穂津姫命・事代主神
例　祭　4月7日
URL　http://www.mihojinja.or.jp
住　所　〒690-1501 島根県松江市美保関町美保関 608
電話　0852-73-0506　FAX　0852-73-0317

主な祭典

例大祭「青柴垣神事」

4月7日

青柴垣神事は、祭神、事代主命・えびす様が、大国主神から国譲りの相談をうけ、譲ることに決めた後、自ら海中に青い柴垣を作ってお隠れになったという故事にちなんで行われます。青柴垣を飾った2隻の船に、一年間の精進潔斎を行った當屋（とうや）夫婦乗せ、港内を一周。そののち美保神社に参拝、奉幣する神事です。

見どころ

日本最古のオルゴール

（原則非公開）

美保神社には、海上安全や諸願成就など祈願のため、さまざまな地域から多くの楽器が奉納され、その内846点が国の重要有形民俗文化財に指定されているほどです。そのひとつに日本渡来最古のオルゴールがあります。幕末の松江藩が所有した軍艦八雲丸が元治元（1864）年に奉納したものです。スイスのオルゴールで、18世紀のオペラの序曲と、旧イタリア国歌を奏でます。

出雲国一の宮

熊野大社

くまのたいしゃ

撮影・村上彰（一の宮巡拝会）

熊野大社は『日本書紀』（720年）、『出雲国風土記』（733年）などの文献に存在の記述があり、『延喜式神名帳』（927年）には「熊野坐神社 名神大」と記録されています。古来より出雲大社と共に、出雲の国の大社として篤い崇敬を集めてきました。

祭神の加夫呂伎熊野大神 櫛御気野命（かぶろぎくまのおおかみ くしみけぬのみこと）は、須佐之男命（すさのおのみこと）の別名です。出雲大社と並んで出雲国一の宮であるこの熊野大社は、火の発祥の神社とされ、日本火出初之社（ひのもとひでぞめのやしろ）とも称されます。

ユニークな鑽火祭、別名「亀太夫神事」は、毎年10月15日に行われます。出雲大社の宮司が自社の古伝新嘗祭の神聖な火を錘揉み法で起こすための発火道具である燧臼（ひきりうす）と燧杵（ひきりきね）を授かりに訪れます。そこへ現れる熊野大社側の亀太夫は、奉納された大きな神餅の出来栄えなどを、儀礼の決まり台詞で口やかましく言い立てます。出雲大社側はひたすらこれを聞くばかり。ようやく言いつくして納得したところで神職が餅を受け取り神前に供え、道具を授けます。2社の深い関係が伝わる奇祭です。社名はたびたび変遷しましたが、熊野大社となったのは昭和52年のことです。

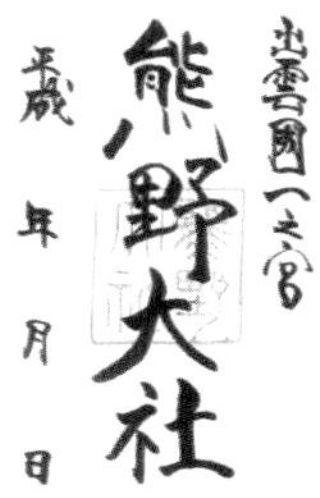

旧社格　式内社（名神大社）：熊野坐神社・国幣大社
祭　神　加夫呂伎熊野大神櫛御気野命
例　祭　10月14日
URL　http://www.kumanotaisha.or.jp
住　所　〒690-2104 島根県松江市八雲町熊野2451
電話　0852-54-0087　FAX　0852-54-0249

主な祭典

元宮祭
5月第4日曜日

熊野大社があったと伝えられている元宮、天狗山へ登ってお祭りが行われる「元宮祭」。

午前9時半から拝殿前でお祓い後、険しい山道を進んで頂上手前の磐座という大きな岩が元宮とされ、その下にある石の祭壇にお供え物を捧げます。このお祭には子供たちも参加し天狗山の頂上で楽しい一日を過ごします。

見どころ

荘厳な気を湛える社殿

大社造の本殿（昭和23年）、大きな注連縄が目を引く拝殿（昭和53年）、元来拝殿であった建物を移築（昭和53年）した舞殿、随神門（昭和3年改築）など、境内、社殿は神々しい空気を湛えて気を引き締めてくれます。

須佐之男命の御魂を祀る

須佐神社《すさじんじゃ》

八岐大蛇（やまたのおろち）を退治した須佐之男命（すさのおのみこと）が、晩年この地を気に入り、「この国は良い国だから、自分の名は石木につけない、この土地につける」と言い、「須佐」と命名して自らの御魂を鎮めました。つまりこの地で生涯を終えたというくだりが、天平5（733）年編纂の『出雲国風土記』、須佐郷の条にあります。須佐神社は、その御魂を祀る唯一の神社で、妻の稲田比売命（いなたひめのみこと）、姫の両親の足摩槌命（あしなづちのみこと）と手摩槌命（てなづちのみこと）が配祀されています。

須佐之男命の本宮として延長5（927）年の『延喜式神名帳』に須佐神社と記載され、以後、十三所大明神、大宮大明神、須佐大宮などと称しましたが、明治4（1871）年、『延喜式神名帳』に記載された須佐神社と改称し現在に至ります。御祭神の御神威の力に併せ神裔である須佐家が代々宮司を務めていることから、除災、厄除け、縁結び、良縁成就等々が祈願されています。また不思議な霊験があるとされ、山間のこの神社には、遠方からはるばる訪れる参拝客が多いことでも知られています。

本殿は島根県指定有形文化財、尼子晴久が奉納した「兵庫鎖の太刀」は国の重要文化財、念仏踊りは同県指定無形民俗文化財に指定されています。

中国

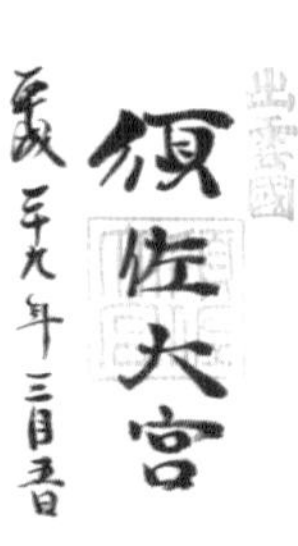

旧社格	式内社・国幣小社
祭　神	須佐之男命・稲田比売命・足摩槌命・手摩槌命
例　祭	4月18日、19日
URL	http://www.susa-jinja.jp
住　所	〒693-0503　島根県出雲市佐田町須佐 730 電話　0853-84-0605　FAX　0853-84-0605

主な祭典

節分祭

2月節分

須佐神社では、毎年節分祭に、疫病除け、悪災疫除けの霊力のある神符といわれている「茅の輪」と、「蘇民将来之子孫」と記した守護札を授与しています。節分の日に参拝した人々は「茅の輪」を受け首にかけて持ち帰り、玄関や入り口に掲げ疫病除け、悪災疫除けの神符としています。

見どころ

樹齢1300年のご神木・大杉

須佐神社の本殿裏手側にある樹齢1300年を超える御神木『大杉』は幹の周囲が6m、根の回り9m、樹高約21mの大木です。現在は木を守るために囲いができていて、直接、幹に触れることはできませんが、根には触れることはできます。そこから強い生命力を感じとることができます。

石見国一の宮

物部神社《もののべじんじゃ》

物部氏といえば、大和朝廷の軍事部門の職を世襲し、6世紀初めに国政を預かっていました。その後、552年の仏教伝来に際して廃仏を主張し蘇我氏と対立した歴史が知られています。

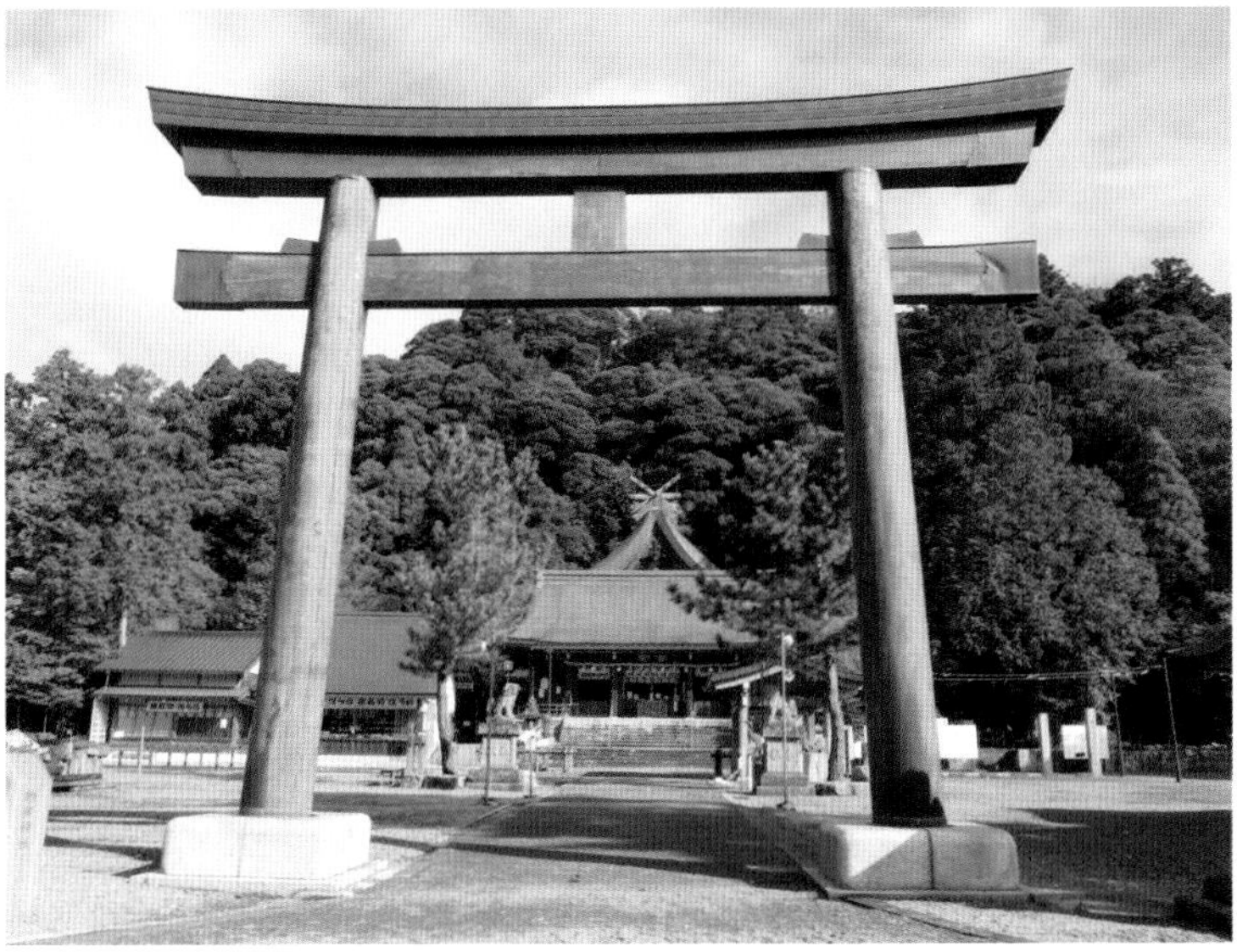

物部神社の主祭神・宇摩志麻遅命（うましまじのみこと）は物部氏の祖神です。父神の饒速日命（にぎはやひのみこと）は、十種神宝を奉じ、天磐舟に乗って大和国哮峯に天降り、御炊屋姫命（みかしきやひめ）を娶られ宇摩志麻遅命が生まれました。

宇摩志麻遅命は神武天皇の東征を助けた後、さらに尾張、美濃、越国（越前国、加賀国、能登国、越中国、越後国、出羽庄内地方の一部）、播磨、丹波を平定して後、石見国で没しました。亡骸は現社殿背後の神体山である八百山（やおやま）山上に埋葬され、その墳墓が伝えられています。没後、継体天皇8（513）年、天皇の命で八百山南麓の旧宮居の地に社殿が創建されたとされています。

本殿はその後、戦国時代の覇者同士による石見銀山争奪戦の兵火などで3度焼失していますが、その都度再建されてきました。文武両道、鎮魂、勝運の神を祀る神社として特に崇敬されています。

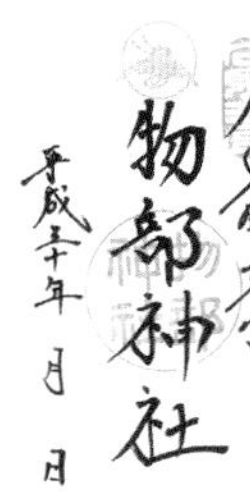

旧社格　式内社（小社）・国幣小社
祭　神　宇摩志麻遅命
例　祭　10月9日
URL　http://www.mononobe-jinja.jp
住　所　〒694-0011　島根県大田市川合町川合1545
電話　0854-82-0644　FAX　0854-82-9298

見どころ

本殿

現在の本殿は宝暦3年（1753）年に再建され、文政元（1818）年に修理を経て、安政3年（1856年）に大規模改修されたもので、春日造の変態様式をとり、最大規模の威容を誇っています。拝殿は昭和3（1938）年に建立されたものです。

主な祭典

奉射祭（ぶしゃさい）
1月7日

「鬼」と大書きされた直径約1mの的を、烏帽子（えぼし）に直垂（ひたたれ）の装束の射手が弓で射る悪魔祓いの古伝祭で、その年の無病息災を祈願する神事です。武道・武術の神を祀る物部神社の新春恒例行事で、1000年以上の歴史があります。

出雲国一の宮

出雲大社

いづもおおやしろ

出雲は神の国、神話のふるさととして広く知られています。関連する神社はたくさんありますが、その中心となるのが出雲大社です。何よりも縁結びの神としてつとに有名です。

明治4（1871）年に出雲大社と統一改称されるまで、古代から杵築大社（きづきたいしゃ、きづきのおおやしろ）などと呼称されていました。大国主大神（おおくにぬしおおかみ）が祀られています。

『古事記』、『日本書紀』、『出雲国風土記』の国譲りのくだりによれば、大国主大神が天照大御神の国譲りの申し出を受け入れたことへの返礼として、豪壮な宮殿が建てられたことが出雲大社の創建とされる。国宝の本殿は大社造の代表、最古、最大のものです。延享元（1774）年の造営ですが、ご神体や御神座を移して社殿を修造し、再び本殿に遷座する、60年に一度の平成の大遷宮が行われたばかりです。

通常、10月を神無月と言いますが、出雲では旧暦の10月を神在月と呼びます。これは、出雲大社の大国主大神の下に全国から神々が集まるためです。全国（他の国）は神が不在になることによって神無月と呼ばれます。ただ、伊勢神宮内宮の天照大御神だけはこの期間中も伊勢に留まるそうです。この期間に神々がさまざまな縁をどのように結びつけるか神儀（かむはかり）において討議し決めるのだそうです。

旧社格	式内社（名神大社）・官幣大社
祭　神	大国主大神
例　祭	5月14日～18日
URL	http://www.izumooyashiro.or.jp
住　所	〒699-0701　島根県出雲市大社町杵築東195 電話　0853-53-3100　FAX　0853-53-2515

見どころ

本殿

高さ24メートルを擁する大社造の本殿は国宝に指定されています。周縁の観祭楼および廻廊、八足門、東・西十九社など21棟と銅鳥居1基が同じく国の重要文化財に指定されています。この壮大な神社建築は、見る者を圧倒するほどの力強さと威厳を感じさせてくれます。

主な祭典

神在祭

旧暦10月11日～10月17日

全国から神々が集まる、神迎神事では八百万の神々が稲佐の浜で迎えられ、大社の神楽殿まで龍蛇神が先導し案内します。さまざまな縁を神々が神儀して決めるのが神在祭です。

龍蛇神講大祭、結縁大祭をはじめ、神楽殿では夜神楽特別祈願が行われ、最終日には神々を見送る神等去出祭が催されます。神在月に限らず、10月から11月の出雲大社は年間で最もにぎわうとのことです。

天照大御神と須佐之男命を祀る

日御碕神社《ひのみさきじんじゃ》

日御碕神社は、下方にある天照大御神を祀る日沈宮（ひしずみのみや）と、上方にある須佐之男命を祀る神の宮（かみのみや）の2社2本殿からなり、これを総称します。

日沈宮は天暦2（948）年に村上天皇の日の本の夜を守れとの勅命により、神の宮は安寧天皇13（紀元前536）年に安寧天皇の勅命により、それぞれ祀られたとされています。『出雲国風土記』には美佐岐社として登場します。

東の伊勢神宮が、日が昇る昼の象徴、昼を守る神社であるとすれば、西の日御碕神社・日沈宮は、日が沈む夜の象徴、夜を守る神社とされます。

また、日御碕神社の対岸西方約100mの沖に浮かぶ大小2島からなる経島（ふみしま）は、天照大御神が降臨し自らをここに祀れと天葺根命（あめのふきねのみこと）に命じて百枝槐社（ももええにす）を建てたとされる島で、島全体が同社の神域です。日沈宮は当初この無人島に祀られていたことを物語っています。

現在は年に一度、8月7日の例祭の折、神官のみが舟で渡ることができます。ウミネコの繁殖地として国の天然記念物に指定されています。

同じエリアの、大山隠岐国立公園内、島根半島最西端の日御碕の断崖に聳える出雲日御碕灯台も、神社とともに、実際の夜の航海安全を司るにふさわしい象徴です。

©ぷらり寺社めぐり

旧社格	式内小社・国幣小社
祭　神	天照大御神・須佐之男命
例　祭	8月7日
住　所	〒699-0763　島根県出雲市大社町日御碕455
	電話　0853-54-5261　FAX　0853-54-5018

主な祭典

例祭　8月7日

神幸神事（夕日の祭り）17時～19時

神輿に日沈宮初代祭主である天葺根命の御魂代を乗せ、幟旗や茅を手にした神職、参列者が日沈宮を出、約150m先の日和崎（ひわざき）の御旅所まで巡行します。到着すると神輿を日沈宮の旧社地である対岸の経島に向け、祝詞が奏上され、同時に神官2名が小舟で経島に上陸して神事が斎行され、全員がこれを美しい夕日の中に見守ります。

見どころ

社殿

現在の社殿は寛永11（1631）年に江戸幕府3代将軍徳川家光の命によって松江藩主京極忠高が着手し、7年余を費やして正保元（1644）年、松平直政が完成させたものです。

壁や切り口の白、柱や横木が丹塗りの、桃山時代の様式を残す貴重な神社建築であるとして、2社ともに拝殿と本殿がひと続きの権現造、社殿のすべてと境内の石造建造物も含めて、国の重要文化財に指定されています。海と森に朱塗りの甍が映える、みごとな総和した景観をなしています。

備前国一の宮

吉備津彦神社

きびつひこじんじゃ

主祭神の大吉備津彦命（おおきびつひこのみこと）は第7代孝霊天皇の第3皇子で、第10代崇神天皇10年、四道将軍の1人として山陽道に派遣され、吉備の国を平定したとされ、昔話「桃太郎」のモデルになった神様として有名です。

神社の創建については、大吉備津彦命の居所跡に社殿が創建されたと伝えられます。

平安時代より代々の国司に崇敬され、皇室をはじめ旧岡山藩主　池田家のご信仰篤く、境内には輝武命（池田信輝公）と火星照命（池田輝政公）をお祀りしています。

備前國一宮であり、桃太郎と神楽・備前刀のふるさとの一宮として知られています。武道の神様ですので秋季例大祭には流鏑馬神事や池田家とご神縁深い備州岡山城鉄砲隊の藤岡流古式砲術等を斎行しています。

平成三十年五月には「桃太郎伝説」の生まれたまちおかやま～古代吉備の遺産が誘う鬼退治の物語～の構成文化財として日本遺産に認定されました。

旧社格　国幣小社
祭　神　大吉備津彦命
例　祭　10月第3土曜日・翌日曜日
URL　http://www.kibitsuhiko.or.jp
住　所　〒701-1211　岡山県岡山市北区一宮 1043
電話　086-284-0031　FAX　086-284-0041

主な祭典

御田植祭
8月2日、3日

御田植祭は、初日に厄神祭、本殿祭（田舞奉納）、御斗代祭、2日目に本殿祭（田舞奉納）、御幡献納祭が行われます。御幡献納の際、随神門前で御幡に付された扇子の争奪が参詣者によって行われます。その扇子を田に立てたらその年は豊作といわれております。県指定無形民俗文化財に指定されております。

見どころ

御本殿

三間社流造、檜皮葺で、元禄10（1697）年に岡山藩主池田綱政公による再建時の建物で、岡山県指定重要文化財です。吉備中山山中の古墳群や古代祭祀が行われたとされる祭祀遺跡の数々、神秘的な元宮磐座、大吉備津彦命の御陵である中山茶臼山古墳、環状列石群等見所が満載です。

備中国の一の宮

吉備津神社

きびつじんじゃ

吉備津神社は吉備国の総鎮守です。

吉備国は備前・備中・備後・美作に分割されたが、備前と備後は式外社である吉備津彦神社と吉備津神社がそれぞれ一の宮となりました。式外社を一の宮とした全国でも極めて特異な例であり備中吉備津神社の吉備津彦神が備中はもとより「吉備一の宮」として崇敬されていたことが分かります。

当神社の鎮座する吉備中山は古くより歌に詠まれ、山頂には大吉備津彦命（以下、命）の御陵（前方後円墳）があり吉備国の中心でした。

命は備中国の宮瀬川の近くに茅葺宮を営み三世代に亘り住居したことが古文書に残っています。吉備に行幸した仁徳天皇が命の霊夢により宮跡に当神社を創建したと伝わります。

記紀では命が四道将軍として西道（山陽道）に派遣され吉備国を平定したとされます。その時、悪神である温羅（うら）を退治した鬼退治神話が桃太郎の原話として広く知られています。

討って晒した鬼の首はうなり声を上げ続け、犬に喰わせても止まず、困った命が当神社の御竈殿の下八尺へ埋めると温羅が夢に現れ告げました。「我が妻に釜を炊かせて命の為に神饌を作らせよ。私は命の使者となって四民に賞罰を与えよう」と。これが神秘の鳴釜神事の由来です。

鳴釜神事を行う御竈殿は国の重要文化財に指定されています。

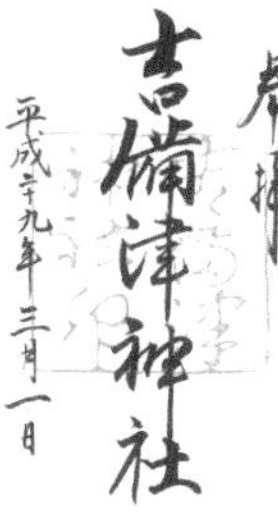

旧社格	式内社（名神大社）・旧官幣中社
祭　神	大吉備津彦命
例　祭	春季大祭 5月第2日曜日
	秋季大祭 10月第2日曜日
URL	http://kibitujinja.com/
住　所	〒701-1341　岡山県岡山市北区吉備津 931
	電話　086-287-4111　FAX　086-287-7644

主な祭典

鳴釜神事

（毎週金曜日、5月と10月の第2日曜日、12月28日には出来ません。）

釜の上に蒸篭を置いて湯を沸かし、古来より伝わる作法を行います。その時に出る音の強弱長短により吉凶を占う神事です。上田秋成の『雨月物語』中の「吉備津の釜」でも有名です。

見どころ

本殿および拝殿

この２つの建物は過去２回、火災により焼失しています。現在の建物は応永32（１４２５）年に再建されたものです。檜皮葺きの巨大で荘厳な比翼入母屋造は唯一この当神社にしか例のない特殊な様式であることから吉備津造と呼ばれています。昭和27年にいち早く国宝に指定されています。

他には南・北随神門、御竈殿の3棟と木造獅子狛犬1対が国の重要文化財に指定されています。社殿後方に聳える吉備中山の頂には大吉備津彦命の御陵（前方後円墳）をはじめ磐座など古代祭祀の痕跡が点在し信仰され大切に守られています。

備前国一の宮

石上布都魂神社《いそのかみふつみたまじんじゃ》

石上の大松山中腹にある石上布都魂神社の御神体は、明治時代までは、素盞嗚尊が八岐大蛇を斬った時の剣である布都御魂と伝えられていました。明治3（1870）年の『神社明細帳』では、神話の記述に従って「十握剣」別名「蛇之麁正」（おろちのあらまさ）と書かれています。この剣は、崇神天皇の時代に大和国の石上神宮へ移されたとされており、このことは石上神宮の社伝にも記されています。

『日本書紀』は写本によって記述が変わりますが素戔嗚尊が、大蛇を退治した記述の中で、退治した大蛇の中から草薙の剣が出てきます。その退治した剣は「吉備の神部の許にあり」とか「鳥上の山これなり」「石上にあり」とか表現されます。

石上布都魂神社は、明治6（1873）年に郷社に列しました。祭神を素盞嗚尊に変更したのはこの時と言われています。

明治40（1907）年、大火で山頂の社殿が焼失します。それまでは、大松山の山頂に本殿や拝殿、さらに神楽殿までが建っていたそうです。

火災後の大正4（1915）年に、山の中腹の現在の地に本殿や拝殿を築いたということです。

旧社格　式内社（小社）・郷社
祭　神　素戔嗚尊
例　祭　10月20日に近い日曜
住　所　〒701-2445　岡山県赤磐市石上字風呂谷1448
電話　0867-24-2179　　FAX　086-724-2179

主な祭典

例祭
10月20日に近い日曜日

石上布都魂神社は古く平岡庄領地内にある熊野神社（現・御津町新庄）と八幡神社（現・御津町平岡西）と三社祭礼の慣習があり、互いに神饌を奉献し代表が参拝します。この三社合同の最大の神事で、三社とも当日氏子一戸一名以上の参加で御神幸行列・祭典・獅子舞い・棒遣い等神事は多彩です。

見どころ

本宮

社殿の裏400メートルの山頂に本宮があり、背後に禁足地の巨石地域（遺跡）があります。山頂ということもあり、神聖な霊気を感じる、まさにパワースポットという場所です。

中国

神武天皇の兄を祭る

安仁神社

あにじんじゃ

撮影・村上彰（一の宮巡拝会）

祭神は、『古事記』『日本書紀』等に伝わる古代日本の皇族で、神武天皇の長兄である五瀬命、次兄である稲氷命、三兄である御毛沼命の三柱を祀っています。

記紀神話や明治期に古記録を再編纂した『安仁神社誌』によると、五瀬命たちは末弟の神武天皇と共に、日向国（現在の宮崎県）から大和国（奈良県）へと東進する途中に神社近在へ数年間滞在されます。この時に地域住民に稲作や機織りなどの殖産事業を大いに奨励されました。

神武天皇即位後、皇兄たちの産業奨励を顕彰して「兄を祭る神社」、安仁神社が創建されました。創建の年代は不詳です。

平安時代後期に編纂された『延喜式神名帳』では、備前国では唯一の名神大社に列せられています。元々は当社が備前国一の宮となるはずでしたが、天慶２（９３９）年における天慶の乱において、当社が藤原純友方に味方したため、一の宮の地位を朝廷より剥奪されたとされています。その後、備前国一の宮の地位は天慶の乱勃発当時に朝廷に味方した備中国一の宮である吉備津神社より御霊代を分祀されて創建した吉備津彦神社（岡山市北区一宮）に移ったと伝えられています。

©ぶらり寺社めぐり

旧社格	式内社（名神大社）・国幣中社
祭　神	五瀬命・稲氷命・御毛沼命
例　祭	10 月第 2 日曜日
URL	http://www.geocities.co.jp/HeartLand-Hinoki/2541/
住　所	〒 704-8144　岡山県岡山市東区西大寺一宮 895 電話　086-946-1453　FAX　086-946-1481

見どころ

綱掛石神社

昔はこの鶴山の麓まで海であり、入江の奥の良港でした。後方の山には磐座や列石があり、古代の祭祀跡と見られるところに、神武東征の船の「ともづな」を掛けたと言われる綱掛石神社などがあります。

主な祭典

安仁神社まつり

7月11日

神事に引き続き「茅の輪くぐり」の行事が行われます。拝殿の前に、茅でつくった人が通れる大きさの輪を設け、神主に先導された参拝者一同が、この輪を三回くぐり抜けて、無病息災を祈ります。

美作国一の宮

中山神社

なかやまじんじゃ

中山神社が鎮座する岡山県津山市は、「作州の小京都」とも言われる風情ある城下町です。

　慶雲4（707）年の創建と伝えられる中山神社。12月に行われる御注連祭（おんしめまつり）は現在は斎行されていませんが、鎌倉時代の元寇（蒙古襲来）の時に各地の社寺で行われた異国降伏祈願する、かつては鉾祭・鉾立祭と呼んでいました。元寇等の国家の非常時に、勅命による国家安穏のための祭祀を行う全国7つの神社のうちのひとつに選ばれていることからも、中山神社が重要な神社だったことが伺えます。

　祭神の鏡作神は、天照大御神が天の岩戸に隠れた時、石凝姥神（いしこりどめのかみ）が作った三種の神器「八咫鏡（やたのかがみ）」の御神業を称える名です。吉備国が4つに分国され、そのうち備前、備中、備後三カ国の一の宮が、いずれも吉備津彦を祀っているのに、ここ美作国だけは鏡作神を祀る中山神社を一の宮としています。

　永禄2（1559）年に再建された本殿は「中山造り」と言われる、入母屋造と妻入に特徴のある雄大な神社建築様式で、国の重要文化財にも指定されています。

　また中山神社には、平安時代の説話集『今昔物語』や『宇治拾遺物語』に書かれている猿神伝説もあります。鎌倉時代の『梁塵秘抄』では、関西の大社として安芸の厳島、備中の吉備津と共に肩を並べています。

旧社格	式内社（名神大社）・国幣中社
祭　神	鏡作神・天糠戸神・石凝姥神
例　祭	4月29日、11月3日
住　所	〒708-0815　岡山県津山市一宮695 電話　0868-27-0051

見どころ

中山鳥居

中山神社の鳥居は、両柱を支える貫はありますが、その柱より出た部分は木鼻と言いますが、その木鼻がまったくないため、全国的に珍しく、特別に「中山鳥居」と呼ばれて評価されています。

主な祭典

御田植祭
4月29日

中山神社の春季例祭は「御田植祭」と言われ、地元の人々が扮した20人余りの鍬人が、雌雄2頭の獅子とともに笛や太鼓に合わせて鍬を振ったり苗を植えたりする様を演じ、五穀豊穣を祈ります。

日本稲荷五社の一社

草戸稲荷神社

くさどいなりじんじゃ

草戸稲荷神社は、広島県福山市草戸町に鎮座しており、境内には二十社近い稲荷神社と八幡神社が末社として祀られています。

大同２（８０７）年明王院の開祖空海上人が同寺の鎮守として祀ったものと伝えられ、地域で数少ない古社です。それまで社殿は芦田川の中州に鎮座されていましたが、たびたびの洪水により社殿が流失破損したため、寛永10（１６３３）年6月に初代備後福山藩主の水野勝成公が再建し、承応4（１６５５）年水野家第三代勝貞公が父勝俊公の病気平癒を祈願して、今の地に社殿を遷座しました。

祭神は宇加之御魂神（うかのみたまのかみ）、保食神（うけもちのかみ）、大己貴神（おおなむちのかみ）の三神であり、宇迦之御魂神は「お稲荷さん」と親しまれる、五穀豊穣、商売繁昌、開運招福の神、保食神は五穀の種子を伝えた神、大己貴神は産業開発の祖神です。

朱塗りの建物と大きな太鼓橋が周囲の緑に映え、遠くからでもよく見えます。

本殿から福山市の中心部を一望することができ、福山市のビューポイントとしても人気です。

旧社格	村社
祭　神	宇迦之御魂神・保食命・大己貴神
例　祭	5月第2土・日曜日
住　所	〒720-0831　広島県福山市草戸町 1467 電話　084-951-2030　FAX　084-951-4065

見どころ

懸崖造りの本殿

懸崖造りの本殿部分は片持ち梁になっています。まさに空中に浮かぶ神社といった感じで、遠くからでも目を引きます。

主な祭典

卯之大祭

5月第2土・日曜日

狐のお面をつけた子どもたちが草戸町内を練り歩く「こんこん行列」という神事もあります。

備後国一の宮

素盞嗚神社

すさのおじんじゃ

©ぶらり寺社めぐり

地元では通称「天王さん」と呼ばれる素盞嗚神社は、社伝によれば天武天皇の治世であった7世紀頃（679年）の創建とされています。

江ノ熊・江隈・疫隈などとも呼ばれていた地に鎮座し、奈良時代のはじめに編纂された『備後風土記』には、当社が「疫隈國社」として出ています。かつて境内には、蘇民将来の住居跡だと伝えられる場所に「早苗松」という三株が一所に生えた老松があり、蘇民将来「茅の輪」伝説の発祥の地になります。現在も、無病息災・厄除けを願って、この伝承に由来する「茅の輪くぐり」の神事を行っています。「茅の輪くぐり」はここから全国に広がったのです。社殿の左には、蘇民神社と疱瘡神社が鎮座しています。

後に神仏習合によって仏教系の神である牛頭天王（ごずてんのう）を祭神とするようになり、祇園社、天王社、江熊祇園牛頭天王と呼ばれていました。その後、明治時代に出された神仏分離令により、現在の素盞嗚神社に改名されました。

全国の祇園社で、本地堂（現・戸手天満宮）が境内に現存するのは当社のみで、本来の祇園信仰の祭祀形態を今に伝えています。

旧社格　式内社（小社）・県社
祭　神　素盞嗚尊・櫛稲田姫命・八王子命
例　祭　7月
住　所　〒729-3101　広島県福山市新市町大字戸手天王 1-1
電話　0847-51-2958　FAX　0847-49-6959

見どころ

本地堂（現・戸手天満宮）

入母屋造りの仏式の建物は、祇園社に残る全国でも唯一の本地堂で、神仏習合時期の別当寺・早苗山天竜院天王寺の本堂でした。明治維新後の廃仏毀釈の際も、祭神に菅原道真を奉祀して守り通されたのです。

主な祭典

祇園祭 7月15日

平安時代中期から始まったと言われている、「みこし合せ」で有名な祇園祭は多くの人出があり賑わいを見せます。祭り終了日の深夜、吉備津神社の宮司・禰宜が無言で奉仕するという「無言神事」が今も行われています。

備後国一の宮

吉備津神社《きびつじんじゃ》

地元では「一宮さん（いっきゅうさん）」と呼ばれ崇敬されている吉備津神社は、吉備国が三国に分離された後の大同元（806）年、吉備国一の宮であった吉備津神社より勧請して創建されたと伝えられています。

弘安10（1287）年、時宗の開祖・一遍上人が訪れた記録も残っています。

幾度かの御社殿焼失・再営の後、慶安元（1648）年、初代福山藩主であった水野勝成公により、現在の本殿が造替されました。本殿や木造狛犬は国の重要文化財に指定されています。

全国でも珍しい、随身門が2つある社としても知られています。

祭神の大吉備津彦命（おおきびつひこのみこと）は、第7代孝霊天皇第3皇子で、またの名を五十狭芹彦命（いさせりひこ）といわれ、「吉備の中山」の麓に「茅葺宮」を作って住み、281才の長寿をもって吉備地方を治めたと伝えられています。

以来、大吉備津彦命は「吉備開国之神」として人々に崇敬されています。

また、吉備津神社と切っても切れないのが、桃太郎伝説です。大吉備津彦命が吉備国に来た時に、この地で悪事を働いていた温羅（うら）を退治して吉備の国を平定したという伝説があります。それを寓話にしたのが、桃太郎の話だとされています。

©ぷらり寺社めぐり

旧社格	国幣小社
祭　神	大吉備津彦命
例　祭	11月23日前後
URL	http://bingokibitujinja.com
住　所	〒729-3104　広島県福山市新市町宮内400
	電話　0847-51-3395　FAX　0847-51-8970

見どころ

本殿

朱塗りの本殿は、象や虎や龍など神獣の彫刻が施され、たいへん立派です。入母屋造平入・檜皮葺で、横18・5メートル、縦9・7メートルあり、全国でも稀にみる大規模な社殿です。

主な祭典

市立大祭

11月23日前後の日曜日を含む3～4日間

中世より市が立つお祭りとして知られ、備後一円から人々がその年の収穫物を持ち寄り、物々交換をしたと言われています。今では、秋の収穫感謝のお祭りとして、各種興行や露天商が立ち並び、武道奉納や郷土芸能の奉納が行われます。

安芸国一の宮

嚴島神社

いつくしまじんじゃ

中国

嚴島神社は海を敷地とした大胆で独創的な配置構成をしており、平安時代の寝殿造りの様式を伝えた建築美で知られる名社です。廻廊で結ばれた朱塗りの社殿は、潮が満ちてくるとあたかも海に浮かんでいるようです。背後の弥山の緑や瀬戸の海の青と、朱の社殿のコントラストはあたかも竜宮城を思わせるような美しさです。松島・天橋立と並び日本三景「安芸の宮島」として知られ、平成8（1996）年にはユネスコの世界文化遺産に登録されています。

祭神は天照大御神と素盞嗚尊が高天原で剣玉の誓約をされた時に出現した三女神で、御皇室の安泰や国家鎮護、また海上の守護神として崇敬されてきました。現在の場所に社殿が建てられたのは、推古天皇御即位の年（593年）佐伯鞍職による創建と伝えられています。古くから島全体が神として崇められていましたので、陸地では畏れ多いと潮の満ち引きするところに社が建てられたといわれています。

その後、安芸守となった平清盛が篤く崇敬し、仁安3（1168）年に寝殿造りの社殿に修造しました。今でも毎年、旧暦6月17日には、清盛が始めたとされる神事、各所船中で管絃を奏する三大船祭の一つである「管絃祭」が執り行われます。

© shintani

旧社格	式内社（名神大社）・官幣中社
祭　神	市杵島姫命・田心姫命・湍津姫命
例　祭	6月17日
URL	http://www.itsukushimajinja.jp/index.html
住　所	〒739-0588　広島県廿日市市宮島町 1-1 電話　0829-44-2020　FAX　0829-44-0517

主な祭典

管絃祭

旧暦6月17日

平安時代、都では池や河川の船上で優雅な管絃を奏でて楽しんでいました。それを平清盛が神様をお慰めする神事として行ったのが始まりと言われています。瀬戸の海を舞台に雄大華麗な平安絵巻が繰り広げられます。

見どころ

寝殿造りの社殿

社殿は国宝、一部が重要文化材に指定されています。長い歴史の間に幾度か手が加えられているものの、造営当時の佇まいを忠実に伝えています。平安時代末期の建築様式を知ることができる貴重な遺産と言えます。

周防国一の宮

玉祖神社

たまのおやじんじゃ

祭神は、三種の神器のひとつ「八尺瓊勾玉」をつくった玉祖命（たまのおやのみこと）で、のちに周防国に移り住んで中国地方を統治し、この地で没したと伝えられています。当社の創祀は、玉祖命が亡くなった地に社殿を造営して祀ったのが始まりとされ、神社の北約500mの場所には玉祖命の墓所と伝えられる「玉乃岩屋」があります。また、『延喜式神名帳』には「玉祖神社二座」とあり、祭神は2柱ということになりますが、玉祖命の他は未詳です。

社伝によると、景行天皇、仲哀天皇、神功皇后が西征の折りに立ち寄られ、軍事の吉凶を占ったとされます。これが今に残る県指定無形民俗文化財の、古式ゆかしい吉凶を占う占手神事の始まりと言われています。この時に景行天皇から奉納された宝剣が、今も神宝として伝わっています。

ちなみに「一の宮」という言葉が文献上に初めて表されたのが、この玉祖神社です。『今昔物語集』に「今ハ昔。周防ノ国ノ一ノ宮ニ玉祖ノ大明神ト申ス神在マス」とあるのが挙げられ、一の宮について語られる時、必ずといっていいほど引かれる例です。

年に1度4月の第2日曜日には「玉の祭り」があり、古い眼鏡のフレームを供養するため、全国の眼鏡業者が集まるそうです。

旧社格　式内社（小社）・国幣中社
祭　神　玉祖命
例　祭　9月25日に近い土日
住　所　〒747-0065　山口県防府市大字大崎1690
　　　　電話　0835-21-3915

主な祭典

釣垂神事

大祭の前日、神職が田島浦（防府市中浦）へ出向し、海辺に神籬を差立て、神饌の他に釣具などを供え、中浦漁業組合の人等が参列して、豊漁海上安全の祈願祭典を執行します。後に組合員が出漁して獲た魚を、大祭当日本社へ持参し神饌として奉献します。

見どころ

天然記念物「黒柏鶏」

境内には天然記念物に指定されている「黒柏鶏」という鶏が飼育され、この鶏は「天の岩戸開き」で鳴いた長鳴鶏の末裔だと言われています。

長門國一の宮

住吉神社

すみよしじんじゃ

山口県の住吉神社は大阪、博多の住吉神社と共に「日本三大住吉」の一つとされ、古い歴史を持つ由緒ある神社です。大阪の住吉大社が和魂を祀るのに対し、当社は、積極果敢に物事を成就させるご神威の顕現する「荒魂」を祀っています。

その創建は、『日本書紀』神功皇后紀によれば、神功皇后（じんぐうこうごう）の三韓征伐（新羅出兵）の際に、新羅に向う神功皇后に住吉三神（住吉大神）が「我が和魂は玉身に服いて寿命を守り、荒魂は先鋒となりて師船を導かん」と神託して渡海を守護し、帰途、再び「我が荒魂を穴門（長門）の山田邑に祀れ」と神託があり、そこでその場所に穴門直践立（あなとのあたえほんだち）を神主の長として、祠を建てたとされています。

延長5（927）年の『延喜式神名帳』では長門国豊浦郡に「住吉坐荒御魂神社三座 並名神大」と記載され名神大社に列しています。また、鎌倉時代には、源頼朝を始めとする歴代将軍からの篤い崇敬を受け、江戸時代には長州藩主毛利氏によって社殿の修復が行われるなど、多くの信仰を集めて今日に至っています。

古来、勝神としての信仰が強く、交通安全、海上安全、厄祓、清祓等の祈願に訪れる参拝者が多く、その高いご神徳には定評がある神社です。

旧社格	式内社（名神大社）・官幣中社
祭　神	住吉三神（表筒男命・中筒男命・底筒男命）・応神天皇 武内宿禰命・神功皇后・建御名方命
例　祭	12月15日
住　所	〒751-0805　山口県下関市一の宮 1-11-1 電話　083-256-2656　FAX　083-256-8309

主な祭典

御田植祭

5月第3日曜日

五穀豊穣を願う伝統行事「御田植祭」は、中学生が八乙女役などを務め神饌田前の舞台で弓鎮治舞や田植舞が披露されます。そして神饌田（しんせんでん）では袴にすげ笠姿の八乙女が苗を植えていきます。田植えの伝統を伝える賑やかなお祭りです。

見どころ

本殿（国宝）

住吉神社の本殿は応安3（1370）年に周防・長門の守護大内弘世によって造営されました。九間社流造で、五か所に千鳥破風をつけた全国でも珍しい建築で国宝に指定されています。室町初期の代表的建造物として創建当初の姿を留めた貴重な遺産です。

阿波国一の宮

大麻比古神社《おおあさひこじんじゃ》

徳島県鳴門市大麻町に鎮座する大麻比古神社は『古事記』の時代から信仰され、阿波国と淡路国の総鎮守であり、地元の人々には「おおあさはん」「おおあささま」と親しみをこめて呼ばれ、身近な存在として崇拝されています。境内は広大で、大麻山県立自然公園に指定されています。

祭神の大麻比古大神（おおあさひこのおおかみ）は、天太玉命（あめのふとたまのみこと）のこととされています。天太玉命の子孫の天富命（あめのとみのみこと）が阿波忌部氏の祖を率いて阿波国に移り住み、麻とか楮（かじ）の種を播いて麻布とか木綿をつくり、この地を開拓し、祖神の天太玉命を阿波国の守護神として祀ったのが、大麻比古神社の始まりと伝えられています。

猿田彦大神（さるたひこのおおかみ）は天孫降臨の時に道案内の役をつとめられた神で、大麻比古神社の裏に聳えている大麻山の峯にお鎮まりになっていましたが、いつの時代からか大麻比古神社に合わせ祀られたと伝えられています。

大麻比古神社の広大な境内では、いたるところに荘厳なる神気が漂っています。平成に再建された朱塗りの大鳥居から続く約1キロメートルの楠並木の参道や本殿の後にそびえる大麻山、頂上に鎮座する奥宮社、また境内には県史跡に指定されているドイツ橋もあります。

旧社格	式内社（名神大社）・国幣中社
祭　神	大麻比古大神・猿田彦大神
例　祭	11月1日
URL	http://www.ooasahikojinja.jp
住　所	〒779-0230　徳島県鳴門市大麻町板東字広塚13 電話　088-689-1212　FAX　088-689-3341

主な祭典

大麻さんの秋祭り
11月1日

1年の中で最も大切なお祭り。午後2時から大鳥居そばの御旅所まで、約1キロメートルの参道を氏子に担がれた神輿を先頭に、装束をつけた大勢のお供が行列をなします。

見どころ

ご神木・大楠

参道の中央にそびえるご神木の大楠は樹高22メートル、樹齢千年余りと言われています。とにかく大きく、圧倒的な生命のエネルギーを感じます。

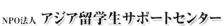

伊射奈美神社《いざなみじんじゃ》

全国の延喜式内社のうちイザナミ神を単一で祀っている日本で唯一の神社が、徳島県美馬市に鎮座する伊射奈美神社です。『延喜式神名帳』には、阿波国美馬郡所在の式内社11社のうちの1社に伊射奈美神社の名があります。イザナミと対になるイザナギを社名とする式内社は、淡路伊佐奈伎神社をはじめとして7社ありますが、イザナミを社名とする式内社は阿波国美馬郡の1社のみです。イザナギ神社にはイザナミも併せて祀られることも多かったと考えられますが、あえてこの女神のイザナミを社名とし、単独で祀る伊射奈美神社は、特殊な意味を持つものと言えるでしょう。

日本神話の中で、イザナギ・イザナミは、日本の国土やアマテラス・ツクヨミ・スサノオをはじめとした多くの神々を生んでいます。そのあと、イザナミは死んで黄泉国へ行き黄泉津大神（よもつおおかみ）となりますが、国生み・神生み・人の生死の起源という重要な仕事を行う女神として描かれています。「大いなる母」イザナミを社名とする伊射奈美神社、これからもっと注目されて良い神社と言えます。

なお式内社伊射奈美神社の比定地については、『延喜式』には郡名以下の地名の記述がないため確定はできませんが、美馬町中鳥に鎮座している伊射奈美神社が有力な比定地と考えられています。

伊射奈美神社の御朱印は、大滝山春日神社にて頂くことができます。

四国

社　格　式内社
祭　神　伊射那美大神
例　祭　10月19日
〒779-3600 徳島県美馬市美馬町中鳥338
電　話　088-622-5733

見どころ

亀卜の甲羅

社殿に飾られた亀の甲羅。太古の神々が誓（うけい）で日々の吉兆を占っていたように、その昔、亀卜で使用したものでしょうか。

主な祭典

例祭 10月19日

御神輿も出ますが、近年の人口減少によりお祭りの規模が小さくなり、鳥居から御旅所までの短い距離を渡御するだけになりました。日本創生の大母神を祀る重要な神社であるため、非常に残念な現象です。

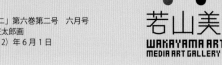

四国

江戸時代から人気の「こんぴらさん」

金刀比羅宮《ことひらぐう》

愛称「こんぴらさん」として親しまれている金刀比羅宮は、象頭山の中腹に鎮座し、古来より海の神様、五穀豊穣・大漁祈願・商売繁盛など広範な神様として全国津々浦々より、善男善女の信仰を集めてきました。全国の金刀比羅神社・琴平神社・金比羅神社の総本宮でもあります。

金刀比羅宮の由緒については二つの説があります。一つは、大物主命を祀った琴平神社から始まり、中世以降に本地垂迹説により仏教の金毘羅と習合して金毘羅大権現と称したとする説。もう一つは、もともと象頭山にあった松尾寺に金毘羅が鎮守神として祀られており、これが金毘羅大権現になったとする説です。

讃岐国に流されたまま崩御した崇徳天皇も合祀されています。

金刀比羅宮の参道の長い石段はたいへん有名で、本宮まで785段、奥社までの合計は1368段にも及びます。その広い境内は驚くばかり、参道には旧跡や文化財が多数あります。

本宮の社殿は檜材が使われ、深い軒を支えるための枓栱には、丸く弧を成すことなく全てが角材で造られている他では見ない珍しい造りです。本宮の北東側は展望台になっており、讃岐平野の彼方に讃岐富士や瀬戸大橋などを望む絶景が見渡せます。

旧社格　国幣中社
祭　神　大物主命・（相殿）崇徳天皇
例　祭　10月9日～11日
URL　http://www.konpira.or.jp
住　所　〒766-8501　香川県仲多度郡琴平町892-1
電話　0877-75-2121　FAX　0877-75-2125

見どころ

重要文化財の表書院

入母屋造檜皮葺の表書院は、萬治年間（1658～1660）の建築と伝えられています。建物は、内部の五間に描かれた円山応挙による障壁画とともに重要文化財に指定されています。

主な祭典

例大祭
10月10日

年に一度、大神様が琴平山の麓の門前町に下りられる「お下がり」の日です。その御神輿渡御は、数百名が御本宮から町内の御神事場まで約2キロメートルを進む平安絵巻さながらの大行列です。

■HP制作

讃岐国一の宮

田村神社《たむらじんじゃ》

社伝によれば和銅２（７０９）年に社殿が創建されたとあり往古より「田村大社」「定水大明神」又は「一宮大明神」とも称され、人々より篤く崇敬されてきました。田村神社のご神体は奥殿の床下にある深淵で、厚板がこれを覆い、殿内は盛夏でも凄冷の気が満ちていると言います。深淵には龍が棲み、覗いたものは絶命するとされて、開かれたことがありません。

讃岐国は昔から降水量と長い河川が少ない乾燥地帯で、水は非常に貴重なものでした。ですから、水を必要とする水田よりも、うどん作りが盛んだったわけです。そんな讃岐国の一の宮のご神体は「水」、水不足になると統治者はこの神社に祈願したと言われています。

祭神の田村大神は、倭迹迹日百襲姫命（やまとととひももそひめのみこと）、五十狭芹彦命（いさせりひこのみこと）、猿田彦大神（さるたひこのおおかみ）、天隠山命（あめのかぐやまのみこと）、天五田根命（あめのいたねのみこと）の５柱の総称とされています。倭迹迹日百襲姫命は皇祖第七代孝霊天皇の皇女で、崇神天皇の御代に疫病で人々が苦しむのを救うなど、数々の勲功を上げました。五十狭芹彦命は倭迹迹日百襲姫命の弟に当たり、四道将軍の一人で西海を鎮定し吉備国の祖神となりました。天隠山命は皇祖・神武天皇の御東征の際、窮地を救った神で後に御子・天五田根命と共に山河をもって国郡の境界を分つなど開拓水利の基を定めました。

四国

旧社格	式内社（名神大社）・国幣中社
祭　神	田村大神
例　祭	春季例大祭（5月7日、8日）、秋季例大祭（10月7日、8日）
URL	http://tamurajinja.com
住　所	〒761-8084　香川県高松市一宮町286 電話　087-885-1541　FAX　087-885-3126

主な祭典

春季例大祭
5月7日、8日

拝殿に「御蚊帳垂神事」で御蚊帳を垂らし、みこしや舞の奉納をし、この年の五穀豊穣や工業、商業の繁栄を祈願する春の大祭です。御蚊帳を垂らし、神様にご奉納するのは、農作物に害をなす虫を封じ込める意があると伝えられています。

見どころ

末社のさまざまな像

田村神社は、末社が４社あるのですが、それぞれに立派な社殿や池があり、広い境内には、桃太郎伝説の像、七福神の像、十二支めぐりの像、少年飛行兵の碑など、さまざまな像や石碑があって楽しめます。

「椿神社」の名で親しまれる

伊豫豆比古命神社《いよずひこのみことじんじゃ》

愛媛県松山市に鎮座する伊豫豆比古命神社の御祭神の一柱である「愛比売命」は、愛媛県という県名にもなっています。都道府県名で神名を使用しているのは愛媛のみ。それだけでもいかに地域に愛されてきたお社かが分かります。地元では「椿神社」「椿さん」とも呼ばれ、開運縁起や商売繁盛のご利益で有名です。

御祭神は、伊豫豆比古命（男神）、伊豫豆比売命（女神）、伊与主命（男神）、愛比売命（女神）の四柱で、『先代旧事本紀』の「国造本紀」によれば、伊与主命は初代の久米国造であり、伊豫豆比古命と伊与主命は同一であるとする説と、伊豫豆比古命を祖神、伊与主命をその後継者とする説があります。

御本殿へ続く石段の左には舟山があり、『往古、伊豫豆比古命・伊豫豆比売命の二柱の神様が舟山に御舟を寄させ給い、潮鳴栲綱翁神（しおなるたぐつなのおきなのかみ）が纜（ともづな）を繋いでお迎えした。』という伝説が残っています。つまり遠い昔、この地の周囲は海であったので、御祭神である二神は船で来られたとされています。

ですから、「椿神社」「椿さん」の名の由来も、津（海の意）の脇の神社、すなわち「つわき神社」が時間の経過と共に「つばき神社」と訛った、という学説があります。一方、民間伝承で、現在も境内一帯に各種の椿が自生していますが、「椿の神社」つまり「椿神社」と呼ばれるという説話もあります。

御本殿は小高い丘に鎮座しており、背後には鎮守の杜が広がり、とても良い「気」に包まれています。

旧社格	式内社・県社
祭　神	伊豫豆比古命、伊豫豆比売命、伊与主命、愛比売命
例　祭	春季例大祭（旧暦1月7～9日）、秋季例大祭（10月6日）
URL	http://www.tubaki.or.jp
住　所	〒790-0934　愛媛県松山市居相2-2-1 電話　089-956-0321

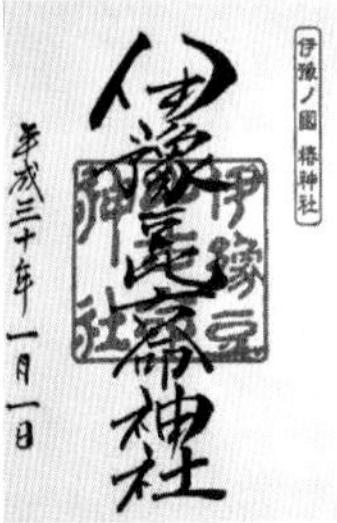

主な祭典

椿祭　旧暦の1月7日～9日

四国では比類のない大祭で、「伊予路に春を呼ぶ祭り」と呼ばれています。国道から境内への参道の前後1・5キロメートルが閉鎖され、約800店もの露店が立ち並び、毎年約50万人の参拝者が集まります。

見どころ

奏者社

拝殿の前にある奏者社は、地元では最も強い「気」を感じる場所だと言われています。先住民の代表であった潮鳴栲綱翁神（しおなるたぐつなのおきなのかみ）が祀られており、伊豫豆比古命・伊豫豆比売命を迎えられた古事により、万事取り次ぎを頂ける神とされています。ですから、本社を参拝する際にはまず奏者社に参拝するという習慣があるそうです。

伊予国一の宮

大山祇神社《おおやまづみじんじゃ》

瀬戸内海に浮かぶ大三島に鎮座している大山祇神社は、全国に1万社あまりある大山祇神社、三島神社の総本社です。祭神である大山積神（おおやまづみのかみ）は、伊弉諾尊と伊弉冉尊の子で、磐長姫命と木花開耶姫命の父神でもあります。大三島は古くは「御島」と記されたように、神の島の意味です。

　大山祇神社の創建は約2600年前、神武天皇が東征する以前に、大山積神の子孫「小千命」が四国に渡り、瀬戸内海の治安維持を担当し、海峡の要衝である大三島を神地と定め大山積神を祀ったことに始まると伝えられています。平安時代には朝廷から「日本総鎮守」の号を賜り、以来多くの政治家、武人の崇敬を受けてきました。社号標（大日本総鎮守大山祇神社）の社号石は、初代内閣総理大臣の伊藤博文が明治42年3月22日参拝記念に書いたものです。

　境内の中央には、樹齢約2600年のご神木である大楠が鎮座しており、神社内の38本の楠群は日本最古の原始林社叢として、昭和26年に国の天然記念物に指定されています。

　また大山祇神社宝物館は、全国で国宝・重要文化財の指定を受けた武具類の8割を収蔵しており、日本一の武具館となっています。

© 撮影・村上彰（一の宮巡拝会）

©ぶらり寺社めぐり

旧社格	式内社（名神大社）・国幣大社
祭　神	大山積神
例　祭	旧暦4月22日
住　所	〒794-1304　愛媛県今治市大三島町宮浦3327 電話　0897-82-0032　FAX　0897-82-0019

見どころ

ご神木
「小千命御手植の楠」

小千命がこの地に植えたと伝わるご神木の楠は樹齢2600年、幹回り約11メートル、圧倒的な生命力を感じることができます。息を止めて3周すると願い事が叶うという言い伝えがあるそうです。

主な祭典

大山祇神社例大祭・後宮祭

旧暦4月22日、23日

大山祇神社が現在の位置に移された日を起源とします。神社から宮浦港までの間に市が立ち露店が並び、たいへん賑わいます。

土佐国一の宮

土佐神社《とさじんじゃ》

地元では特に「しなねさま（志那禰様）」と呼ばれ、親しまれている土佐神社は高知市北東部、南国市へと通じる逢坂峠の西麓に鎮座しています。創祀については明らかでありませんが、境内の「礫石（つぶていし）」と呼ばれる自然石を磐座として祭祀し、古代から斎場だったと考えられています。創建は5世紀とも伝えられ、延喜の制が布告された平安時代、醍醐天皇の御代には式内大社に列せられ「都佐坐神社」と称され、特に皇室の崇敬篤く、勅使の参向もしばしばありました。

『日本書紀』では祭神が土佐大神とされていましたが、『土佐国風土記』逸文では祭神の変化がみられ、一言主尊（ひとことぬしのかみ）と味鋤高彦根尊（あぢすきたかひこねのかみ）としています。この2柱の祭神は、古来より賀茂氏により大和葛城の里にて篤く仰ぎ祀られる神であり、大和の賀茂氏または、その同族が土佐の国造に任ぜられたことなどにより、当地に祀られたものと伝えられています。

広大な境内を誇る土佐神社、国道脇の楼門から長い参道が続き、正面奥には樹齢数百年の杉や楠が鬱蒼と茂る中、本殿、拝殿、幣殿、鼓楼、楼門などの建築物が立ち並びます。現在の主な社殿は長曾我部元親による再建造営であり、楼門と鼓楼は土佐藩2代藩主・山内忠義によるもので、すべて国の重要文化財に指定されています。

旧社格	式内社（大社）・国幣中社
祭　神	味鋤高彦根神・一言主神
例　祭	8月24日、25日
URL	http://www.tosajinja.i-tosa.com
住　所	〒784-8131　高知県高知市しなね2-16-1
	電話　088-845-1096　FAX　088-845-1095

主な祭典

しなね祭　8月24日、25日

土佐神社の最も重要な祭典であり、土佐三大祭の一つ。神楽や太鼓の奉納等の神賑行事なども行われ、24日の夕刻には、夜店が軒を並べ夜遅くまで賑わいがあります。

見どころ

「入蜻蛉」形式の社殿

社殿は本殿、幣殿、拝殿で構成され、上から見ると「十」字形を形成しています。本殿を頭に見立てて「入蜻蛉」形式と言われる土佐神社独特の造りで、「戦勝の凱旋報告をする社」という意味があるそうです。

四国

千八百年続く「和布刈神事」

和布刈神社

めかりじんじゃ

橋長1068m・最大支間長712m、山口県下関市と福岡県北九州市を結ぶ関門橋のたもと、早鞆の瀬戸を臨んで九州最北端に鎮座する和布刈神社。御祭神は比賣大神（ひめおおかみ）・日子穂々出見命（ひこほほでみのみこと）・鵜草葺不合命（うがやふきあえずのみこと）・豊玉比賣命（とよたまひめのみこと）・安曇磯良神（あずみいそらのかみ）の五柱です。仲哀天皇9（200）年頃、神功皇后は安曇磯良を海中に遣わして潮涸珠（しおふるたま／しおひるたま）・潮満珠（しおみつたま）の法を授かり、三韓征伐を成し遂げたといわれます。そして三韓から凱旋なさって御創建されたのが和布刈神社と伝えられています。古くは「速戸社（はやとのみや）」「隼人明神（はやとみょうじん）」「早鞆明神（はやともみょうじん）」と呼ばれ、海峡の守護、海上・交通安全、良縁成就、家庭円満、子孫繁栄の神社として信仰されてきました。

壇ノ浦の戦い前日に平家が戦勝を祈願したと伝えられ、高浜虚子が門司を訪れ詠んだ句碑があります。そして神社創建以来続く「和布刈神事」（県無形民俗文化財）は松本清張の『時間の習俗』にも描かれ、境内には松本清張の文学碑も建てられています。

和布刈神社では、神々の住まう海へ遺骨を撒いて故人を供養する海洋散骨を行えます。個別の命日供養の他、毎年3回の合同慰霊祭（参列無料）があり、境内の遥拝所からはいつでもお参りが可能です。

また人形供養も行っており、思い出の詰まった人形達の御魂は自然の神の元へ還り家族を見守り続けるといいます。清められた人形達は児童施設に寄附され、新たな場所で子供達を見守ります。

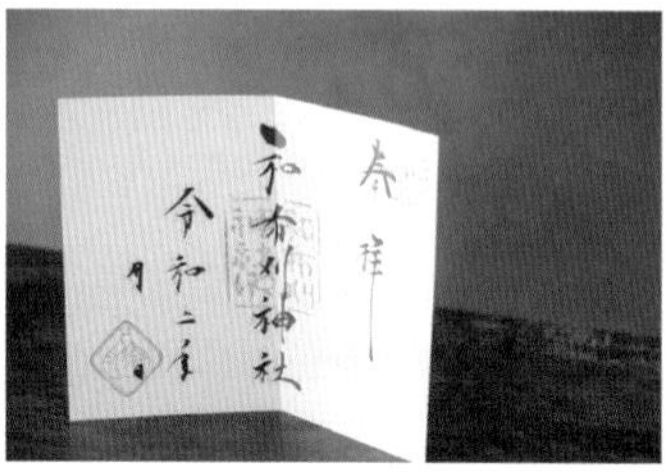

旧社格	県社
祭　神	比賣大神・日子穂々出見命・鵜草葺不合命・豊玉比賣命・安曇磯良神
例　祭	旧暦1月1日
URL	https://www.mekarijinja.com
住　所	〒801-0855　福岡県北九州市門司区大字門司 3492 電話　093-321-0749　FAX　093-342-7079

主な祭典

和布刈神事

（県無形民俗文化財）旧暦1月1日

神功皇后が三韓征伐からの御凱旋を祝って早鞆の瀬戸の和布（わかめ）を御神前に捧げられた事が始まりとされています。神事は冬至の日の祈念祭から始まりますが、旧暦1月1日に神職が厳寒の海で刈った和布をお供えする、その一部しか公開されない貴重な神事です。『李部王記』には和銅3（710）年にこの神事で刈った和布を朝廷に献上したとの記録があります。

見どころ

本殿・拝殿

和布刈神社は武将達の崇敬が厚く、建武3（1336）年の足利尊氏を始め、大内氏、仁保氏、小笠原氏らによる社殿の修築・造営がなされてきました。現在の三間社流造・銅板葺の本殿は明和4（1767）年に小笠原忠総が再建したもの、拝殿は流造りの屋根に千鳥破風と唐破風を設けており明治中期頃の建造といわれます。境内では細川忠興他、小笠原氏らによって寄進された灯籠が海上を見守り続けています。

綿津見神社の総本社

志賀海神社

しかうみじんじゃ

© 撮影・村上彰（一の宮巡拝会）

福岡市東区志賀島に鎮座する志賀海神社は、全国の綿津見神社、海神社の総本社です。伊邪那岐命の禊祓によって出現した底津綿津見神（そこつわたつのみのかみ）・仲津綿津見神（なかつわたつのみのかみ）・表津綿津見神（うはつわたつのみのかみ）の「綿津見三神」を奉斎しています。神代より「海神の総本社」「龍の都」と称えられ、玄界灘に臨む海上交通の要地博多湾の総鎮守として篤く信仰されてきました。

創建は不詳ですが、社伝では、古くは志賀島北部の勝馬に「沖津宮」「仲津宮」「表津宮」の3社が建てられ、それぞれ「底津綿津見神」「仲津綿津見神」「表津綿津見神」が祀られていました。2世紀から4世紀の間に表津宮を勝山の麓である現在の場所に遷座し、あわせて仲津綿津見神、底津綿津見神が奉祀されたと伝えられています。綿津見三神を祖神とする阿曇族が代々奉斎してきました。社伝には神功皇后の伝説を多く残し、元寇の役など国家の非常の際に赫々たるご神威を顕示されたと伝えられています。

志賀島の全域は今も神域とされ、現在の神主家も阿曇族の後裔です。境内には「亀石」として、神功皇后による三韓征伐の際、皇后らの前に現れたと磯良が、黄金の雌雄の亀に乗って現れた2柱の海神より潮満珠、潮干珠を預かったという伝説に因んで、後世に奉納された霊石もあります。

九州

旧社格	式内社（名神大社）・官幣小社
祭　神	底津綿津見神・仲津綿津見神・表津綿津見神
例　祭	10月第2月曜日（体育の日）
URL	http://www.shikaumi-jinja.jp
住　所	〒811-0323　福岡県福岡市東区志賀島 877 電話　092-603-6501　FAX　092-603-6787

見どころ

鹿角庫

神功皇后が三韓出兵に御神威を発揮された志賀海神に、対馬での鹿狩りの角を奉納されたのが起源とされます。

鹿角は、海人たちの豊漁祈願、武将たちの戦勝祈願など祈願成就のため奉納され、その数は1万本を超えるそうです。

主な祭典

無形文化財の各祭典

1月、4月、10月、11月

毎年1月に行われる歩射祭、4月の山誉種蒔漁猟祭と11月の山誉漁猟祭、2年に1度の10月に行われる御神幸祭は福岡県の無形民俗文化財に指定されている大祭です。

宗像神社の総本社

宗像大社

むなかたたいしゃ

宗像大社は、日本各地に6000余ある宗像神社、厳島神社、および宗像三女神を祀る神社の総本社です。

日本神話では天照大神と素戔嗚尊の誓約の際、天照大神の息吹から生まれたのが宗像三女神であるとされ、『日本書紀』には、「歴代天皇のまつりごとを助け、丁重な祭祀を受けられよ」との天照大神の神勅により、三女神がこの宗像の地に降りられ、お祀りされるようになったと記されています。

田心姫神（たごりひめのかみ）、湍津姫神（たぎつひめのかみ）、市杵島姫神（いちきしまひめのかみ）の三女神で、田心姫神は沖ノ島の沖津宮、湍津姫神は筑前大島の中津宮、市杵島姫神は宗像市田島の辺津宮にお祀りされており、この三宮を総称して「宗像大社」と言います。

『古事記』では宗像は「胸形」という字が当てられ、また「胸肩」「宗形」とも表記されますが、元は「水潟」であったとする説もあります。神功皇后が三韓征伐の際ここに航海の安全を祈り霊験があったと言われ、事あるごとに国に幣使を遣わす習いになったとされています。

平成29（2017）年、沖津宮・中津宮・辺津宮及び沖津宮遥拝所と沖ノ島全体を含め、『神宿る島』宗像・沖ノ島と関連遺産群として世界文化遺産に登録されました。

旧社格	式内社（名神大社）・官幣大社
祭　神	田心姫神（沖津宮）・湍津姫神（中津宮）・市杵島姫神（辺津宮）
例　祭	10月2日
URL	http://www.munakata-taisha.or.jp
住　所	〒811-3505　福岡県宗像市田島 2331 電話　0940-62-1311　FAX　0940-62-1315

九州

主な祭典

秋季大祭 10月1日～3日

秋季大祭の幕開けを飾る「みあれ祭」から始まり、古式ゆかしい祭典が執り行われる「高宮神奈備祭」で幕を閉じます。「主基地方風俗舞」「流鏑馬神事」「浦安舞」「翁舞」「悠久舞」などがそれぞれ奉奏されます。

見どころ

高宮祭場

宗像大神御降臨の地と伝えられる、神籬・磐境というお祀りの原点を今に残す古代祭場です。古来より多くの神事が執り行われたであろう神域には神気が漲っています。

筑前国一の宮

住吉神社

すみよしじんじゃ

福岡県福岡市にある住吉神社は、全国に約2200社近くある住吉神社の中でもっとも古く、大阪の住吉大社、下関の住吉神社とあわせて、日本三大住吉の一つとなっています。

伊弉諾大神（いざなぎおおかみ）が筑紫の日向の橘の小戸の阿波伎原でミソギハラヘ（禊祓）をされたときに鎮座したことが『古事記』に記されています。すでに1800年の歴史がある由緒ある神社です。

祭神は住吉三神、住吉神社は底筒男神（そこつつのおのかみ）、中筒男神（なかつつのおのかみ）、表筒男神（うわつつのおのかみ）が祀られています。相殿（あいどの）には天照皇御大神（あまてらすめおおかみ）、神功皇后（じんぐうこうごう）を配し、これを併せて住吉五所大神とも呼ばれています。

神徳として「心身の清浄」を以てすべての災から身を護る神として古より広く信仰されています。また筒男の「つつ」には星の意味があると云われ、航海・海上の守護神としても厚い崇敬があります。

旧社格　式内社（名神大社）・官幣小社
祭　神　底筒之男命・中筒之男命・表筒之男命・天照大御神・神功皇后
例　祭　例大祭（相撲会大祭）
URL　http://chikuzen-sumiyoshi.or.jp
住　所　〒812-0018　福岡県福岡市博多区住吉 3-1-51
電話　092-291-2670 FAX　092-291-2669

見どころ

社殿は「住吉造」

住吉神社の「住吉造」の社殿は、神社建築史上最古の特殊な様式をとっています。柱・垂木・破風板は丹塗り、羽目板壁は白胡粉塗りで、屋根は切妻の直線形。そして出入り口が直線型妻入式という特徴がるもので、国の重要文化財です。

主な祭典

例大祭（相撲会大祭）
10月12日〜14日

神功皇后が渡韓された際、住吉大神の神徳により無事御帰還されたこと感謝され、「相撲」と「流鏑馬」で御神慮を慰められました。これに由来し、稚児行列や流鏑馬、また御縁をもとに地元の小学校による少年相撲が行われ、地域の少年横綱が決定されます。

日本三大八幡宮

筥崎宮《はこざきぐう》

延喜21（921）年に八幡神の御宣託があり、筑前国穂波郡の大分宮を玄界灘に面した現在の土地に遷座（923年）したことから始まる筥崎宮。『延喜式神名帳』には、「八幡大菩薩筥崎宮一座」と記載されています。この歴史ある神社は、別称として「筥崎八幡宮」とも呼ばれ、石清水八幡宮（京都府八幡市）、宇佐神宮（大分県宇佐市）とともに日本三大八幡宮の一つとされています。

筥崎八幡宮は、昔から武運の神として全国の武家に崇拝されてきました。勝負事の際には八幡様へ詣でて祈願することが習わしになっていました。それは元寇、鎌倉時代の蒙古襲来時に、『神風』を起こし、博多湾で敵船に大きな被害を与え勝利を導いたところから来ています。そのため厄除や勝運の神として崇められるようになりました。

御祭神は応神天皇（おうじんてんのう）と、その母、神功皇后（じんぐうこうごう）、そして玉依姫命（たまよりひめのみこと）です。古代より式内社（名神大社）として、また筑前国一の宮、旧官幣大社、また現在も神社本庁の別表神社として、福岡県内でも類いまれな格の高さを誇っています。

旧社格　式内社（名神大社）・官幣大社
祭　神　応神天皇・神功皇后・玉依姫命
例　祭　放生会
URL　http://www.hakozakigu.or.jp
住　所　〒812-0053 福岡県福岡市東区箱崎 1-22-1
電話　092-641-7431

主な祭典

放生会（ほうじょうや）

9月12日～18日

全ての生命あるものを慈しみ、秋の実りに感謝する、という筥崎宮の放生会は、九州・博多の三大祭りのひとつです。「合戦の間多く殺生すよろしく放生会を修すべし」という御神託によるものという起源を持ち、千年以上続く最も重要な祭典です。一年おきに御神幸（御神輿行列）が行われ、参道一帯に数百軒の露店が立ち並ぶ、九州随一の秋祭りとして有名です。

見どころ

石造一之鳥居　筥崎宮鳥居

国指定重要文化財

鳥居の柱は三段に切れ、下肥りに台石に続いています。笠木島木は一つの石材で造られ、先端が反り上がり、貫と笠木の長さが同じ異色の鳥居であり、「筥崎鳥居」と呼ばれています。
明神鳥居の形式は、奈良時代の末ごろにできたといわれています。その特色は、柱が八字形に上部で内側の傾斜し、いわゆる「転び」の様式をとり、柱脚には亀腹（饅頭）という基礎があり、笠木、島木は曲線を描き、両端で反りをみせ、反増となり、笠木、島木の先端（鼻）は斜めに切られています。

ところで、筥崎宮鳥居の著しい形式上の特色は、上部の笠木と島木が形式化して、単なる刳り出しとして表現され、笠木、島木の両端が包丁反りになっている点にあります。また、割り出しがどっしりしており、藩主の大社への寄進にふさわしく、九州の代表的な鳥居です。

八幡様の親神様

香椎宮《かしいぐう》

福岡市北部、立花山南西麓に鎮座する香椎宮は、古代には神社でなく霊廟に位置づけられ、仲哀天皇・神功皇后の神霊を祀る「香椎廟（かしいびょう）」と呼ばれ、朝廷より特別な待遇を受けていました。そのため、『延喜式神名帳』には記載されておりません。

仲哀天皇8（199）年、熊襲の反乱を鎮めるべく、仲哀天皇は神功皇后と香椎の地を訪れますが、志なかばでこの地にて崩御されました。その後、神功皇后は神のお告げを受けて、海を渡り新羅を平定され、凱旋後、仲哀天皇の御霊をしずめるべく、神功皇后自ら祠を建てお祀りされたのが、香椎宮の起源となります。

神功皇后の宮は、元正天皇の養老7（723）年に神功皇后自らのご神託により、朝廷が九州に詔して社殿の造営をすすめ聖武天皇の神亀元（724）年に竣工したもので、この両宮をあわせて「香椎廟」と称しました。

神功皇后は凱旋後、後の八幡大明神（15代応神天皇）をお産みになられます。八幡信仰は後に源氏の氏神・戦神として広く全国で信仰されることになりますが、そのため香椎宮は八幡様の親神様とも言われています。

天皇・皇后の神霊を祀るという性格から、戦前の近代社格制度においては最高位の官幣大社に位置づけられ、現在も勅祭社として10年に一度天皇からの勅使の参向を受けています。

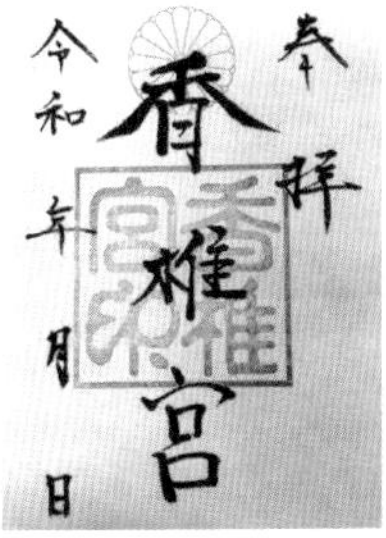

旧社格　官幣大社・勅祭社
祭　神　仲哀天皇・神功皇后
例　祭　10月29日
URL　http://kashiigu.com
住　所　〒813-0011　福岡市東区香椎4-16-1
電話　092-681-1001　FAX　092-681-1011

主な祭典

勅祭

10年に1度

10年に1度、天皇からの勅使が祭儀を執り行う勅祭が斎行されるほか、現在も仲哀天皇・神功皇后の命日に神事が行われています。次回は5年後に見ることができます。

見どころ

本殿

境内の社殿のうち、特に本殿は江戸時代後期の再建時のもので、「香椎造」と称される、壮麗な透塀に囲まれた独特の構造であり、国の重要文化財に指定されています。

九州

全国天満宮の総本宮

太宰府天満宮《だざいふてんまんぐう》

太宰府天満宮は、全国約1万2000社ある天神さまをお祀りする天満宮の総本宮とされ、また菅原道真公の霊廟として篤く信仰されています。現代では「学問の神様」として知られ、九州はもとより日本全国から毎年1，000万人以上のご参詣があります。

当代随一の学者・政治家であった菅原道真公は、天皇の厚い信任を受け、日本の発展のため誠心誠意尽くされ、多くの人々の尊敬を集めていました。しかし政略により京都から大宰府に流され、延喜3（903）年2月25日、大宰府政庁の南館（現在の榎社）において、生涯を終えました。門弟が亡骸を牛車に乗せて進んだところ、牛が伏して動かなくなり、道真公の御心によるものであろうと、その地に埋葬されることになりました。延喜5（905）年、御墓所の上に祀廟が創建され、延喜19（919）年には勅命により立派なご社殿が建立されました。

その後、道真公の無実が証明され、「天満大自在天神」という神様の御位を贈られ、「天神さま」と崇められるようになりました。平安時代から現在に至るまで、その時代の人々の生活に根ざしながら、さまざまな天神信仰が息づいてきました。今日では「学問・文化芸術の神様」として世界中の人々からも広くご崇敬を集めています。

九州

旧社格	官幣中社
祭神	菅原道真公
例祭	9月25日
URL	http://www.dazaifutenmangu.or.jp
住所	〒818-0117 福岡県太宰府市宰府4-7-1 電話 092-922-8225 FAX 092-921-1010

見どころ

飛梅

道真公を慕って、都から一夜にして飛んできたと伝えられる由縁のご神木。品種は「色玉垣」（極早の八重咲き）で毎年境内にて1番に咲き始めます。

主な祭典

神幸式大祭

9月20日〜9月25日

康和3（1101）年より始められ、菅原道真公ご在世の往時を偲び、御神霊をお慰めするとともに、皇室のご安泰と国家の平安、さらには五穀豊穣を感謝する秋祭り。往古の伝統を継承するこの「神幸式大祭」は、福岡県の無形民俗文化財に指定されています。

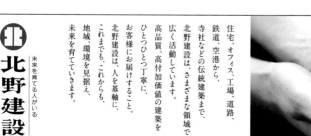

日本三大修験の霊場

英彦山神宮《ひこさんじんぐう》

英彦山は、古来から神の山として信仰されていた霊山です。

祭神が天照大御神（伊勢神宮）の御子・天忍穂耳命（あめのおしほみみ）であることから「日の子の山」即ち「日子山」と呼ばれていました。嵯峨天皇の弘仁10（819）年詔によって「日子」の2文字を「彦」に改められ、次いで、霊元法皇、享保14（1729）年には、院宣により「英」の1字を賜り「英彦山」と改称され、現在に至っています。

英彦山は、中世以降、神の信仰に仏教が習合され、日本三大修験の霊場「英彦山権現様」として栄えました。その後、明治維新の神仏分離令により英彦山神社となり、昭和50年6月24日、天皇陛下のお許しを得て、戦後、全国第三番目の「神宮」に改称され、英彦山神宮となっています。

英彦山全体が神域であり、上宮、中津宮、下津宮、奉幣殿（重要文化財）、さらに摂社の玉屋神社、産霊神社等が点在しています。

英彦山の頂上にある本社（上宮）は、神武天皇が御東征の時、天村雲命を遣わされて祀られたと伝えられていますが、社殿ができたのは、崇神天皇2年と言われてます。現在の社殿は天保13（1842）年に、肥前藩主鍋島斉正によって奉建されたものです。

旧社格	官幣中社
祭　神	正勝吾勝勝速日天之忍穂耳命
例　祭	9月28日
URL	http://hikosanjingu.or.jp
住　所	〒824-0721　福岡県田川郡添田町大字英彦山1
	電話　0947-85-0001　FAX　0947-85-0663

主な祭典

御神幸祭
4月第2土曜日とその翌日

御神幸祭は「松会祭礼」の一部で、平安時代に始まったと伝わります。約八〇〇段の石段を三基の神輿が担ぎ下り旅殿で一泊し、総勢約百人の男たちが旅殿から奉幣殿まで高低差約一六〇メートルの石段を駆け上がる姿が圧巻です。

見どころ

1キロメートル続く参道

参道入り口の銅の鳥居（重要文化財）から奉幣殿（重要文化財）まで約1キロメートルの参道は、約800段の杉木立に囲まれた急な石段で、両側に三千八百坊とうたわれた坊跡の石垣が残ります。緑豊かで、光に反射する石畳が幻想的です。

水天宮の総本宮

水天宮

すいてんぐう

全国にある水天宮の総本宮である水天宮は、福岡県久留米市筑後川沿いに鎮座しています。

社伝によれば、寿永4（1185）年、壇ノ浦の戦の後、高倉平中宮に仕えていた官女・按察使局（あぜちのつぼね）伊勢が千歳川（現筑後川）のほとりの鷺野ヶ原（さぎのがはら）に逃れて来て、安徳天皇と平家一門の霊を祀る水天宮を祀ったとされています。伊勢は里人に請われるままに加持祈祷など行っていましたが、御霊験あらたかにして、尊崇する者が日増しに多くなったと伝えられています。

その後、水天宮は兵禍を避けて諸所に移され、遷御の遺跡と伝えられる場所がいくつかあります。慶安3（1650）年9月、久留米藩第2代藩主・有馬忠頼公が社地と社殿を寄進し、現在のところに鎮座されました。

幼くして非業の最後を遂げた安徳天皇に対する鎮魂の意で建立された水天宮は、いつしか「子育て」の神、子供の守り神として信仰されるようになり多くの方々が参拝に訪れています。

参道の脇には、幕末の激しい動乱期に勤王派の旗頭として、王政復古に一生を捧げた明治維新の先覚者・真木和泉守保臣先生（第22代の水天宮宮司）を祀る真木神社が鎮座しています。明治維新に際し、国難に殉ぜられた一門及び門下生と、天王山にて真木先生と共に自刃された方々を奉斎しています。

旧社格	県社
祭　神	天御中主命・安徳天皇・高倉平中宮（建礼門院、平徳子）・二位の尼（平時子）
例　祭	5月3日～7日
URL	http://suitengu.net
住　所	〒830-0025　福岡県久留米市瀬下町 265-1 電話　0942-32-3207　FAX　0942-32-3171

主な祭典

春大祭

5月3日〜7日

水天宮の縁日である5月5日は御神幸祭が執り行われ、神様が御神輿で出御され、本殿にて地元小学生による「浦安の舞」の奉奏されます。

見どころ

肥前狛犬

水神社の前の肥前狛犬は、自分の痛いところを撫でればその痛みがとれるということで「撫で狛犬」とも言われ、地方の方々からもその崇敬は篤いものです。

筑後国一の宮

高良大社《こうらたいしゃ》

高良大社は福岡県久留米市中心部の東方、高良山（標高312m）の中腹に鎮座し、古くは「高良玉垂命神社」「高良玉垂宮」などと称されていました。仁徳天皇55（367）年または78（390）年に鎮座したと伝えられ、履中天皇元（400）年に社殿を建ててお祀りしたとされます。

社伝によれば、今から1600年前、仲哀天皇の時代に異国の兵が九州に攻め込んできました。神功皇后が追い返すため、筑前国四王子嶺に登って神に扶けを祈られた時、高良玉垂命が住吉の神と共に初めて出現されたと伝えられています。また、高良山にはもともと高木神が鎮座しており、「高牟礼山」と呼ばれていましたが、高良玉垂命が一夜の宿として山を借りたいと申し出て、高木神が譲ったところ、玉垂命は結界を張って鎮座したという伝説もあります。

文永・弘安の蒙古襲来（1274年・1281年）の時には、蒙古調伏となると天皇より感謝され「天下の天下たるは、高良の高良たるが故なり」という文書を賜わったと伝えられ、「武運長久の神」として篤く崇敬されています。また高良神楽発祥の地であることから、「芸能の神」としても知られています。

社殿は神社建築としては九州最大級の大きさで、展望も素晴らしく筑後平野に久留米の街並みが広がります。

九州

旧社格	式内社（名神大社）・国幣大社
祭　神	高良玉垂命・八幡大神・住吉大神
例　祭	10月9日
URL	http://www.kouratatisya.or.jp
住　所	〒839-0851　福岡県久留米市御井町1 電話　0942-43-4893　FAX　0942-43-4936

見どころ

九州最大級の社殿

江戸初期の権現造で、正面から幅約17m、高さ13m、奥行き32mで、神社建築としては九州最大級の大きさを誇ります。柿葺（こけらぶき）で、建立年次が明らかな社殿として大変重要とされ、国の重要文化財に指定されています。

主な祭典

高良大社例祭「高良山くんち」

10月9日～11日

重陽のお祝いと秋の収穫祭が結びついた一年で一番大きなお祭りです。百々手式と呼ばれる弓馬術や弓道会、献茶式、野点、獅子舞、観月祭では箏曲、琵琶、吟詠、舞囃子、太鼓などの神賑行事（しんしんぎょうじ）が盛大に行われます。

肥前国一の宮

與止日女神社

よどひめじんじゃ

與止日女神社は『肥前国風土記』逸文（神名帳頭注）によれば、欽明天皇25（564）年11月1日に創建と記されています。朝廷の崇敬も篤く、延長5（927）年の『延喜式神名帳』では肥前国佐嘉郡に「與止日女神社」と記載され、式内社に列しています。

二条天皇應保の頃（1161年）には肥前国一の宮とされ、亀山朝の弘長元（1261）年正一位を授けられました。一国宗祀の主要な地位を占めて、5月、8月の神事に際しては、国衙の役人による奉仕がありました。

ご祭神の與止日女命（よどひめのみこと）は、神功皇后の妹と言われています。また一説には、豊玉姫であるとも伝えられています。佐賀県を中心とする北九州地方には、與止日女命（淀姫）を祀る神社が多数あり、そのうち與止日女神社を含めた6社が嘉瀬川流域にあるのも興味深いことです。與止日女神社は別名「河上神社」、俗に「淀姫さん」とも呼ばれています。

楠の大木がそびえる参道は落ち着いた佇まいを見せ、どっしりとした肥前鳥居が見事です。平成26（2014）年には、氏子・崇敬者総参加の1450年式年大祭が盛大に執り行われました。

また境内の西側、社務所の北隣には小さな祠があり、菅原道真公をお祀りする與止日女天神です。地元の受験生にはよく知られているようで、受験前にお参りするとほとんどの人が合格するらしいとのことです。

旧社格	式内社（小社）・県社
祭　神	與止日女命
例　祭	4月18日、11月18日
URL	https://yodohime-jinja.jimdo.com/
住　所	〒840-0214　佐賀県佐賀市大和町川上 1-1
	電話　0952-62-5705　FAX　0952-62-5705

九州

主な祭典

春季大祭 4月18日

神社に隣接する実相院の「御経会」の期間中でもあり、終日賑わいをみせます。11月18日に秋季例祭（新嘗祭）がおこなわれます。

見どころ

ご神木・大楠

境内の入口、鳥居のすぐ後ろにあるご神木・大楠は、樹齢1450年と言われる巨木です。威風堂々とした樹姿で、長寿にあやかったパワースポットとしての強烈な存在感があります。

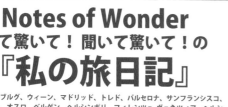

肥前国一の宮

千栗八幡宮《ちりくはちまんぐう》

千栗八幡宮は神亀元（724）年、肥前国養父郡司・壬生春成が神託を受けて、千根の栗が生えている地に社を建て八幡神を祀ったのが始まりとされています。

承平年間（931〜938年）に宇佐八幡宮の別宮になり、それ以降、五所別宮（大分八幡・千栗八幡・藤崎八幡・新田八幡・鹿児島神宮）の一社と称せられ、朝廷からも篤く崇敬を受けていました。中世以降は、肥前国一の宮と呼ばれています。

千栗八幡宮で行われる放生会の最大の行事が、行列浮立です。放生会は殺生を戒め功徳を積む意味で、古くから生命のあるものを放つ行事が八幡神系統の神社で行われてきたもので、貞観5（863）年に始まったとされています。社殿まで続く長い石段が特徴の千栗八幡宮で、五穀豊穣を祈り行列浮立が奉納されます。伝統の衣装に身を包み、鐘や笛、太鼓、さいの毛、獅子舞からなる行列が、音に合わせて練り歩きます。その華やかさは一見の価値があります。

境内は高良山を遥かに望む見事な眺望です。柔道の古賀稔彦選手が小学生の頃、千栗八幡宮にある146段の石段を足腰強化のために上り下りしていたことを心の支えとして励み、後の1992年バルセロナオリンピックにおいて金メダリストになったことを記念して「栄光の石段」という石碑が建っています。

旧社格	国幣小社
祭　神	應神天皇・仲哀天皇・神功皇后　ほか4柱
例　祭	9月15日（放生会）
住　所	〒849-0111　佐賀県三養基郡みやき町千栗 電話　0942-89-5566　FAX　0942-89-5795

©ぶらり寺社めぐり

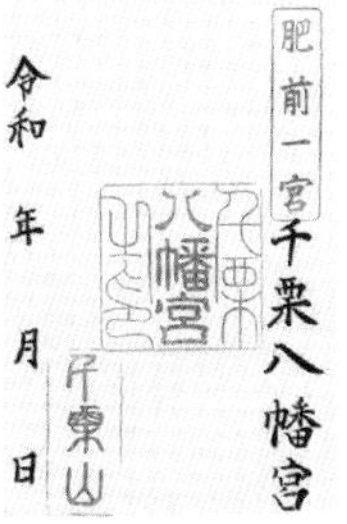

主な祭典

粥祭　3月15日

日本三大粥祭りの一つで、「おかゆさん」とも言い、粥を使ってその年の豊作・凶作を占う粥占です。2月26日に粥を炊き、銅鉢に入れて十文字に箸を渡し四つに分けられたそれぞれを筑前・筑後・肥前・肥後に国分けして神殿に納め、3月15日に取り出し、粥の表面のカビの生え具合で各地の天候や農作物の豊凶、台風、洪水、干ばつ、地震、火災などを占います。平成17年福岡県沖地震を予知したことで全国に知られています。

見どころ

のこぎり形町並み

千栗八幡宮門前町の参道は、道路がのこぎりの歯のようにかたどられ、家の軒がデコボコに突き出ている「のこぎり形町並み」になっています。これは、戦乱で敵が攻めてきた時に建物の陰に隠れて迎え撃つためという説があります。

日本三大稲荷の一社

祐徳稲荷神社《ゆうとくいなりじんじゃ》

祐徳稲荷神社は伏見稲荷大社、笠間稲荷神社とともに日本三大稲荷の一社に数えられ、年間300万人以上の参詣者が訪れます。

貞享4（1687）年、肥前鹿島藩主・鍋島直朝公の夫人花山院萬子媛が、朝廷の勅願所であった稲荷大神の御分霊を勧請されたことに始まります。石壁山に社殿を建立し、萬子媛自ら奉仕していましたが、宝永2年（1705）年、石壁山窟の寿蔵にて断食して入定を果たします。以降、萬子媛の諡名から「祐徳院」と呼ばれるようになり、祭神の稲荷神とともに萬子媛の霊験により信仰を集めました。

ご祭神の1柱である大宮売大神（おおみやひめのおおかみは）は、天の岩戸開きの時に舞をまった天宇受売命の別称です。

御本殿、御神楽殿、楼門等総漆塗極彩色の宏壮華麗な偉容は、「鎮西日光」と称され、観光ルートの上にも一際異彩を放っています。現在の本殿は、伊勢神宮造営局長の角南隆が設計して昭和32（1957）年に再建されたもので、主要建物は総漆塗りです。社殿は豪壮な造りで圧倒的な存在感があります。外苑には、神社が所蔵する美術工芸品や鎧・刀・鹿島錦など郷土の資料を展示した祐徳博物館もあります。

斎藤茂吉や野口雨情が、祐徳稲荷神社を詠った詩を残しています。

旧社格	県社
祭　神	倉稲魂大命・大宮売大神・猿田彦大神
例　祭	3月初午日
URL	https://www.yutokusan.jp
住　所	〒849-1321　佐賀県鹿島市古枝1855
	電話　0954-62-2151　FAX　0954-62-2153

主な祭典

例大祭　新暦3月初午の日

稲荷大神のご神徳を称え、ご神恩に感謝する祭典が執り行なわれます。

見どころ

奥の院

本殿から奥の院までの、徒歩20分ほどの道中は幽玄な光景が続いて、厳かな雰囲気と立派なお社には身も心も引き締まります。奥の院からの展望も素晴らしく、有明海を臨む眺望も楽しめます。

壱岐国一の宮

天手長男神社

あまのたながおじんじゃ

天手長男神社は弘仁2（811）年に創建され、『延喜式神名帳』には名神大社に列し、壱岐国一の宮として広く崇敬されていました。『宗像大菩薩御縁起』によれば、神功皇后の三韓征伐に際し、宗大臣（宗像大社の神）が「御手長」という旗竿に武内宿禰が持っていた紅白2本の旗をつけ、これを上げ下げして敵を翻弄し、最後に息御嶋（玄界灘の沖ノ島）に立てたと伝えられ、「天手長男」の社名はこの「御手長」に由来すると言われています。『大日本国一宮記』では天手長男神社の祭神を天思兼神（あめのおもいかねのかみ）としています。

その後、中世の「元寇」により天手長男神社は荒廃し、所在さえ不明になってしまいます。

江戸時代に平戸藩の国学者・橘三喜がかつての鎮座地と思われる場所から神鏡1面、弥勒如来の石像2座を掘り出し、石祠を造って祀りました。そして平戸藩主より篤く庇護され、祭祀が再興されます。

元禄2（1689）年には松浦藩主の命により本殿、拝殿が再建されました。

天手長男神社が鎮座する小高い丘は、「鉢形嶺（はちがたみね）」と呼ばれ、古くより神奈備山として信仰の対象になっていました。137段の苔むした石段を上り詰めると山頂に社殿があります。

また、同じく『延喜式神名帳』に載る名神大社と比定されている天手長比売神社、小社の物部布都神社が合祀されています。

旧社格	式内社（名神大社）論社・村社
祭神	天忍穂耳尊・天手力男命・天鈿女命
例祭	10月13日
住所	〒811-5117 長崎県壱岐市郷ノ浦町田中触 730 電話 0920-47-5748 FAX 0920-47-3323

©ぶらり寺社めぐり

主な祭典

例祭 10月13日

例祭で奉納される壱岐神楽は重要無形民俗文化財です。壱岐神楽は芸能の面が強い他の神楽と比べて神祭りに近く、壱岐の神社に奉職する神職しか、舞うことや音楽を演奏することが一切許されない神聖なものです。

見どころ

美しい海と森

玄海灘に浮かぶ壱岐は小さいながらも、美しい海と神々のすむ森に囲まれた自然の豊かな島です。大自然に触れながら、海の幸、旬の味覚を楽しむことができます。

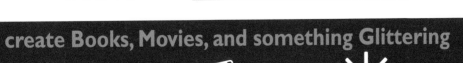

対馬国一の宮

海神神社

わたつみじんじゃ

対馬は上島と下島とにわかれており、下島の中心の厳原町から北へ約40kmのところに海神神社は鎮座しています。『延喜式神名帳』に記された対馬上県郡の名神大社・和多都美神社に比定され、社伝によれば神功皇后が三韓征伐からの帰途、新羅を鎮めた証として旗八流（八本の旗）を上県郡峰町に納めたことに由来すると伝えられます。旗は後に現在地の木坂山（伊豆山）に移され、八幡本宮又は上津八幡宮と称されました。一説には我が国最古の八幡神社であるとも言われています。

また、仁徳天皇の時代には、木坂山に起こった奇雲烈風が日本に攻めてきた異国の軍艦を沈めたという伝承もあります。近世以降は木坂八幡宮と号し、明治4年には海神神社と改称され、国幣中社に列せられました。

社殿は木板山（伊豆山）の中腹にあり、参道の約280段の石段を登ります。境内は正面に大きな拝殿があり、拝殿の後方、垣の中に大きな本殿があります。

木々が茂り、山上は神気に満ちた聖域です。社頭からわずかに下れば対馬西海の風光が集まり、飛崎の鼻は西北に突出し怒涛の飛沫が散り、その先に朝鮮海峡がうねります。周辺の木坂山（伊豆山）は千古斧を入れない原生林で、「野鳥の森」となっています。

旧社格　式内社（名神大社）論社・国幣中社
祭　神　豊玉姫命・彦火火出見尊・宗像三女神
例　祭　旧暦8月5日
住　所　〒817-1303　長崎県対馬市峰町木坂247
電話　0920-83-0137

©ぶらり寺社めぐり

見どころ

神々しい森

全国の一の宮の中でも最も訪ねるのが困難な神社の一社ではあります。しかし、俗世間との交わりを絶ったかのような隔絶された場所に鎮座している海神神社には、他の神社にない、何とも味わい深い神々しい雰囲気があると訪れた人々は言います。

主な祭典

大祭
旧暦8月5日

大祭には、命婦の舞などが奉納されます。

肥後国一の宮

阿蘇神社《あそじんじゃ》

阿蘇神社は全国に約500社ある「阿蘇神社」の総本社で、熊本県の阿蘇山の北麓に鎮座しています。社伝によれば、創建は孝霊天皇9（紀元前282）年、健磐龍命の子で、初代阿蘇国造に任じられた速瓶玉命（はやみかたまのみこと）が、両親を祀ったのに始まると伝えられています。古代からの有力氏族である阿蘇氏が大宮司を務め、現在も継承されています。

全国的にも珍しい横参道で、参道の南には阿蘇火口、北には国造神社が位置しています。高さ18mもあった楼門は、江戸時代末期に作られた「日本三大楼門」の一つといわれ、阿蘇地域の象徴的存在でした。ところが、平成28年4月16日に発生した熊本地震の影響で、この楼門と拝殿が全壊し、阿蘇神社は甚大な被害を受けました。三つの神殿も大きく破損してしまいました。

周辺地域に比べて阿蘇神社の被害が甚大だったため、地元では「神社が犠牲になって、自分たちをお守りくださった」との声も出ています。

現在、阿蘇神社の復旧が阿蘇地方の復興の象徴となるよう、阿蘇神社職員一同と地元の方々が取り組んでいます。再建に向けて奉賛（募金）も募っています。阿蘇の精神的支柱である阿蘇神社の再建に、多くの方々の協力が必要です。

旧社格	式内社（名神大社1社、小社2社）・官幣大社
祭　神	健磐龍命・阿蘇都比咩命をはじめ阿蘇十二明神
例　祭	7月28日
URL	http://asojinja.or.jp
住　所	〒869-2612　熊本県阿蘇市一の宮町宮地3083-1 電話　0967-22-0064　FAX　0967-22-3463

主な祭典

御田植神幸式
7月28日

「おんだ」と呼ばれるこの祭りは、阿蘇大明神が阿蘇開拓と農耕の道をひろめた神徳をたたえ、年々の豊作を祈るものです。神様がお乗りになった4基の神輿を中心に、田男・田女・牛頭などの農耕に関する人形等、約200人の行列が青田の中を練り歩く様子は、古式ゆかしい絵巻を見るような感動を与えてくれます。

見どころ

願掛け石

拝殿の右手、古代より神石として伝承保存されています。参拝者たちは石を3回なでてから願いごとを唱えるのが通例になっています。パワースポットとしても有名です。※工事規制により、現在立ち入りができなくなっています。

豊後国一の宮

柞原八幡宮《ゆすはらはちまんぐう》

柞原八幡宮は、天長4（827）年延暦寺の名僧・金亀和尚が宇佐神宮での参篭にて神告を蒙り、八幡大神を勧請したのを、創建の起源としています。御祭神は「応神天皇」「仲哀天皇」「神功皇后」の3柱です。

大分市の西部、緑豊かな自然に恵まれた八幡地区の二葉山の麓に鎮座し、豊後国一の宮として古くから格別の崇敬を集めています。

4万坪の境内には天然記念物で樹齢3000年の「大楠（全国第7位）」とポルトガル人が移植した樹齢400年以上の「ホルトの木」が聳え、その大きさと存在感には圧倒される事でしょう。

社殿群（10棟）は平成23年に国の重要文化財の指定を受け御本殿は嘉永3（1850）年再建の壮麗な八幡造りであり、申殿・拝殿・左右回廊付楼門が続きます。

参道の途中には「南大門」が建ち、随所に二十四孝をはじめ多彩な彫刻が施され、日が暮れるのも忘れて見入ってしまう事から別名・日暮門とも呼ばれます。

宝物殿には「国指定重要文化財・6点」「県指定文化財・13点」を所蔵しています。

参道の石畳には、踏むと願いが叶うと古来より言い伝わる「扇石」・「亀石」が敷かれております。参拝時にはぜひ探されて願をお掛け下さい。

旧社格　国幣小社
祭　神　応神天皇・仲哀天皇・神功皇后
例　祭　例大祭「初卯祭」（3月15日）
URL　http://oita-yusuhara.com
住　所　〒870-0808 大分県大分市大字八幡987
電話 097-534-0065　FAX　097-536-2475

主な祭典

仲秋祭

9月14日〜20日

放生会神事（生き物に感謝〜解き放つ）が起源で別名「浜の市」と称され、14日に氏子の奏する渡り拍子の中を、神輿3基が御旅所の仮宮に渡御します。中日には「放生会の神事」が行われ、期間中は花火大会・神楽等の神賑行事が奉納され、境内には盛大な「市」が立ち賑わいます。

見どころ

ご神木・大楠

大楠（樹齢3000年以上）は参道（南大門横）に聳え、樹高30m・根回り34m・地上2mの幹回り19mもあり、幹の下部は空洞になっており大人十数人が入れる広さがあります。大正11年に国の天然記念物に指定され、平成元年の環境庁巨木調査では全国第7位に指定されています。

豊後国一の宮

西寒多神社《ささむたじんじゃ》

『大分郡志』によれば、神功皇后が三韓征伐からの帰途、西寒多山（本宮山）に臨幸し、その証として山頂に白旗を立てたと伝えられています。当地の人々はこれを崇敬して籬垣を結んで拝んでいました。そして、応神天皇の勅命により武内宿禰が本宮山上に祠を建てたのが、西寒多神社の創祀であるとされています。その後、南北朝から室町時代の守護大名・大友親世により社殿を現在地に遷されました。

歴代の国司や武将の尊崇が厚く、大分県内では宇佐神宮につぐ神社として知られています。ご祭神の西寒多大神（ささむたのおおかみ）は、天照大御神、月読尊、天忍穂耳命の総称とされています。

神社の境内の前を寒田川が流れ、味わいのある石造りの太鼓橋「万年橋」を渡り本殿へと向かいます。寒田川の清流には蛍やカジカガエルなどが生息する美しい環境です。

清々しい境内の、拝殿には菊の紋章が入った布が掛けられており、この菊の紋章は西寒多神社が一の宮であり、応神天皇などを祀っていることを表しています。奥にある本殿は千木の下が長い、珍しい造りになっています。

また、西寒多神社は藤の名所としてもよく知られており、樹齢500年の木から、春には藤棚や万年橋に藤が鮮やかに咲き誇ります。例年、ゴールデンウィーク前後から「ふじまつり」が盛大に開催されます。

旧社格　式内社（大社）・国幣中社
祭　神　西寒多大神
例　祭　4月15日
住　所　〒870-1123　大分県大分市寒田1644
電話　097-569-4182　FAX　097-569-7000

主な祭典

ふじまつり
5月3日〜5日

西寒多神社の藤は樹齢約450年、四方には各300平方メートルも張り出した見事な枝ぶりを見せ、訪れた人を魅了します。例年、5月3日〜5日に「西寒多ふじまつり」が開催され、お神楽などの催しで賑わいます。

見どころ

万年橋

軽快で美しい弧線を描く、「太鼓橋」とも呼ばれる石造単アーチ橋です。昭和55年（1980）年4月8日に大分県の有形文化財に指定されています。

全国八幡社の総本宮

宇佐神宮

うさじんぐう

© 撮影・村上彰（一の宮巡拝会）

宇佐神宮は全国に4万社余りある八幡様の総本宮です。八幡大神（応神天皇）・比売大神・神功皇后をご祭神にお祀りし、神亀2年（725）に創建されました。大分県国東半島の付け根にある宇佐市の亀山に鎮座し、その神域は広大です。

祭神の応神天皇は、大陸の文化と産業を輸入し、新しい国づくりをされた方で、ご神霊である八幡大神は571年（欽明天皇の時代）に初めて宇佐の地にご示顕になったと伝えられています。そのご神託は国を動かすほどの力をもちました。

八幡信仰とは、応神天皇のご聖徳を八幡神として称え奉るとともに、仏教文化と、我が国固有の神道を習合したものとも考えられています。その長い信仰の歴史は宇佐神宮の神事や祭会、建造物、宝物などから今も見ることができます。

また、深緑の杜に映える美しい本殿は国宝に指定されており、総本宮にふさわしい威容を誇っています。広大な境内は聖域感に包まれ、表参道の突き当りにある祓所も、神気漲る浄化された場所としてよく知られています。

上宮と下宮があり、「下宮参らにゃ片参り」と言われています。上宮は国家の神として、下宮は民衆の神として位置づけられています。季節をとわず多くの参拝客で賑わいます。

九州

旧社格	式内社（名神大3社）・旧官幣大社・勅祭社
祭　神	八幡大神・比売大神・神功皇后
例　祭	3月18日
URL	http://www.usajinguu.com
住　所	〒872-0102　大分県宇佐市南宇佐 2859 電話 0978-37-0001　　FAX　0978-37-2748

主な祭典

例祭 3月18日

「宇佐祭」とも呼ばれる大祭。皇室より幣帛を賜り行われる宇佐神宮で最も重要な祭典です。全国各地より崇敬者が参列され賑わいます。

見どころ

本殿

国宝に指定されている本殿は、八幡造と呼ばれている建築様式で、二棟の切妻造平入の建物が前後に接続した形です。桧皮葺で白壁朱漆塗柱の華麗な建物が横一列に並んでいる様は荘厳で、奥殿を「内院」・前殿を「外院」と言います。

天孫降臨の伝承地

高千穂神社《たかちほじんじゃ》

古くは高千穂皇神社として『続日本後紀』『三代実録』にもその記述がある高千穂神社は、約１９００年前の垂仁天皇時代に創建されたと言われています。かつて高千穂郷（現在の高千穂町、日之影町、五ヶ瀬町、諸塚村）には５５４社もの神社があり、その中でも格の高い88の神社「高千穂八十八社」の総社として信仰を集めてきたのが高千穂神社です。

ご祭神は高千穂皇神（たかちほすめがみ）と十社大明神（じっしゃだいみょうじん）。高千穂皇神とは日本神話の天津彦火瓊瓊杵尊を始めとする日向三代と呼ばれる皇祖神と配偶神の総称です。十社大明神とは後の神武天皇となられる神倭伊波礼毘古命の兄神、三毛入野命とその妻子神の総称で、地元では「十社さん」と呼ばれ親しまれています。

本殿は１７７８年に再建されており、五間社流造で九州を代表する大規模な本殿で、その重厚感のある造りは必見です。平成16年、国の重要文化財にも指定されています。

ご神木の、樹齢８００年以上の秩父杉も有名で、宮崎・巨木百選に選ばれています。

また、高千穂神社では毎晩20時から境内の神楽殿にて高千穂神楽を奉納しており、一般の方も拝観できます（拝観料お一人１０００円）。各集落の神楽の舞手が交代で奉納する本格的な舞が人気です。国の重要無形民俗文化財にも指定された「高千穂の夜神楽」をぜひ体感してください。

九州

旧社格　国史見在社論社・村社
祭　神　高千穂皇神・十社大明神
例　祭　4月16日
住　所　〒882-1101　宮崎県西臼杵郡高千穂町大字三田井字神殿1037
電話　0982-72-2413　FAX　0982-72-2413

主な祭典

神話の高千穂夜神楽まつり
11月23日

国の重要無形民俗文化財・高千穂の夜神楽。

神話の高千穂　夜神楽祭では神楽殿にて朝10時から夜11時頃まで、33番の神楽が奉納されます。

見どころ

夫婦杉
（めおとすぎ）

2本の杉の根と根がくっついた「夫婦杉」と呼ばれる巨樹。この木の周りを夫婦、恋人、友達と手をつないで3回まわると縁結び、家内安全、子孫繁栄等の願いがかなうと言われています。

西本宮

天岩戸がご神体

天岩戸神社

あまのいわとじんじゃ

『古事記』『日本書紀』等にでてくる天照大御神（あまてらすおおみかみ）が籠られた霊蹟「天岩戸」をお祀りする神社です。

社殿は東本宮と、天岩戸直拝の西本宮があり、岩戸川の渓谷を挟んで相対して御鎮座しています。ご神体の天岩戸の洞窟は、西本宮から谷を挟んで反対の壁の中腹にあります。西本宮拝殿の裏側に、天岩戸が見える天岩戸遥拝所があり、神職の方が案内してくれます。

東本宮の社伝では、「天照大御神が天岩戸より御出ましの節、思兼神がその御手を取り、東本宮の土地に御造営の御社殿へ御鎮りを願った」と記してあります。

西本宮の境内にはご神木の招霊（おがたま）の木があり、天岩戸の前で天鈿女命が神楽を舞った時、この枝を持ちて舞ったことから、その実の形が神楽鈴の起源であると伝えられています。また、西本宮から岩戸川を500メートルほど遡った所の河原は「天安河原」と呼ばれ、天照大御神の岩戸隠れの際には八百万の神々が集まって相談した場所と伝えられています。

この地域では毎年11月下旬より2月初旬にかけ、各集落において、民家に〆かざりして終夜舞続け夜明けに岩戸開きと称するを舞納める慣習があります。まさに神代の時代が今も脈々と息づいているのです。

旧社格　村社
祭　神　大日孁尊（天照大御神の別称）
例　祭　（西本宮）例祭 5 月 2・3 日
　　　　（東本宮）例祭 9 月 22・23 日
URL　http://amanoiwato-jinja.jp
住　所　〒 882-1621　宮崎県西臼杵郡高千穂町岩戸 1073 番地 1
　　　　電話　0982-74-8239　FAX　0982-74-8911

九州

主な祭典

天岩戸神楽まつり

11月3日

川国の重要無形民俗文化財・高千穂の夜神楽の中でも、天岩戸神社に由縁の舞楽として岩戸神楽全33番を、午前9時30分ごろから夜10時ごろまでかけて奉納します。

見どころ

古代銀杏

西本宮拝殿の横に立つ、古代銀杏は長野県諏訪と2ヶ所しかないと言われており特異な葉・実の形をしています。この銀杏の実を陛下の御料として御指定になり献納したこともあるそうです。

宮崎県南屈指の社

鵜戸神宮《うどじんぐう》

鵜戸神宮は、地元では親しみを込めて「鵜戸さん」と愛称され、日南海岸国定公園の風光明媚な地、日南市鵜戸の日向灘に面した自然の神秘な洞窟の中にご鎮座しています。この洞窟は、およそ1000平方メートル（約300坪）ほどの広さがあります。

海洋信仰の聖地で、社伝によれば、本殿の鎮座する岩窟は豊玉姫が主祭神を産むために産屋が建てられた場所とされています。生まれたのが、神武天皇の父である鵜葺草葺不合命（うがやふきあえずのみこと）です。

鵜戸神宮のご創祀は、第10代崇神天皇の御代と伝えられ、その後第50代桓武天皇の延暦元年には、天台宗の僧と伝える光喜坊快久が、勅命によって当山初代別当となり、神殿を再興し、同時に寺院を建立しました。その後、宗派が真言宗に移り、一時は西の高野とうたわれ、両部神道の一大道場として盛観を極めましたが、明治維新とともに、権現号・寺院を廃して鵜戸神社となり、明治7年に鵜戸神宮となりました。

社殿は、本殿・幣殿・拝殿が一体となった権現造（八棟造）で、極彩色を施され、美しく必見です。平成29年に10月に、鵜戸神宮一帯が国の名勝「鵜戸」に指定されました。

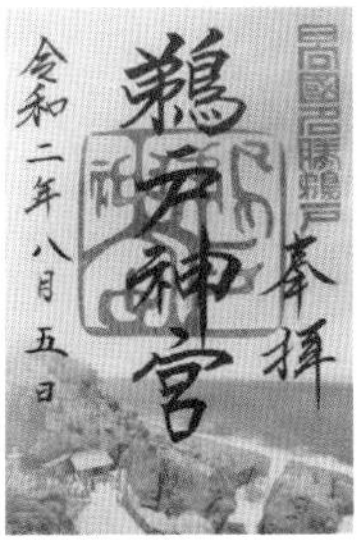

旧社格	官幣大社
祭　神	鵜葺草葺不合命
例　祭	2月1日
URL	http://www.udojingu.com
住　所	〒887-0101　宮崎県日南市大字宮浦3232 電話　0987-29-1001　FAX　0987-29-1003

見どころ

霊石亀石

本殿前にある霊石で、豊玉姫が海神宮から来訪する際に乗った亀が石と化したものと伝えられています。石には枡形の穴があり、男性は左手、女性は右手で願いを込めた「運玉」を投げ入れることで願いがかなうと言われています。

主な祭典

例祭

2月1日

鵜戸神宮にとってとくに縁のある日で、一年で一番重要な祭典は2月1日に行われ、祭典前には福岡藩伝柳生新影流の奉納があります。皇室の弥栄と国民を始め氏子崇敬者の安泰を祈るお祭りです。

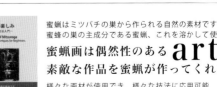

日向国一の宮

都農神社《つのじんじゃ》

都農神社のご創建は、御即位6年前の神武天皇が宮崎の宮を発し東遷の折、この地に立ち寄り、国土平安、海上平穏、武運長久を祈念し祭神を祀ったこととされています。皇室の尊崇篤く、歴代天皇よりたびたび神階を授けられ、『延喜式神名帳』にも記載されています。

因幡の素兎の神話で有名な大己貴命（おおなむちのみこと／別名：大国主命）をおまつりし、病気平癒をはじめ、縁結び・子孫繁栄・家内安全・商売繁昌などのご利益があるとして、県内外からの篤い信仰を集めています。

旧記によれば、日向国の第一の大社でしたが、天正年間の大友・島津の争乱の際、御神体は避難されたものの、社殿・宝物・古文書などすべて焼失し、小さな祠があるのみの状態となりました。

その後、秋月藩主・秋月種政が元禄5年に復興し、安政6年に再建され、明治4年5月に県内最初の国幣社に列せられました。現在の御社殿は、旧社殿の老朽化に伴い、平成14年より「平成の大造営」と銘打って氏子崇敬者の協力により、平成19年7月に竣工したものです。

冬祭に奉納される都農神楽は「日向高鍋神楽の由来」に立居振舞が高尚優美、勇壮活発であることから奈良時代に宮中での御前演奏により栄誉ある賞を賜ったと記されています。

旧社格	式内社（小社）・国幣小社
祭神	大己貴命
例祭	12月5日
URL	http://w01.tp1.jp/~sr09697901/
住所	〒889-1201 宮崎県児湯郡都農町大字川北 13294 電話 0983-25-3256 FAX 0983-25-0617

九州

主な祭典

夏祭・冬祭

8月1日～2日、12月4日～5日

夏祭の起源は神功皇后が新羅遠征の折、御祭神を御船に招請された旧事によるものです。現在でも県内外において勇壮で盛大なお祭りであり、その中でも2日のお宮入りは特に圧巻です。

冬祭は、氏子繁栄と家内安全を祈るお祭りです。前夜祭・例大祭ともに大神様の御神徳に預かろうと多くの参拝者が訪れ、露店も立ち並び賑わいます。

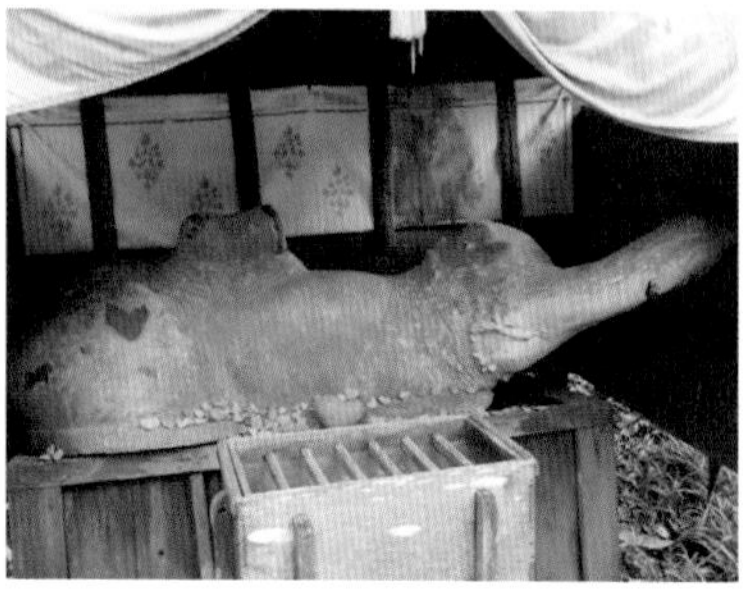

見どころ

神象

夫婦楠の双幹から生まれた象です。撫でると、縁結び・子宝等のご利益があります。「神の使いの象さん」として篤い信仰を集めています。不思議なことにこの象は、ハートマークが浮き出ています。

薩摩国一の宮

枚聞神社

ひらききじんじゃ

地元で「薩摩富士」と呼ばれる開聞岳の麓に鎮座する枚聞神社。創始は神代と伝えられていますが、社伝でも詳細は不明です。元々は開聞岳をご神体とする山岳信仰に根ざした神社であったと考えられています。

薩摩半島の南端にそびえる開聞岳は「日本百名山」のひとつで、整った山頂となだらかな稜線が富士山にそっくりです。周囲には高い山がないため、近隣のどこにいても見ることができ、地元のシンボル「薩摩富士」として親しまれています。

枚聞神社は、地方開拓の祖神として代々朝廷の尊崇も厚く、度々奉幣があった。『三代実録』、『延喜式』等に所載しています。

参道を進むと、朱の両部鳥居があり、鳥居の奥の社殿中央に勅使殿、左右には羽を広げるように西長庁、東長庁。朱漆塗り極彩色が目をみはる美しさです。勅使殿の後ろには拝殿、幣殿、御本殿が並んでいます。木々の緑に朱塗りの社殿がよく映え、御本殿を参拝すると開聞岳の頂上が真正面にあります。

境内の宝物殿には、別名「玉手箱」とも言われる、国の重要文化財「松梅蒔絵櫛笥（まつうめまきえくしげ）」が収蔵されています。

©ふらり寺社めぐり

旧社格　式内社（小社）・国幣小社
祭　神　大日孁貴命（天照大御神の別称）
例　祭　10月15日
住　所　891-0603　鹿児島県指宿市開聞十町 1366
電話　0993-32-2007　FAX　0993-32-2007

主な祭典

ほぜ祭　10月14日〜16日

枚聞神社の例大祭である「ほぜ祭」は、10月14日から16日までの3日間多彩に繰り広げられます。14日の夜は開聞太鼓、青年団による伝統の神舞が奉納されます。本来、舞は33番の構成で一晩中舞われていましたが、現在は南方の舞・剣の舞・中央の舞・浦安の鈴と扇の舞・天鈿女命の舞等が演じられています。

見どころ

勅使殿

勅使殿は、天皇より幣帛を授かった勅使を迎える、勅使門が変形したものと伝えられる、鹿児島地方独特の建物です。日本の建築美を感じさせる、整った佇まいに心身がひきしまります。

九州

鹿児島の総氏神様

照國神社

てるくにじんじゃ

文化６（１８０９）年、島津斉興の長男として生まれた齊彬公は、学問を好み、特に母である賢章院からは、人としての道を厳しく教えられたと言われています。また若い頃から多くの優れた人物と交わり、43歳で藩主になってからは、出身地や家柄にとらわれず優秀な人材を育て、彼らの登用にも力を発揮しました。西郷隆盛もその一人であり、齊彬公のことを「お天道様（太陽）のような方だった」と語っています。

西洋の文化や事情に大変関心を持っていた齊彬公は、アジアの大国・清国（中国）がアヘン戦争でイギリスに敗れたことから、西欧諸国の植民地政策を恐れ、早くから日本を西欧諸国と同じように強く豊な国にしたいと考えていました。そこで藩主就任と同時に、集成館を中核とした富国強兵・殖産興業政策を推進しました。反射炉設置、大砲製造、蒸気船建造、洋式紡績工場開設、日章旗制定等、齊彬公の取り組んだ事業はあらゆる分野にわたりました。

藩内のみならず日本国にとっても広く大きく数々の業績を残され、生前の御遺徳を慕い崇敬の念を寄せる万民の願いにより神社設立の運動が起ります。そして、文久３（１８６３）年５月11日勅命によって「照國大明神」の神号が授与され照國神社が創建されました。

鹿児島の総氏神様として崇敬を集め、祭典は多くの参拝者で賑わいます。

九州

旧社格　別格官幣社
祭　神　照國大明神（島津家 28 代当主 11 代藩主島津齊彬）
例　祭　10 月 28 日
URL　http://www.terukunijinja.jp
住　所　〒 892-0841　鹿児島市照国町 19-35
電話　099-222-1820　FAX　099-226-6650

見どころ
照國文庫資料館

敬神の念篤く、尊皇尽忠を基として、学問を奨励し、身分にかかわらず有能な人材を養成されたため、西郷隆盛、大久保利通等、幾多の人材が輩出し、明治維新大業の原動力となられた齊彬公の偉大な御事績は後世まで語り継ぐべきものです。

主な祭典
例祭
10月28日

1年で最も重要な祭で、ご祭神の誕生日9月28日を新暦にし、ご祭神のご神徳を称え、ご神恩に感謝し、氏子・崇敬者・鹿児島市民の平安と弥栄を祈念する祭です。

薩摩国一の宮

新田神社《にったじんじゃ》

創建は神亀２（７２５）年と伝えられるが詳細は不明です。社殿は３２２段の石段を上がった高さ約70メートルの神亀山山頂に鎮座します。現在の社殿は、慶長７（１６０２）年に島津義久が改築、嘉永３（１８５０）年に島津齊興が拝殿・勅使殿以外の建物を改築したものです。

かつて新田神社には社殿がなく、「瓊瓊杵尊（ににぎのみこと）」の陵墓が造られた神亀山そのものが神社であったとも伝えられています。「新田」の名は、瓊瓊杵尊が川内川より水を引いて新しく水田をつくったことに由来するのだそうです。

また、かつては八幡五所別宮のひとつとして八幡神を祀っていたため、別に「新田八幡宮」「八幡新田宮」「川内八幡宮」「一宮八幡」等とも呼ばれます。「藤原純友の乱の時、国家鎮護を祈願し建てた八幡宮の一つ」とする史料もあります。

御本殿の奥に、瓊瓊杵尊の陵墓とされる可愛山陵（えのみささぎ）があります。初代天皇である神武天皇は瓊瓊杵尊の曾孫にあたり、神武天皇に至るまでの三代には、それぞれに陵墓があり、これらは神代三山陵と呼ばれています。

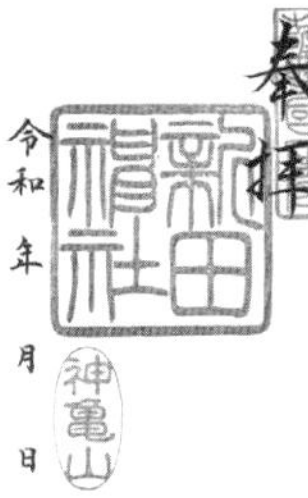

旧社格	国幣中社
祭　神	天津日高彦火瓊瓊杵尊
例　祭	9月15日
URL	https://www.nitta-jinja.or.jp
住　所	〒895-0065　鹿児島県薩摩川内市宮内町1935-2
	電話　0996-22-4722　FAX　0996-22-4799

主な祭典

例祭
9月15日

例祭は9月15日。入梅の前の日曜日（6月10日頃）には御田植祭もあり、倉野地区及び宮内地区の住民による県無形民俗文化財の「奴振り踊り」が奉納されます。（左の写真は御田植祭）

見どころ

可愛山陵（えのみささぎ）

瓊瓊杵尊の御陵と伝えられる場所で、神亀山の5分の4が御陵の敷地になります。ここは宮内庁が管理しています。近くには大樟もそびえ、厳粛な雰囲気あふれる場所です。

南九州最大の神宮

霧島神宮《きりしまじんぐう》

霧島神宮は社伝によると、天照大御神の神勅によって日向の襲（そ）の高千穂峯に天降った瓊瓊杵尊が国土を開拓し皇基をたてたことから、遠い神代の古より縁ある霊峰高千穂峰に鎮座したと伝えられています。

創建は、欽明天皇の御代（５４０年）、高千穂峰と御鉢「噴火口」の中間の脊門丘（せとお）に社殿が造られたのが始まりとされています。初めは高千穂峰の山頂近くにありましたが、噴火によりたびたび火災にあい、次にその西の中腹、高千穂河原へ移り、１４８４年に今の場所へ移って来ました。

現在の霧島神宮の社殿は１７１５年に島津藩主の島津吉貴が建立したものです。絢爛たる朱塗の本殿、拝殿、勅使殿の配置は妙を得て輪奐の美をなしています。

霧島神宮を中心とした周辺には色々な不思議な現象が起こると言われ、人々はこれを「霧島七不思議」と呼んでいます。霧島の山中や竹やぶに自然の陸稲が生えることがあるという蒔かずの種、文字岩、霧島神宮の旧参道の中ほどにあるカメにそっくりの自然石「亀石」、旧参道にある「風穴」、霧島神宮の西方２５０ｍほどの下の岩穴から湧き出る御手洗川、両度川、深夜に神楽のような音色が聞こえてくるといわれる「夜中の神楽」の７つです。

また、坂本龍馬が日本人としてはじめて新婚旅行に訪れた場所でもあります。

旧社格	式内社（小社論社）・官幣大社
祭　神	天饒石国饒石天津日高彦火瓊瓊杵尊
例　祭	9月19日
URL	www.kirishimajingu.or.jp
住　所	〒899-4201 鹿児島県霧島市霧島田口 2608-5 電話　0995-57-0001　FAX　0995-57-1990

主な祭典

例祭・夕御饌祭

9月19日

御祭神にゆかりある9月19日に斎行される例祭は神宮の神事の中で最も盛大で重要な大祭です。雅な舞の奉納も行われます。

見どころ

ご神木の杉

樹齢およそ８００年、樹高約40メートルの巨大な老杉で、南九州の杉の祖先ともいわれています。高さ8メートルほどの場所に「烏帽子を冠り、手を合わせた神宮の姿」が見えます。パワースポットとしてもたいへん有名です。

九州

大隅国一の宮

鹿児島神宮《かごしまじんぐう》

大隅国一の宮・鹿児島神宮は鹿児島県霧島市に鎮座する古社です。創立年代は明らかではありませんが、平安時代の『延喜式神名帳』には「大隅国桑原郡一座　鹿児島神社　大」と記されています。南九州の唯一の大社でした。

©撮影・村上彰（一の宮巡拝会）

社伝によると、神武天皇の祖父にあたる「山幸彦」、彦火火出見尊（ひこほほでみのみこと）が住んでおられた皇居（高千穂宮）を廟としてお祀りしたことが、鹿児島神宮のはじまりと伝えられています。

現在の地へ遷ってきたのは養老年間で、それ以前は石體神社（せきたいじんじゃ）があるところに鎮座していました。その頃、隼人の反乱があり、それを鎮めたのが八幡神だと言われています。このことから人々から「八幡様」と慕われ、「正八幡」とも呼ばれています。

明治天皇が『教育勅語』の中で語られた「我カ皇祖皇宗」の神というのも、霧島神宮、鹿児島神宮、鵜戸神宮の三社の神々であるとも言われ、非常に重きをおかれていたことが伺われます。

豊かな森の中に、朱色の社殿が美しく調和しています。漆塗りの社殿は宝暦6（1756）年、島津重年公により再建され、本殿は木造建築では県内一の広さです。

旧社格	式内社（大社）・官幣大社
祭　神	彦火火出見尊・豊玉比売命
例　祭	旧暦8月15日
住　所	〒899-5116　鹿児島県霧島市隼人町内2496-1 電話　0995-42-0020　FAX　0995-43-7797

主な祭典

初午祭（はつうまさい）
旧暦1月18日後の日曜日
（2月下旬頃）

御神馬を先頭に鈴かけ馬が踊る「初午祭（はつうまさい）」は全国的にも有名で、例年10万人以上の観光客が集まります。初午祭の由来は室町時代に当時の領主であった島津貴久公が、鹿児島神宮の改築工事を監督していた折、宮内で就寝していた時に見た夢がきっかけになったと言われています。

見どころ

独特な味わい

鹿児島神宮の社殿は特別な作りになっており、本殿・拝殿・勅使殿が一直線に並び、そこから真っ直ぐ行ったところに、彦火火出見尊の高屋山上陵があります。本殿と同時に、このお墓もお参りするようなつくりになっているのです。御社殿には正面だけでなく、裏にも扉があって、この扉を開けることで高屋山上陵に通じています。本殿と拝殿の天井画も鮮やかです。

琉球国一の宮

波上宮《なみのうえぐう》

© ぶらり寺社めぐり

紺碧の海を見渡す巨岩の上に鎮座する波上宮。美しい朱色の社殿と、狛犬ではなく一対のシーサーが沖縄独特の雰囲気を境内いっぱいに醸し出しています。周囲を美しい海に囲まれ、同市内には首里城、識名園など歴史的に重要な場所がたくさんあります。

創建の年代は不詳ですが、社伝によれば遥か昔、人々が海の彼方の海神の国（にらいかない）の神々に豊穣や平穏を祈った聖地が、波上宮の鎮座する波の上の断崖であり、拝所として日々の祈りを捧げたのに始まるとされています。波上宮の御鎮座伝説には、「吾は熊野権現也この地に社を建てまつれ、然らば国家を鎮護すべし」と神託があったと伝えられています。

豊漁・豊穣の神として、琉球国の信仰を寄せていた神社です。「琉球八社」と呼ばれる八つの神社の中でも最上位に位置し、身近な神社として地元の人々に古くから慕われてきました。

波上宮では立派なお社だけでなく、本殿のさらに奥には琉球古来の信仰の場である拝所も残されており、ここは毎年6月30日の夏越大祓に開放されています。

参拝の際にはぜひ、何百年もの間、この地で多くの人々が祈りを捧げてきた聖地のエネルギーを体感してください。

旧社格	官幣小社
祭　神	伊弉冊尊・速玉男尊・事解男尊
例　祭	5月17日
URL	http://naminouegu.jp/saiten.html
住　所	〒900-0013　沖縄県那覇市若狭 1-25-11 電話　098-868-3697　FAX　098-868-4219

主な祭典

なんみん祭

5月17日

官幣小社列格、御鎮座告祭式の日である5月17日の例大祭とその前後には神幸祭、沖縄角力大会、琉球舞踊、演舞大会、のど自慢大会、ビーチ綱引きなど、様々な催し物が行われます。古くから県民に親しまれているお祭りです。

見どころ

沖縄独特な味わい

神社仏閣とは趣が異なり、境内には沖縄独特の雰囲気が漂います。本殿の両側には狛犬ではなくシーサーが見守り、本殿には赤瓦が使われ、屋根も柱も、みな朱色で独特の佇まいです。参道は沖縄らしい木々に囲まれ、鎮守の杜にはヤシの木が生い茂っています。

九州

沖縄県中部最大の聖地

普天満宮《ふてんまぐう》

© ぶらり寺社めぐり

普天満宮は、沖縄県宜野湾市普天間にあり、同県中部最大の聖地として多くの参拝者が集まる、人々の暮らしに根付いた神社です。普天満権現、普天満神宮とも呼ばれ、歴史ある琉球八社のひとつです。

創建は古く、普天満の洞窟に琉球古神道神を祀ったことに始まり、琉球王の尚金福王から尚泰久王の頃（15世紀中頃）には熊野権現を合祀したと伝えられています。現存する記録では『普天満権現』碑（1590年）があり、『琉球神道記』（1605年）『琉球国由来記』（1713年）『琉球国旧記』（1731年）には普天満宮の記載があります。

縁起伝承には、首里桃原に女神が現れ、後に普天満宮の洞窟に籠られたという普天満宮女神の伝承と、またさらにその後、洞窟から仙人が現れ「我は熊野権現なり」と御神威を示されたという普天満宮仙人の伝承があります。

御祭神は、琉球古神道神の日の神、竜宮神（ニライカナイ神）、普天満女神（グジー神）、天神・地神・海神。熊野権現の伊弉冉尊（いざなみのみこと）、速玉男命（はやたまをのみこと）、事解男命（ことさかをのみこと）、天照大御神（あまてらすおほみかみ）、家都御子神（けつみこのかみ）です。航海安全、豊漁、五穀豊穣の神様として、身近には交通安全、縁結び、安産、初宮参り、建築関係諸祈願、商売繁昌、学業成就祈願など、諸願成就の神様として信仰されています。

普天満宮のご神体は第二次大戦中、一時、糸満に避難、戦後旧具志川村田場へ遷座しましたが、昭和24（1949）年に米軍より境内地が解放されると本殿に遷座し、現在の社殿は平成16（2004）年に再建されました。

旧社格	琉球八社
祭　神	熊野三神（伊弉冉尊・速玉男命・事解男命）・天照大御神・家都御子神・琉球古神道神（日の神・竜宮神・普天間女神）
例　祭	旧暦9月15日
URL	http://futenmagu.or.jp
住　所	〒901-2202 沖縄県宜野湾市普天間1-27-10 電話　098-892-3344　Fax　098-892-0994

主な祭典

普天満宮例大祭

旧暦9月15日

毎年、新暦旧暦合わせて76回もの恒例祭典が行われる普天満宮のもっとも重要な例大祭は琉球国王の参詣があったことから旧暦9月15日に毎年行われています。祭りは、祭典に続き、琉球舞踊、神楽舞（初穂）、獅子舞などの演舞が神前奉納されます。

見どころ

普天満宮洞穴

普天満宮洞穴は全長280メートルの鍾乳洞で、大きな広場が三ヶ所あり、その一つは奥宮になっています。約2万年前の琉球鹿、猪などの化石も発見され、宜野湾市文化財「名勝」にも指定されています。公開されていますが、入り口部分の50メートルほどで、この部分はライトアップされています。ただし、奥宮には許可がなければ入れません。

ヨーロッパで唯一の神社

サンマリノ神社

Santuario di San Marino

イタリア半島の中東部、イタリアに囲まれた地に世界最古の共和国、サンマリノ共和国があります。東京の山手線の内側とほぼ同じ面積で約3万3000人の人口の国です。その首都・サンマリノに2014年6月21日にヨーロッパ最初の神社、サンマリノ神社が創設されました。日本サンマリノ友好協会の発案で、サンマリノ駐日大使マンリオ・カデロ閣下が、神社本庁、外務省、宮内庁、の協力を得て、2011年に起きた東日本大震災による数多くの犠牲者を追悼するために建立された神社です。

カトリックの聖人「聖マリヌス」を意味するサンマリノという名を持つ、カトリック信仰の国で、なぜ神社が創建されたのか疑問をもつ方もあるでしょう。それはサンマリノ神社からのメッセージを見ると理解ができます。

「神道は、宗教と定義するだけの要素である創始者や教義や経典がありません。神道とは、日本で2600年ほど前に生まれた哲学で、太陽、水、風、山、木、植物、その他あらゆる自然を形成する現象を崇拝することから始まったものです。祝詞（神道の祈り言葉）の中では、永遠の自然を賛美しており、これを〈カミ〉と呼んでいます。…神道は、平和的でどのような宗教の信者にも開かれています。神道は世界でも新しいエコロジー宗教で、従来の意味での宗教とは異なるので、他の宗教と矛盾することはありません」

こうして、ヨーロッパで初めての神社が創設されました。祭事も定期的に行われ、神道の精神がヨーロッパの人々に伝りつつあります。

祭　神　天照皇大神
例　祭　6月下旬
URL　https://www.sanmarinojinja.com/ja/
住　所　47895 Serravalle, San Marino
電話　+39 0549 997298

主な祭典

サンマリノ神社まつり
6月下旬

2016年より始められた「サンマリノ神社まつり」は、日本、サンマリノ両国間の大切な年中行事となり、茶道、琴、着付け、盆踊りといった日本の古典文化をサンマリノに紹介する他、写真展なども行われてきました。来場客数は1万人を超えるまでに増え、毎回盛大に行われています。

見どころ

「本殿」

サンマリノ神社の本殿は決して大きくありませんが、本格的な神明造の本殿は、日本から取り寄せて建立されました。ブドウ畑に囲まれた地中海の風景の中に、鳥居も灯籠も狛犬も本殿も整然と配置されています。日本とは異なる風景の中で、神社が鎮座する姿は世界に広がる神道の未来を示しているようです。

神社庁一覧

各都道府県には神社本庁の地方機関として神社庁を置き、神社の振興をはかるための業務をおこなっています。氏神様、産土様等の神社に関するお問い合わせは各県の神社庁へおよせください。

神社本庁　〒151-0053　東京都渋谷区代々木1-1-2　03-3379-8011（代）

滋賀県神社庁
〒520-0035　大津市小関町3-26　077(524)2753
京都府神社庁
〒616-0022　京都市西京区嵐山朝月町68-8　075(863)6677
大阪府神社庁
〒541-0056　大阪市中央区久太郎町4丁目渡辺6　06(6245)5741
兵庫県神社庁
〒650-0015　神戸市中央区多聞通3-1-1　078(341)1145
奈良県神社庁
〒634-0063　橿原市久米町934　0744(22)4731
和歌山県神社庁
〒641-0022　和歌山市和歌浦南3-4-10　073(446)5611
鳥取県神社庁
〒680-0015　鳥取市上町87　0857(24)7699
島根県神社庁
〒699-0701　出雲市大社町杵築東286　0853(53)2149
岡山県神社庁
〒703-8272　岡山市中区奥市3-22　086(270)2122
広島県神社庁
〒732-0057　広島市東区二葉の里2-1-1-2　082(261)0563
山口県神社庁
〒753-0091　山口市天花1-1-3　083(922)0506
徳島県神社庁
〒770-8007　徳島市新浜本町2-3-61　088(663)5102
香川県神社庁
〒760-0005　髙松市宮脇町1-30-3　087(831)2775
愛媛県神社庁
〒791-0301　東温市南方1954-2　089(966)6640
高知県神社庁
〒780-0065　高知市塩田町19-33　088(823)4304
福岡県神社庁
〒812-0055　福岡市東区東浜1-5-88　092(641)3505
佐賀県神社庁
〒840-0843　佐賀市川原町8-27　0952(23)2616
長崎県神社庁
〒850-0006　長崎市上西山町19-3　095(827)5689
熊本県神社庁
〒860-0005　熊本市宮内3-1　096(322)7474
大分県神社庁
〒870-0031　大分市勢家町4-6-72　097(532)2784
宮崎県神社庁
〒880-0053　宮崎市神宮2-4-2　0985(25)1775
鹿児島県神社庁
〒892-0841　鹿児島市照国町19-20　099(223)0061
沖縄県神社庁
〒900-0031　那覇市若狭1-25-11 波上宮内　098(868)3697

北海道神社庁
〒064-0959　札幌市中央区宮ヶ丘474-35　011(621)0769
青森県神社庁
〒038-0024　青森市浪館前田1-2-1　017(781)9461
岩手県神社庁
〒020-0872　盛岡市八幡町13-2　019(622)8648
宮城県神社庁
〒980-0014　仙台市青葉区本町1-9-8　022(222)6663
秋田県神社庁
〒010-1427　秋田市仁井田新田2-15-26　018(892)7932
山形県神社庁
〒990-0053　山形市薬師町2-8-75　023(622)4509
福島県神社庁
〒963-8034　郡山市島1-10-20　024(925)0457
茨城県神社庁
〒319-0316　水戸市三湯町1108-300　029(257)0111
栃木県神社庁
〒320-0015　宇都宮市八幡台14-24　028(625)2011
群馬県神社庁
〒370-0861　高崎市八千代町2-4-26　027(326)2274
埼玉県神社庁
〒330-0803　さいたま市大宮区高鼻町1-407　048(643)3542
千葉県神社庁
〒260-0844　千葉市中央区都町1117-23　043(310)7166
東京都神社庁
〒107-0051　港区元赤坂2-2-3　03(3404)6525
神奈川県神社庁
〒235-0019　横浜市磯子区磯子台20-1　045(761)6387
新潟県神社庁
〒955-0042　三条市下坂井14-21　0256(32)0613
富山県神社庁
〒930-0088　富山市諏訪川原1-10-21　076(432)7390
石川県神社庁
〒920-0811　金沢市小坂町西44　076(252)7771
福井県神社庁
〒918-8014　福井市花堂中1-3-28　0776(34)5846
山梨県神社庁
〒400-0013　甲府市岩窪町572　055(288)0003
長野県神社庁
〒380-0801　長野市箱清水1-6-1　026(232)3355
岐阜県神社庁
〒500-8384　岐阜市藪田南3-8-24　058(273)3525
静岡県神社庁
〒420-0821　静岡市葵区柚木250-2　054(261)9030
愛知県神社庁
〒456-0031　名古屋市熱田区神宮1-1-1　052(682)8041
三重県神社庁
〒514-0005　津市鳥居町210-2　059(226)8042

神社名	〒	住所	掲載頁
広島県			
広島護国神社	730-0011	広島県広島市中区基町 21-2	
白神社	730-0037	広島県広島市中区中町 7 番 24 号	
比治山神社	732-0817	広島県広島市南区比治山町 5-10	
亀山神社	737-0022	広島県呉市清水 1-9-36	
速谷神社	738-0026	広島県廿日市市 308-1	
嚴島神社	739-0588	広島県廿日市市宮島町 1-1	256
杉森神社	739-2201	広島県東広島市河内町中河内 375-3	
山口県			
防府天満宮	747-0029	山口県防府市松崎町 14-1	
玉祖神社	747-0065	山口県防府市 大崎 1690	257
赤間神宮	750-0003	山口県下関市阿弥陀寺町 4-1	
亀山八幡宮	750-0004	山口県下関市中之町 1-1	
住吉神社	751-0805	山口県下関市一の宮住吉 1-11-1	258
忌宮神社	752-0967	山口県下関市長府宮の内町 1-18	
山口県護国神社	753-0015	山口県山口市平野 2-2-1	
豊榮神社	753-0091	山口県山口市天花 1-1-1	
野田神社	753-0091	山口県山口市天花 1-1-2	
琴崎八幡宮	755-0091	山口県宇部市大字上宇部大小路 571	
徳島県			
忌部神社	770-0928	徳島県徳島市二軒屋町 2 -48	
津峯神社	774-0021	徳島県阿南市津乃峰町東分 343	
大麻比古神社	779-0230	徳島県鳴門市大麻町板東広塚 13	259
天村雲神社	779-3405	徳島県吉野川市山川町村雲 133	
伊射奈美神社	779-3600	徳島県美馬市美馬町中鳥 589	260
香川県			
金刀比羅宮（金毘羅宮）	760-8501	香川県仲多度郡 琴平町 892-1	261
田村神社	761-8084	香川県高松市一宮町 286	262
神谷神社	762-0018	香川県坂出市神谷町 550-2	
津嶋神社	767-0031	香川県三豊市三野町大見甲 6816-2	
大水上神社	767-0022	香川県三豊市高瀬町羽方 2136-1	
白鳥神社	769-2702	香川県東かがわ市松原 69	
愛媛県			
愛媛縣護國神社	790-0824	愛媛県松山市御幸 1 -476	
伊豫豆比古命神社	790-0934	愛媛県松山市居相 2-2-1	263
伊曽乃神社	793-0054	愛媛県西条市中野甲 1649	
石鎚神社	793-8555	愛媛県西条市西田甲 797	
大山祇神社	794-1304	愛媛県今治市大三島町宮浦 3327	264
和霊神社	798-0012	愛媛県宇和島市和霊町 1451	
高知県			
天満宮（潮江天満宮）	780-8012	高知県高知市天神町 19-20	
山内神社	780-8074	高知県高知市鷹匠町 2-4-65	
小村神社	781-2151	高知県高岡郡日高村下分 1794	
高知県護国神社	781-8126	高知県高知市吸江 213	
土佐神社	781-8131	高知県高知市一宮しなね 2-16-1	265
福岡県			
甲宗八幡神社	801-0854	福岡県北九州市門司区旧門司 1-7-18	
和布刈神社	801-0855	福岡県北九州市門司区門司 3492	266
飛幡八幡宮	804-0062	福岡県北九州市戸畑区浅生 2-2-2	
若松恵比須神社	808-0024	福岡県北九州市若松区浜町 1-2-37	
福岡縣護國神社	810-0044	福岡県福岡市中央区六本松 1-1-1	
光雲神社	810-0061	福岡県福岡市中央区西公園 13-1	
志賀海神社	811-0323	福岡県福岡市東区志賀島 877	267
宇美八幡宮	811-2101	福岡県糟屋郡宇美町宇美 1-1-1	
宮地嶽神社	811-3309	福岡県福津市 宮司元町 7-1	
宗像大社	811-3505	福岡県宗像市田島 2331	268
住吉神社	812-0018	福岡県福岡市博多区住吉 3-1-51	269
櫛田神社	812-0026	福岡県福岡市 博多区上川端町 1-41	
十日恵比須神社	812-0045	福岡県福岡市博多区 東公園 7-1	
筥崎宮	812-0053	福岡県福岡市東区箱崎 1-22-1	270
香椎宮	813-0011	福岡県福岡市東区香椎 4-16-1	271
竈門神社	818-0115	福岡県太宰府市内山 883	

神社名	〒	住所	掲載頁
福岡県			
太宰府天満宮	818-0117	福岡県太宰府市 宰府 4-7-1	272
鷲尾愛宕神社	819-0015	福岡県福岡市西区愛宕 2-7-1	
曩祖八幡宮	820-0069	福岡県飯塚市宮町 2-3	
英彦山神宮	824-0721	福岡県田川郡添田町大字英彦山 1	273
大富神社	828-0011	福岡県豊前市四郎丸 256	
水天宮	830-0025	福岡県久留米市瀬下町 265-1	274
風浪宮	831-0016	福岡県大川市酒見 726-1	
高良大社	839-0851	福岡県久留米市御井町 1	275
佐賀県			
與止日女神社	840-0214	佐賀県佐賀市大和町大字川上 1-1	276
佐嘉神社	840-0831	佐賀県佐賀市松原 2-10-43	
佐賀縣護國神社	840-0843	佐賀県佐賀市川原町 8-15	
唐津神社	847-0013	佐賀県唐津市南城内 3-13	
田島神社	847-0305	佐賀県唐津市呼子町加部島 3965-1	
千栗八幡宮	849-0111	佐賀県三養基郡みやき町大字白壁千栗 2403	277
祐徳稲荷神社	849-1321	佐賀県鹿島市古枝 1855	278
長崎県			
諏訪神社	850-0006	長崎県長崎市上西山町 18-15	
天手長男神社	811-5117	長崎県壱岐市郷ノ浦町田中触 730	279
海神神社	817-1303	長崎県対馬市峰町木坂 247	280
長崎県護国神社	852-8034	長崎県長崎市城栄町 41-67	
住吉神社	852-8154	長崎県長崎市住吉町 13 - 6	
亀山八幡宮	857-0028	長崎県佐世保市八幡町 3-3	
熊本県			
熊本県護国神社	860-0005	熊本県熊本市宮内 3-1	
高橋稲荷神社	860-0068	熊本県熊本市西区上代 9-6-20	
藤崎八旛宮	860-0841	熊本県熊本市中央区井川淵町 3-1	
菊池神社	861-1331	熊本県菊池市隈府 1257	
甲佐神社	861-4631	熊本県上益城郡甲佐町大字上揚 882	
八代宮	866-0862	熊本県八代市松江城町 7-34	
青井阿蘇神社	868-0005	熊本県人吉市上青井町 118	
阿蘇神社	869-2612	熊本県阿蘇市一の宮町宮地 3083-1	281
大分県			
春日神社	870-0031	大分県大分市勢家町 4-6-87	
柞原八幡宮	870-0808	大分県大分市大字八幡上八幡 987	282
大分縣護國神社	870-0925	大分県大分市牧 1371	
西寒多神社	870-1123	大分県大分市 寒田 1644	283
宇佐神宮	872-0102	大分県宇佐市南宇佐 2859	284
八幡朝見神社	874-0812	大分県別府市朝見 2-15-19	
宮崎県			
宮崎神宮	880-0053	宮崎県宮崎市神宮 2-4-1	
都萬神社	881-0033	宮崎県西都市妻 1	
高千穂神社	882-1101	宮崎県西臼杵郡 高千穂町大字三田井 1037	285
天岩戸神社	882-1621	宮崎県西臼杵郡 高千穂町岩戸 1073-1	286
神柱宮	885-0025	宮崎県都城市前田町 1417-1	
鵜戸神宮	887-0101	宮崎県日南市宮浦 3232	287
都農神社	889-1201	宮崎県児湯郡都農町大字川北 13294	288
青島神社	889-2162	宮崎県宮崎市 青島 2-13-1	
狭野神社	889-4414	宮崎県西諸県郡 高原町蒲牟田 117	
鹿児島県			
鹿児島県護國神社	890-0014	鹿児島県鹿児島市草牟田 2-60-7	
枚聞神社	891-0603	鹿児島県指宿市開聞十町 1366	289
照國神社	892-0841	鹿児島県鹿児島市照国町 19-35	290
新田神社	895-0065	鹿児島県薩摩川内市宮内町 1935-2	291
霧島神宮	899-4201	鹿児島県霧島市霧島田口 2608-5	292
鹿児島神宮	899-5116	鹿児島県霧島市 隼人町内 2496-1	293
沖縄県			
波上宮	900-0031	沖縄県那覇市若狭 1-25-11	294
普天満宮	901-2202	沖縄県宜野湾市普天間 1-27-10	295
サンマリノ共和国			
サンマリノ神社		47895 Serravalle,SanMarino	296

神社名	〒	住所	掲載頁
京都府			
梅宮大社	615-0921	京都府京都市右京区梅津フケノ川町 30	
愛宕神社	616-8458	京都府京都市右京区嵯峨愛宕町 1	
出雲大神宮	621-0002	京都府亀岡市千歳町千歳出雲無番地	199
元伊勢籠神社	629-2242	京都府宮津市 字大垣 430	200
大阪府			
大阪天満宮	530-0041	大阪府大阪市北区天神橋 2-1-8	201
今福 皇大神宮	536-0003	大阪府大阪市城東区今福南 2-12-31	
若宮八幡大神宮	536-0016	大阪府大阪市城東区蒲生 4-3-16	202
坐摩神社	541-0056	大阪府大阪市中央区久太郎町 4 丁目渡辺 3	203
阿部野神社	545-0035	大阪府大阪市阿倍野区北畠 3-7-20	
杭全神社	547-0046	大阪府大阪市平野区平野宮町 2 丁目 1 番 67 号	
高津宮	542-0072	大阪府大阪市中央区高津 1-1-29	
生国魂神社	543-0071	大阪府大阪市 天王寺区生玉町 13-9	
阿部野神社	545-0035	大阪府大阪市阿倍野区北畠 3-7-20	
今宮戎神社	556-0003	大阪府大阪市浪速区恵美須西 1-6-10	
住吉大社	558-0045	大阪府大阪市住吉区住吉 2-9-89	204
大阪護國神社	559-0015	大阪府大阪市住之江区南加賀屋 1-1-77	
四條畷神社	575-0021	大阪府四條畷市南野 2-18-1	
瓢箪山稲荷神社	579-8051	大阪府東大阪市瓢箪山町 8-1	205
枚岡神社	579-8033	大阪府東大阪市出雲井町 7-16	206
桜井神社	590-0121	大阪府堺市南区片蔵 645	
大鳥大社	593-8328	大阪府堺市 西区鳳北町 1 丁 1-2	207
泉穴師神社	595-0023	大阪府泉大津市豊中町 1 -1-1	
泉井上神社	594-0071	大阪府和泉市府中町 6-2-38	
水無瀬神宮	618-0011	大阪府三島郡島本町広瀬 3-10-24	
兵庫県			
生田神社	650-0011	兵庫県神戸市 中央区下山手通 1-2-1	208
湊川神社	650-0015	兵庫県神戸市 中央区多聞通 3-1-1	209
長田神社	653-0812	兵庫県神戸市長田区 長田町 3-1-1	210
板宿八幡神社	654-0009	兵庫県神戸市須磨区板宿町 3-15-25	211
海神社	655-0028	兵庫県神戸市垂水区宮本町 5-1	
兵庫縣神戸護國神社	657-0068	兵庫県神戸市灘区篠原北町 4-5-1	
西宮神社	662-0974	兵庫県西宮市社家町 1-17	212
廣田神社	662-0867	兵庫県西宮市大社町 7-7	213
多田神社	666-0127	兵庫県川西市多田院多田所町 1-1	
出石神社	668-0204	兵庫県豊岡市出石町宮内 99	214
粟鹿神社	669-5125	兵庫県朝来市山東町粟鹿 2152	215
大和大国魂神社	656-0422	兵庫県南あわじ市榎列上幡多 857	
伊弉諾神宮	656-1521	兵庫県淡路市多賀 740	216
兵庫縣姫路護國神社	670-0012	兵庫県姫路市本町 118	
射楯兵主神社	670-0015	兵庫県姫路市総社本町 190	
廣峯神社	670-0891	兵庫県姫路市広嶺山 52	
伊和神社	671-4133	兵庫県宍粟市一宮町須行名 407	217
大避神社	678-0172	兵庫県赤穂市 坂越 1299	
赤穂・大石神社	678-0235	兵庫県赤穂市上仮屋 131-7	
奈良県			
春日大社	630-8212	奈良県奈良市春日野町 160	218
奈良県護国神社	630-8424	奈良県奈良市古市町 1984	
石上神宮	632-0014	奈良県天理市布留町 384	219
大和神社	632-0057	奈良県天理市 新泉町 306	220
丹生川上神社	632-2431	奈良県吉野郡東吉野村小 968	
大神神社	633-8538	奈良県桜井市 三輪 1422	221
談山神社	633-0032	奈良県桜井市多武峰 319	222
宇太水分神社	633-2226	奈良県宇陀市菟田野古市場 241	
橿原神宮	634-8550	奈良県橿原市 久米町 934	223
石園座多久虫玉神社	635-0085	奈良県大和高田市片塩町 15-33	
廣瀬神社	636-0051	奈良県北葛城郡 河合町川合 99	
龍田大社	636-0822	奈良県生駒郡三郷町立野南 1-29-1	224
丹生川上神社	632-2431	奈良県吉野郡東吉野村小 968	225
丹生川上神社下社	638-0021	奈良県吉野郡下市町長谷 1-1	226
丹生川上神社上社	639-3553	奈良県吉野郡川上村大字迫 869-1	227

神社名	〒	住所	掲載頁
奈良県			
天河大弁財天社	638-0321	奈良県吉野郡天川村坪内 107	228
葛木御歳神社	639-2262	奈良県御所市東持田 269 番地	
金峯神社	639-3115	奈良県吉野郡吉野町大字吉野山	
吉水神社	639-3115	奈良県吉野郡吉野町吉野山 579	
吉野水分神社	639-3115	奈良県吉野郡吉野町吉野山 1612	
吉野神宮	639-3115	奈良県吉野郡 吉野町吉野山 3226	
玉置神社	647-1582	奈良県吉野郡十津川村玉置川 1	229
和歌山県			
淡嶋神社	640-0103	和歌山県和歌山市加太 118	
伊太祁曽神社	640-0361	和歌山県和歌山市伊太祈曽 558	230
日前神宮・國懸神宮	640-8322	和歌山県和歌山市秋月 365	231
竈山神社	641-0004	和歌山県和歌山市和田 438	
闘雞神社	646-0029	和歌山県田辺市東陽 1-1	
熊野速玉大社	647-0003	和歌山県新宮市 新宮 1 番地	232
丹生官省符神社	648-0151	和歌山県伊都郡 九度山町慈尊院 835	
熊野本宮大社	649-5301	和歌山県田辺市本宮町本宮	233
熊野那智大社	649-5301	和歌山県東牟婁郡 那智勝浦町那智山 1	234
丹生都比売神社	649-7141	和歌山県伊都郡 かつらぎ町上天野 230	235
鳥取県			
宇倍神社	680-0151	鳥取県鳥取市国府町宮下 651	236
粟嶋神社	683-0854	鳥取県米子市彦名町 1405	237
白兎神社	689-0206	鳥取県鳥取市白兎 603	
倭文神社	689-0707	鳥取県東伯郡湯梨浜町大字宮内 754	238
名和神社	689-3212	鳥取県西伯郡大山町名和 556	
大神山神社	689-3514	鳥取県米子市尾高 1025	
金持神社	689-4512	鳥取県日野郡日野町金持 74	
島根県			
由良比女神社	684-0211	島根県隠岐郡西ノ島町浦郷 922	239
水若酢神社	685-0311	島根県隠岐郡隠岐の島町郡 723	240
平濱八幡宮	690-0025	島根県松江市八幡町 303	
神魂神社	690-0033	島根県松江市大庭町 563	
八重垣神社	690-0035	島根県松江市佐草町 227	
佐太神社	690-0331	島根県松江市鹿島町佐陀宮内 73	241
城山稲荷神社	690-0887	島根県松江市殿町 477	
松江護國神社	690-0887	島根県松江市殿町 1-15	
美保神社	690-1501	島根県松江市 美保関町美保関 608	242
熊野大社	690-2104	島根県松江市八雲町熊野 2451	243
須佐神社	693-0503	島根県出雲市佐田町須佐 730	244
物部神社	694-0011	島根県大田市川合町川合 1545	245
多鳩神社	695-0024	島根県江津市二宮町神主 307	
濱田護國神社	697-0027	島根県浜田市殿町 123-10	
出雲大社	699-0701	島根県出雲市大社町杵築東 195	246
日御碕神社	699-0763	島根県出雲市大社町日御碕 455	247
太皷谷稲成神社	699-5605	島根県鹿足郡津和野町後田 409	
岡山県			
吉備津彦神社	701-1211	岡山県岡山市北区一宮 1043	248
吉備津神社	701-1341	岡山県岡山市北区吉備津 931	249
石上布都魂神社	701-2445	岡山県赤磐市石上字風呂谷 1448	250
素盞嗚神社	703-8207	岡山県岡山市中区祇園 168	
岡山縣護國神社	703-8272	岡山県岡山市中区奥市 3-21	
安仁神社	704-8144	岡山県岡山市西大寺一宮 895	251
中山神社	708-0815	岡山県津山市一宮 695	252
高野神社	708-0013	岡山県津山市二宮 601	
由加神社本宮	711-0901	岡山県倉敷市児島由加 2852	
広島県			
備後護国神社	720-0061	広島県福山市丸之内 1-9-1	
福山八幡宮	720-0073	広島県福山市北吉津町 1-2-16	
沼名前神社	720-0202	広島県福山市鞆町後地 1225	
草戸稲荷神社	720-0831	広島県福山市草戸町 1467	253
素盞嗚神社	729-3101	広島県福山市新市町戸手天王 1-1	254
吉備津神社	729-3104	広島県福山市新市町宮内 400	255

神社名	〒	住所	掲載頁
山梨県			
山梨縣護國神社	400-0013	山梨県甲府市岩窪町 608	
武田神社	400-0014	山梨県甲府市古府中町 2611	
冨士御室浅間神社	401-0310	山梨県南都留郡 富士河口湖町勝山 3951	153
小室浅間神社	403-0004	山梨県富士吉田市 下吉田 5221	154
北口本宮冨士浅間神社	403-0005	山梨県富士吉田市上吉田 5558	155
浅間神社	405-0056	山梨県笛吹市一宮町一ノ宮 1684	156
長野県			
戸隠神社	381-4101	長野県長野市戸隠 3506	157
生島足島神社	386-1211	長野県上田市下之郷中池西 701	
武水別神社	387-0023	長野県千曲市八幡 3012	
長野縣護國神社	390-0801	長野県松本市美須々 6-1	
深志神社	390-0815	長野県松本市深志 3-7-43	
四柱神社	390-0874	長野県松本市大手 3-3-20	
筑摩神社	390-0821	長野県松本市筑摩 2-6-1	
手長神社	392-0003	長野県諏訪市大字上諏訪茶臼山 9556	
諏訪大社（上社本宮）	393-0052	長野県諏訪郡市中洲宮山 1	158
若一王子神社	398-0002	長野県大町市大町俵町 2097	
仁科神名宮	398-0003	長野県大町市社宮本 1159	
小野神社・矢彦神社	399-0651	長野県塩尻市北小野 13264	
穂高神社	399-8303	長野県安曇野市穂高 6079	
芋川神社	389-1201	長野県上水内郡飯綱町芋川	
岐阜県			
岐阜護國神社	500-8002	岐阜県岐阜市御手洗 393 番地	
伊奈波神社	500-8043	岐阜県岐阜市伊奈波通 1-1	159
加納天満宮	500-8473	岐阜県岐阜市加納天神町 4- 1	
千代保稲荷神社	503-0312	岐阜県海津市平田町三郷 1980	160
伊富岐神社	503-2106	岐阜県不破郡垂井町伊吹 1484 番地の 1	
南宮大社	503-2124	岐阜県不破郡垂井町宮代 1734-1	161
日枝神社	506-0822	岐阜県高山市 城山 156	
櫻山八幡宮	506-0858	岐阜県高山市桜町 178	
飛騨一宮水無神社	509-3505	岐阜県高山市一之宮町一の宮上 5323	162
静岡県			
三嶋大社	411-0035	静岡県三島市大宮町 2-1-5	163
豊積神社	421-3105	静岡県静岡市清水区由比町屋原	
伊豆山神社	413-0002	静岡県熱海市伊豆山 708-1	
来宮神社	413-0034	静岡県熱海市西山町 43-1	
伊古奈比咩命神社	415-0012	静岡県下田市白浜 2740	
冨知六所淺間神社	417-0073	静岡県富士市浅間本町 5-1	164
富士山本宮浅間大社	418-0067	静岡県富士宮市宮町 1-1	165
静岡縣護國神社	420-0821	静岡県静岡市葵区柚木 366	
静岡浅間神社	420-0868	静岡県静岡市葵区宮ヶ崎町 102-1	166
久能山東照宮	422-8011	静岡県静岡市駿河区根古屋 390	167
焼津神社	425-0026	静岡県焼津市焼津 2-7-2	
大井神社	427-0025	静岡県島田市大井町 2316	
五社神社・諏訪神社	430-0937	静岡県浜松市中区利町 302-5	
井伊谷宮	431-2212	静岡県浜松市北区引佐町井伊谷 1991-1	
事任八幡宮	436-0004	静岡県掛川市八坂 642	168
小國神社	437-0226	静岡県周智郡森町一宮 3956-1	169
秋葉山本宮秋葉神社	437-0626	静岡県浜松市天竜区春野町領家 841	170
鹿苑神社	438-0074	静岡県磐田市二ノ宮 1767	
愛知県			
砥鹿神社	441-1231	愛知県豊川市一宮町西垣内 2	171
岡崎天満宮	444-0015	愛知県岡崎市中町北野 1	
七所社	453-0862	愛知県名古屋市中村区岩塚町字上小路 7	
熱田神宮	456-8585	愛知県名古屋市熱田区神宮 1-1-1	172
成海神社	458-0801	愛知県名古屋市緑区鳴海乙子山 85	
愛知縣護國神社	460-0001	愛知県名古屋市中区三の丸 1-7-3	
那古野神社	460-0002	愛知県名古屋市中区丸の内 2-3-17	
若宮八幡社	460-0008	愛知県名古屋市中区栄 3-35-30	
知立神社	472-0023	愛知県知立市西町神田 12	
大縣神社	484-0834	愛知県犬山市宮山 3	

神社名	〒	住所	掲載頁
愛知県			
真清田神社	491-0043	愛知県一宮市真清田 1-2-1	173
大神神社	491-0914	愛知県一宮市花池 2-15-28	174
尾張大國靈神社	492-8137	愛知県稲沢市国府宮 1-1-1	
津島神社	496-0851	愛知県津島市神明町 1 番地	
三重県			
多度大社	511-0106	三重県桑名市多度町多度 1681	
都波岐奈加等神社	513-0031	三重県鈴鹿市一ノ宮町 1181	175
三重県護国神社	514-0006	三重県津市広明町 387	
結城神社	514-0815	三重県津市藤方 2341	
北畠神社	515-3312	三重県津市 美杉町上多気 1148	
伊勢神宮　内宮	516-0023	三重県伊勢市宇治館町 1	176
伊勢神宮　外宮	516-0042	三重県伊勢市豊川町 279	177
猿田彦神社	516-0026	三重県伊勢市宇治浦田 2-1-10	178
伊射波神社	517-0021	三重県鳥羽市安楽島町字加布良古 1210	179
伊雑宮	517-0208	三重県志摩市 磯部町上之郷 374	180
敢國神社	518-0003	三重県伊賀市一之宮 877	181
小宮神社	518-0007	三重県伊賀市服部町 1158	
椿大神社	519-0315	三重県鈴鹿市山本町 1871	182
二見興玉神社	519-0602	三重県伊勢市二見町江 575	183
滋賀県			
近江神宮	520-0015	滋賀県大津市神宮町 1-1	184
日吉大社	520-0113	滋賀県大津市坂本 5-1-1	
天孫神社	520-0044	滋賀県大津市京町 3-3-36	
白髭神社	520-1122	滋賀県高島市鵜川 215	185
建部大社	520-2132	滋賀県大津市神領 1-16-1	186
大笹原神社	520-2313	滋賀県野洲市大篠原 2375	
御上神社	520-2323	滋賀県野洲市三上 838	
苗村神社	520-2524	滋賀県蒲生郡竜王町大字綾戸 467	
沙沙貴神社	521-1351	滋賀県近江八幡市安土町常楽寺一番地	
滋賀県護國神社	522-0001	滋賀県彦根市尾末町 1-59	
多賀大社	522-0341	滋賀県犬上郡多賀町多賀 604	187
賀茂神社	523-0058	滋賀県近江八幡市加茂町 1691 番地	
日牟禮八幡宮	523-0828	滋賀県近江八幡市宮内町 257	
長浜八幡宮	526-0053	滋賀県長浜市宮前町 13-55	
都久夫須麻神社	526-0124	滋賀県長浜市早崎町 1821	
阿賀神社	527-0091	滋賀県東近江市小脇町 2247 番地	
油日神社	520-3413	滋賀県甲賀市甲賀町油日 1042	
京都府			
京都大神宮	600-8031	京都市下京区寺町通四条下る貞安則之町 622	188
貴船神社	601-1112	京都府京都市左京区鞍馬貴船町 180	189
白峯神宮	602-0054	京都府京都市上京区今出川堀川東入飛鳥井 261	
梨木神社	602-0844	京都市上京区寺町通広小路上ル染殿町 680	
護王神社	602-8011	京都府京都市上京区烏丸通下長者町下ル桜鶴円町 385	
晴明神社	602-8222	京都府京都市上京区堀川通一条上ル晴明町	
北野天満宮	602-8386	京都府京都市上京区馬喰町	190
賀茂別雷神社	603-8047	京都府京都市北区上賀茂本山 339	191
建勲神社	603-8227	京都府京都市北区紫野北舟岡町 49	
平野神社	603-8322	京都府京都市 北区平野宮本町 1	
八坂神社	605-0073	京都府京都市東山区祇園町北側 625	192
京都霊山護国神社	605-0861	京都府京都市東山区清閑寺霊山町 1	
地主神社	605-0862	京都府京都市 東山区清水 1-317	
豊国神社	605-0931	京都府京都市東山区大和大路通り正面茶屋町 530	
賀茂御祖神社（下鴨神社）	606-0807	京都府京都市 左京区下鴨泉川町 59	193
吉田神社	606-8311	京都市左京区吉田神楽岡町 30 番地	
平安神宮	606-8341	京都府京都市左京区岡崎西天王町 97	194
大原野神社	610-1153	京都府京都市西京区大原野南春日町 1152	
宇治上神社	611-0021	京都府宇治市宇治山田 59	
伏見稲荷大社	612-0882	京都府京都市伏見区深草藪之内町 68	195
城南宮	612-8459	京都府京都市伏見区中島鳥羽離宮町 7	196
松尾大社	616-0024	京都府京都市西京区嵐山宮町 3	197
石清水八幡宮	614-8005	京都府八幡市八幡高坊 30	198

神社名	〒	住所	掲載頁
群馬県			
群馬縣護國神社	370-0867	群馬県高崎市乗附町 2000	
赤城神社	371-0101	群馬県前橋市富士見町赤城山 4-2	
伊香保神社	377-0102	群馬県渋川市伊香保町伊香保 2	
妙義神社	379-0201	群馬県富岡市妙義町妙義 6	
埼玉県			
氷川女體神社	336-0916	埼玉県さいたま市緑区宮本 2-17-1	96
鷲宮神社	340-0217	埼玉県久喜市鷲宮 1-6-1	
氷川神社	330-0803	埼玉県さいたま市大宮区高鼻町 1-407	97
川越氷川神社	350-0052	埼玉県川越市宮下町 2-11-3	98
高麗神社	350-1243	埼玉県日高市新堀 833	99
箭弓稲荷神社	355-0028	埼玉県東松山市箭弓町 2-5-14	
金鑚神社	367-0233	埼玉県児玉郡神川町二ノ宮 751	
秩父神社	368-0041	埼玉県秩父市番場町 1-3	100
寶登山神社	369-1305	埼玉県秩父郡長瀞町長瀞 1828	101
三峯神社	369-1902	埼玉県秩父市三峰 298-1	102
千葉県			
千葉縣護國神社	260-0045	千葉県千葉市中央区弁天 3-16-1	
検見川神社	262-0023	千葉市花見川区検見川町 1-1	
櫻木神社	278-0032	千葉県野田市桜台 210	
香取神宮	287-0017	千葉県香取市香取 1697	103
小御門神社	289-0116	千葉県成田市 898	
安房神社	294-0233	千葉県館山市大神宮 589	104
洲崎神社	294-0316	千葉県館山市洲崎 1697	105
白子神社	299-4218	千葉県長生郡白子町関 5364	
玉前神社	299-4301	千葉県長生郡一宮町一宮 3048	106
東京都			
日枝神社	100-0014	東京都千代田区永田町 2-10-5	107
神田神社（神田明神）	101-0021	東京都千代田区外神田 2-16-2	108
東京大神宮	102-0071	東京都千代田区富士見 2-4-1	109
靖國神社	102-8246	東京都千代田区九段北 3-1-1	110
水天宮	103-0014	東京都中央区日本橋蛎殻町 2-4-1	111
赤坂氷川神社	107-0052	東京都港区赤坂 6-10-12	112
芝大神宮	105-0012	東京都港区芝大門 1-12-7	113
乃木神社	105-0000	東京都港区赤坂 8-11-27	
小野照崎神社	110-0004	東京都台東区下谷 2-13-14	114
上野東照宮	110-0007	東京都台東区上野公園 9-88	115
下谷神社	110-0015	東京都台東区上野公園 3-29-8	116
浅草神社	111-0032	東京都台東区浅草 2-3-1	117
鳥越神社	111-0054	東京都台東区鳥越 2-4-1	
白山神社	112-0001	東京都文京区白山 5-31-26	
根津神社	113-0031	東京都文京区 根津 1-28-9	118
湯島天満宮	113-0034	東京都文京区湯島 3-30-1	119
富岡八幡宮	135-0047	東京都江東区富岡 1-20-3	120
亀戸天神社	136-0071	東京都江東区亀戸 3-6-1	121
品川神社	140-0001	東京都品川区北品川 3-7-15	122
戸越八幡神社	142-0041	東京都品川区戸越 2-6-23	123
徳持神社	146-0082	東京都大田区池上 3-38-17	
代々木八幡宮	151-0053	東京都渋谷区代々木 5-1-1	
明治神宮	151-8557	東京都渋谷区代々木神園町 1-1	124
東郷神社	150-0001	東京都渋谷区神宮前 1-5-3	125
松陰神社	154-0023	東京都世田谷区若林 4-35-1	126
花園神社	160-0022	東京都新宿新宿 5-17-3	127
穴八幡宮	162-0051	東京都新宿区西早稲田 2-1-11	
赤城神社	162-0817	東京都新宿区赤城元町 1-10	
馬橋稲荷神社	166-0004	東京都杉並区阿佐谷南 2-4-4	
井草八幡宮	167-0041	東京都杉並区善福寺 1-33-1	
大宮八幡宮	168-8570	東京都杉並区大宮 2-3-1	128
王子神社	114-0022	東京都北区王子本町 1-1-12	129
六郷神社	144-0046	東京都大田区東六郷 3-10-18	
國領神社	182-0022	東京都調布市国領町 1-7-1	
大國魂神社	183-0023	東京都府中市宮町 3- 1	130
東京都			
谷保天満宮	186-0011	東京都国立市谷保 5209	131
二宮神社（小河神社）	197-0814	東京都あきる野市二宮 2252	
田無神社	188-0011	東京都西東京市田無町 3-7-4	132
御嶽神社	198-0175	東京都青梅市御岳山 1-7-6	
東伏見稲荷神社	202-0021	東京都西東京市東伏見 1-5-38	
小野神社	206-0002	東京都多摩市一の宮 1-18-8	
神奈川県			
稲毛神社	210-0004	神奈川県川崎市川崎区宮本町 7-7	133
高石神社	215-0003	神奈川県川崎市麻生区高石 1 -31-1	
末長杉山神社	213-0013	神奈川県川崎市高津区末長 2-28-1	
琴平神社	215-0018	神奈川県川崎市麻生区王禅寺東 5-46-15	134
伊勢山皇大神宮	220-0031	神奈川県横浜市 西区宮崎町 64	135
師岡熊野神社	222-0002	神奈川県横浜市港北区師岡町 1137	
菊名神社	222-0011	神奈川県横浜市港北区菊名 6-5-14	
神鳥前川神社	227-0054	神奈川県横浜市 青葉区しらとり台 61-12	
鶴見神社	230-0051	神奈川県横浜市鶴見区鶴見中央 1-14-1	
本牧神社	231-0827	神奈川県横浜市中区本牧和田 19	
瀬戸神社	236-0027	神奈川県横浜市金沢区瀬戸 18-14	136
鎌倉宮	248-0002	神奈川県鎌倉市二階堂 154	
鶴岡八幡宮	248-8588	神奈川県鎌倉市雪ノ下 2-1-3 1	137
報徳二宮神社	250-0014	神奈川県小田原市城内 8-10	138
箱根神社	250-0522	神奈川県足柄下郡箱根町元箱根 80-1	139
江島神社	251-0036	神奈川県藤沢市 江の島 2-3-8	140
亀ヶ池八幡宮	252-0243	神奈川県相模原市中央上溝 1678	141
鶴嶺八幡宮	253-0086	神奈川県茅ケ崎市浜之郷 462	
寒川神社	253-0106	神奈川県高座郡寒川町宮山 3916	142
平塚八幡宮	254-0041	神奈川県平塚市浅間町 1-6	
川勾神社	259-0124	神奈川県中郡二宮町山西 2122	
大山阿夫利神社	259-1107	神奈川県伊勢原市大山 355	
新潟県			
新潟縣護國神社	951-8101	新潟県新潟市中央区西船見町 5932-300	
白山神社	951-8132	新潟県新潟市 中央区一番堀通町 1-1	
度津神社	952-0503	新潟県佐渡市羽茂飯岡 550-4	143
彌彦神社	959-0323	新潟県西蒲原郡弥彦村弥彦 2887-2	144
居多神社	942-0081	新潟県上越市五智 6-1-11	145
春日山神社	943-0802	新潟県上越市大豆 1743	
富山県			
日枝神社	930-0064	富山県富山市山王町 4-12	
富山県護國神社	930-0077	富山県富山市磯部町 1-1	
雄山神社	930-1406	富山県中新川郡立山町芦峅寺	146
高瀬神社	932-0252	富山県南砺市高瀬 291	147
射水神社	933-0044	富山県高岡市古城 1-1	148
氣多神社	933-0116	富山県高岡市 伏木一宮 1-10-1	149
石川県			
大野湊神社	920-0341	石川県金沢市寺中町ハ− 163	
尾山神社	920-0918	石川県金沢市尾山町 11-1	
石川護国神社	920-0935	石川県金沢市石引 4-18-1	
白山比咩神社	920-2114	石川県白山市 三宮町二 105-1	150
菅生石部神社	922-0011	石川県加賀市大聖寺敷地ル乙 81-2	
氣多大社	925-0003	石川県羽咋市寺家町ク 1-1	151
伊須流岐比古神社	929-1812	石川県鹿島郡中能登町石動山子部 1 番地 1	
福井県			
神明神社	910-0004	福井県福井市宝永 4-8-1	
福井神社	910-0005	福井県福井市大手 3-16-1	
福井県護国神社	910-0016	福井県福井市大宮 2-13-8	
金崎宮	914-0072	福井県敦賀市金ケ崎町 1	
氣比神宮	914-0075	福井県敦賀市曙町 11-68	152
劒神社	916-0215	福井県丹生郡 越前町織田金栄山	
若狭彦神社	917-0241	福井県小浜市遠敷 65-41	
藤島神社	918-8003	福井県福井市毛矢 3-8-21	

全国神社リスト

全国に神社は８万5000社以上あり、参拝者は年間１億人以上、日本人のほとんどの人が参拝していると言われています。近年、若い女性を中心に神社参拝が流行し、「神ってる」という言葉は2016年の流行語大賞にもなりました。

人と人に「相性」があるように、神社に対しても「相性」のようなものがあります。自分の「気」が、祀られている神様の「気」と合うか合わないかが重要だと言われています。

神社愛好家の方々は大抵、そのような自分と「気」の合う「マイ神社」を持っています。華やかな賑わいを見せる神社もあれば、密かに森の奥に佇む神社もあります、ぜひ、あなただけの「マイ神社」を見つけてください。

神社名	〒	住所	掲載頁
北海道			
函館八幡宮	040-0046	北海道函館市谷地頭町 2-5	71
住吉神社（小樽市）	047-0014	北海道小樽市住ノ江 2-5-1	
樽前山神社	053-0035	北海道苫小牧市高丘 6-49	
北海道神宮	064-8505	北海道札幌市中央区宮ヶ丘 474	72
札幌諏訪神社	065-0012	北海道札幌市東区北 12 条東 1-1-10	
千歳神社	066-0046	北海道千歳市真町 1 番地	
北海道護国神社	070-0901	北海道旭川市花咲町 1	
新十津川神社	073-1103	北海道樺戸郡新十津川町字中央 37	
旭川神社	078-8261	北海道旭川市東旭川南 1 条 6-8-14	73
上川神社	078-8327	北海道旭川市神楽岡公園 2-1	74
帯廣神社	080-0803	北海道帯広市東 3 条南 2-1	
北見神社	090-0022	北海道北見市北 2 条東 6-11	
小清水神社	099-3622	北海道斜里郡小清水町字小清水 21	
青森県			
十和田神社	018-5501	青森県十和田市大字奥瀬字十和田湖畔休屋 486	
善知鳥神社	030-0803	青森県青森市安方 2-7-18	
猿賀神社	036-0242	青森県平川市猿賀字石林 175	
岩木山神社	036-1343	青森県弘前市百沢字寺沢 27	75
櫛引八幡宮	039-1105	青森県八戸市八幡八幡丁 3	
岩手県			
盛岡八幡宮	020-0872	岩手県盛岡市八幡町 13-1	
駒形神社	023-0857	岩手県奥州市水沢区中上野町 1-83	76
志和古稲荷神社	028-3442	岩手県紫波郡紫波町升沢前平 17-1	
宮城県			
宮城縣護國神社	980-0862	宮城県仙台市青葉区青葉城址天守台	
大崎八幡宮	980-0871	宮城県仙台市 青葉区八幡 4-6-1	
志波彦神社・鹽竈神社	985-8510	宮城県塩竈市 一森山 1-1	77
金華山黄金山神社	986-2523	宮城県石巻市鮎川浜金華山 5	
竹駒神社	989-2443	宮城県岩沼市稲荷町 1-1	78
秋田県			
太平山三吉神社	010-0041	秋田県秋田市広面赤沼 3-2	79
古四王神社	011-0909	秋田県秋田市寺内児桜 1-5-55	
秋田県護国神社	011-0939	秋田県秋田市寺内大畑 5-3	
金澤八幡宮	013-0813	秋田県横手市金沢字安本館 4	
秋田諏訪宮	019-1404	秋田県仙北郡美郷町六郷本道町 19	
山形県			
山形県護国神社	990-0053	山形県山形市薬師町 2-8-75	
鳥海月山両所宮	990-0057	山形県山形市宮町 3-8-41	
寒河江八幡宮	991-0025	山形県寒河江市八幡町 5-70	
上杉神社	992-0052	山形県米沢市丸の内 1-4-13	
熊野神社	992-0472	山形県南陽市宮内 3707	
鮎貝八幡宮	992-0771	山形県西置賜郡白鷹町鮎貝 3303-1	
出羽三山神社	997-0292	山形県鶴岡市羽黒町手向字手向 7	80
金峯神社	997-0368	山形県鶴岡市大字青龍寺字金峯 1	
湯殿山神社	997-0532	山形県鶴岡市田麦俣六十里山 7	
谷地八幡宮	999-3511	山形県西村山郡河北町谷地 224	
北舘神社	999-6601	山形県東田川郡庄内町狩川字笠山 400	
城輪神社	999-8142	山形県酒田市城輪字表物忌 35	
鳥海山大物忌神社	999-8521	山形県飽海郡遊佐町吹浦字布倉 1	81
福島県			
霊山神社	960-0804	福島県伊達市霊山町大石古屋舘 1	
福島縣護國神社	960-8025	福島県福島市駒山 1	
石都々古別神社	963-7858	福島県石川郡石川町下泉 150	82
伊佐須美神社	969-6263	福島県大沼郡会津美里町宮林甲 4377	83
田村神社	963-1162	福島県郡山市田村町山中本郷 135	
馬場都々古別神社	963-6131	福島県東白川郡棚倉町大字棚倉字馬場 39	84
八槻都々古別神社	963-5672	福島県東白川郡棚倉町大字八槻字大宮 224	85
新宮熊野神社	966-0923	福島県喜多方市慶徳町新宮熊野 2258	
茨城県			
大杉神社	300-0621	茨城県稲敷市阿波 958	86
筑波山神社	300-4352	茨城県つくば市 筑波 1 番地	
笠間稲荷神社	309-1611	茨城県笠間市笠間 1	87
常陸国出雲大社	309-1634	茨城県笠間市福原 2006	88
水戸東照宮	310-0015	茨城県水戸市宮町 2-5-13	
常磐神社	310-0033	茨城県水戸市常磐町 1-3-1	
茨城県護国神社	310-0912	茨城県水戸市見川 1-2-1	
酒列磯前神社	311-1202	茨城県ひたちなか市磯崎町 4607-2	89
大洗磯前神社	311-1301	茨城県東茨城郡大洗町磯浜町 6890	90
鹿島神宮	314-0031	茨城県鹿嶋市宮中（大字）2306-1	91
静神社	319-2106	茨城県那珂市静 2	
栃木県			
宇都宮二荒山神社	320-0026	栃木県宇都宮市馬場通り 1-1-1	92
日光二荒山神社	321-1431	栃木県日光市山内 2307	93
日光東照宮	321-1431	栃木県日光市山内 2301	
賀茂別雷神社（上賀茂神社）	327-0311	栃木県佐野市多田町 1506	
唐澤山神社	327-0801	栃木県佐野市富士町 1409	
野木神社	329-0114	栃木県下都賀郡野木町野木 2404	
群馬県			
一之宮貫前神社	370-2452	群馬県富岡市一ノ宮 1535	94
榛名神社	370-3341	群馬県高崎市榛名山町 849	95

神社年鑑

日本の心をもっと身近に

編集：神社年鑑編集委員会
令和5年度版

初版発行：2023年5月27日
発 行 人：本多隆彦
編 集 人：水間一太朗
編　　集：神社年鑑編集委員会
表紙デザイン／DTP：TM Works

協　　力：神社本庁
加瀬英明事務所
竹田恒泰事務所
（一社）日本枇杷葉温圧協会
（一社）日本文化を世界に発信する会（順不同）
写真協力：財団法人 国際教養振興協会「神社人」（東條英利）
ぶらり寺社めぐり（大木浩士）
一の宮巡拝会（村上彰）
営　　業：白川茂樹、橋本里美

発 行 所：株式会社ギャラリーステーション
東京都台東区浅草橋 1-23-5 飯島ビル
電話 03-3865-0088　Fax.03-3865-0233
振替口座　東京 00160-0-21082
http://www.g-station.co.jp

印 刷 所：ベクトル印刷株式会社

Printed in Japan
ISBN978-4-86047-367-9